A CRISE COMPLETA

a economia política do não

Lauro Campos

A CRISE COMPLETA
a economia política do não

Copyright © 2001, Lauro Campos

Revisão
Edna Gonçalves Luna
Sandra Lia Farah

Capa
Andrei Polessi

Editoração eletrônica
Set-up Time Artes Gráficas

Produção gráfica
Eliane Alves de Oliveira

Fotolitos
OESP

Impressão e acabamento
Geográfica

ISBN 85-85934-73-5

Todos os direitos reservados. Nenhuma parte deste livro pode ser utilizada ou reproduzida sem a expressa autorização da editora.

1ª edição: setembro de 2001

BOITEMPO EDITORIAL
Jinkings Editores Associados Ltda.
Avenida Pompéia, 1991 – Perdizes
05023-001 – São Paulo – SP
Tel.: (11) 3875-7285 Fax: 3875-7250
E-mail: boitempo@boitempo.com

No desenvolvimento das forças produtivas chega-se a um estágio em que nascem forças produtivas e meios de circulação que só podem ser nefastos no quadro das relações existentes e não são mais forças produtivas e, sim, forças destrutivas...

Karl Marx

À Oraida, mulher e companheira; aos filhos Carlos, Izabela, Laura, Bernardo e Luiz Renato Vieira, livres extensões de mim; ao professor Carlos Lima, aprendiz de feiticeiro, colega de ofício e de oficina, dedico o que houver de bom neste livro.

SUMÁRIO

Introdução: por que economia política do não 13

CAPÍTULO 1
UMA APRESENTAÇÃO À ECONOMIA POLÍTICA DO NÃO 17
1.1 A economia política do não 17
1.2 A crise que se completa 38
1.3 A negatividade necessária 49
1.4 A totalidade completa: mercadorias e não-mercadorias 58
1.5 A dinâmica da negatividade: a ideologia da não-mercadoria; justificação da produção de não-mercadorias 66
1.6 O papel das não-mercadorias em Malthus e em Keynes. A função anticíclica da expansão da produção de não-mercadorias e do trabalho improdutivo em geral 73
1.7 Os diagnósticos aparentemente opostos de Malthus e de Keynes 80
1.8 Keynes e a crise de acumulação excessiva 88

CAPÍTULO 2
MALTHUS E KEYNES: DUAS ALMAS GÊMEAS IRMANADAS NA DEFESA DO CAPITALISMO 91
2.1 Monetarismo em Malthus e em Keynes 91
2.2 A essencialidade do trabalhador não produtivo e do consumo improdutivo em Malthus e em Keynes: as não-mercadorias ... 99
2.3 A desproporção dinamizadora e a crise de desproporção 107

2.4 A produção como princípio da determinação. A totalidade indeterminada. A totalidade determinada. A totalidade incompleta no tomo III de *O capital* 114

2.5 O congelamento de recursos em escala mundial: estradas de ferro como não-mercadorias 129

2.6 Cisão entre a produção e o transporte. Transporte de objetos não produzidos 140

CAPÍTULO 3
A CRISE DE TRANSIÇÃO DA ECONOMIA HEGEMÔNICA MUNDIAL INGLESA 148

3.1 Os Estados Unidos e as condições de ascensão em plena crise da economia inglesa e do continente 148

3.2 A crise do capital financeiro internacional na década de 1920 .. 155

3.3 A contradição entre mercadoria e dinheiro na economia mercantil desenvolvida, capitalista 156

3.4 Transformação de uma contradição secundária em principal: auge e contradições da economia do automóvel nos Estados Unidos, na década de 1920 165

3.5 As determinações reais da concentração de renda e as contradições do departamento II na década de 1920 175

3.6 A forma não-mercadoria dos meios de transporte naval: a marinha de guerra. Expansão da técnica do departamento I voltada apenas para a produção de meios de transporte 180

3.7 Gastos em defesa 182

3.8 Pleno emprego e modelo da economia de guerra 185

3.9 Os instrumentos de trabalho doméstico: determinação do caráter das minimáquinas no modo capitalista de produção 192

3.10 Expansão dos meios de transporte e das minimáquinas de consumo nas economias semi-integradas. "Desenvolvimento do subdesenvolvimento" 195

CAPÍTULO 4
DESENVOLVIMENTO E CRISE DA ECONOMIA KEYNESIANA 201

4.1 A atualidade do pensamento de Marx 201

4.2	Identidade básica entre o terciário improdutivo e a produção de não-mercadorias	214
4.3	O surgimento do departamento III – de produção de não-mercadorias. A nova forma do excedente e seus limites	225
4.4	O custo social da preservação das relações de produção	235
4.5	Desconcentração da produção de carros e das minimáquinas.	241
4.6	Considerações sobre a acumulação do capital-dinheiro-nacional: estrutura semi-integrada e consumo ostentatório	251
4.7	As não-máquinas de transporte do som, de sinais, da imagem, das cores, de mensagens, de palavras	255
4.8	O governo e as relações econômicas internacionais: do *dumping* tradicional ao *dumping* tecnológico	258
4.9	As não-mercadorias proibidas nas economias retardatárias e suas dificuldades de incorporação do departamento I	274

CAPÍTULO 5
À GUISA DE CONCLUSÃO 281

5.1	A crise do capital fictício e o processo de produção	281
5.2	Desenvolvimento tecnológico e desemprego	288
5.3	Divisão internacional do trabalho, da produção, do consumo, da tecnologia e da exploração após a Segunda Guerra: a unidade na diversidade do capitalismo cêntrico	291
5.4	Os neoliberais e o tratamento sem diagnóstico	293
5.5	A globalização como neoimperialismo	296
5.6	A dialética do Eurodólar	300
5.7	O domínio do fictício sobre o real: o pesadelo da Bolsa	316
5.8	Sobreacumulação keynesiana, desproporção e crise	321

Bibliografia 335

Índice remissivo 339

INTRODUÇÃO

Por que economia política do não

À medida que o conhecimento ingênuo, acrítico e da aparência, transmitido pelos veículos de circulação da ideologia, se torna insatisfatório, falso, inconsistente, a dignidade humana nos obriga a buscar outros instrumentos de apropriação da realidade histórico-social.

Este livro é resultado de um prolongado processo de transformação do autor diante da tentativa de compreender as transformações dos fenômenos socioeconômicos. À medida que as insatisfatórias, precárias e artificiais construções ideológicas ruíam e se desacreditavam como instrumentos e caminhos para as determinações dos fenômenos concretos, novos pontos de vista possíveis eram visualizados, uma dinâmica mais rica e essencial demonstrava animar o processo da vida econômica, relações de polarização, de mútua dependência e de exclusão recíproca revelavam o movimento real que se ocultava sob aparentes relações funcionais; a mudança de forma das contradições, que pareciam inexistir, passava a constituir uma chave indispensável para entender as crises e as retomadas sucessivas; o desenvolvimento das contradições revelava porque medidas de política econômica, formas monetárias, estímulos e estabilizadores, de início funcionais, dinamizadores da acumulação, se transformavam em seu oposto, em obstáculos ao desenvolvimento, erigindo-se em motivadores da crise.

As relações sociais polarizadas que constituem a infra-estrutura da economia capitalista revelam as contradições que, por meio de auges e de depressões sucessivas, produzem a história econômica e a história do pensamento econômico capitalista.

Sob o aparente desenvolvimento, se produz e se desenvolve a crise, o não-desenvolvimento; ao lado do trabalho produtivo, que produz lucro e desenvolve as forças produtivas, crescem e se avolumam o trabalho não produtivo e o trabalho destrutivo, mantendo relações de dependência recíproca; ao lado das mercadorias, valores de uso e valor em que se objetiva o trabalho produtivo, se afirmam as não-mercadorias, não-valores de uso e não-valores em que o trabalho não produtivo se materializa; a moeda conversível é substituída pela moeda não conversível, desvinculada do trabalho produtivo; a insuficiência de demanda, ou não-demanda de uma parte da sociedade, revela a exclusão, a negação do assalariado como destinatário do produto social capitalista; o crescimento da parcela do capital total que não valoriza, não gera mais-valia, não gera lucro, o capital constante, se afirma em detrimento do trabalhador que valoriza o capital por meio do trabalho. O crédito ao consumo, a dívida pública e a dívida externa revelam os limites em que esbarra sua dinâmica contraditória, não ativam mais o processo econômico, mas, ao contrário, se transformam em obstáculos: o desenvolvimento produz o não-desenvolvimento.

O auge obscurece e a ideologia oculta a expansão da negatividade que se revela na crise como desemprego, não-emprego, negação do lucro, destruição do capital acumulado, agora em escala mundial.

Da mesma forma, a produção que produz o homem passa a produzir o não-homem, a negação do ser humano, até produzir sua negação sistêmica e necessária: a guerra.

À medida que a economia nos conduz ao seu núcleo latente, oculto e real, a ideologia fria e indiferente, aparentemente neutra e asséptica, é postergada e, em seu lugar, as determinações reais incendeiam o lápis, estarrecem o investigador, humanizam-no e colocam em sua garganta o grito que ouve emergir da história humana em marcha para o abismo.

Como aumentar a negatividade, como dinamizar as distorções, como prolongar os antagonismos e recuperar as angústias, perguntam os reformistas, inconscientes do sentido real de suas indagações. Como negar a negação, superar a negatividade, voltar a produção para o homem como parte da natureza: este é o sentido do apelo angustiado que este livro, *A crise completa*: a economia política do não, entende e procura responder.

A crise atual contém as respostas que, antes de estarem no cérebro dos homens, estão em sua ação: no princípio era a ação e a ação dos homens resolveu o problema antes que sua sutileza o tivesse determinado, disse Göethe. A dinâmica keynesiana baseada na insensibilidade diante da "grande dissipação decorrente da preparação das armas" se apóia na demanda "autônoma", que se crê ilimitada, do governo criador de dinheiro-estatal e na ideologia que faz crer que a destruição, a produção destrutiva, a produção de não-meios de produção e de não-meios de consumo, produtos inaproveitáveis pelos homens, constitua riqueza.

Introdução 15

À crise do departamento III, que produz não-mercadorias,[1] corresponde o colapso do dinheiro-estatal, não conversível em trabalho, e do fim da produção da não-riqueza financiada pelo governo. Portanto, o poder de produzir a dissipação, a destruição e a não-riqueza, a inutilidade contabilizada como produto, renda e riqueza entrou em crise. A negatividade começa a ser negada nesta crise da economia keynesiana. A luz está clara no final do túnel: "Sempre sustentei que o presente está constantemente grávido do futuro e que entre as coisas, por distantes que se encontrem, existe completa vinculação, de modo que quem saiba enxergar com suficiente penetração poderá distinguir um no outro", escreveu Leibniz em carta a Coste. Se a luz no final do túnel será a do clarão da guerra ou a do alvorecer da história da humanidade, depende da percepção, da inteligência e da habilidade desta geração na condução do mais delicado e decisivo passo. Espero que saibamos dá-lo e, se este livro concorrer em algo para isso, digo que valeu a pena *ter existido* e trabalhado.

---

[1] "A não-mercadoria é a forma que assume o resultado das relações sociais de produção, a partir de certo estágio das forças produtoras de mercadorias, na qual se materializa o trabalho humano improdutivo, e representam o desvio de parte da potência social de trabalho para atividades não reprodutivas: não-meios de consumo individual e não-meios de consumo produtivo. No terciário não tecnicamente necessário ao processo coletivo de trabalho e no resultado da produção capitalista que se situa "fora do comércio", isto é, na parte que constitui monopsônio do governo, subjazem as relações sociais de produção de não-mercadorias. Impossibilitada de assumir a forma mercadoria, devido à insuficiência da capacidade de consumo da coletividade, tal como se apresenta condicionada pela distribuição de renda no regime capitalista, uma parcela crescente das forças produtivas é sistematicamente desviada da esfera da produção e da reprodução. Assume a forma de não-mercadorias, não-meios de consumo individual e não-meios de consumo produtivo, inacessíveis aos consumidores finais de mercadorias. Representa sua produção uma redução da taxa de desenvolvimento das forças produtivas. Isto significa que, ao lado das mercadorias que destruíram parcial ou completamente a forma produto no processo histórico de dominação do modo capitalista de produção, se instaura a produção de não-mercadorias, nas quais subjaz o trabalho humano desviado da esfera da produção, e que são adquiridas apenas pelo governo." CAMPOS, Lauro. *Mecanismos de sustentação do crescimento II – As Agenda*, Textos para Discussão, nº 13, UnB, 1974. p. IV.

CAPÍTULO 1

Uma apresentação à economia política do não

1.1 A ECONOMIA POLÍTICA DO NÃO

O pensamento humano é uma questão de prática. A prática capitalista determina a forma mercadoria que assume o resultado do trabalho produtivo; a forma não-mercadoria, que assume o resultado do trabalho improdutivo e destrutivo; e a forma ideológica, que assume o resultado do trabalho intelectual.

À produção material de mercadorias e de não-mercadorias corresponde a produção do pensamento como ideologia obscurecedora, necessária à reprodução das relações sociais antagônicas que determinam aquelas formas que assumem o resultado da produção.

Como questão da práxis, o pensamento defronta-se com as dificuldades que decorrem, de um lado, do caráter histórico-social do sujeito em relação ao objeto e, de outro, do caráter histórico-social do objeto em relação ao sujeito. Enquanto resultado do trabalho intelectual da burguesia, a ideologia é parcial, limitada, interessada e alienada. O sujeito pensante erige seu ponto de vista particular, limitado, que elimina ou obscurece outros pontos de vista possíveis, no observatório asséptico, exclusivo e supostamente neutro, em que é revelada a verdade eterna de suas falsas leis. Para Marx, a consciência individual deve tomar conhecimento crítico de seus limites, condicionamentos e representações, rompendo com as amarras daquele ponto de vista exclusivo, parcial. Os pontos de vista do capital se expressam na ideologia capitalista e devem ser confrontados com os pontos de vista do assalariado, que refletem aspectos obscurecidos, eliminados ou invertidos pelo prisma oposto; com o ponto de vista da circulação, isto é, a determinação de como "a moeda vê" os fenômenos econômicos, e, ainda, com o ponto de vista do todo, do qual cada fenômeno é parte, e do todo em movimento que é aquele em que as determinações anteriores recebem ou não o *referendum* do real, na prática.

Se a ciência deve abandonar o nível da aparência, a ilusão da falsa consciência, da particularidade e da individualidade, para determinar criticamente os fenômenos da formação econômica capitalista, voltando a uma totalidade concreta, determinada, ela defronta-se com uma grande dificuldade. Esta dificuldade reside no caráter histórico-social do objeto, os fenômenos econômicos. Como a consciência é uma questão de prática e a prática capitalista é o movimento contraditório, o desenvolvimento de suas contradições, a consciência só pode realizar a totalidade das determinações dos fenômenos se estes estiverem completamente desenvolvidos. Isto significa que, ainda que se adote o método correto de investigação, a moeda, a mercadoria, o processo de trabalho, o crédito, a circulação, o consumo, a estrutura produtiva, o comércio mundial, o estado, etc. só poderão ser determinados concretamente e repostos como parte da totalidade em movimento se eles já tiverem desenvolvido suas potencialidades na prática. Por isto, é impossível, por exemplo, sob o feudalismo, determinar-se a moeda como moeda mundial, meio de pagamento, entesouramento, moeda-estatal, cartão de crédito, etc., isto é, com as formas e funções que só adquiriu quando veio desenvolvendo suas potencialidades ao longo da expansão do capitalismo. O fenômeno só pode existir em toda sua realidade e realização na mente após ele ter se desenvolvido na produção, na prática.

As determinações falsas, defeituosas, alienadas, que constituem a ideologia, correspondem à produção material defeituosa, conflitiva, contraditória, antagônica, de mercadorias e de não-mercadorias, em que se objetivam as relações sociais da produção capitalista. Estas relações sociais da produção, que constituem a essência determinadora dos fenômenos sociais, constituem a essência da consciência: a consciência é o produto das relações sociais que os homens mantêm no processo de produção de sua existência. Na sexta tese sobre Feuerbach, Marx afirma, com razão, que a essência humana é o conjunto de todas as relações sociais.

Neste livro pretende-se tomar a crise capitalista como um fenômeno que se desenvolve e se completa. Em sua forma mais simples e elementar, as contradições manifestam-se como tensão entre valor de uso e valor. O desenvolvimento da acumulação em seu padrão contraditório,[1] C/C+V, o único que o capital conhece, significa o desenvolvimento da negatividade essencial. Isto

---

[1] C/C+V é a expressão da contradição que anima o processo de acumulação capitalista. Ela significa que as forças produtivas desenvolvidas pelo capital total entram em contradição com as relações capitalistas de produção. O aumento de C, capital constante, em relação a V, capital variável, torna cada vez mais difícil que V possa valorizar o capital total no qual V decresce relativamente.

significa que cada ato de investimento, de acumulação de capital, é, concomitantemente, um ato em direção à negação do capital, à superação das relações capitalistas. Cada passo em direção à fruição da vida é uma vitória de Eros, mas é um tempo que corre em favor de Tanatos, uma conquista da aproximação da morte. Assim como esta não se manifesta na acumulação e afirmação vitais da infância, da juventude, para se afirmar na senilidade, nas depressões e disfunções, a negatividade interna da acumulação capitalista só se torna visível nas crises. As crises revelam que a negatividade é da essência da acumulação capitalista, o que o auge ocultara.

As verdadeiras crises capitalistas, qualquer que seja sua causa inicial, são colapsos da totalidade, do conjunto da estrutura da produção, do consumo, da circulação, etc. Mas, como cada fenômeno é parte de uma totalidade, que é a formação econômico-social capitalista, e está desenvolvendo suas potencialidades, aquela totalidade também está transformando-se. Isto significa que é impossível determinar-se concretamente a crise completa da economia capitalista enquanto aquela totalidade se encontra incompleta, inacabada. Às crises de 1810, 1818, 1825 e 1837 corresponde uma estrutura simples e elementar de uma economia capitalista dotada, ainda, de um departamento apenas. Marx, ao determinar a constituição do departamento I "nas primeiras décadas do século XIX", nos permite compreender o caráter elementar daquelas crises que ocorreram antes que a economia capitalista houvesse "se erguido sobre seus próprios pés" por meio da estruturação daquele departamento.

Um dos grandes méritos de Marx foi o de aplicar o método dialético ao estudo do capitalismo em crise, determinando o caráter concreto das crises e sua natureza histórico-social, expressão da desarticulação e negação de uma totalidade em transformação.

A totalidade que hoje entra em crise conserva a mesma essência daquela que se transformava e que se revelava nas crises sucessivas que Marx conheceu. As relações sociais da produção entre capitalistas e assalariados constituem a infra-estrutura que imprime sua marca em todos os resultados do trabalho humano, no modo capitalista de produção. Como não existe nada, nenhum fenômeno cultural – a moeda, o Estado, o capital, a bolsa, o direito, as ideologias, as esculturas, os transportes, a linguagem, as religiões, etc. – que não tenha sido produzido pelo trabalho humano, o homem é *homo faber* e o valor trabalho é a forma determinada, econômica, capitalista, de manifestação daquela universalidade do trabalho. Como se desconhece qualquer fenômeno social que não seja o produto direto ou autonomizado do trabalho humano, é inelutável a adoção do valor trabalho como determinação real dos fenômenos econômicos concretos.

Marx partiu, como os economistas do século XVII a que ele refere-se nos *Grundrisse*,² da população abstrata, indeterminada, localizada no país, produzindo, trocando e consumindo a produção. Mas é a partir da determinação fundamental, das relações sociais que os homens mantêm na produção, que a população se determina em sua divisão de classes e que estas classes concretas são compostas de capitalistas e de assalariados; as relações sociais embutidas nos produtos os determinam como mercadorias (e não-mercadorias, acrescentaríamos) e moeda; a moeda deixa de ser um numerário abstrato, walrasiano, para ser, padrão de valor, padrão de preço, meio de compra, entesouramento, meio de pagamento, moeda universal, crédito, capital-dinheiro; o processo de produção é determinado em seu duplo aspecto, como de produção de valor e de valorização; a mais-valia é redistribuída...

O tomo III de *O capital* constitui a colocação ou reposição dos fenômenos, partes da totalidade, no conjunto em movimento (produção e circulação em seu conjunto); partiu-se da população, etc., abstratos, indeterminados e as relações sociais da produção marcam o processo de retorno, de determinação dos fenômenos; uma vez determinados, concretos, entendidos como fenômenos capitalistas, considerados dos diversos pontos de vista, estudados como matéria, valor e dinheiro, eles, que revelam sua dinâmica contraditória, sua essência dialética, são repostos na totalidade de que são parte. O terceiro tomo de *O capital* é, em conseqüência, a volta a uma totalidade concreta, determinada, em movimento, da qual cada fenômeno – produção, salário, juro, lucro, distribuição, circulação e consumo – está sendo uma parte.

Adotando o método de Marx, não há como alijar o valor trabalho, como fazem Joan Robinson e os Morishimas; não há, tampouco, razão de eliminar a determinação alcançada pelas relações sociais da produção e abandonar-se à indeterminação althusseriana das abstrações de estruturas ideais; não há, a não ser por motivos ideológicos, porque transformar Marx num arremedo de Marx é criticar o fetiche por falta de argumentos que liquidem o original sólido. Marx, despojado do valor, das relações sociais da produção, da contradição fundamental entre forças produtivas e relações de produção, do materialismo histórico, é semelhante a um Freud sem libido, sem sexo, sem id, ego e

---

² MARX, Karl. Introdução de 1857. In: *Para a crítica da economia política*. SP, Abril Cultural, Os Economistas, 1982. p. 14.

superego, ou a Einstein sem relatividade ou a um Graham Bell sem telefone – não é nada e a crítica nada atinge.

Embora a totalidade da economia capitalista de hoje seja essencialmente a mesma, o movimento que a anima seja o resultado da polarização fundamental entre capitalistas e assalariados, ela é uma totalidade constantemente revolucionada em suas partes integrantes, em sua estrutura técnica da produção, em sua estrutura ocupacional, em suas formas monetárias, em seu raio de ação da produção, nas formas de manifestação de suas contradições, em seus instrumentos internos e internacionais de dominação, nos papéis, no peso relativo e estratégia de inserção do governo nesta totalidade, bem como na apresentação de suas versões ideológicas.

Cada crise capitalista possui um conteúdo novo que foi incorporado ou expandido, provocando a reativação da totalidade, a retomada conjuntural que se verificou após a última depressão. A crise verdadeira, e não a motivada por fatores naturais – gelo, terremoto, pragas, secas –, é responsável não apenas pela destruição do capital, necessária para que ele recupere sua lucratividade (reduz a composição orgânica, segundo Marx, aumentando a taxa de lucro S/C+V, ou para que "se torne mais escasso o capital", segundo Malthus e Keynes), como também pelo reajuste entre a capacidade de produção e a de consumo, cuja unidade, cindida ainda mais no auge, se recompõe por meio da crise. A crise revela o essencial, que a ideologia equilibrista ou desenvolvimentista obscurecia, e cria as condições para mudanças nas superestruturas política, ideológica, na forma monetária, no crédito, nas relações internacionais, etc. O conteúdo novo, redinamizador, virgem de crises, se incorpora ao sistema, reativa-o contraditoriamente, para conhecer, a partir de certo grau de desenvolvimento de suas novas e das antigas contradições, sua próxima crise. Administrar a economia capitalista é descobrir conteúdos novos, adequados à dinâmica, a fim de evitar que as contradições fundamentais se manifestem em crises contínuas – é mudar a forma das crises sem superar as contradições.

A história econômica do capital é uma dupla história: a de suas realizações, conquistas, acumulação, expansão de seu raio de ação, descobertas, invenções, inovações, e a de suas crises, fracassos, negações, disfarces, destruição e superação. A história "positiva" se afirma sobre a história negativa, tendo-a como condição prévia, necessária. Cumpre à ideologia da história econômica obscurecer a negatividade e construir uma meia-história de feitos e efeitos "positivos", do ponto de vista do capital. A história econômica como ciência tem de abarcar a totalidade em seu movimento real, mostrando como os fenômenos capitalistas são duais, como o positivo contém, depende, exclui, expande e interage com o negativo. Cada ato de acumulação obedece ao padrão contraditório que o nega (C/C+V), toda produção só pode-se reafirmar como reprodução, na mesma escala ou escala superior, se for negada pelo consumo individual, pelo consumo produtivo ou pelo destrutivo (governamental). Se não houver a negação da produção pelo consumo, não haverá demanda suficiente para manter o nível da reprodução.

> O próprio ato de produção é, pois, em todos os seus momentos, também ato de consumo... A produção, enquanto é imediatamente idêntica ao consumo, o consumo enquanto coincide imediatamente com a produção "eles" (os economistas) chamam de consumo produtivo. Esta identidade da produção e do consumo nos leva à proposição de Espinoza: *determinatio est negatio*.[3]

O consumo se cinde da produção em virtude das relações antagônicas e polarizadas que constituem a infra-estrutura do modo capitalista de produção. O consumo individual é uma unidade de duas partes opostas: o consumo capitalista, que se alimenta no lucro, na mais-valia e em suas divisões, e o consumo assalariado, que é custo, do ponto de vista do capital, e, como tal, deve ser minimizado pela racionalidade capitalista.

O consumo produtivo é o desgaste de capital constante, máquinas, equipamentos, matérias-primas, materiais auxiliares sob a ação do trabalho vivo, da força de trabalho em ação, consumindo "músculos, nervos, cérebro", que foram produzidos e conservados pelo consumo individual dos meios de consumo para assalariados.

A produção é a unidade do consumo produtivo de meios de produção e de força de trabalho. É uma unidade que supõe, no modo de produção capitalista, múltiplas diversidades: a do produtor capitalista e a do consumidor assalariado; a do assalariado e a do consumidor capitalista; a do assalariado, cujo consumo se comprime por estar fundado no salário, que é custo de produção, e a do capitalista coletivo, que se contrai relativamente pela concentração do capital total; a do assalariado, que usa instrumentos de trabalho apropriados como capital, como instrumento de reprodução de sua situação de classe dominada.

Se o consumo individual é limitado pela exclusão do assalariado, ao máximo, por outro lado, o consumo produtivo dos meios de produção é limitado porque eles são produzidos como mercadorias e usados como capital (constante). Isto significa que o capital só pode ser produzido e, portanto,

---

[3] Idem, ibidem, p. 8.

consumido, usado na produção se ele der lucro. O "capital" só será incorporado, comprado, isto é, o capital constante só será adquirido, se ele substituir e dispensar com "vantagem", o capital variável, o trabalho vivo. Se o salário for muito baixo, o capital constante não pode substituir o capital variável: as relações técnicas não se desenvolvem ao máximo porque as relações capitalistas não permitem. Do ponto de vista do capitalista individual, que produz o instrumento de trabalho, a máquina, o equipamento como mercadoria, ele só será produzido se seu custo "marginal" for igual ao acréscimo da receita do capitalista (receita marginal); do ponto de vista do outro capitalista, que compra a máquina, só se efetivará a compra se as receitas ou anuidades que ele espera obter com o emprego dela, durante sua vida útil, ultrapassarem o custo de reposição do equipamento num montante igual ou superior ao custo financeiro determinado pela taxa de juros; do ponto de vista do todo, a máquina só poderá ser produzida até o ponto em que o acréscimo ao capital constante que sua utilização representa não impuser uma elevação tão grande da composição do capital (C/C+V) que provoque uma queda da taxa de lucro média, p' = S/C+V, que reduza a zero o lucro daquela acumulação adicional. Portanto, o consumo do capital produtivo está limitado pela extensão acanhada do consumo individual antagônico, de um lado, e por si mesmo, de outro, isto é, pelo processo de acumulação, que implica dificuldades crescentes de valorização, de manutenção da taxa de lucro, sem a qual aquela acumulação não tem sentido e deve-se interromper.

Além disso, o consumo individual antagônico, limitado, interage sobre o consumo produtivo, constituindo um obstáculo e impondo seus limites: a demanda global limitada impossibilita o emprego de máquinas e equipamentos e força de trabalho em nível máximo, que seria atingível apenas se as máquinas não fossem capital e se o consumo individual não fosse apoiado, em parte, no salário, custo de produção a ser minimizado.

A demanda efetiva de meios de consumo e de meios de produção se move dialeticamente por estes antagonismos que a determinam, como demanda coletiva do modo de produção capitalista.

A dialética da demanda efetiva não é determinada, mas obscurecida pela demanda efetiva de Keynes que reduz suas relações de polarização (entre consumo produtivo e consumo individual), de exclusão recíproca (a demanda do capitalista e o consumo de máquinas é uma não-demanda de meios de consumo e um não-consumo de bens para assalariados), numa mera e errada relação de complementaridade: $D = D^1 + D^2$ – aqui, a demanda global é a soma de dois componentes, de tal forma que, se o seu nível for insuficiente, dada a suposta suficiência do nível e elevação de D^1, a demanda de bens de consumo, a deficiência só poderia ser imputada a D^2, demanda de bens de capital. Como se viu em *A crise da ideologia Keynesiana*,[4] a taxa de ociosidade de 80%, de 70% em certos setores da economia norte-americana durante a depressão dos anos 30, mostra que havia acumulação excessiva, alto nível de D^2. Portanto, o diagnóstico que não leva em consideração a dialética da demanda coletiva capitalista é uma inversão da realidade, fundada na falsa lei psicológica fundamental de Keynes, segundo a qual o consumo da sociedade capitalista é elevado e cresce *pari passu* com a renda nacional.

Nem o consumo individual, nem o consumo produtivo dele dependente é elevado na economia capitalista: são limitados pelas relações sociais e tendem a romper estes limites, provocando uma crise.

Tanto os capitalistas do departamento I, produtor de meios de produção, quanto os do departamento II, que produzem meios de consumo, e os do departamento III, que produzem não-mercadorias, procuram aumentar suas vendas. O crédito, o aumento das dívidas de empresas, dos consumidores individuais e da dívida pública, é produzido na produção, resulta das necessidades de ampliação contínua da produção que é limitada pelas relações capitalistas anteriormente indicadas.

O processo de produção, que retira do consumo individual a potência criadora representada pelo trabalho vivo em sua atuação sobre o trabalho morto, transforma matérias-primas e materiais auxiliares, por meio de uma síntese depuradora, na mercadoria valorizada, enriquecida, embora pobremente enriquecida e unilateralmente valorizada pelas relações de produção que presidem o processo.

Marx, que vê no duplo aspecto da forma mercadoria, no fato de ser ela ao mesmo tempo valor de uso e valor e de ter de ser reproduzida como tal, passando pelas múltiplas formas de dinheiro, de capital variável, capital constante, fixo e circulante e de capital mercadoria, a possibilidade de se tornarem realidade as contradições que animam o movimento das mercadorias, pôde tranqüilamente afirmar:

> Para a mercadoria a primeira barreira, por conseguinte, é o *consumo* mesmo, a *necessidade dela*. Ao sair o capital do processo de produção e reingressar na circulação, para: a) encontrar como *produção* uma barreira na magnitude existente do consumo,

---

[4] CAMPOS, Lauro. *A crise da ideologia keynesiana*. RJ, Campus, 1980. p. 103.

ou da *capacidade de consumo*...[5] Portanto, como valor encontra sua barreira na produção alheia, do mesmo modo que enquanto valor de uso a encontra no consumo alheio.[6]

Para nós, o consumo não é apenas a "primeira barreira", como diz Marx, mas a barreira própria da economia capitalista nas fases iniciais do desenvolvimento de suas contradições. É a forma da crise de uma estrutura capitalista elementar, monossetorial, em que a produção de meios de consumo se apresenta como limite a si mesma. Marx concorda com Malthus, *inter allia*, no seguinte trecho: "Esquece-se que, como diz Malthus, 'a própria existência de um lucro sobre qualquer mercadoria pressupõe uma demanda exterior à do trabalhador que a produziu'."[7] Portanto, a insuficiência da demanda agregada, antagônica, se deve ao duplo aspecto que o trabalho humano possui no modo de produção capitalista e que se reproduz no duplo aspecto das mercadorias. Ao produzir valores de uso e valor, as condições da produção se cindem das do consumo porque a valorização do capital, e não o consumo, constitui o objeto e o fim da produção. Uma parte do consumo coletivo, da capacidade de consumo da coletividade, se apóia no salário, em seu valor agregado que cada empresário vê, nas condições antagônicas da produção, como custo de produção e, assim, deve ser minimizado. Ao lucro, a forma dinheiro da mais-valia, não corresponde, nem poderia ter correspondido, a criação de demanda, renda distribuída, preço pago a qualquer "fator". O valor da mercadoria encontra apenas uma parcela de seu valor em dinheiro: àquela parte correspondente aos pagamentos monetários dos trabalhadores (V) e do capital constante (C). A parcela do valor (S) correspondente ao lucro líquido não pode surgir como demanda efetiva porque não foi lançada na circulação capitalista, mas tem de ser extraída dela, da circulação. Esta contradição é um dos enigmas decifrados por Marx.

Se o consumo individual e o produtivo são limitados, a produção, que é consumo mediata e imediatamente, é também limitada.

A dinâmica capitalista é contraditória e limitada, e a ela falta a negatividade dos consumos individual e produtivo: ao negar o assalariado como fonte de valor, ao classificá-lo como custo, nega-lhe o papel de consumidor.

---

[5] MARX, K. *Grundrisse – Elementos fundamentales para la crítica de la economia política (borrador) 1857-1858*. Argentina, Siglo Veintiuno, p. 356. v. 1.
[6] Idem, ibidem, p. 358-9.
[7] Idem, ibidem, p. 374.

A insuficiência do consumo produtivo se manifestará, na crise, como superacumulação de capital – que não foi consumido e demandado; e a insuficiência do consumo individual se manifestará como crise de subconsumo.

Deve-se entender que, embora a economia capitalista não tenha por objeto e fim o consumo, mas o lucro, e, por isto, possa deixar de produzir meios de consumo como seu produto final, para produzir não-mercadorias, não meios de consumo e não-meios de produção, o consumo continua importante para entender-se o desenvolvimento das contradições da forma mercadoria. A importância do consumo decorre do aspecto dual das mercadorias, da "dupla existência da mercadoria", como valor de uso e como valor. Marx afirmou em *O capital* que ele foi o primeiro a descobrir que o trabalho humano, no modo de produção capitalista, é produtor de valor de uso e de valor. O objetivo da economia capitalista não é o consumo: a cisão entre os dois momentos mostra que o fim da produção passou a ser a valorização, o lucro. Quando Marx afirma que ele foi "o primeiro a determinar"[8] o duplo aspecto do trabalho, produtor de valor e de valor de uso, quando ele foi o primeiro a realizar diversas outras determinações importantes, fica sublinhada a importância desta determinação.

Como o trabalho produz coisas materiais, valores de uso, mas só os produz enquanto sejam os veículos do lucro, da valorização do capital, a mercadoria tem uma dupla existência. A mercadoria como valor de uso, coisa útil, se destina ao consumo individual e ao consumo produtivo que realizam sua destruição transformadora. Como valor, a mercadoria se realiza na venda, no momento em que o valor que ela contém passa a existir como dinheiro, na forma dinheiro que ela assumiu, mediante metamorfose que o valor realiza na venda, na circulação. Logo, o que decorre de sua dupla existência, herdada do duplo aspecto do trabalho humano, no modo capitalista de produção, é a necessidade de uma dupla realização: a do valor de uso, no consumo, e a do valor, na demanda efetiva, no dinheiro. Se se compra, se demanda apenas para consumir, o consumo é condição da demanda. Veremos como a demanda capitalista adquire autonomia do consumo, como resultado do desenvolvimento das contradições que movem o sistema: a demanda governamental de não-valores de uso é o resultado desta cisão entre a demanda e o consumo, e é ela que permite o avanço da lucratividade além dos limites impostos pelos antagonismos da repartição.

---

[8] MARX, K. *El capital*. México, FCE, 1973. t. I, p. 9.

Para valorizar o capital é necessário empregar trabalho assalariado e produzir valores de uso, portadores de valor e da valorização. No mundo das mercadorias do qual Marx tratou, os valores de uso são meios de produção ou meios de consumo. Para se valorizar capital em maior escala é necessário produzirem-se mercadorias em escala superior. No entanto, o consumo individual e o produtivo constituem as barreiras iniciais que impedem a expansão da acumulação.

A produção só poderia se desenvolver em seus compartimentos que produzem meios de consumo para assalariados se o salário real por unidade de trabalho aumentasse ou se, dado o salário real, aumentasse o volume de emprego. O aumento do salário real individual que resultaria do aumento da produção de meios de consumo para assalariados imporia custos crescentes e lucratividade decrescente ao capital, a ponto de inviabilizar a acumulação. A outra possibilidade, de salários constantes por unidade de emprego adicional, também leva à queda da taxa de lucro e limita o processo acumulativo: o aumento do volume de emprego resulta, como Marx demonstrou, de um movimento duplo, de expulsão, decorrente do caráter '*labour saving*' do capital constante adicionado que "compete" com o trabalhador, e, por outro lado, o maior volume de capital impõe o emprego adicional, relativamente menos "intenso", de mais força de trabalho. Mas, obviamente, a maior massa de produção por unidade de trabalho decorrente da acumulação e das inovações técnicas não poderá se destinar ao pagamento e consumo do assalariado: a produção adicional não teria sentido, a acumulação não seria capitalista, e a última hipótese, de salários reais constantes, não é compatível com o maior consumo do assalariado.

> O que os assalariados de fato produzem é a mais-valia. Logo que eles cessam de produzi-la, seu consumo cessa, porque sua produção cessa. O que os habilita a consumir não é o fato de terem produzido um equivalente para seu consumo. Ao contrário, logo que eles produzem apenas o equivalente, seu consumo cessa....[9]

O incremento da produção, resultante do processo de acumulação, não pode ter por objetivo e fim o assalariado; se o impulso do capital é reduzir o salário, tendo "zero como seu limite, no sentido matemático", na expressão de Marx, ou na de Pigou, "salário zero ou negativo assegura pleno emprego continuamente por mais baixo que a demanda agregada possa cair", então o processo de acumulação só pode existir se dele resultar a produção acrescida de meios de consumo para capitalistas, excludente da demanda e do consumo

---

[9] MARX, K. *Theories of surplus value*. Part II. Londres, Lawrence and Wishart, p. 519.

dos assalariados. As inovações tecnológicas incessantes, o *downsizing*, a reengenharia têm por objetivo aumentar a taxa de mais-valia e o lucro. O desemprego crescente é a expressão daquela necessidade capitalista – o aumento ou a preservação da taxa de lucro.

As relações sociais de produção que marcam a produção capitalista imprimem seu selo na estrutura técnica da produção. A estrutura da produção capitalista é determinada por aquelas relações sociais antagônicas. Enquanto a estrutura produtiva ainda é simples e elementar, dominada apenas pelo departamento II, que produz, polarizadamente, meios de consumo para capitalistas e para assalariados, a acumulação só pode privilegiar os setores que produzem os produtos de luxo, excludentes do consumo assalariado. Embora o maior número, no consumidor coletivo antagônico, seja obviamente de assalariados, a produção em massa se acumula e se expande como produção para capitalistas, o consumidor reduzido numericamente, elitizado e em concentração. Não apenas a economia francesa, desde Colbert, foi impulsionada pelas manufaturas de luxo (carruagens, porcelanas, perfumes, tecidos, tapeçarias, sedas, vinhos, cristais), como todas as economias capitalistas, das quais a norte-americana do carro, da geladeira, do rádio, da televisão, do computador, dos telefones celulares, dos iates, dos palacetes é um dos mais vorazes e conspícuos exemplos, como as economias capitalistas subdesenvolvidas e semi-integradas, possuidoras do departamento II ou do I e do II; todas elas só podem ser dinamizadas pelo crescimento dos setores voltados para o consumo dos capitalistas. A máquina coletiva, a soma de todas as máquinas da economia capitalista e o trabalhador coletivo são sociomórficos, isto é, se localizam, se distribuem, se concentram ou rareiam de acordo com as relações sociais que determinam o padrão de comportamento da totalidade.

Desde seu surgimento, o capitalismo é um movimento no sentido da expropriação da classe trabalhadora por um lado e, de outro, da concentração, centralização e monopolização do capital e da propriedade.

> O regime do capital pressupõe *o divórcio entre os trabalhadores e a propriedade sobre as condições de realização de seu trabalho*. Quando se move por seus próprios pés, a produção capitalista não só *mantém* este divórcio, como *o reproduz e acentua numa escala cada vez maior*. O processo, portanto, que *engendra* o capitalismo só pode ser um: *o processo de dissociação entre o trabalhador e a propriedade sobre as condições de seu trabalho*, processo que de um lado *converte*, os meios sociais de subsistência e de produção *em capital*, e, por outro lado, os produtores imediatos em *trabalhadores assalariados*.[10]

---

[10] MARX, K. *El capital*. México, FCE, 1973. t. I, p. 608.

Ao se estruturar a grande indústria em torno do "autômato gigantesco", que é o sistema maquinizado, o "resultado mais imediato da maquinaria é o aumento da mais-valia e, com ela, da massa de produção em que toma corpo". No entanto, a estrutura desta máquina, a distribuição dos investimentos, privilegia necessariamente os setores de produção de artigos de luxo, em detrimento dos que produzem bens-salário:

> Sua crescente riqueza e a redução relativa constante do número de trabalhadores necessários à produção de artigos de primeira necessidade criam, ao lado de novas necessidades de luxo, novos meios para sua satisfação... Dito em outros termos, cresce a *produção de luxo*.[11]

Se continua o processo de acumulação e se eleva o nível da produção, além de não capitalistas internos, capitalistas e não capitalistas estrangeiros têm de ser conquistados. O crédito ao consumo não pode realizar o milagre de criar novos consumidores, porque ele gera, ao mesmo tempo, novos devedores; a concentração consumista se impõe como necessidade da reprodução capitalista dinamizada pelos setores que produzem artigos de luxo. São os não capitalistas que estão próximos do capital, os gerentes, os tecnocratas, os burocratas, os fiscais, os administradores, etc., que são guindados em nível de renda que os transforma em consumidores de mercadorias para capitalistas. À medida que a produção aumenta, novos contingentes têm de engrossar o seleto e, de início, rarefeito mercado de consumo. Enquanto os capitalistas despendem no máximo 5% de seus lucros para o consumo daqueles bens, os não capitalistas gastam mais do que ganham, se endividam, para atingir aquele padrão de consumo. Enquanto os capitalistas compram 5, 6, 10 carros de luxo, os não capitalistas se consorciam para comprar o primeiro, o segundo ou o terceiro carro da família endividada e dividida.

A concentração consumista da renda nacional, a polaridade necessária da economia capitalista, o caráter excludente de sua produção em relação ao assalariado, as relações de distribuição e de consumo se tornam incompatíveis com as condições da produção: a produção dinamizada pelos artigos de luxo, a partir de determinado nível de produção, só pode continuar aumentando se a incorporação da parcela de não capitalistas ao consumo de luxo significar o seu oposto, isto é, redistribuição da renda nacional, redistribuição da mais-valia apropriada pela cúpula em benefício dos novos consumidores.

---

[11] Idem, ibidem, p. 370.

A partir de certo nível de produção de mercadorias para capitalistas, a economia bissetorial dinamizada pelas indústrias produtoras daqueles bens encontra uma barreira social à reprodução ampliada. O aumento do consumo de artigos de luxo, que se apóia sobre o aumento da taxa de mais-valia e a exclusão dos assalariados, atingido o limite de exploração exacerbado pela acumulação até então funcional, só pode ser conseguido pela redução da renda da cúpula em proveito dos que emergiriam como novos consumidores.

Até o ponto em que o alargamento do consumo da cúpula se fazia por meio do aumento da mais-valia e da pobreza do consumo da base, a dinâmica do capital estava perfeitamente alimentada. A partir do momento em que o aumento quantitativo dos que desfrutam da concentração consumista da renda nacional encontra seus limites na impossibilidade de aumento da massa e da taxa de mais-valia e na transformação qualitativa da concentração em redistribuição, o limite se impõe como obstáculo intransponível à dinâmica bissetorial movida pelos artigos de luxo.

Impossibilitada de se realizar como mercadoria para assalariado e, a partir de certo nível de desenvolvimento da produção, obstada em sua realização como artigo de luxo consumido por capitalistas e não capitalistas, a massa de mercadorias não pode realizar-se, em escala crescente, como valor de uso. A simples reprodução, o crescimento zero, passa a ser o lema e o desejo dos ideólogos e dos tecnocratas. No entanto, a simples reprodução é incompatível com o sistema capitalista, como será visto.

A crise de 1929, nos Estados Unidos, é reveladora das relações dialéticas que dirigem o movimento de acumulação contraditória. Quando a produção de carros, em 1929, atinge 5,3 milhões de unidades por ano e a frota em utilização 27 milhões, a concentração máxima fora alcançada. Numa população ativa de cerca de 50 milhões, a produção só poderia continuar crescendo se 3 milhões de novos compradores atingissem o nível de renda do proprietário de carro, por ano. Se, nos Estados Unidos, a taxa de crescimento da produção de carros da década de 20 se mantivesse até 1980, cerca de 200 milhões de carros teriam sido produzidos neste ano. Isto significa um carro *per capita* ao ano...

Quando se fixa na economia do carro, o que se enfatiza é o mais significativo de uma série de artigos de luxo, de elevado preço, que passam a ser os objetos produzidos pelas empresas oligopólicas, pelo robô gigantesco, que é a linha de montagem, exacerbando as contradições da economia capitalista.

Quando a economia norte-americana atinge apenas 6,2 milhões, em 1981, e reduz sua produção de carros para 5,1 milhões, contra 5,3 milhões, em 1929, vê-se claramente quão longe se encontra de seu potencial de 200 milhões. O *efeito engavetamento* — impossibilidade de alargar o mercado consumidor via redistribuição e esgotamento da ampliação da demanda de artigos de luxo, via aumento da taxa de mais-valia e concentração consumista — está na base do arrefecimento, da crise permanente, da economia de guerra e do transplante internacional de indústrias oligopólicas que se seguiram àquele efeito. Isto significa que a "globalização" é o resultado daquelas contradições.

A economia brasileira, embora tivesse contido o ímpeto acumulativo da produção de luxo e produzisse apenas 1,0 milhão de unidades por ano, encontra-se sob o impacto do *efeito engavetamento*, que subjaz na etiologia da crise de 1929. A acumulação privada nacional, a estatal, a bancária, a industrial estrangeira e a agrícola encontraram na organização totalitária do Estado e na desarticulação do assalariado os ingredientes que lhes permitiram aprofundar contradições semelhantes às da acumulação norte-americana na década de 20. A taxa de exploração, que se traduz na miséria absoluta de 80% da força de trabalho ativa, não pode aumentar, como o fizera em 1964, para sustentar os acréscimos de concentração consumista de artigos de luxo.

Dada a estrutura da produção, da distribuição, do consumo e da riqueza acumulada, dado o caráter excludente do crescimento capitalista, a rede bancária, os setores industriais, os capitalistas estrangeiros e o Estado despótico, keynesiano, não podem redistribuir sua renda. Querem sempre redistribuir a miséria do assalariado: aumentar a taxa de mais-valia, mas esta esbarrou na taxa de mortalidade, de carência, de fome, que se expressa em 30 milhões de crianças abandonadas e carentes para uma população de 120 milhões de indigentes e 10 milhões de habitantes, "cidadãos de primeira classe".

Como o resultado da crise foi o aumento de preços dos produtos de luxo, oligopólicos, a exclusão se acentuou de forma que, em 1981, a indústria de carros baixou de 40% sua escala e o produto industrial teve um crescimento negativo de 9%.

Os extrapoladores desrealizados, os milagreiros do ano 2000, os videntes que só têm olhos para suas taxas de enriquecimento pessoal, não perceberam que na economia norte-americana o padrão de democracia possível, compatível com o capitalismo, dinamizado pelos artigos de luxo, foi negado e excluído, cada vez mais, pela crise do consumo coletivo.

A redistribuição da renda nacional permitida pela dinâmica capitalista não consiste em retirar parte da renda dos 10% mais ricos e transferi-la para os 10% ou 20% mais pobres. Pela lógica do capital aquela renda estaria se perdendo, não seria capaz de ampliar o mercado para os artigos de luxo. A lógica capitalista deste modo de produção consistiria em transferir parte da renda da cúpula para segmentos imediatamente abaixo a fim de alçar novos contingentes de população em nível de renda que lhes permita consumir mercadorias de luxo. A Tabela I abaixo mostra com clareza o que estamos afirmando.

Tabela I

A concentração de renda no Brasil

Repartição da população ativa	1960	1970	1976
50% mais pobres	17,7%	14,9%	11,8%
30% seguintes	27,9%	22,8%	21,2%
15% alta classe média	26,7%	27,4%	28,0%
5% mais ricos	27,7%	34,9%	39,0%

Fonte: FGV. In: DIAS, Marcelo. Milagres em cadeia no Brasil, *Le Monde Diplomatique*, p. 14, jan. 79.

Mesmo quando de um processo de acumulação acelerada e selvagem do capital como foi o do chamado "milagre econômico" brasileiro, a dinâmica capitalista se mostra de forma perversa, pois enquanto temos o enriquecimento dos 20% mais ricos da população, no período 1960/76, os 80% mais pobres tiveram sua renda contraída, de 45,60% em 1960 para 33,00% em 1976, para financiar a compra de produtos de luxo pela elite nacional. Nos países retardatários e, no caso, o Brasil, temos um crescimento de 1,3% na renda apropriada pela alta classe média no período 1960/76, enquanto que os 5% mais ricos da população tiveram um acentuado aumento na apropriação da renda nacional de 7,2% entre 1960 e 1970 e um crescimento de 4,1% de 1970 para 1976, perfazendo um total de 11,3%.

O crescimento da renda dos 20% mais ricos da população ocorreu às expensas dos 80% mais pobres da sociedade brasileira apesar das elevadas taxas de crescimento do PIB nos anos 70. Os trabalhadores esquálidos financiam a adiposidade da elite.

Nos Estados Unidos, enquanto a população norte-americana aumentou 100% entre 1929 e 1981, a produção anual de carros decresceu 4%.

A determinação dessa tendência, que significa a negação do carro e dos artigos de luxo como objetos consumíveis pelo assalariado e pela "classe média", por não capitalistas, é essencial para se compreender as mudanças verificadas nas estruturas produtivas e ocupacionais, a partir da década de 30. Se a economia bissetorial não podia continuar sendo dinamizada pela produção de artigos de luxo, a mudança das estruturas se fazia necessária para a redinamização do capitalismo. O fim da dinâmica voltada para a acumulação de artigos de luxo se deu de forma estrondosa na crise de 1929.

A produção de não-mercadorias e as ocupações terciárias de serviços, que empregam trabalho improdutivo e destrutivo, constituíam *o único e último* mecanismo de sustentação do crescimento do capitalismo que ocupava o espaço internacional possível.

A concentração dos setores que produziam artigos de luxo é acentuada com a crise. Esta revela a essência contraditória do movimento de auge, de acumulação anterior: "Toda forma e instituição do progresso econômico cria sua negação determinada, e a crise é a forma extrema pela qual as contradições se expressam[12]."

Com a redução da massa de mais-valia decorrente do desemprego crescente, o lucro cai e a "corte" dos que dela participam se contrai aumentando suas remunerações em detrimento dos excluídos e "enxugados".

A retomada não podia ser feita pela reconstrução pura e simples da estrutura que entrara em crise em 1929: seria reconstruída a crise, juntamente com a economia... Logo, os investimentos não puderam se alocar nas indústrias automobilísticas e de luxo, mas por meio de gastos "autônomos" do governo: pagamentos feitos pelo governo Roosevelt para *que os fazendeiros não plantassem*, para que plantassem cactus, obras improdutivas no Tennessee (T.V.A.), construção de estradas e, como remédio heróico, o dispêndio bélico crescente, a partir de 1939, que atingiu 36% do PNB norte-americano, durante a Segunda Guerra Mundial.

Impossibilitada de penetrar no consumo coletivo, dada a natureza elitista de sua dinâmica, a mercadoria se nega: ela, que é valor de uso e valor, meio de consumo e de produção, passa a ser um não-valor de uso, um não-meio de consumo, um não-meio de produção, uma não-mercadoria, para escapar de suas contradições. A produção se afasta do consumo e da distribuição que lhe impunham os limites: passa a produzir não-mercadorias, produtos bélicos, espaciais, pirâmides, edifícios, etc., que o governo compra, "eliminando" os

---

[12] MARCUSE, Herbert. *Razão e revolução*. RJ, Paz e Terra, 1988. p. 284.

problemas da distribuição e do consumo. Mas a eliminação é contraditória e o consumo antagônico, a distribuição e as relações capitalistas de produção subjazem como os obstáculos reais do "Negócio Novo" e da "Nova Fronteira", da globalização, e de outras novidades envelhecidas rapidamente.

O capitalismo bissetorial encerrou sua dinâmica de forma violenta: a crise de 1929 destruiu as velhas estruturas produtiva e ocupacional e sobre seus escombros se reergueu a estrutura dinamizada pela produção destruidora, pelo departamento III. Agora, parte considerável das máquinas produzidas no departamento I não é comprada pelos setores dinâmicos do departamento II, desenvolvendo as contradições: elas produzem não-valores de uso, não-meios de consumo que o dinheiro-estatal que não contém trabalho cristalizado, pois é papel-moeda inconversível, compra "autonomamente".

Outra parcela das máquinas produzidas é transplantada, a partir da Segunda Guerra Mundial, para as economias semi-integradas. Um novo capítulo, inédito e inexistente ao tempo de Rosa Luxemburgo, começa a ser escrito no âmbito das relações internacionais do capital.

O lucro, forma dinheiro da mais-valia, passa a ser produzido, em parte, pelo governo e assume a forma de eficiência marginal fictícia do capital. O capital produtivo superacumulado, aquele em que se objetivam as contradições que eclodiram na crise de 1929, passa a ser objeto do transplante.

A economia se completa internamente com o departamento III e internacionalmente com o transplante. Do ponto de vista da economia cêntrica, a dinâmica da acumulação contraditória passa a repousar nestes dois novos componentes.

A crise desta economia completa contém e supõe a expansão das não-mercadorias, do trabalho improdutivo, do Estado, da dívida pública, do dinheiro-estatal e do comércio mundial dominado pelo padrão de desconcentração via transplante, os componentes que Marx retirou na modificação do plano original de *O capital* que ele realizou em 1866.

Ao se desenvolverem na produção, na prática, as potencialidades positivas e as negativas do capital podem ser apropriadas pela cabeça. Malthus as antevira e Keynes as justificara: seu ponto de vista capitalista os leva a representar ideologicamente a realidade completa, obscurecer a negatividade crescente e necessária, presente nas não-mercadorias produzidas no departamento III. Os governos dos países capitalistas cêntricos (A.C.C.) acendem a chama do lucro, da eficiência marginal fictícia do capital nos setores bélicos, espaciais, dissipadores e destrutivos.

Rosa Luxemburgo a intui e a nega; o grande mérito de Ernest Mandel foi o de ter apreendido esta estrutura. Sua deficiência reside em não ter utilizado o método marxista de determinação para formular o conceito de não-mercadoria. A dinâmica contraditória e a negatividade que se objetivam na forma não-mercadoria teriam de ser determinadas a partir das relações sociais de produção, de sua objetivação como valor de uso e como valor e o acompanhamento do desenvolvimento da história do capital movida pela negatividade das relações sociais da produção capitalista.

A história da humanidade não é vista como o desenvolvimento dialético que move a odisséia do espírito hegeliano, abstrato, para ser vista como a negatividade que "no mundo social leva às contradições da sociedade de classe e, assim, continua a ser o motor do progresso social"; "a totalidade que a dialética marxista atinge é a totalidade da sociedade de classes, e a negatividade que está subjacente às contradições desta dialética e o que dá forma ao seu conteúdo todo é a negatividade das relações de classe", como corretamente afirma Marcuse.[13]

A negação do assalariado cria o obstáculo ao desenvolvimento da produção de valores de uso, meios de consumo utilizáveis pelos assalariados. Dada a dupla existência da mercadoria, aquela contradição limita a produção de valor e a valorização ligada, de início, ao valor de uso, à base física, útil, da mercadoria.

A acumulação tem de se voltar para os artigos de luxo, para capitalistas, desligando-se parcialmente dos assalariados. No entanto, o mercado capitalista é monetariamente amplo, mas numericamente restrito. A centralização do capital restringe-o cada vez mais. Para que a produção de mercadorias avance em sua dinâmica contraditória, busca mercados externos para os artigos de luxo. Esses mercados se estreitam a partir de 1843, ano em que a Grã-Bretanha inicia a exportação de máquinas, quando o departamento I, que se ergue nas primeiras décadas do século XIX, atinge um nível de produção superior à capacidade de compra dos industriais do departamento II, produtores de artigos de luxo. Com a exportação de máquinas, o mercado mundial se restringe para os artigos de luxo ingleses, que dinamizavam a economia da Ilha, mostrando os limites do desenvolvimento contraditório, em escala mundial.

A exportação de meios de transporte, ferrovias e navios, não-meios de consumo e não-meios de produção, é a solução final de que lança mão a Grã-

---

[13] MARCUSE, Herbert, op. cit., p. 285-6.

Bretanha. A crise de 1907 indica o esgotamento do processo e o final do padrão de desconcentração que deu hegemonia à Grã-Bretanha.

A produção de não-mercadorias durante a Primeira Guerra Mundial indica o caminho do futuro, o setor de produção que será responsável pela dinamização, quando a economia capitalista não puder mais se fundar sobre a acumulação voltada para os artigos de luxo.

A década de 20 conhece os resultados extremos da produção polarizada, que negou os valores de uso para assalariados e se voltou para os capitalistas. A linha de montagem, a partir de 1913, se inaugura nos setores dinâmicos, de luxo. O carro, o objeto ideal da linha de montagem, é altamente contraditório. Entre outras, ele é um artigo de luxo, para capitalistas, produzido em massa, na linha de montagem. Ao excluir a massa da população assalariada, e sendo objeto da produção em massa, o carro vai desenvolver sua contradição, sua negatividade, que se revela, em 1929, na crise. Quando a produção de veículos atinge 7 milhões de unidades, nos Estados Unidos, em 1957, tendo arrancado de 0,7 milhão em 1943, fica patente que o transplante de parte da capacidade produtiva para economias hospedeiras se fazia necessário.

Ao ser produzido em massa, o carro exige amplos mercados, maior número de consumidores. Artigos para capitalistas, ao se tornarem o objeto produzido por setores industriais dinâmicos, têm de ser consumidos, também, por não capitalistas. À concentração de renda capitalista, acumuladora, se superpõe a concentração consumista. A primeira só abrange os capitalistas centralizados; a segunda bombeia mais-valia de assalariados da base, que não alcançarão o nível de salário de acesso aos artigos de luxo, e a canaliza para os assalariados da cúpula, dirigentes, tecnocratas, gerentes, fiscais, militares, etc.

A taxa de mais-valia encontra seu limite na miséria da massa, nas reivindicações sindicais, na desarticulação das indústrias para assalariados, enquanto a concentração acumuladora não vê limite algum desde que ela avance. O obstáculo à expansão é posto pelas relações sociais da produção, da distribuição e do consumo: ao não poder aumentar a taxa de mais-valia, os lucros não operacionais, a "eficiência marginal fictícia do capital", substituem os lucros reais, extraídos do trabalho produtivo não pago.

Agora, para que o número de consumidores se amplie, seria necessário que os não capitalistas, na impossibilidade de participarem da mais-valia adicional, participassem dos lucros dos banqueiros, dos industriais, dos comerciantes. Em vez da concentração de renda, o movimento passaria a significar o seu oposto, redistribuição de renda. Essa redistribuição, que é incompatível com a polaridade fundamental, impediria a acumulação, limitaria os fundos investíveis, agravando as contradições. A eliminação do assalariado como consumidor se reafirma por meio da crise.

Encerra-se a dinâmica contraditória que se move pela produção de artigos de luxo. A redinamização da acumulação vai exigir novo afastamento e evidente negação do assalariado, dos valores de uso e da utilidade. A produção de *não*-mercadorias, *não*-meios de consumo nem para assalariados, nem para *não* capitalistas, e de *não*-meios de produção, portanto, de *não*-valores de uso é o resultado da mudança nas estruturas produtiva e ocupacional que respondem pela redinamização do sistema. A produção tem de ser *wholly wasteful*, "completamente dissipadora", como afirma seu ideólogo, Keynes.

Agora, o assalariado está excluído do consumo, a não ser enquanto este reproduz sua força de trabalho como realidade histórico-social. O governo keynesiano passa a consumir, no lugar do assalariado, aqueles valores de uso que o assalariado não pôde consumir e no lugar de grande parte dos consumidores não capitalistas: também estes podem ser parcialmente excluídos, porque a demanda "autônoma" do governo garante a valorização do capital objetivada em não-mercadorias, não-meios de consumo.

A forma social não-mercadoria é, portanto, o resultado da objetivação da negatividade crescente que se situa nas relações de produção. Como não-meios de produção, buscam anular o crescimento das forças produtivas e seu choque com as relações capitalistas de produção, de distribuição e de consumo. A tecnologia objetivada nos meios de produção de não-mercadorias é reacionária, negadora do homem: quanto mais moderna e eficiente for a tecnologia usada no departamento III maior será sua capacidade destrutiva, conservadora da escassez capitalista e do sistema que se funda na exploração, na exclusão.

Como não-meios de consumo, evitam os obstáculos que os valores de uso impunham ao processo de valorização, os obstáculos à realização do valor. Mas, ao produzir produtos inúteis, destrói o mito de que o objetivo da produção é o consumo: passa a produzir não-meios de consumo. Ao produzir artigos inúteis, evidencia que o conflito entre trabalhadores produtivos (de mercadorias) e improdutivos e destrutivos (de não-mercadorias) é a nova forma de apresentação da contradição entre capitalistas e assalariados. Ao deixar de produzir valores de uso, a economia capitalista destrói a base material de sua racionalidade e o critério de sua "verdade" – a utilidade.

> O critério de verdade que a formação econômica capitalista instaura, lenta e inconscientemente em substituição ao critério decadente da verdade revelada, feudal, é a utilidade. As proposições enunciadas pela produção mental da sociedade capitalista

obviamente não têm de coincidir com o velho critério da verdade revelada, mas, para serem verdadeiras, poderem circular e serem consumidas, têm de ser úteis, isto é, adequadas à reprodução das relações sociais produtoras e acumuladoras de "utilidades".[14]

A economia capitalista completa o seu périplo, por meio da inversão total: os valores de uso, a base material da mercadoria, essencial ao conceito, são negados na produção de não-mercadorias, não-valores de uso. A negatividade que das relações sociais da produção se objetiva na exclusão dos assalariados, e, em seguida, dos não capitalistas do acesso aos valores de uso, acaba materializando-se nas não-mercadorias. A superação real da crise só pode consistir em negar a negatividade, reestruturando e revolucionando qualitativamente as relações sociais e a estrutura técnica para que elas se redirijam para os homens, para a realização do ser social coletivo e de suas potencialidades materiais e espirituais.

1.2 A CRISE QUE SE COMPLETA

O pensamento econômico defronta duas grandes dificuldades de determinar e apreender o processo real. A primeira decorre dos próprios fenômenos, do caráter incompleto que eles apresentam em certos períodos de desenvolvimento. A concreticidade do fenômeno, isto é, a totalidade de suas determinações não pode ser alcançada porque ele não revelou a totalidade de suas potencialidades, ainda não está plenamente desenvolvido, completo. Se o fenômeno, em seu movimento histórico e social – a mercadoria, o dinheiro, a estrutura produtiva, o crédito, o comércio, o Estado, etc. –, ainda se encontra incompleto, o pensamento, enquanto parte do mundo real, não pode apreender, transpor para o cérebro o que ainda não existe nele. Esta dificuldade deriva das relações entre o sujeito e o caráter histórico e social do objeto e explica o caráter incompleto do pensamento pela falta de desenvolvimento do fenômeno, do objeto.

A outra dificuldade decorre do caráter histórico e social do sujeito em sua relação com o objeto. Se a primeira revela o caráter freqüentemente incompleto, inacabado, dos fenômenos, a segunda dificuldade revela o caráter incompleto, parcial, do sujeito; a consciência é o produto das relações sociais, é formada, conformada, deformada e limitada pelas relações sociais que os homens mantêm no processo social de produção da sua existência.

---

[14] CAMPOS, Lauro. *A crise da ideologia keynesiana.* RJ, Campus, 1980. p. 18.

O pensamento econômico que se constrói sobre o fenômeno das crises capitalistas padece de ambas imperfeições – a do sujeito, do caráter limitado, parcializado de sua consciência polarizada, as relações sociais da sociedade produtora de mercadorias, e pelo caráter *incompleto* das crises capitalistas.

As relações sociais da produção se traduzem, no modo de produção capitalista, no movimento contraditório que anima o conjunto das mercadorias e das não-mercadorias e na ideologia como forma correspondente de consciência, de representação e de expressão alienada, parcial e obscurecedora dos fenômenos econômicos, sociais e políticos.

As crises expressam que as oposições, contradições e barreiras do movimento de reprodução das mercadorias cindiram a tensa unidade entre a produção e o consumo, "unidade que se reafirma por meio da crise", em um nível inferior desta unidade em permanente contradição. O pensamento ideológico reage diante da crise de duas formas obscurecedoras: a) negando a existência das crises por meio da formulação das diversas versões equilibristas, e b) diante de situações depressivas inegáveis, a ideologia "explica" as crises capitalistas como se elas fossem o resultado de fatores naturais, a-capitalistas, ou como se elas fossem o resultado de conflitos secundários – conflitos entre proprietários de terra e capitalistas industriais, conflito entre banqueiros e capitalistas industriais, que se manifesta na elevação da taxa de juros diante da produtividade marginal do capital, etc.

Negar as crises, afirmando o equilíbrio automático, ou obscurecer suas determinações capitalistas, atribuindo suas causas a conflitos secundários ou a causas naturais (manchas solares, crescimento populacional em progressão geométrica, falta de petróleo, etc.), é prestar um grande serviço à preservação da reprodução das relações sociais de exploração capitalista e um desserviço proporcional ao progresso científico. A crise revela a anatomia do capitalismo, sua intimidade real e contraditória, cujo conhecimento evidenciaria o *"lado negativo do fenômeno"*.[15]

Só quando as condições objetivas que produzem a consciência se desenvolvem é possível à consciência avançar. Enquanto as crises capitalistas engatinham, com sua estrutura ainda embrionária, carregando as marcas do modo de produção anterior, não é possível a formulação sequer de uma teoria da crise capitalista, que dirá a *determinação* da crise completa. Quando Adam Smith escreve, em 1776, ou mesmo Malthus, 40 anos depois, a estrutura

---

[15] MARX, Karl. *El capital*. México, FCE, t. I, p. 408.

da produção não se bifurcara, ainda, nos dois departamentos fundamentais de produção de meios de consumo e de produção de meios de produção. Se o departamento I, de produção de meios de produção, ainda não se afirmara diante do II, do qual era ainda parte,[16] transformando as diferenças iniciais entre um e outro em antítese, e a antítese surgida entre os departamentos I e II em contradição e crise – o que só pôde ter ocorrido na Inglaterra, por volta da crise de 1837 –, o pensamento não podia determinar as relações de complementaridade, de mútua dependência, de polarização, de oposição, que existem entre aqueles departamentos. Logo, o pensamento de Ricardo e de Say tende ou para a explicação da contradição secundária (renda fundiária, elevação do salário real e queda da taxa de lucro), ou para o equilibrismo automático.

Malthus já é envolvido pela crise de acumulação excessiva no departamento de meios de consumo, D II, em relação à capacidade de consumo limitada pela desigualdade da repartição capitalista da renda. Malthus revela a contradição fundamental – entre capitalistas e assalariados – por meio de sua expressão ao nível da repartição e da capacidade de produção diante da capacidade limitada de consumo. Mas, como ideólogo, sugere a administração, a reprodução ampliada, corrigida pelos consumidores improdutivos.

Malthus captou o movimento contraditório das relações sociais de produção capitalistas de mercadorias, que se expressa nas crises de 1810 e 1816, em que a estreiteza e os limites do mercado da Ilha se evidenciaram diante da expansão da produção de meios de consumo; seu recurso ideológico não foi a negação da existência da crise, do "estrangulamento geral", ou a negação "harvardiana" da possibilidade da própria teoria (o que mostra o empirismo como ideologia escapista; que nega a determinação das leis do movimento antagônico diante da impossibilidade de demonstrar as leis do movimento harmônico).

Talvez a grande penetração de Malthus só possa ser compreendida quando se perceba sua visão antecipada do desenvolvimento da estrutura da produção e da ocupação na economia capitalista. Seus *Principles* foram escritos no final de 1810, quando o departamento II dominava, solitário, a totalidade da estrutura produtiva. O que converte Malthus "no primeiro economista de

---

[16] Confira-se com MARX, K, op. cit., *Grundrisse*, "…. esta existência dupla, *diferenciada*, deve desenvolver-se em diferença, e a diferença em antítese e contradição". p. 147.

Cambridge"[17] são, ao lado da dinâmica contraditória que ele diagnostica e procura administrar, as mudanças preservadoras das relações capitalistas que ele quer instilar na estrutura da produção e da ocupação e que indicam sua visão premonitória de uma *estrutura de três departamentos*: o de produção de meios de produção, o de produção de meios de consumo e o de produção de não-mercadorias, em que reina o trabalho improdutivo necessário à reprodução da totalidade. Mas, como os departamentos I e III não tinham se constituído na prática, eles não podem se definir no pensamento, no cérebro de Malthus, em que permanecem obscuros, parciais.

A crise de que Malthus trata é a de insuficiência relativa da capacidade de consumo, que se expressa como deficiência da demanda efetiva e deflação, os grandes problemas do capitalismo do *laissez-faire*, do ponto de vista do capital industrial. As contradições que se expressam nas crises de subconsumo, contradição entre as forças produtivas desenvolvidas pela grande indústria e a capacidade relativa de consumo limitada pelo assalariamento, não podem ser resolvidas e superadas por meio de panacéias, ainda que urdidas pelas sutilezas de Malthus. Contudo, diz Marx, "o único caminho histórico pelo qual podem destruir-se e transformar-se as contradições de uma forma histórica de produção é o desenvolvimento das próprias contradições".[18] Estudar a crise é perseguir o desdobramento e desenvolvimento, no real, das contradições que se manifestam nas próprias crises – o desenvolvimento da negatividade.

É o desenvolvimento do departamento II que possibilita que também as máquinas venham a ser produzidas por meio de máquinas.

> Quando, nos primeiros decênios do século XIX, o processo de produção passa a produzir máquinas por meio de máquinas, isto é, quando se constitui ao lado do setor II, produtor de meios de consumo individual, o setor I, produtor de meios de produção, a contradição entre a capacidade de produção das mercadorias e a estreiteza das bases em que se move a capacidade de consumo da coletividade, produz as crises cíclicas que pontilharam a economia avançada no século passado.[19]

---

[17] "Se Malthus, ao invés de Ricardo, tivesse sido a raiz da qual a economia do século XIX procedeu, que lugar muito mais sábio e mais rico seria o mundo hoje! Temos de laboriosamente penetrar através de nossa educação desorientadora e redescobrir o que nunca deixou de ser óbvio. Há muito tempo eu proclamo Robert Malthus como o primeiro dos economistas de Cambridge; e posso fazê-lo depois da publicação destas cartas, com simpatia e admiração crescentes." KEYNES, J. M. *Essays in biography*, Published for the Royal Economic Society, 1972. v. X, p. 100-1.

[18] MARX K. *El capital*. México, FCE., t. I, p. 409.

[19] CAMPOS, Lauro. *Mecanismos de sustentação do crescimento II* – As Agenda, 1974. p. V.

Nas primeiras décadas do século XIX, o departamento I se cinde e adquire autonomia relativa em relação ao antigo departamento II, em que se unificava a produção total. As diferenças internas entre os compartimentos que produziam meios de consumo e os que produziam meios de produção se ampliam, se externalizam: o D I se afirma em oposição ao D II.

Após algumas décadas de crescimento no oligopólio mundial inglês, o departamento I, que se expandiu, conforme Hoffmman, a uma taxa secular média quatro vezes superior à do departamento II, ultrapassa a capacidade que os empresários ingleses têm de investir em máquinas, em capital produtivo.

A acumulação no departamento I absorve recursos na bolsa que se constitui em importante raiz secundária do processo de formação de capital. As restrições legais às exportações de máquinas, que visavam manter os privilégios do departamento II, passam a constituir um obstáculo à reprodução do departamento I, cujo dimensionamento ultrapassa o mercado da Ilha. A legislação de 1843 indica essa importante transformação e a necessidade de se abrir as portas do mercado mundial às máquinas produzidas pelo D I. A crise de 1837 e a de 1847 indicam a sobreacumulação, a capacidade produtiva elevada dos departamentos I e II; do ponto de vista dos capitalistas do departamento I, ponto de vista novo, emergente àquela época, a redução da escala de sua produção, as máquinas e equipamentos invendáveis e a redução do nível das encomendas dirigidas a eles pelos seus colegas-compradores do departamento II se manifestam na taxa crescente de ociosidade do capital produtivo instalado neste departamento, reforçando sua percepção do fenômeno cíclico que é a de existência de uma sobreacumulação. Os capitalistas do departamento II, que produzem meios de consumo, reduzem a escala de sua produção quando desfalece a demanda de meios de consumo; sua atividade e posição situacional determinam seu ponto de vista segundo o qual a insuficiência relativa da capacidade de consumo é a causa das crises. Os capitalistas do departamento I, que produzem e vendem meios de produção, vêem a crise como contração da demanda de meios de produção que se expressa e aos seus olhos se justifica pela existência de elevada taxa de ociosidade do capital instalado no departamento II, isto é, na sobreacumulação que impede que a compra e a encomenda de máquinas e equipamentos continuem a ser dirigidas a eles na mesma intensidade e nível anterior.

Com o crescimento do departamento I ao lado do departamento II, o subconsumo e a sobreacumulação podem-se confrontar, no pensamento, como determinação dos diversos pontos de vista possíveis, como resultado de uma investigação científica, ou serem afastados da análise ou obscurecidos pela adoção de conflitos secundários erigidos em obstáculos superáveis das crises, sendo esta a tarefa da ideologia. O pensamento pode afirmar a exclusividade ou preponderância da crise de subconsumo, refletindo o ponto de vista do departamento II; pode afirmar a hegemonia da crise de sobreacumulação porque já existe o departamento I e suas relações contraditórias; e pode negar a crise, afirmando a harmonia de uma estrutura indiferenciada e indeterminada.

A ideologia neoclássica elimina as crises e as depressões do universo de análise, tal como Ricardo e Say fizeram.[20] O conflito secundário entre capitalistas da produção e capitalistas do dinheiro, que se expressa nas relações entre produtividade marginal do capital e taxa de juros corrente, é conflito suave, apenas capaz de incomodar o funcionamento ideal do sistema. A ideologia escolhe uma causa superável para os desajustes do sistema. A contradição fundamental, o antagonismo entre capitalistas e assalariados, é transformada em suave ajustamento entre o produto da unidade marginal do trabalho e salário ou, em termos subjetivos, entre a desutilidade marginal do trabalho e a utilidade do salário.

Eliminada a contradição entre capacidade de produção e capacidade de consumo, pela eliminação ideológica da estrutura produtiva e do artifício ideológico de se colocar o consumidor solvente no início da análise, no princípio do processo decisório ao qual se amoldaria a produção, as contradições e os conflitos foram exorcizados do universo de análise inaugurado no âmago da grande crise de 1873 pelos neoliberais. Assim, a ideologia obscurece o real negando seu movimento, invertendo-o até colocar o equilíbrio geral como resultado do devir capitalista.

---

[20] "...Ricardo, na Inglaterra, e Say, no Continente, afirmaram que basta ao economista ocupar-se com a produção da riqueza (...). A produção – disseram – cria consumo ao criar meios de troca; e não se deve temer chegar à saturação dos mercados.... já que as necessidades e os desejos do homem serão sempre capazes de converter tais bens em fruições. Por outro lado, Malthus sustentou na Inglaterra, como eu tentei fazer no Continente, que o consumo não é absolutamente a conseqüência necessária da produção" e, mais adiante, afirma Sismondi: "Um e outro admitíamos (e como poderia ser de outro modo?) que os representantes dos diversos tipos de atividade, agrícola e industrial, lamentam-se periodicamente, em todos os países da Europa, da saturação dos mercados e da impossibilidade de vender sem perdas: nisso, eu via um excesso de produção, ou uma desproporção entre produção e consumo, mas segundo Ricardo – esse excesso e essa desproporção eram igualmente impossíveis. Ele atribuía esse resultado aos defeitos do ordenamento social, aos obstáculos interpostos à circulação dos bens e aos impostos." SISMONDI, S. Sobre o equilíbrio entre produção e consumo. In: NAPOLEONI, C. *O futuro do capitalismo*. RJ, Graal, 1982. p. 95-7.

Marx percebe as diferenças crescentes entre os departamentos I e II; o método dialético constitui um poderoso iluminador da natureza das transformações que cindem a unidade antiga: de início, unidade entre valor de uso e valor, em seguida seu desdobramento na unidade contraditória produção e consumo; agora, nova cisão da qual resultam os dois departamentos. Polarizados, reciprocamente dependentes, mutuamente excludentes, constituem uma dualidade na unidade da produção total.

Com essa cisão e posterior autonomização do departamento I, que passa a acumular capitais próprios, produz meios de produção que talvez não sejam comprados pelos capitalistas do outro departamento, a reprodução se torna mais difícil, mais sujeita a crises, cisões, desproporções e paralisações.

Se, de início, as contradições se manifestavam como insuficiência da demanda de meios de consumo – quando só existia aquele setor produtivo – a partir do crescimento do departamento I, a crise pode manifestar-se também como derivada da insuficiência de demanda de meios de produção que possam funcionar como capital, baixo coeficiente de novos investimentos dos capitalistas do departamento II. Atribuir a retração dos investimentos a um mero conflito entre industriais e banqueiros (eficiência marginal do capital e taxa de juros), desligando-a das contradições que se localizam em nível das relações sociais da produção e do consumo, foi a tarefa da ideologia marginalista.

Se a estrutura polarizada cria a possibilidade das crises de insuficiência de investimento (redução do nível de demanda dos capitalistas do departamento II aos produtores de máquinas e equipamentos do I e conseqüente redução dos investimentos neste próprio departamento), elas se explicam como dificuldade de realização, de venda dos meios de consumo, de insuficiência do nível da demanda de meios de consumo, que faz contrair a atividade do departamento II e suas compras ao I.

Portanto, se de início as crises só podem ser de insuficiência relativa de consumo, mesmo depois de constituído o departamento I, elas tendem a se manifestar daquela forma. Mas, ao se aprofundar a crise, os capitalistas se esquecem das contrações iniciais da demanda de produtos finais, de consumo, e passam a defender o aumento do coeficiente de novos investimentos como única solução para a crise, em vez de recorrer ao aumento da demanda efetiva de meios de consumo, que implicaria uma irrealizável redistribuição da renda.

É óbvio que só pode haver recuperação da economia capitalista se os capitalistas gastam mais, investem mais. Por que não salvam para si o sistema, despendendo mais? Porque é também óbvio que a crise cindiu o circuito e, se não se vende, não se compra: os investimentos perderam a rentabilidade que transforma o dinheiro em capital produtivo, interrompendo o processo. A queda da taxa de lucro decorre do padrão contraditório da acumulação que cria dificuldades crescentes de valorização do capital constante e de dificuldades de realização. Interrompe-se o processo de acumulação: o capital-dinheiro permanece potencial, não pode converter-se em mais capital produtivo. Empoçado, o dinheiro procura o lucro nas Bolsas, nos empréstimos à periferia do mundo, na compra de títulos da dívida pública, nos derivativos. Prepara-se, de um lado, a crise da dívida pública e, de outro, as crises da dívida externa dos países dominados e a crise das bolsas superaquecidas pelo capital que reflui dos poros da produção e da circulação de mercadorias.

Como na fase da retomada só o aumento de investimentos poderá reativar o processo, os empresários afirmam que a crise é causada por insuficiência de investimentos, e este ponto de vista do capital é perfilhado por todos os ideólogos unidos por aquele mesmo ponto de vista estreito e parcial.

Se a crise tiver sido causada por excesso de capital, acumulação excessiva que se manifesta na queda da taxa de lucro ou na insuficiência relativa do consumo, o aumento do investimento só poderia agravar a depressão. Logo, a desvalorização e a depreciação do capital constante são condições necessárias para a elevação da taxa de lucro e para a viabilização de novos investimentos: a destruição do capital produtivo superacumulado se realiza ao longo dos anos de depressão, em que a negatividade necessária se afirma por meio de guerras. Entre 1740 e 1974 pelo menos 366 guerras foram deflagradas atestando a presença de pulsões e necessidades destrutivas para conter a eficiência cega do capital.[21]

A estrutura bissetorial abre a possibilidade para a contradição fundamental entre forças produtivas e relações capitalistas de produção se manifestar de forma dual: 1) as forças produtoras de meios de consumo se chocam com os limites da capacidade de consumo da coletividade; e/ou 2) as forças produtoras de meios de produção, movidas pelo lucro, entram em choque com as relações de produção que se tornam incapazes de valorizar o capital acumulado. As dificuldades de valorização podem decorrer de obstáculos à realização do valor das mercadorias impostos pelo consumo coletivo ou diretamente, isto é, porque o processo de produção de valor de uso entra em colapso porque o outro lado do processo de produção, o processo de

---

[21] BOUTHOUL, Gaston; CARRÈRE, René. *O desafio da guerra:* dois séculos de guerra – 1740 – 1974. Ed. Biblioteca do Exército, 1976. p. 15.

valorização, de produção de mais-valia, se inviabiliza: o capital que se acumula é cada vez menos valorizado pela mais-valia que ele pode extrair. Isto ocorre porque a acumulação poupa o capital variável, o trabalho vivo em relação ao capital total, isto é, reduz relativamente a fonte de mais-valia e sua massa. A taxa de lucro, que é a divisão da massa de mais-valia pelo capital total crescente, apresentará uma tendência decrescente. Portanto, no subsolo do processo de acumulação que amplia os departamentos I e II se encontram as relações de produção antagônicas que determinam a crise de valorização, a queda da taxa de lucro.

A unidade da troca direta de mercadorias, que pressupõe o confronto entre dois possuidores de mercadorias que tenham valores de uso diferentes, um querendo trocar o seu queijo pela goiabada de outrem, foi cindida pela moeda. A forma da troca direta – M-M – (mercadoria trocada por mercadoria) era movida pela procura de um valor de uso diferente daquele apresentado pela mercadoria objeto da troca. O dinheiro cinde a troca em duas operações, a venda (M-D) e uma provável – mas não imediatamente necessária – compra de outra mercadoria (D-M). A possibilidade de crise nasce nessa fratura: se a venda de uma mercadoria não for seguida da compra de outra, alguém deixará de vender uma mercadoria de valor equivalente.

A forma de circulação das mercadorias e do dinheiro na economia capitalista é inversa à forma da troca. Na circulação mercantil desenvolvida, capitalista, o circuito se inicia com o dinheiro (D) que o capitalista tem para investir. O capitalista não compra mercadorias porque elas têm valores de uso diferentes dos da sua mercadoria-dinheiro, como acontece na troca pré-capitalista. O dinheiro (D) abre o circuito, o capitalista compra V – a força de trabalho – e C – máquinas, matérias-primas, materiais auxiliares – e faz atuar a primeira, o trabalhador em ação, sobre a segunda, transformando as matérias-primas no processo de produção. A mercadoria produzida – M – se destinará ao mercado no qual será vendida, recobrando a forma dinheiro (D). Se a quantia em dinheiro recebida da venda da mercadoria fosse igual à do dinheiro inicialmente lançado, investido, o capitalista não ganharia nada. A produção não teria valorizado o capital inicialmente gasto na compra de meios de produção e força de trabalho. Logo, o produto da venda em dinheiro (dD) tem de ser uma quantia maior do que a inicialmente lançada, D. A diferença não é mais qualitativa, relativa aos valores de uso diferentes, mas quantitativa, mais dinheiro recebido do que o inicialmente despendido. A diferença entre o dinheiro inicial, gasto no custo de produção, e o dinheiro obtido como resultado da venda é o lucro, elemento que move, anima e dá razão de ser ao processo.

O dinheiro retirado da circulação por todos os capitalistas se apresenta em quantia maior ao que foi lançado por eles. De onde vem a diferença, o dinheiro acrescido, o dD? É esta insuficiência de demanda, de dinheiro, a expressão da contradição entre mercadoria e dinheiro, que se expressa ao longo da história do capitalismo e de suas crises. O valor das mercadorias produzidas, e que têm de ser vendidas, é maior do que o das quantias em dinheiro que pagam os componentes da mercadoria, seu custo de produção. Isto ocorre porque os capitalistas compram a mercadoria força-de-trabalho, pagam por ela o salário em dinheiro, e, ao colocarem a força de trabalho para trabalhar, ela reproduz seu próprio valor e mais um valor excedente, não pago. O preço pago pela mercadoria força-de-trabalho é um preço justo, normal, equivalente ao custo de produção dos músculos, nervos, energia vendidos pelos assalariados. Mas a jornada de trabalho não cessa quando o trabalhador produziu o valor equivalente ao preço por ele recebido. Se o valor produzido pelo trabalhador em ação fosse igual ao valor pago por sua força de trabalho, o processo de produção não teria sentido e, por isto, não teria sequer se iniciado. O que determina o processo de produção capitalista é o fato de ser ele, ao mesmo tempo, um processo de valorização do capital.

O dinheiro lançado pelo capitalista é a soma de D1, com a qual compra C, o capital constante, e D2, com a qual paga o capital variável – V. Mas o valor da mercadoria é C+V+S, sendo S a mais-valia, valor agregado pelo trabalhador na fase de valorização, valor superior ao preço que o mercado estabelece como normal para a venda da mercadoria força de trabalho, que é o custo de sua produção. A mais-valia, S, deverá ser vendida pela quantia D3 que não foi despendida, não entrou na circulação. Logo, à circulação capitalista falta a quantia em dinheiro D3, correspondente à massa de mais-valia produzida. De onde vem D3 para que o valor da produção de mercadorias corresponda ao valor do dinheiro lançado em circulação e necessário para que o preço da demanda se iguale ao valor da oferta de mercadorias? Não vem. Ao contrário do que pensam J. B. Say, Ricardo, os clássicos, os neoliberais e os equilibristas de modo geral, S apresenta uma contradição entre as condições da produção e as da realização das mercadorias. A insuficiência de demanda não se verifica porque os trabalhadores recebem um baixo salário, como pensava Malthus, mas porque a produção e a circulação são capitalistas.

Existem, contudo, três fontes possíveis de fornecimento de D3 que podem facilitar a venda das mercadorias produzidas por seus valores íntegros:

a) Quando o dinheiro é ouro ou prata, as minas dos metais monetizáveis lançam dinheiro em circulação (ouro, prata) – ao contrário dos outros setores que lançam mercadorias e recolhem dinheiro. Os capitalistas das minas de metais preciosos lançam dinheiro e recolhem mercadorias. O dinheiro lançado por eles serve para realizar parte do valor de S em algum ponto da circulação.

b) O governo, ao lançar mais dinheiro do que o arrecadado sob a forma de impostos, tal como ocorre com os capitalistas das minas, aumenta o nível da demanda efetiva, isto é, cria demanda sem oferta. Uma parte do D3 se incorpora à circulação, permitindo a realização de parte da mais-valia.

c) Finalmente, quando os capitalistas investem, comprando e pagando C e V com D1+D2, mas suas indústrias ainda não estão funcionando, não estão lançando mercadorias na circulação, esta recebe as quantias adicionais líquidas D1+D2. No entanto, quando os investimentos maturaram, os capitalistas passam a retirar D1+D2+D3 ao venderem suas mercadorias quando só lançaram na circulação D1+D2. Por isto, na falta de minas de metais monetizáveis e de emissões que cubram o déficit orçamentário do governo produzido por gastos no departamento III, inúteis, destrutivos, de infinito período de maturação, é necessário que existam investimentos em maturação, de preferência no departamento I. Esses investimentos improdutivos são referidos por Marx, de passagem, no Tomo II de *O capital* e defendidos por Malthus em seus *Principles* e por Keynes na *Teoria geral*.

Se o governo equilibra neoliberalmente seu orçamento, a crise de realização, de insuficiência de demanda efetiva só não surgirá se os investimentos em maturação lançarem D1+D2 numa quantia igual ou aproximada ao valor S que deverá se realizar, assumir a forma dinheiro D3. De onde vem o dinheiro? pergunta Marx. Não vem, a não ser por acaso. Como a acumulação de capital é uma acumulação de mercadorias, de máquinas, equipamentos, matérias-primas e de capital-dinheiro, quanto maior for o valor da produção, maiores deverão ser os investimentos em maturação necessários para suprir o poder de compra adicional. Numa economia neoliberal, em que o governo não emita para cobrir o déficit orçamentário, a acumulação de capital, principalmente no departamento I, que precise de períodos mais longos de maturação, deverá, necessariamente, se verificar em uma grandeza crescente. A crise de sobreacumulação decorre da necessidade do sistema capitalista de manter elevado e crescente o nível de acumulação necessário para evitar uma crise de realização, de insuficiência de "demanda efetiva". Para escapar de uma contradição entre mercadoria e dinheiro, o capitalismo desenvolve a sobreacumulação e sua crise. Como é possível planejar uma economia capitalista cuja reprodução é garantida por uma desproporção produzida pelos investimentos em maturação crescentes? Impossível. A crise de sobreacumulação revela outra contradição que o auge ocultara: o aumento de C, do capital constante, em relação a V, o capital variável que produz a mais-valia e sua forma dinheiro, o lucro. A crise de queda da taxa de lucro bloqueia os investimentos e faz agravar a crise de insuficiência de demanda de meios de consumo ao desempregar operários-consumidores e reduzir o lucro e as compras de meios de consumo dos capitalistas empobrecidos. A contração da demanda de meios de produção decorre da própria crise de sobreacumulação, de excesso de capital constante em relação ao lucro obtenível por ele. A insuficiência de investimentos, de demanda de meios de produção, reduz a renda e a demanda de meios de consumo; por sua vez, a contração das vendas de meios de consumo impõe uma redução da escala de produção, de emprego de trabalhadores, de lucro e, portanto, de demanda de meios de produção, logo, crise no departamento I.

Marx foi acusado de ter repetido diversas vezes suas determinações ao longo de *O capital*. Isto se deve ao fato de ser impossível expor a totalidade das contradições e seus desenvolvimentos e inter-relações de uma só vez. As aparentes repetições se fazem necessárias para que outros elementos da complexa realidade capitalista sejam agregados à investigação para que ela se desdobre, se enriqueça, se aproxime do real concreto como "produto de suas múltiplas determinações". Por isto, voltaremos várias vezes a este núcleo contraditório ao longo deste livro, por exemplo, quando ao mundo das mercadorias se acrescer o das não-mercadorias.

1.3 A NEGATIVIDADE NECESSÁRIA

A produção de mercadorias rompe a unidade entre a produção e o consumo: a produção se desvia de seu objetivo inicial, o consumo, e erige a valorização do capital, o lucro, na sua nova meta; o consumo individual adquire determinações específicas que evidenciam aquela cisão e separação. O consumidor coletivo, que é unitário numa comunidade indiana, se apresenta como consumidor-coletivo-antagônico: o consumidor capitalista que consome os meios de consumo que o trabalhador produziu como parte de sua produção total em uma jornada coletiva de trabalho. O consumo do capitalista tende a se afirmar pela minimização do custo e, portanto, pela redução do salário e negação do consumo assalariado; mas esta oposição é uma das relações dialéticas: o consumo do capitalista depende do consumo do assalariado para a reprodução da classe operária e para a manutenção do nível de demanda efetiva.

Nessas condições, o consumo coletivo antagônico não tem negatividade suficiente para destruir e negar a produção e a oferta. A produção mercantil desenvolvida, capitalista, deixou de ser produção de produtos úteis para ser essencialmente produção de valor: o consumo individual deixa conseqüentemente de ser o objetivo e o fim da produção de mercadorias, mas continua sendo uma das principais fontes de sua negação, necessária à reprodução.

O desvio da produção em relação ao consumo encontra sua *possibilidade* no duplo aspecto da mercadoria, no fato de ser valor de uso e valor, e de que o valor e a valorização predominam sobre a base material, útil, da mercadoria; o desvio entre a produção e o consumo se afirma no momento em que a venda das mercadorias revela a metamorfose do valor que de início se objetiva na mercadoria, no processo de produção, mas abandona aquele suporte útil para assumir a forma dinheiro. Na forma dinheiro, em que o valor da mercadoria se realiza em sua plenitude, como valor e como mais-valia, se afirma a negatividade da forma mercadoria. O valor, trabalho humano objetivado na mercadoria, luta por se transformar em dinheiro, necessita-se transformar em dinheiro, se realiza no dinheiro, em cuja forma o valor passa a ter uma existência meramente reflexa. No mundo das mercadorias, as relações de valor entre elas parecem derivar de propriedades naturais.

> Marx não mostrou apenas que as relações humanas eram encobertas por relações entre coisas, mas também que, na economia mercantil, as relações sociais de produção assumem inevitavelmente a forma de coisas e não podem se expressar senão através de coisas.[22]

Não se percebe que as mercadorias, ao se relacionarem, revelam as relações dos produtores que foram separados, desunidos, no processo privado de produção de mercadorias. A única forma de manifestar as relações da produção competitivas, privadas, é por meio das mercadorias e do dinheiro. Quando as mercadorias se medem, se comparam, se realizam no dinheiro, é porque elas e ele têm a mesma substância, trabalho humano objetivado. "Tais expressões ou relações em geral, diz Marx, chamadas por Hegel categoriasreflexas, formam uma classe muito curiosa."[23] Assim como os súditos pensam que eles são súditos porque certo homem é rei, sem perceber que ele é rei porque eles se submeteram a ele, a moeda é moeda ou certa mercadoria ou símbolo é moeda porque as mercadorias se relacionam com aquela, tomando-a como equivalente geral, padrão de valor, meio de circulação, etc. Em ambos os casos, trata-se de relações entre iguais, da mesma espécie, que se

---

[22] RUBIN, I. I. *A teoria marxista do valor trabalho.* RJ, Polis, 1987. p. 20.

[23] MARX, K. *El capital.* México, FCE, 1973. t. I, p. 63.

desigualaram. "O valor de troca que é separado das mercadorias e existe ao lado delas como ele próprio uma mercadoria, isto é, *dinheiro*. Na forma *dinheiro*, todas as propriedades da mercadoria como valor de troca aparecem como um objeto distinto dela...."[24]. A mercadoria nega sua existência dupla como valor de uso, desaparece, morre para o vendedor, para assumir a forma dinheiro, a forma de sua negatividade: o dinheiro é o caixão da mercadoria e a única forma de realizar seu destino. Mas a forma dinheiro é o reinício do processo, a abertura do novo ciclo: D – M – D + dD. Como afirmava Marx:

> O ponto de partida é o dinheiro, a forma transformada da mercadoria, sob a qual sempre ela é trocada, na qual o trabalho nela contido possui a forma de trabalho social universal, ou ainda sob a qual ela é um valor de troca autonomizado. O ponto de partida desta forma de circulação, deste movimento, é portanto ele próprio um produto da circulação de mercadorias ou provém da circulação, pois é na circulação e pela circulação que a mercadoria assume a forma dinheiro, que ela é transformada em dinheiro ou que ela desenvolve seu valor de troca, as formas autônomas determinadas que se apresentam como determinações formais diferentes do dinheiro. Em segundo lugar, o valor proveniente da circulação e tornado autônomo sob a forma dinheiro, entra de novo na circulação, transforma-se em mercadoria, mas retorna desta forma à sua forma dinheiro, ao mesmo tempo em que a grandeza de seu valor aumentou.
>
> O dinheiro que efetua este movimento é *capital*, ou ainda: o valor tornado autônomo no dinheiro, que efetua esse processo, é a forma sob a qual o capital se apresenta ou primeiramente aparece.[25]

Ao se negar como mercadoria e se afirmar como dinheiro, a mercadoria sai da esfera da circulação e entra na do consumo. No consumo individual e no consumo produtivo ela sofrerá uma metamorfose física. No primeiro, se converterá em força de trabalho ou em força vital e prazer do capitalista. No consumo produtivo, sairá "grávida de valor", de trabalho não pago incorporado, na transformação produtiva que se verifica no processo de valorização.

"O dinheiro em seu caráter final, completo, aparece agora em todas as direções como uma contradição, uma contradição que se dissolve, que se dirige para sua própria dissolução."[26]

---

[24] MARX, K. *Grundrisse...*, cit., p. 145.
[25] MARX, K. *Manuscrits de 1861-1863*. Paris, Editions Sociales, 1979. p. 15.
[26] MARX, K. *Grundrisse...*, cit., p. 233.

Se a riqueza se acumula como dinheiro, o entesouramento generalizado do dinheiro leva à sua desvalorização, como demonstrou a inflação secular do período mercantilista. "Aquilo que aparece como aumento é de fato redução."[27] A riqueza que não pode se acumular em meios de consumo perecíveis – e todos o são – quer se eternizar no dinheiro, e não consegue. Porque a riqueza real é o processo renovado do trabalho e da vida humana que são negados no congelamento midásico, no entesouramento.

A produção capitalista que produz a forma contraditória de valor ao lado do valor de uso, revela uma de suas contradições: ao adquirir independência no dinheiro, autonomização e existência à parte, o valor parece poder se eternizar no dinheiro, fora do circuito, do movimento, da reprodução; mas o valor de uso, "*o suporte material* do valor", tem de ser usado, destruído no consumo individual ou no produtivo, para que a mercadoria se converta em dinheiro, se realize como valor.

Quando, portanto, a dupla existência da mercadoria e o duplo aspecto do trabalho correspondente – ser produtor de valor de uso e de valor – foram determinados, Marx afirmou ter sido esta sua maior contribuição à economia política. "Como este ponto é o pivô em torno do qual gravita a clara compreensão da Economia Política, teremos de precisá-lo com mais pormenores."[28]

Voltemos, agora, à precisão das relações que subjazem na forma mercadoria: como a mercadoria tem uma dupla existência, o valor de uso só encontra no consumo individual e no consumo produtivo o seu acabamento. "A mercadoria recebe o seu *finishing* no consumo", disse Marx. O consumo é a utilização individual ou a produtiva do valor de uso, da materialidade da mercadoria. Como o valor de uso é o suporte físico do valor, a mercadoria só é comprada, só assume a forma dinheiro, por ser um objeto útil. Logo, se assim é, o consumo individual e o consumo produtivo constituem precondição necessária da demanda, da realização do valor, da conversão do valor à forma dinheiro. Assim,

> a todas as diferentes variedades de valores de uso correspondem muitas diferentes espécies de trabalho *útil*. Ao trabalho, cuja utilidade é assim representada pelo valor de uso de seu produto, ou que se manifesta por fazer de seu produto um valor de uso, chamamos trabalho útil. Nesta conexão consideramos apenas seu efeito útil. E

---

[27] Idem, ibidem, p. 234.

[28] MARX, K. *El capital*. México, FCE. 1973. t. I, p. 9.

ainda: No valor de uso de cada mercadoria está contido trabalho útil, isto é, atividade produtiva de uma espécie definida e exercida com um objetivo definido.[29]

Portanto, o duplo aspecto da mercadoria é que responde pelas contradições que vão se desenvolver, como conseqüência do duplo aspecto do trabalho produtor de valor de uso e de valor, na existência contraditória das mercadorias e em sua realização problemática.

A negatividade necessária para que as mercadorias sejam produzidas e reproduzidas se encontra limitada pela estrutura dual da produção social, em que e quando apenas meios de produção e meios de consumo são produzidos. Para que a demanda "efetiva" se realize, é necessário que o consumo individual ou o consumo produtivo destruam o valor de uso: mas, assim, a produção está presa e limitada pelo consumo, quando seu objetivo é a valorização, o lucro. Logo, a produção capitalista tem de deixar de ser produção de valor de uso para poder se desenvolver, libertar-se dos limites que o consumo individual antagônico e o consumo produtivo lhe impõem.

Se o produto se determina como uma mercadoria pela dupla existência que possui, a de valor e a de valor de uso, a produção de não-valor de uso, que corresponde à objetivação de trabalho não produtivo e de trabalho destrutivo, não é uma produção de mercadoria. A produção de não-valores de uso significa a produção de não-meios de produção e de não-meios de consumo individual, as bases físicas, materiais, das mercadorias produzidas nos dois departamentos.

Como em certo sentido "toda mercadoria é um símbolo, de vez que, enquanto ela é valor, ela é apenas o invólucro material do trabalho humano despendido nela";[30] como o que importa é a valorização do capital para a qual é necessário que se venda a mercadoria, realizando-se o seu valor; como o valor de uso limita a produção de valor, constituindo um obstáculo à valorização; como o valor de uso só é necessário porque ele, o objeto material útil, atrai a demanda, atesta que a necessidade social provavelmente irá consumir a mercadoria; por tudo isto, a economia capitalista pode materializar seu afastamento do consumo individual e do consumo produtivo produzindo produtos que são não-valores de uso, não-meios de produção e não-meios de consumo ao mesmo tempo. O que é necessário é que uma demanda solvente

---

[29] Idem, ibidem.
[30] MARX, K. *El capital.* México, FCE. t. I, p. 53-4.

garanta a realização do valor e a valorização do capital no departamento que produz não-mercadorias, o objeto demandado de forma monopsônica pelo governo. Este, enquanto tal, não demanda meios de consumo, não é consumidor individual, nem meios de produção, pois não é concorrente dos capitalistas industriais: é comprador de não-mercadorias.

A venda de serviços destituídos de base material constitui a forma embrionária da produção de não-mercadorias e evidencia a prescindibilidade do valor de uso, da base física e mesmo do caráter produtivo e do caráter útil do trabalho para valorizar o capital: as empresas de prestação de serviços, os colégios, os teatros, os salões de cabeleireiro, de massagem, as saunas, os banhos, etc., mostram como os serviços assumem a forma de mercadoria sem que o processo de trabalho signifique metamorfose da força de trabalho e do capital constante.

Ao aumentar a produção e a produtividade do mundo das mercadorias, cujo centro de produção são os departamentos I e II, a reprodução da economia capitalista necessariamente desenvolve os serviços improdutivos, ramo do departamento III, no qual o trabalho improdutivo e o destrutivo passam a se organizar sob a forma de relações capitalistas. Como o departamento III é o resultado de um processo histórico que ocorre em razão do desenvolvimento das contradições nos departamentos I e II, aquele departamento já se inaugura num nível elevado de acumulação de capital, de desenvolvimento das forças produtivas, de organização da cooperação capitalista, de aumento da produção, da produtividade e da intensidade do trabalho.

Por que o desenvolvimento das forças produtoras de mercadorias, isto é, de meios de produção e de meios de consumo impõe o desenvolvimento da produção de não-mercadorias como condição da reprodução modestamente ampliada da *totalidade* e das relações capitalistas de produção?

Começamos a responder essa questão vital apontando a falta de negatividade da demanda agregada antagônica; vimos que a realização da produção é dupla porque a mercadoria produzida tem uma dupla existência. A duplicidade da mercadoria impõe sua realização como valor de uso, no consumo, e como valor, no dinheiro, na demanda "efetiva"; se a mercadoria tem uma dupla existência, tem de ter uma dupla negação, uma realização dual; duas vidas, duas mortes. Como valor de uso, ela destrói-se no consumo individual ou no consumo produtivo, e, como valor, ela realiza-se em sua metamorfose quando o valor passa a existir no dinheiro que demandou a mercadoria. Como só se compram, ou geralmente se compram, mercadorias para consumi-las individualmente ou para consumi-las produtivamente; como a utilização e o desgaste produtivo das máquinas, do equipamento, das matérias-primas dependem do nível do consumo individual das mercadorias produzidas, o consumo individual se apresenta como um obstáculo à produção. O consumo individual capitalista é antagônico: o aumento do consumo do assalariado individual advém do aumento do salário real por unidade de trabalho, isto é, do custo de produção que o capitalista luta por minimizar. Logo, o consumo total capitalista limita o consumo produtivo e o individual e, portanto, a demanda global efetiva de mercadorias. A redistribuição de renda em benefício do assalariado que ampliaria a negatividade, a capacidade de consumo individual, a realização dos valores de uso dos meios de consumo e pelo aumento do nível de produção, o consumo do capital produtivo, e a demanda efetiva de ambas, permitindo a realização do valor das mercadorias, é incompatível com a lógica do capital.

> O remédio heróico, a redistribuição de rendimentos, brota da farmacopéia ortodoxa como se o sistema possuísse os mecanismos de sua aplicação, e, o que é pior, como se pudesse ser utilizado *in abstrato*, isto é, independentemente das características básicas da conjuntura. Não se percebe que as contradições fundamentais que permitiram o auge do processo acumulativo estão presentes em todos os momentos do ciclo e impedem "a nova distribuição de rendimentos", impossibilitando a continuidade do processo de expansão unicamente baseado na empresa privada. Isto porque, quando a "eficiência marginal do capital" é suficientemente elevada para remunerar o capital, não há por que matar a galinha de ovos de ouro e permitir uma "nova distribuição"; à atual corresponde uma demanda global cujo nível e composição permitem uma alta rentabilidade dos investimentos adicionais. Não se distribui porque não há por que se distribuir.
>
> Na fase oposta, quando "a nova distribuição" se faz necessária a fim de aumentar a capacidade de consumo da coletividade, o lucro esperado (a eficiência marginal do capital) se encontra em colapso e não se distribui porque os lucros líquidos já estão ameaçados até mesmo pela distribuição vigente. Não se redistribui, nesta fase, porque não há o que redistribuir.[31]

Assim, a produção de não-valores de uso amplia o limite da produção e afasta, desvia, a produção do consumo, evidenciando que o lucro, e não o consumo, é o fim da produção de mercadorias.

A outra contradição que encontra sua solução provisória no desenvolvimento do pólo das não-mercadorias se situa num nível de profundidade ainda maior. Toda produção polarizada que se ergue sobre o antagonismo de classe

---

[31] CAMPOS, Lauro. *Mecanismos de sustentação do crescimento II – As Agenda...*, cit., p. 21-2.

só pode se desenvolver enquanto seu crescimento não resultar na valorização e no encarecimento do pólo do trabalho. Marx coloca essa contradição no modo de produção escravagista nos seguintes termos:

> Na antigüidade, podia-se comprar trabalho, um escravo, diretamente; mas o escravo não podia comprar dinheiro com seu trabalho. O aumento do dinheiro poderia tornar os escravos mais caros, mas não podia tornar seu trabalho mais produtivo. A *escravidão negra* – uma escravidão puramente industrial – que é incompatível, além disto, com o desenvolvimento da sociedade burguesa e desaparece com ela...[32]

O encarecimento do escravo sem o correspondente aumento de produtividade valoriza o pólo do trabalho, o escravo, aumentando o custo de produção a ponto de inviabilizar o modo de produção baseado no trabalho escravo.

As relações capitalistas de produção ameaçam, por um movimento semelhante, o desenvolvimento da acumulação de capital. O aumento de produção, de produtividade e da oferta de mercadorias, que resulta da extração de mais-valia absoluta e relativa, da densificação e intensificação do processo de trabalho, produz uma tendência deflacionária permanente. Essa pressão deflacionária traduz, por outro lado, a deficiência crônica de demanda efetiva e de consumo, isto é, da negatividade do sistema capitalista produtor de mercadorias. Como a demanda efetiva é limitada pelo consumo antagônico, a oferta tende a realizar-se a preços cadentes.

A redução do preço das mercadorias para assalariados antecede e é, geralmente, mais intensa do que a queda dos salários nominais. A resistência dos salários à baixa provoca um aumento da unidade de salário real, por unidade de trabalho. A elevação do salário real, por causa da deflação, valoriza o pólo do trabalho e esvazia o contrapolo do capital, ameaça e acaba por eliminar o lucro. O pensamento clássico, desde Adam Smith, detectou esta tendência quando afirma a lei da queda da taxa de lucro e a existência de uma taxa normal de lucro zero.

Portanto, a economia capitalista, movida pelo lucro, mostrava uma capacidade de expansão superior à escravagista e à feudal, mas com limites óbvios à acumulação de capital. A deflação e as crises sucessivas, a partir da crise de 1810, revelam aos olhos de Malthus a perigosa tendência que é percebida por ele ao nível da aparência.

Para transformar a tendência deflacionária e dissolvente do capitalismo estruturado nos dois departamentos produtores de mercadoria, o crescimento

---

[32] MARX, K. *Grundrisse*..., cit., p. 224.

do departamento III, produtor de não-mercadorias, se mostra indispensável. Sua imprescindibilidade reside, no que diz respeito a essa contradição, na inflacionabilidade que aquele departamento introduz na estrutura total. A inflação permite ao sistema capitalista desenvolver suas potencialidades estranguladas pela deflação, que é o atestado da insuficiência da demanda efetiva, da falta de negatividade, de poder de destruição do consumo coletivo do qual foi excluído o consumo assalariado.

Como afirma Marx,

> estes trabalhadores improdutivos não recebem sua parcela da renda (de salários e lucros), suas co-participações nas mercadorias produzidas pelo trabalho produtivo, grátis: eles devem comprar sua quota; mas eles nada têm a ver com sua produção. É, contudo, em todo caso, claro: quanto maior for a parte da renda (salários e lucros) gasta em mercadorias produzidas pelo capital, menor será a parte que pode ser despendida em serviços de trabalhadores improdutivos, e vice-versa.[33]

Portanto, ao aumentar o número de consumidores improdutivos, que recebem seus salários e lucros de sua atividade improdutiva ou destrutiva no mundo das não-mercadorias, maior será a pressão da demanda sobre a oferta de meios de consumo e maior será a negatividade do sistema. A tendência deflacionária, que resultava do aumento das forças produtivas de meios de consumo e produzia a valorização do assalariado, o aumento relativo do preço da força de trabalho, fica neutralizada e é invertida quando se altera a estrutura produtiva pelo crescimento do departamento III, pelo aumento da demanda de não-mercadorias e pela inflação, o atestado, no dinheiro, de que a demanda efetiva alcançou o nível suficiente para realizar a produção e a oferta globais.

Agora, os preços das mercadorias para assalariados se elevam antes e a uma taxa superior à do aumento do preço da mercadoria especial força de trabalho. Essa desvalorização e depreciação do pólo do trabalho é que permite ao modo de produção capitalista elevar o nível de acumulação acima do escravagista e do feudal. O empobrecimento relativo do assalariado[34] é condição de desenvolvimento das forças produtivas; a produção de não-

---

[33] MARX, K. *Theories of surplus value*. Part One. Moscou. Progress Publishers, p. 158.

[34] "Mas o que é fundamental é a especial ênfase que punha Marx sobre a categoria do 'salário relativo', assim como as amplas conclusões teóricas e práticas que extraía dela. Pois só em Marx é dado encontrar a 'lei da queda tendencial do salário relativo'..., em virtude da qual cada vez cresce mais, necessariamente, 'a distância recíproca' entre a classe trabalhadora e a classe capitalista... e cujas conseqüências *só* podem finalmente ser superadas mediante uma transformação socialista da sociedade". ROSDOLSKY, R. *Génesis y estructura de el capital de Marx* – estudios sobre los Grundrisse. México, Siglo Veintiuno, 1978. p. 330.

mercadorias é condição para a redução do salário real que ganha uma unidade de trabalho, isto é, para a redução relativa do preço da força de trabalho.

A moeda que reina no mundo das não-mercadorias, isto é, que serve de padrão de preço, meio de compra, meio de pagamento, equivalente geral das não-mercadorias, é uma moeda-cartal, papel-moeda inconversível, esvaziada de trabalho humano.

Se o desenvolvimento, a acumulação, a realização de uma maior massa de não-mercadorias, a um preço em elevação, tivessem de esperar pela produção de ouro, o trabalho assalariado produtivo ainda continuaria a ser, tal como foi no mundo das mercadorias, o obstáculo à expansão da produção; ao contrário das mercadorias que se realizam mediante salário e lucro extraídos do trabalho produtivo, as não-mercadorias prescindem do trabalho no pólo da demanda e do dinheiro: a moeda-estatal se liberta do trabalho produtivo incorporado no ouro e no dinheiro-metálico, encontrando no papel-moeda sua forma mais adequada.

As não-mercadorias são compradas pelo dinheiro-estatal e este se liberta dos limites impostos pelo ouro na medida em que o volume de não-mercadorias produzidas exige maior nível de demanda governamental. A demanda efetiva adquire autonomia fetichista, o investimento público se apresenta como "autônomo".

A moeda-ouro, produzida pelo trabalho, é vista como "uma relíquia bárbara" – a desrealização ganha novo espaço.

A moeda-estatal entra na circulação ativa como compra de não-mercadorias: paga o serviço improdutivo do funcionário público ou não-meios de produção e não-meios de consumo bélicos, espaciais, de comunicação, etc., que adquire. Elevando a demanda efetiva, desligada, cada vez mais, da demanda do assalariado e mesmo dos artigos de luxo que perdem seu poder de dinamizar o capitalismo cêntrico em 1929, o dinheiro-estatal e a dívida pública afirmam sua presença e seu gigantismo necessários reiniciando, em outro patamar, sua dinamização contraditória do capitalismo periférico após a Segunda Guerra Mundial, mediante o transplante.

1.4 A TOTALIDADE COMPLETA: MERCADORIAS E NÃO-MERCADORIAS

A forma não-mercadoria que assume o resultado do trabalho improdutivo após certo estágio de desenvolvimento da produção de mercadorias completa a produção capitalista. Isto significa que todas as potencialidades contidas na forma mercadoria encontram sua forma contraditória de desenvolvimento quando, ao lado das mercadorias, se afirmam as não-mercadorias como resultado da produção capitalista.

Assim como as mercadorias são o resultado do movimento histórico e social que leva ao assalariamento e pressupõe o desenvolvimento das forças produtivas do excedente vendável e a dominação do trabalho abstrato[35] no processo de acumulação de capital, as não-mercadorias constituem o resultado do desenvolvimento das forças produtivas a um nível que ultrapassa a compatibilidade delas com as relações capitalistas de produção. Nesse sentido, as forças improdutivas e destrutivas que se objetivam nas não-mercadorias ou ficariam potenciais, desempregadas, ou, se tivessem se firmado como forças produtivas, teriam dissolvido as relações capitalistas de distribuição, de consumo e de produção. Não podendo se desenvolver como forças produtivas no molde limitado pelos obstáculos impostos pelo mundo das mercadorias, aquelas forças sociais se convertem em não-mercadorias e o trabalho nelas incorporado tem de ser trabalho improdutivo ou destrutivo. Por isto, a produção de não-mercadorias, ao ocupar trabalhadores e funcionários públicos, disfarça o desemprego que a tecnologia produz numa economia neoliberal.

A negatividade necessária à reprodução é introduzida no mundo que produz não-mercadorias por meio da moeda-estatal; a demanda efetiva governamental permite a realização do valor das não-mercadorias. Como elas não

---

[35] "O trabalho abstrato não é fruto de uma simples operação intelectual, uma média estatística que homogeneiza, sob certos aspectos, trabalhos individuais fundamentalmente heterogêneos. Na realidade, o trabalho abstrato ultrapassa de longe a simples comparação de trabalhos individuais e corresponde a uma série de operações precisas, redução da força de trabalho a uma mercadoria, transformação do trabalho morto ou cristalizado em capital, utilização da força de trabalho objetivando a produção de mercadorias (valor de troca) e de mais-valia." VINCENT, J. M. La domination du travail abstrait. In: *Critique d'economie politique*, nouvelle série, Paris, nº 1, oct./dec., 1977.

Diferentemente dos Clássicos, Marx discute qual o trabalho que cria valor e não somente a determinação deste pela sua magnitude. A operação mental realizada por ele para chegar ao conceito de trabalho abstrato consiste em que na equação de valor: xa =yb, ou seja, na troca *real* de duas mercadorias abstraímos: 1) que estamos trocando mercadorias heterogêneas que possuem valores de uso diferenciados; 2) que as mercadorias trocadas são produzidas com diferentes meios de produção; e 3) que as mercadorias são produzidas por indivíduos diferentes que desempenham tipos de trabalho que exigem graus diversos de qualificação. A abstração é, portanto, real já que ocorre na práxis cotidiana. Ver, também, FAUSTO, Ruy. Abstração real e contradição: sobre o trabalho abstrato e o valor. In: *Marx: lógica e política*. SP, Brasiliense, 1983, t. I; LIPIETZ, A. *Crise ef inflation:* pourquoi. Paris, François Maspero, 1979.

têm valor de uso real, são não-meios de produção e não-meios de consumo, não é necessário que elas sejam negadas, destruídas, pelo consumo: sua negatividade é produzida com elas, acompanha-as desde o nascimento.

Os capitalistas das indústrias que recebem o dinheiro-estatal em pagamento de suas não-mercadorias apropriam-se do dinheiro como capital. Capital "é valor que se valoriza", é *perpetuum mobile* e, agora, o ímpeto e a necessidade de valorização do capital, de acumulação próprios do capitalismo, penetraram no domínio do trabalho improdutivo. Organizar o trabalho improdutivo de modo a que ele seja trabalho assalariado submetido ao processo de trabalho capitalista, produtor de valor e de mais-valia, parece ser o resultado da mágica, da alquimia, que o capital realiza. Pode o trabalho não produtivo produzir valor e mais-valia? De início, no mundo que produz apenas mercadoria, só o trabalho produtivo é capaz de valorizar o capital. O trabalho improdutivo passa a ser definido, por isto, como aquele trabalho que não dá lucro, que não valoriza o capital. Ao empregar um lacaio, um tutor, um serviçal, um músico, o capitalista se empobrece; ao empregar um lavrador, um pedreiro, etc., o capitalista se enriquece. Por isto Marx afirma:

> O trabalho produtivo é aqui definido do ponto de vista da produção capitalista, e Adam Smith atingiu aqui o coração da matéria, bateu na cabeça do prego. Este é um de seus maiores méritos científicos (como Malthus corretamente observou, esta diferenciação crítica entre trabalho produtivo e trabalho improdutivo permanece na base de toda economia política burguesa): o ter definido o trabalho produtivo como o trabalho *que é diretamente trocado por capital*.[36]

O capital-dinheiro compra a mercadoria força de trabalho de forma produtiva e a usa como capital; o dinheiro compra a força de trabalho improdutivo da empregada doméstica, do motorista particular, etc., e não pode valorizar-se sob a forma social capital.

Portanto, no mundo que produzia meios de produção (departamento I) e meios de consumo (departamento II), o assalariamento se centrava em torno da produção de mercadorias e só por ela o capital podia-se valorizar. Os obstáculos e contradições que o processo de valorização conhece dentro do mundo limitado dos dois departamentos acabam sendo afastados.

O capital revoluciona de tal forma, a produção se generaliza a tal ponto, que se apropria, invade, organiza e estrutura o trabalho improdutivo, disciplinando-o

---

[36] MARX, K. *Theories of surplus value*. Part One. Moscou, op. cit., p. 157.

de forma que também ele seja capaz de valorizar o capital e de aparentemente produzir valor e mais-valia.

O departamento III, em suas relações nucleares com o governo, mostra como o dispêndio de dinheiro na compra de força de trabalho improdutiva ou destrutiva adquire o poder de fornecer "lucro", de valorizar o capital, no processo de produção de não-mercadorias, tal como o emprego da força de trabalho produtiva valorizava o capital na produção de mercadorias.

Agora, parece que Adam Smith deixou de ter razão: o emprego de trabalhadores improdutivos parece ter adquirido o poder de valorizar o capital. As indústrias que produzem não-mercadorias e que vendem serviços para o governo são as que mais lucram, crescem e acumulam capital. Quando a produção de mercadorias descobre a América, o novo mundo das não-mercadorias, o lucro real se converte em lucro fictício, "preço esperado de venda", eficiência fictícia marginal do capital, "esperança ainda que visionária" de lucro cuja existência monetária passa a mover o mundo keynesiano.

O mundo reflexo, fetichista e fantástico das não-mercadorias é ainda mais desrealizado do que o mundo das mercadorias. Ao se desenvolver a produção capitalista, abarcando o trabalho improdutivo e disciplinando-o, colocando-o como trabalho assalariado que valoriza as não-mercadorias, submetendo-o à disciplina, ao horário, ao ritmo, à intensidade dos trabalhadores produtivos a fim de obter com ele a maior mais-valia relativa possível, o maior lucro possível, a produção capitalista penetra no reino da contradição, a ponto de se tornar absurda. Não é sem motivo que a capacidade de destruir 100 vezes a Terra é um dos resultados absurdos do desenvolvimento do mais dinâmico setor do departamento que produz não-mercadorias: 99% daquela capacidade de destruição não poderão ser usados porque a Terra deixará de existir com o uso de 1% inicial. Vimos que o trabalho assalariado só podia produzir lucro no mundo das mercadorias (departamentos I e II), objetivando mais-valia nas mercadorias produzidas. Então, era certo dizer que, do ponto de vista do capitalista, é produtivo o trabalho que produz lucro: ao produzir lucro, o trabalho produtivo de meios de produção e de meios de consumo desenvolvia necessariamente as forças produtivas da sociedade. Assim, o ponto de vista do todo, segundo o qual só é produtivo o trabalho que desenvolve as forças produtivas, só podia coincidir com o ponto de vista do capitalista individual, segundo o qual produtivo é o trabalho que produz lucro, porque ele só podia produzi-lo nos dois departamentos. Ao produzir mercadorias e lucro, a produção capitalista desenvolvia concomitantemente as forças produtivas da sociedade.

Ao se desenvolver o departamento III, sendo seu crescimento necessário para impedir o desenvolvimento das forças produtivas de meios de produção e de meios de consumo, que as relações de produção e de consumo capitalista não podem conter, abre-se uma distinção entre os dois pontos de vista: o do capitalista individual e o do todo. Ao se transformar o uso da força de trabalho improdutiva e destrutiva em atividade que se constitui em fonte de lucro nas indústrias do departamento III, abre-se uma divergência necessária entre o ponto de vista do capitalista, segundo o qual produtivo é o trabalho que produz lucro, e o ponto de vista do todo, segundo o qual só é produtivo o trabalho que desenvolve as forças produtivas. Isto porque, no departamento III, o trabalhador assalariado não produz mais-valia, serve de fonte de lucro para o capitalista individual, mas não desenvolve as forças produtivas. Essa diversidade de pontos de vista não foi detectada pela mente de Adam Smith, nem mesmo pela acuidade ímpar de Marx, porque ela não existia no mundo real bissetorial de produção apenas de mercadorias.

Portanto, foi necessário que se desenvolvessem as contradições a ponto de dar origem e determinar a expansão do mundo das não-mercadorias para que a mente pudesse determinar a diversidade dos pontos de vista.

> ... as categorias não são apenas graus do desenvolvimento da consciência, mas também graus do desenvolvimento da prática social dos homens, de suas relações entre eles e deles com a natureza.[37] Essa dualidade reflete as contradições entre mercadorias e não-mercadorias, a diversidade que passa a dominar a produção capitalista.

Agora se percebe que nem todo trabalho que é produtivo do ponto de vista do capitalista individual é produtivo do ponto de vista do todo, dualidade que inexistia quando todo trabalho que produzia lucro necessariamente desenvolvia as forças produtivas de mercadorias, de meios de consumo e de meios de produção. Portanto, foi preciso que o fenômeno – o trabalho produtivo e o improdutivo – se desenvolvesse no modo de produção capitalista, até o ponto em que a indústria organiza, estrutura e submete o trabalho improdutivo ao seu comando lucrativo, para que as determinações completas pudessem ser feitas e a mente percebesse os diferentes pontos de vista possíveis.

Stuart Mill, no meio de numerosas indeterminações, consegue determinar de maneira bastante correta o ponto de vista do todo:

> Só é consumo produtivo o que é destinado a manter e a aumentar as forças produtivas de uma comunidade – quer se trate das forças existentes em seu solo, em suas

---

[37] CHEPTULIN, Alexandre. *A dialética materialista*. SP, Alfa-Ômega, 1982. p. 140.

matérias-primas, no número e na eficiência de seus instrumentos de produção, quer se trate das forças produtivas existentes na população dessa comunidade.[38]

Do ponto de vista do desenvolvimento das contradições que movem o sistema, para a determinação das contradições entre o desenvolvimento das forças produtivas e as relações de produção e as formas sociais sucessivas que as contradições assumem, o importante não é o ponto de vista do capitalista individual baseado na lucratividade ou não do trabalho, mas a distinção entre o trabalho que desenvolve as forças produtivas – e, por isso, é produtivo – e o que não desenvolve as forças produtivas – e, por isso, é improdutivo.

O trabalhador improdutivo, como muito bem determinou Marx, "não produz mercadorias e consome mercadorias". Se ele não produz mercadorias e as consome – tanto no seu consumo individual quanto no seu processo de trabalho, quando desgasta equipamentos, instrumentos e máquinas produtoras de não-meios de consumo –, ele não pode colaborar em nada com o desenvolvimento das forças produtivas.

Enquanto a estrutura produtiva e a ocupacional, monossetoriais, existentes ao tempo de Adam Smith, o leva a uma determinação correta naquele estágio de desenvolvimento das potencialidades do trabalho no modo de produção capitalista, o desenvolvimento ulterior das potencialidades do fenômeno *trabalho* revela características, qualidades, aspectos, condições, que não eram determináveis naquele estágio mais elementar, em que o fenômeno trabalho no capitalismo ainda era incompleto. É por isto que Marx apoiou a determinação de Adam Smith e de Malthus, considerando "um dos maiores méritos científicos" do primeiro a distinção entre trabalho produtivo e improdutivo, definindo aquele como o "trabalho *que é diretamente trocado por capital*".

> Isto também estabelece absolutamente o que é o trabalho improdutivo. É trabalho que não é trocado por capital, mas diretamente por renda (incluindo certamente as várias categorias daqueles que partilham como sócios o lucro do capitalista, tais como juros e renda).[39]

Ora, quando o capital passa a organizar os serviços de defesa, de educação, de informação, de propaganda, de publicidade, de ginástica, de massagem, de beleza, de sauna, de cuidados de cães, ou turismo, etc., como empresas e "indústrias" capitalistas, o trabalho improdutivo deixa de ser trocado por

---

[38] MILL, Stuart. *Princípios de economia política*. Abril Cultural, Os Economistas, 1983. v. 1, p. 66-7.
[39] MARX, K. *Theories of surplus value...*, cit., p. 157.

renda, o que ocorria quando se contratava um lacaio, um serviçal, um preceptor, etc., para ser trocado pelo capital investido na organização capitalista de prestação de serviços ou de produção de não-mercadorias.

Agora, portanto, nem todo emprego de capital-dinheiro em força de trabalho, nem toda compra de força de trabalho pelo capitalista, determinará necessariamente o desenvolvimento das forças produtivas: aquela parte do capital que as empresas de serviço afetam à compra de força de trabalho improdutivo é capital que não desenvolve as forças produtivas. Ao contrário, como é o trabalho improdutivo que é adquirido com capital (e não com renda, como dizia Adam Smith), o emprego de capital pode não acrescer em nada as forças produtivas reais.

Essas novas determinações que correspondem ao estágio terminal em que o trabalho assalariado desenvolve todas suas potencialidades mostram o que ocorre com todos os fenômenos – o processo de trabalho, a moeda, a estrutura produtiva, o governo, o crédito, etc. – que, por desenvolverem suas potencialidades ao longo de sua existência contraditória, só podem ser completamente percebidos pela mente quando estejam plenamente realizados na prática.

A uma economia capitalista monossetorial, produtora de meios de consumo, corresponde o comércio internacional dominado pelas exportações de meios de consumo por parte das economias cêntricas que importam matérias-primas e produtos extrativos das colônias. Com o desenvolvimento das contradições internas que impulsionam o crescimento do departamento II, as economias capitalistas, em especial a da Grã-Bretanha, alteram a estrutura de suas exportações, nas quais se afirmam as máquinas e equipamentos, as mercadorias que o departamento I, emergente, passa a produzir em escala superior à capacidade de compra e de consumo produtivo do departamento II. O crédito internacional é obrigado a mudar, é reproduzido pelas novas condições da produção: o financiamento de máquinas e equipamentos e não mais o financiamento de meios de consumo para o comércio colonial e externo em geral é que corresponde às necessidades da nova estrutura produtiva bissetorial do capitalismo cêntrico.[40]

---

[40] "Ao ser produzido pela produção o padrão de endividamento mundial vai se alterando na medida em que a produção capitalista se desenvolve movida por suas contradições internas. Isso significa que, quando a economia é central, era predominante exportadora de meios de consumo, havia um padrão de crédito que os comerciantes ingleses estabeleceram nas colônias ou semicolônias (.....). Em 1843, uma lei inglesa permite que a Inglaterra exporte máquinas –

A internacionalização das contradições do capitalismo, que acompanha o alargamento e a diversificação do comércio mundial de mercadorias, provoca a crise do padrão de desconcentração do capital inglês por meio da exportação de máquinas e equipamentos: as antigas colônias consumidoras de tecidos e meios de consumo da Ilha passam a produzir industrialmente suas mercadorias finais, limitando o mercado mundial para as indústrias do departamento II, inglesas. A solução do departamento I, exportação de máquinas, criou um problema insuperável para o departamento II. Acompanhar a substituição desse padrão contraditório pelo outro que se apoiou na exportação de ferrovias e em seu financiamento por bancos internacionais e por governos de economias importadoras de ferrovias até o colapso, em 1890, da Casa Baring, em virtude da falência do sistema ferroviário argentino e à falência, em 1907, das ferrovias francesas, alemãs, americanas, etc., é entender a crise do segundo padrão de desconcentração mundial que se verificou enquanto a Grã-Bretanha detinha a posição de economia cêntrica, mundial.[41]

A crise de 1929 é imprescindível para que se compreenda o desenvolvimento da crise, sua marcha no sentido de completar-se, interna e internacionalmente. Exaurida a dinâmica apoiada na acumulação nos setores de produção de artigos de luxo (carros, geladeiras, rádios, enceradeiras, etc.), em 1929, que fez desenvolver ao máximo o crédito ao consumo nos Estados Unidos, a rearticulação da estrutura produtiva só pode-se dar com a limitação dos setores que produziam artigos de luxo. A expansão da produção de não-mercadorias (produtos bélicos, espaciais, estradas, edifícios públicos, etc.) corresponde ao incremento da demanda "autônoma" do governo e do dinheiro-estatal, os dinamizadores da nova forma de produção contraditória. Por outro lado, evidenciando a superacumulação nas indústrias produtoras de artigos de luxo, a desconcentração mundial assume, após a Segunda Guerra Mundial, a forma de transplante, o terceiro e mais completo padrão de desconcentração mundial do capital. Ao penetrar nas economias hospedeiras com as contradições que

---

proibidas até então. A partir desse momento é óbvio que uma nova forma de crédito, de dívida internacional, tem de surgir nas relações internacionais de produção. Isso significa que agora é preciso que surja um crédito para que os capitalistas das antigas colônias, os capitalistas dos países semi-integrados, dos países que não produziam bens de capital, pudessem adquirir agora os bens de capital que estavam sendo exportados pela Inglaterra." CAMPOS, Lauro. Diário do Congresso Nacional, Câmara dos Deputados, Projeto de Resolução nº 338, *CPI da Dívida*, 1985. Depoimento prestado em 20/10/1983, p. 266.

[41] Ver a respeito CAMPOS, L. *O PT frente a crise do capitalismo*, Fórum de Núcleos de Base-PT, DF, 1991, p. 10.

eclodiram na crise de 1929, o capital cêntrico transplantado irá desenvolvê-las rapidamente no novo meio social. A dívida externa dos países hospedeiros e a dívida pública das economias keynesianas constituem o resultado do processo de sustentação do nível de demanda global, o interno e o internacional, que, por serem contraditórios, desembocaram na atual crise.

Acompanhar o movimento crítico interno e internacional, sua administração, seu auge e seu colapso, para demonstrar que a crise se inscrevia no auge fantástico, é mover a mente no sentido de apreender a crise completa.

1.5 A DINÂMICA DA NEGATIVIDADE: A IDEOLOGIA DA NÃO-MERCADORIA; JUSTIFICAÇÃO DA PRODUÇÃO DE NÃO-MERCADORIAS

Os clássicos demarcaram, com a imprecisão característica de suas categorias fundamentais de análise, o domínio em que a atividade econômica capitalista se realizava de forma espontânea (*spontae acta*), movida pelo lucro e orientada para a *produção de mercadorias*, de acordo com os padrões de racionalidade benthamianos, e o outro domínio em que a atividade econômica se realizava sob a proteção governamental, e que permaneceria "em branco" em razão da ausência de lucros, de recursos ou de conhecimentos necessários para desencadear a atividade empresarial: as Agenda, a produção de não-mercadorias.

Bentham estabelece as características básicas "das operações envolucradas com o título de Agenda" a partir da ausência de um ou mais dos seguintes requisitos "por parte dos indivíduos: inclinação, poder e conhecimento";[42] esclarece ainda que "qualquer coisa que seja *sponte actum* por parte das pessoas fica, por isto, dentro da classe de *non*-Agenda por parte do governo".[43]

Adam Smith teve o cuidado de reservar uma área não demarcada em que o governo pudesse promover as atividades: "A primeira obrigação do Soberano, que é a de proteger as sociedades independentes, não pode realizar-se senão por meio da força militar."[44] Ao lado da Agenda básica da defesa, isto é, além de assegurar a produção de não-mercadorias bélicas, Adam Smith reservava ao governo a ação sobre todos os setores em que o estímulo para investir fosse nulo, por causa da baixa taxa de lucro a eles inerente:

---

[42] BENTHAM , J. *Escritos econômicos*. México, FCE, 1965. p. 281.

[43] Idem, ibidem, p. 284 – o que resulta da ação espontânea dos indivíduos não deve ser objeto da ação do governo – *non*-agenda.

[44] SMITH, A. *La riqueza de las naciones*. México, FCE, 1958. p. 614.

aquelas instituições públicas e aquelas obras públicas que, embora possam ser vantajosas no mais alto grau para uma grande sociedade, são, contudo, de tal natureza que o lucro jamais compensaria os custos em que devem incorrer um pequeno número de indivíduos ou qualquer pessoa particular, e que, portanto, não se pode esperar que aquele grupo pequeno ou aquele indivíduo possa pretender sustentar:[45] saúde, educação, justiça, estradas, pesquisas...

Os neoclássicos contribuíram para o esquecimento do conceito de forma tão sistemática e eficiente que Keynes considerou, em um trabalho publicado no final da década de 20, "talvez a principal tarefa dos economistas distinguir de novo a *Agenda* do governo da *non-Agenda*":

> Temos que distinguir entre o que Bentham, em sua nomenclatura esquecida, mas útil, costumava chamar de Agenda e Não-Agenda... e a tarefa complementar da política talvez seja a de imaginar formas de governo dentro de uma democracia que sejam capazes de realizar as Agenda.[46]

Keynes renunciou a encontrar um critério explícito, como o de lucratividade ou não-lucratividade de Smith, para distinguir entre *Agenda* e *Non-Agenda*:

> Chego a um critério de *Agenda* particularmente importante para o que é urgente e desejável fazer no futuro próximo. Devemos aspirar à separação dos serviços que são *tecnicamente sociais* daqueles que são *tecnicamente individuais*. A mais importante *Agenda* do Estado não diz respeito às atividades que os indivíduos particularmente já realizam, mas às funções que estão fora do âmbito individual, àquelas decisões que ninguém adota se o Estado não o faz.[47]

À medida que se desenvolvem as forças produtivas, fica cada vez mais claro, e a crise de 1929 evidencia, que a economia capitalista que sempre se dinamizara pela acumulação e ativação da produção nos setores que produzem artigos de luxo, com exclusão dos setores voltados para a produção de meios de consumo para assalariados, não pode aumentar a escala de produção de artigos de luxo, dado o limite da concentração consumista da renda nacional. Cada vez mais é o governo, comprador de não-meios de consumo e de não-meios de produção, que responde pela demanda agregada.

O prolongado esforço de justificação dos gastos do governo nas *Agenda*, comprando e estimulando a produção de não-mercadorias, e da hipertrofia

---

[45] Idem, ibidem, p. 639.

[46] KEYNES, J. M. *O fim do laissez-faire*. In: KEYNES. Economia. (org.) SMERECZÁNYI, Tamás, 1984. p. 120-121.

[47] Idem, ibidem, p. 123.

do terciário se prendem a um mesmo conjunto de necessidades básicas do sistema capitalista. Por isto, as tentativas de justificação do crescimento da produção de não-mercadorias e do terciário podem ser vistas como um esforço único que se manifesta nos dois domínios. Já na década de setenta advertíamos:

> A exclusão do governo da teoria econômica clássica, neoclássica e até mesmo do "modelo simples" keynesiano; as tentativas frustradas de levarem as categorias, conceitos e padrões de racionalidade da atividade produtiva empresarial e aplicá-las à atividade governamental; a ausência de análise ou as confusas discussões em torno do papel do terciário entre os clássicos, sua eliminação do universo de análise por parte de Marx; a curiosa identidade entre mercadorias e serviços improdutivos e imateriais entre os neoclássicos e a consideração exclusiva de dois setores produtivos (bens de capital e bens de consumo), em Keynes, são suficientes para mostrar a perplexidade da análise econômica diante do setor terciário e dos trabalhadores improdutivos... a confusão e a perplexidade reinantes em torno das "Agenda" e do Terciário devem ser entendidas a partir de um estudo das relações de produção e do grau de desenvolvimento das forças produtivas que se relacionam a esses setores e lhes retiram a transparência, isto é, lhes retiram as características de fenômenos tipicamente capitalistas.[48]

O conjunto único das causas de expansão daquelas atividades não é claramente revelado, mas antes mascarado pela maior parte da análise ortodoxa. O trabalho de revelá-lo constitui uma tarefa de desmistificação e só pode ter êxito na medida em que mostre o relacionamento de ambos os fenômenos à estrutura nuclear do modo de produção capitalista e aos interesses e necessidades vinculados à expansão do terciário e das Agenda, atividades que produzem não-mercadorias para o governo.

Analisada na perspectiva histórica, a ideologia ortodoxa se mostra ambivalente, entre justificar a produção de não-mercadorias e o terciário improdutivo pela óptica do consumo ou pelo ângulo da produção. O desenvolvimento das bases reais em que a discussão se trava, dividindo em brigadas de um mesmo exército os partidários de uma e de outra versão, acabou por sagrar vitoriosa a brigada de Mandeville e de Malthus, sob o comando de Keynes.

A tese finalmente aceita como a "verdadeira" só poderia ser aquela que define como e confunde com *investimento* os gastos do governo nas Agenda e salienta seus efeitos "positivos" (assim como os da hipertrofia do terciário) sobre a demanda global, sobre a renda total e sobre o volume de ocupação.

---

[48] CAMPOS, L. *Mecanismos de sustentação do crescimento I – O Terciário*, Textos para Discussão, nº 12, UnB, 1973. p. 4.

A outra óptica ressalta os efeitos dos gastos do governo na compra de não-mercadorias e do aumento dos "ociosos", improdutivos, "terceiros consumidores", sobre a produção e a oferta, evidencia as conseqüências desagradáveis e incompatíveis com a prevalência das noções ideológicas básicas, entre elas a de que a eficiência produtiva do sistema e a taxa de crescimento efetivo do produto capitalista possam se expressar em termos e grandezas ideais, correspondentes ao pleno emprego automático nos neoclássicos e ao pleno emprego dirigido nos keynesianos. O que divide as duas brigadas é essencialmente o fato de que alguns (desde a *Riqueza das nações*) enfatizam que o emprego do trabalho improdutivo (terciário e Agenda) corresponde e implica uma redução da capacidade de produção de mercadorias, enquanto outros (desde a *Fábula das abelhas* de Mandeville e os *Principles* de Malthus) enfatizam os efeitos da expansão dos trabalhadores improdutivos sobre a capacidade de consumo e o volume de ocupação. Keynes, no início da década de 20, segue ainda a orientação de Smith e só vem a adotar a linha de Malthus a partir da década de 30: em 1933, quando escrevia a *Teoria geral*, reformulou seu artigo de 1923 – Malthus, o primeiro dos economistas de Cambridge.

O notável esforço de persuasão que se inicia com Malthus e culmina em Keynes dispunha do poder de dois argumentos capazes de torná-lo vitorioso, tanto na classe capitalista quanto na assalariada. Para a classe capitalista, acenava com o aumento da demanda efetiva (de bens de consumo e de capital), que tanto o emprego de trabalhadores improdutivos adicionais quanto os gastos do governo na compra de não-mercadorias acarretariam, induzindo aumento da capacidade de produção, de oferta, do índice de preços e da taxa de lucro (eficiência marginal do capital). Para o proletariado, acenava com a absorção do desemprego via novas oportunidades de ocupação na produção de não-mercadorias e nas atividades improdutivas, contidas na promessa de pleno emprego. O *benefício geral*, o "bem comum", capa com que se revestem todas as ideologias modernas, se apresenta como um dos atributos da ação do governo capitalista em seus domínios exclusivos: despesas na compra e estímulos à produção de não-mercadorias e no terciário.

O caráter ideológico está presente em Malthus, que já se esforçava por "demonstrar" a natureza e alcance das medidas consideradas como "auxílio das camadas operárias". Eis o trecho:

> É importante, nos *esforços que fazemos para vir atualmente em auxílio das camadas operárias, convencermo-nos* de que seria de desejar que estas fossem empregadas em trabalhos *cujos produtos não sejam postos à venda nos mercados, como a reparação de estradas* e os trabalhos públicos.

Não se poderia objetar a esta maneira de empregar uma forte soma levantada por meio do imposto que ela iria *diminuir o capital afetado ao trabalho produtivo*, porque, até certo ponto, está aí *exatamente aquilo de que necessitamos*.[49]

Quando o sistema capitalista necessita do incremento do trabalho improdutivo para ampliar as bases estreitas em que se movem suas relações de consumo (em relação à capacidade de produção alcançada), os ideólogos lembram-se das "camadas operárias desempregadas" e procuram ocupá-las improdutivamente nos setores de produção de não-mercadorias, de "produtos que não sejam postos à venda nos mercados"... Malthus tem a honestidade de reconhecer que a redução do capital afetado ao trabalho produtivo, isto é, seu emprego na compra de trabalho improdutivo, "é aquilo de que necessitamos", ou seja, de confessar que a redução da taxa de expansão das forças produtivas e reprodutivas de mercadorias é uma necessidade imanente do sistema. Mas a honestidade de Malthus é muito limitada, de modo que ele sugere que se dê outro nome, um apelido honroso, ao trabalho improdutivo.

Malthus percebeu que, se a economia capitalista tinha de ampliar o setor que ocupava trabalho improdutivo, era necessário praticar a "amnésia" do termo "trabalho improdutivo" em oposição ao "trabalho produtivo". Eis o trecho:

> Esta forma de aplicar o termo trabalho produtivo ao que é diretamente produtor de riqueza, qualquer que seja a definição desta, é indubitavelmente da maior utilidade para explicar as causas do aumento da riqueza. A única objeção essencial que se pode fazer é que *parece menosprezar* a importância de todas as outras espécies de trabalho... *Para fazer desaparecer esta objeção* a uma classificação suficientemente correta, para fins práticos, a outros respeitos e incomparavelmente mais útil para explicar as causas da riqueza das nações que nenhuma outra das que até agora foram sugeridas, *poderia ser conveniente substituir o termo trabalho improdutivo por serviços pessoais.*[50]

Os neoliberais e a contabilidade nacional ortodoxa fizeram mais do que a esperteza de Malthus sugeriu: identificaram "bens e serviços" e alijaram qualquer referência ao trabalho improdutivo.

Se o trabalho improdutivo é o realizado pela classe dominante – o "soberano", os capitalistas, os banqueiros, os advogados, os militares, os funcionários, os padres – e se a expressão trabalho produtivo é aplicada ao trabalho que produz riquezas materiais, tendo uma conotação que "parece desprezar a

---

[49] MALTHUS, T. R. *Principes d'economie politique*. Franceira, 1846. p. 390.
[50] MALTHUS, R. *Princípios...*, p. 30.

importância de todas as demais classes de trabalho – pelo menos assim se interpretou o termo trabalho improdutivo, empregado por Adam Smith", então é útil e aconselhável, do ponto de vista do capital e do trabalho improdutivo que gravitam em torno do *não-trabalho*, substituir o termo *trabalho improdutivo* por *serviços*. A partir da sugestão de Malthus,

> o trabalho pode, pois, dividir-se em duas classes: trabalho produtivo e 'serviços pessoais',[51] isto é, o produtor de *bens* e o fornecedor de *serviços*, que se confundiram, do ponto de vista subjetivo, ou seja, da óptica da utilidade do consumidor individual, que passou, com os neoliberais, a ser o ponto de vista determinante dos fenômenos. Se algo é "ofélimo", útil, do ponto de vista de algum consumidor individual, é um "bem econômico" ou um "serviço", desde que seja escasso e disponível. Assim, a indeterminação dos trabalhos produtivos e improdutivos e de seus resultados – "bens" ou "serviços" – foi plenamente alcançada.

Marx afirma, tanto n'O *Capital* quanto na *Teoria da mais-valia*, que Smith "bateu na cabeça do prego" quando percebeu a importância da distinção entre trabalho produtivo e improdutivo na economia capitalista. Malthus diz que

> não seria ir muito longe afirmar que os méritos comparativos do sistema dos Economistas (Fisiocratas) e de Adam Smith dependem, sobretudo, de suas diferentes definições de riqueza e de trabalho produtivo.[52]

Propõe que se pratique a amnésia do termo fundamental – trabalho improdutivo – substituindo-o pelo de *serviços*. Substituição que, a partir de 1873, confunde e identifica indevidamente *serviços* com os *bens*, fazendo desaparecer a diferença entre as "classes tão opostas de pessoas".[53]

Na realidade esta "amnésia" do trabalho improdutivo implica uma particular visão do processo social em que a apreensão do real estaria inarredavelmente comprometida com a não-transformação da sociedade, com o não-desenvolvimento desta. O processo social teria que ser estudado como coisa porque não apreendido como produto das lutas sociais, do complexo jogo das lutas de classes e, portanto, como produto histórico.

Essa identificação, diga-se de passagem, não foi aceita por Malthus. Ela, antes dos neoclássicos, foi proposta por J. B. Say, criticado por Malthus que afirma que não se pode colocar "no mesmo pé de igualdade" coisas tão diferentes quanto os bens materiais e os serviços imateriais. Malthus afirma que o

---

[51] Idem, ibidem, p. 30.
[52] Idem, ibidem, p. 20.
[53] SMITH, A. op. cit., p. 53.

cálculo da riqueza nacional e mesmo a diferença entre o rico e o pobre seriam confundidos se o conceito subjetivo de Say fosse adotado.

O esforço de convencimento realizado por Malthus não obteve sucesso, embora a tendência se afirmasse, sem apoio em qualquer teoria. O fracasso teórico de Malthus, sua relegação, se deveu, em parte, a que ele não procurou ocultar que o desemprego dos "recursos produtivos", da mão-de-obra em especial, se relacionava diretamente à insuficiência de "demanda efetiva", ou seja, que a causa fundamental se situava na contradição básica entre a expansão das forças produtivas e as bases tênues em que se assentam as relações de consumo, no regime capitalista. O estágio pouco avançado de crescimento e a clareza de seu diagnóstico são os responsáveis pelo fato de que o malthusianismo econômico teve de esperar 110 anos para reencarnar na história, pelo diagnóstico mistificado de Keynes e da técnica persuasória do genial Lord.

O diagnóstico de Malthus é agressivamente claro:

> Mas já fizemos notar que o consumo e a procura ocasionados por pessoas empregadas num *trabalho produtivo* nunca podem ser um encorajamento suficiente para a acumulação e o emprego de capital... Perguntarei, portanto, como é possível, em tais circunstâncias, supor que o acréscimo dos produtos obtidos por meio de um maior número de operários produtivos possa encontrar compradores sem que haja uma tal diminuição de preço que o valor dos produtos venha a cair abaixo dos custos de produção, ou pelo menos a diminuir em muito os meios e a vontade de acumular.[54]

O "equilíbrio" entre oferta global e demanda global só poderia realizar-se pelo emprego de trabalhadores improdutivos adicionais e de aumento dos gastos do governo nas Agenda adquirindo não-mercadorias: "Em suma, a utilidade dos consumidores improdutivos reside em que eles mantêm, entre produto e consumo, um equilíbrio."[55]

É, portanto, pelo prisma da demanda de bens de consumo que a conversão de operários desempregados em trabalhadores improdutivos encontra sua justificativa na teoria econômica de Malthus. Se foi a capacidade de produção, ao ultrapassar a capacidade coletiva de consumo, que determinou o desemprego, a solução não pode ser alcançada pela sua reabsorção nos setores produtivos e reprodutivos que alijaram os trabalhadores produtivos excedentes; a única saída seria empregá-los no terciário ou na produção de "produtos que não sejam postos à venda nos mercados", isto é, na produção

---

[54] MALTHUS, T. R. *Princípios...*, p. 279.

[55] Idem, ibidem, p. 368.

de *não-mercadorias*. O aumento da demanda efetiva de bens de consumo, obtido via ampliação do terciário e dos gastos na produção de não-mercadorias garantidos pelo governo, em relação à capacidade de produção e à oferta atual, permitirá, no período seguinte, que os capitalistas empreguem um maior volume de trabalho produtivo, que, segundo Malthus, é o principal indicador do crescimento econômico nacional. Assim,

> deve haver qualquer coisa na situação anterior da procura e da oferta da mercadoria em questão ou no seu preço, *previamente* à demanda ocasionada pelos novos trabalhadores e *independentemente dessa demanda*, para que o emprego de um número adicional de *pessoas na produção* seja garantido.[56]

A poupança excessiva, segundo Malthus, reduz o consumo improdutivo, enfraquecendo a demanda global de bens de consumo e "os motivos habituais da produção". A passagem em que o diagnóstico fundamental de Malthus é claramente enunciado é citada pelo próprio Keynes:

> Em quase todas as partes do mundo vemos imensas forças produtivas que não entram em ação (*subemprego*), e explico este fenômeno dizendo que por falta de uma boa distribuição dos produtos existentes não há motivos adequados para continuar produzindo... Sustento firmemente que o desígnio de acumular muito depressa, que implica uma diminuição considerável do consumo improdutivo, deve, enfraquecendo muito os motivos habituais da produção, levar a uma estagnação do progresso da riqueza.[57]

1.6 O PAPEL DAS NÃO-MERCADORIAS EM MALTHUS E EM KEYNES. A FUNÇÃO ANTICÍCLICA DA EXPANSÃO DA PRODUÇÃO DE NÃO-MERCADORIAS E DO TRABALHO IMPRODUTIVO EM GERAL

A leitura dos *Princípios de economia política* de Robert Malthus lança luzes sobre a *Teoria geral* de J. M. Keynes. Mais do que isso, é a partir da estrutura ideológica de Malthus que ressalta e se valoriza o trabalho de refinamento, de obscurecimento, de preparação de um embrulho ideológico novo para a velha mercadoria. "Temos de laboriosamente redescobrir e forçar através das camadas obscurecidas por nossa educação desorientadora aquilo que nunca deveria ter deixado de ser óbvio" diz Keynes[58] a respeito dos ensinamentos de Malthus.

---

[56] Idem, ibidem, p. 276.
[57] KEYNES, J. M. *Essays in biography*. Londres, Macmillan, 1972. p. 99.
[58] Idem, ibidem, p. 101.

À medida que se faz uma releitura das duas obras, a semelhança de detalhes, de pontos de vista, de concepção da economia e da sociedade, do papel do ideólogo diante da problemática capitalista, dos limites da ação reformista, impostos pela própria preservação do sistema, a necessária permanência sob o movimento superficial e aparente das mudanças e reformas se apresentam compondo o quadro das afinidades entre os dois maiores momentos da produção da ideologia econômica do capitalismo. As diferenças entre as obras da maturidade dos dois maiores economistas burgueses são aparentes, necessárias para que um, trabalhando sobre o insucesso do outro, introduza as modificações adequadas para que o esquecido e enterrado Malthus ressurja na plenitude da glória de Keynes.

Keynes não é apenas o aprimorador de Malthus; é o seu vingador. Ele pretende concluir a discussão entre Ricardo e Malthus, que a morte do primeiro deixou inacabada, e retribuir os ataques que a crítica mordaz, profunda e impiedosa de Marx dirigiu ao "sicofanta" ilustre, "plagiário", até mesmo da famosa lei da população.

Keynes diz se espantar diante do fato de que uma "teoria tão idiota", quanto afirmava ser a de Marx, pudesse ter exercido tão poderosa influência sobre a mente dos homens, como que a revidar os ataques e críticas de Marx a Malthus. Poder-se-ia perguntar se o próprio Keynes não foi influenciado por aquela teoria que ele afirmou considerar idiota: Joan Robinson conta que ele lhe disse que os "preços são proporcionais aos valores quando a taxa de lucro é zero,"[59] observação de quem tinha opinião formada sobre os problemas do tomo III d'*O capital*.

Malthus admirou e discordou de Ricardo durante todo o diálogo que só a morte interrompeu. Achava artificial a teoria fundamental para Ricardo, a do trabalho cristalizado, herdada e desenvolvida por Marx.

Para Malthus, a teoria do valor trabalho de Ricardo fornecia a imagem de uma economia estruturada em condições de produção conflitivas, expressas na oposição salário-lucros, que se traduzia, na circulação e no consumo, em preços e condições de demanda incapazes de facilitar a reprodução ampliada. Para Malthus, o esquema de Ricardo era o de uma economia inviável, e ele estava preocupado em mostrar a viabilidade do capitalismo, e não o contrário. Dadas as dificuldades imanentes e originárias da produção, até aí Malthus concorda, é necessário, para a dinâmica expansionista do sistema, para seu

---

[59] ROBINSON, J. *An essay in marxian economics*. Londres, MacMillan, p. X.

crescimento ser sustentado pela demanda, que se criem consumidores e demanda efetiva a fim de que a camisa-de-força do valor não se transforme na cadeia dos preços cadentes, paralisadora da produção. Ao adotar a teoria do trabalho comandado, em vez de a ricardiana do trabalho cristalizado, Malthus estava praticando a eliminação, propondo a amnésia da teoria do valor em benefício do preço que, segundo ele, movia o mundo. Ao governo e à burguesia cabia gerir a moeda, ainda que fosse criando e ampliando o consumidor improdutivo.

O debate entre Malthus e Ricardo é aproximadamente o mesmo que 110 anos depois divide Keynes de Marshall e Pigou.[60] Keynes percebeu a grande semelhança entre os "clássicos" e Ricardo. Afirmou, nos Capítulos I e II da *Teoria geral*, que Marshall e Pigou eram ricardianos e que ele (tal como Malthus) estava "escrevendo um livro de teoria econômica que desmantelará os fundamentos ricardianos do marxismo" (e do neoclassicismo), conforme afirma em carta a Bernard Shaw.

Para Keynes, a característica definidora dos ricardianos era a preocupação com as leis que presidem a repartição de dado produto entre as classes que contribuíram para sua produção. Ambos, Malthus e Keynes, afirmam preocupar-se com as leis que determinam a grandeza do produto nacional e apontam o subemprego permanente como resultado de uma tendência do sistema em seu funcionamento livre, e que tem por causa a deficiência da demanda efetiva.

Enquanto os economistas conservadores de hoje são reformistas tópicos, incrementalistas, essencialmente crentes nas possibilidades de um suave redistributivismo, Malthus e Keynes foram ideólogos autênticos, conservadores que nunca acreditaram na eficácia das medidas de redistribuição da renda e da riqueza nas condições concretas da economia capitalista. A disparidade distributiva é imanente ao capitalismo e necessária à sua dinâmica, afirmam ambos.

Para Malthus, o aumento do nível de salário real significa aumento do custo de produção e, conseqüentemente, redução da taxa de lucro, a mola que estimula os capitalistas ao investimento. Assim, a redistribuição da renda em benefício dos assalariados só aparentemente aumentaria a demanda global de

---

[60] A redução dos salários reais e nominais conduziria a economia ao pleno emprego, de acordo com Marshall e Pigou; de acordo com a tradição clássica, aumentaria o lucro. De acordo com Malthus e Keynes, a deflação reduz o volume de emprego e a massa de lucro: só a inflação aumenta a taxa de lucro e reduz os salários reais.

meios de consumo; mas o aumento do custo de produção, acarretado pelo aumento salarial, desestimularia a produção, impondo uma redução ao volume de emprego, impedindo que o aumento da demanda de bens salário se efetivasse. Na *Teoria geral*, o salário real que ganha uma unidade de trabalho sofre uma redução até o pleno emprego keynesiano, isto é, até o nível de emprego ao qual corresponde uma unidade de salário tão baixa que "não há mão-de-obra disponível disposta a empregar-se" àquele salário ínfimo então vigente.

O diferencial entre a elevação de preços dos meios de consumo para assalariado e a elevação do salário nominal é apropriado pela classe capitalista, na forma de lucro. Aqui não transparece claramente que a elevação do valor agregado do lucro se deva ao aumento da taxa de exploração decorrente da redução do salário real que ganha uma unidade de trabalho e do aumento da massa de mais-valia, que decorre do incremento do volume de trabalhadores empregados.

Malthus afirma que, se não se verificar e se mantiver um diferencial entre o aumento de preços e o de salários, os capitalistas não obterão, da venda de sua produção, recursos monetários suficientes para empregar maior volume de trabalhadores: se os preços não se elevam, o estímulo dos lucros desaparecerá e a produção e o emprego não poderão ser redinamizados por novos investimentos. "A diminuição da produção persistirá enquanto essa baixa do preço em dinheiro da produção continue reduzindo a possibilidade de compra de trabalho." E a seguir Malthus completa:

> Poderemos estar seguros de que um país avançará sem obstáculo para a riqueza e prosperidade se o valor em metais preciosos de seus produtos aumentar tanto que se possa comprar com eles, anualmente, uma quantidade maior de trabalho.[61]

A inflação desvaloriza relativamente a mercadoria força-de-trabalho, permitindo que os capitalistas aumentem o volume de emprego e o lucro. É a solução para a dinamização do sistema e implica que, ainda que a lei de Say fosse válida, só ela não bastaria para ativar a economia.

Keynes percebeu, igualmente, os efeitos "positivos", do ponto de vista do capital, que a elevação de preços acarreta. Na *Teoria geral*, reafirma e aperfeiçoa sua convicção antiga, declarada na década de 1920, de que o "aumento da massa monetária se mostra indispensável", não apenas nas fronteiras temporais do capitalismo, mas "desde os tempos de Solon, pelo menos", para

---

[61] MALTHUS, R. *Princípios de economia política*. México, FCE, p. 324-5.

reduzir os salários reais, impedindo que sua tendência para a alta levasse à "crise e dissolução da sociedade econômica"... A redução dos salários reais que Keynes advoga por meio da inflação, e não diretamente mediante a redução dos salários nominais e reais correspondentes, teria a "vantagem", do ponto de vista do capital, de vir acompanhada de um aumento da demanda efetiva. Ele supõe que a redução de salários reais não leva o assalariado a abandonar o emprego, e que a oferta de mão-de-obra continua perfeitamente elástica até o pleno emprego, isto é, quando se manifesta qualquer rigidez de oferta, quando o assalariado não se conforma com o salário real cadente e se recusa a oferecer-se, estamos, por definição, no pleno emprego.

A inflação é o instrumento indireto que faz com que, ao mesmo tempo, "quando aumenta o volume de ocupação no curto prazo, a remuneração por unidade de trabalho em termos de bens salário deve, em geral, declinar e os lucros aumentarem".[62] Como provocar uma inflação permanente capaz de reduzir os salários reais a fim de elevar a taxa de lucro? Keynes sabia que a deflação esteve presente em todas as crises da economia capitalista como um fator de agravamento da máxima importância. O incremento da produção e da oferta, os aumentos de produtividade, resultaram na redução do preço unitário e na conseqüente baixa de preços que pairava como uma ameaça sobre a economia capitalista, desde a Revolução Industrial.

> Para Keynes, a acumulação capitalista é contraditória e leva o sistema para a crise porque a acumulação implica na abundância do capital produtor: se o capital se torna abundante, o lucro cai porque ele, como o juro e a renda da terra, é o preço da escassez. A acumulação estatal-keynesiana tem, por isto, de ser acumulação de capital improdutivo-destrutivo, o capital alocado no departamento III, o único que permite que o capital produtivo se mantenha escasso. O desvio sistemático de forças produtivas, de força de trabalho e de capital constante para o setor improdutivo torna escassos os recursos disponíveis à produção real, nos departamentos I e II, de produção de meios de produção e de meios de consumo.[63]

As crises periódicas do século passado revelavam dramaticamente aquela tendência e os autores clássicos, a partir de Adam Smith, captaram-na em suas obras, em que ela figura como preço normal de longo prazo, inferior ao momentâneo. A queda de preços no longo prazo corresponde à redução da taxa de lucro, que tende ao "normal", próximo ou igual a zero. Como impedir

---

[62] KEYNES, J. M. *Teoria geral*. RJ, FCE, p. 29.
[63] CAMPOS, L. Estatização, privatização e crise. In: *Textos censurados*, 1996. p. 212.

que as inovações tecnológicas que aumentam a produtividade do trabalho humano e reduzem o custo unitário, aumentam o volume de produção e a oferta,[64] não se traduzam, numa economia de mercado, em baixa de preços e de lucros? A resposta de Keynes é a repetição, aperfeiçoada em sutileza e em recursos e instrumentos modernos (*state-money, open market*, desequilíbrio orçamentário), da de Malthus. Antes de Keynes, Malthus percebera que só mediante modificações na estrutura da produção e da ocupação seria possível aumentar-se continuamente a demanda efetiva em relação à capacidade de produção e à oferta agregada, criando-se um estado de "tensão" permanente capaz de impedir que a queda de preços se manifestasse e, com ela, a crise da economia capitalista. Tanto em Malthus quanto em Keynes, o governo capitalista tem um papel central na transformação da totalidade do sistema, na estrutura da produção, da ocupação, da oferta e da demanda globais, de tal forma que os preços, como parte de uma totalidade modificada, não mais apresentem a tendência à deflação, contrária aos interesses do capital, mas se manifestem como uma inversão daquela tendência, a inflação, dinamizadora do capital.

Se o problema axial da economia capitalista é o da deficiência da demanda efetiva (ou da insuficiência relativa da demanda), que se expressava periodicamente em queda de preços e depressão, então a inflação mostrava que aquele problema tinha sido contornado e que a demanda efetiva se tornara tão elevada em relação à produção e à oferta agregada que os preços se elevavam. Para conseguir o aumento relativo da demanda efetiva, sem usar o remédio redistributivo, condenado por Malthus e por Keynes no quadro das relações capitalistas, era necessário que o governo estimulasse a demanda de "serviços pessoais" e de "produtos que não são postos à venda nos mercados", adquiríveis apenas pelo governo, como estradas, produtos bélicos, serviços de justiça, administração pública, etc. Malthus procura demonstrar que a única solução seria assegurar a expansão desses "consumidores que não produzem diretamente produtos materiais",[65] os consumidores improdutivos.

Os remédios de Keynes e de Malthus são os mesmos, os órgãos que os aplicam, os mesmos, o primeiro mostrando a necessidade de o governo

---

[64] É difícil compreender a irritação e má vontade que causam as distorções críticas à teoria de Marx sobre a queda da taxa de lucro. Ricardo baseou aquela tendência no aumento salarial decorrente da elevação de custo dos meios de subsistência que deriva da sua lei dos rendimentos decrescentes na agricultura. Os ortodoxos, Keynes especialmente, baseiam-se na abundância de capital decorrente dos incrementos de produção e produtividade. A explicação de Marx é a única aceitável.

[65] MALTHUS, R. op. cit., p. 333.

"elevar o dispêndio na escala necessária para fazer a grande experiência que demonstraria minha tese", que só poderia ocorrer se o governo se "insensibilizasse com a grande dissipação decorrente da preparação das armas", realizando despesas *"wholly wasteful"*, e não apenas "parcialmente dissipadoras", tais como a construção de pirâmides, de produtos bélicos, de enterrar garrafas com dinheiro e desenterrá-las, etc.

Malthus reconhece que o capitalismo é incompatível com "a felicidade da massa da sociedade": "É muito desejável que as classes trabalhadoras estejam bem pagas, e isto por razões muito mais importantes do que todas (as razões) relativas à riqueza, a saber, a felicidade da maioria da sociedade." Mas as relações capitalistas impedem que aquele desejável nível de distribuição da renda seja atingido porque, se os salários reais se elevarem,

> os lucros baixarão e o motivo de acumular diminuirá ou desaparecerá antes que a agricultura, as manufaturas e o comércio tenham alcançado um grau considerável de prosperidade, pois um grande incremento do consumo entre as classes trabalhadoras tem que aumentar de maneira considerável o custo de produção.[66]

Malthus e Keynes perceberam a ingenuidade, os limites e a impossibilidade de se recorrer à redistribuição de rendas para aumentar-se a demanda efetiva, composta de partes antagônicas, na economia capitalista. Ambos afirmam a necessidade de se "socializar" o prejuízo decorrente do aumento da demanda efetiva capitalista, recorrendo-se ao governo (e à dívida pública). Isto porque, para o governo, o aumento do dispêndio não significa aumento de custo de produção e redução de lucro. Portanto, só o governo poderia aumentar a capacidade de consumo da coletividade em relação à capacidade de produção de meios de consumo, pelo aumento do dispêndio com funcionários públicos, consumidores improdutivos ou demandando não-mercadorias, "produtos que não são postos à venda nos mercados", como estradas, produtos bélicos, etc.

Malthus percebeu que "toda sociedade deve ter um corpo de indivíduos dedicados a serviços pessoais" (denominação delicada dos consumidores improdutivos) "de diversas espécies, assim como (além de empregados domésticos de que se necessite) estadistas, juízes, advogados, médicos e cirurgiões... um corpo de religiosos...". Tanto para Malthus como para Keynes, cabe ao governo capitalista "socializar" o custo de preservação do sistema representado pelo aumento da demanda efetiva resultante dos gastos "completamente dissipadores" do governo na compra de não-mercadorias.

---

[66] Idem, ibidem, p. 338.

A lógica que preside as relações entre capitalistas e assalariados deve ser totalmente diferente da lógica que conduz as relações entre o governo comprador e os produtores e vendedores de não-mercadorias.

1.7 OS DIAGNÓSTICOS APARENTEMENTE OPOSTOS DE MALTHUS E DE KEYNES

Explicitar as relações sociais da produção – entre capitalistas e assalariados, ou entre ricos e pobres, como Malthus prefere quase sempre – não é privilégio de Marx: todos os outros clássicos trabalharam com a estrutura social básica do capitalismo explícita, e os fisiocratas já construíram sua visão do processo de reprodução e dos fluxos físico e monetário sobre a estrutura social dividida em três classes sociais. Malthus, que pretendia corrigir o que fosse corrigível do capitalismo, preservando o principal de suas características herdadas, explicitou a estratificação social capitalista para conservá-la. Também os fisiocratas construíram seu sistema teórico sobre uma estratificação social explícita – as classes dos proprietários, dos trabalhadores produtivos e a classe estéril, dos industriais e comerciantes – e pretenderam mostrar como aquela estrutura de classes poderia ser fortalecida pela prática que sua ideologia defendia. Os neoliberais eliminaram de seu pobre, anêmico e restrito universo de análise as classes sociais pretendendo obscurecer os antagonismos próprios do modo de produção capitalista, a fim de conservá-lo.

Malthus baseia toda sua ideologia na determinação de que a sociedade capitalista se acha irremediavelmente dividida entre ricos e pobres, entre capitalistas e assalariados, entre proprietários e não-proprietários, entre consumidores improdutivos e produtivos. A desigualdade da repartição da renda resulta daquelas desigualdades e as reproduz; a insuficiência da demanda efetiva, que impede que a economia atinja o pleno emprego dos fatores existentes, é um dos resultados daqueles antagonismos fundamentais. Como "não existe causa indireta da produção mais poderosa do que o consumo",[67] a demanda efetiva se encontra limitada pela pobreza e falta de poder de compra dos assalariados; o sistema capitalista não pode estimular aquela "poderosa causa indireta da produção", a necessária negação da produção pelo consumo, sob pena de elevar os custos de produção e impedir a acumulação e a reprodução ampliada do capital.

Enquanto em Keynes a demanda efetiva é dividida de acordo com um critério aparentemente técnico – meios adequados ao consumo individual (D1)

---

[67] Idem, ibidem, p. 38.

e meios adequados ao consumo produtivo (D2 – máquinas, equipamentos) – em Malthus os componentes da demanda agregada são divididos de acordo com um critério social, próprio do capitalismo:

> Assim, pois, vemos que, em condições normais, os produtores e os capitalistas, ainda que tenham meios, não têm vontade de consumir uma parte suficiente de sua renda. E, quanto aos trabalhadores, há que admitir-se que, ainda que quisessem, careceriam de meios para fazê-lo. É importante observar que, por muito grande que seja a capacidade de consumo das classes trabalhadoras, não será nunca suficiente para estimular o emprego de capital... Ninguém empregará capital se o único motivo que tenha para fazê-lo for a demanda daqueles que trabalham para ele.[68]

Logo, a dinamização da economia se apóia na expansão dos meios de consumo para capitalistas e estes constituem um mercado estreito, limitado pela baixa propensão ao consumo.

Para Keynes justificar o diagnóstico oposto, segundo o qual a insuficiência da demanda efetiva se deve não à limitação e estreiteza do consumo, mas à insuficiência da demanda de meios de produção, D2, teve de articular toda a estrutura de sua *Teoria geral*: o capítulo em que apresenta seu diagnóstico (o princípio da demanda efetiva, cap. 3); para fundamentar seu diagnóstico apoiado em que a propensão a consumir é elevada, sendo a marginal próxima da unidade, escreveu dois capítulos sobre os fatores objetivos e subjetivos da propensão a consumir; e, para fundamentar seu redutor da demanda global de bens de capital, "demonstrando" seu diagnóstico, um capítulo sobre a eficiência marginal do capital, mais dois sobre a taxa de juros e sobre a maneira pela qual os investimentos seriam reduzidos (e com eles a demanda efetiva), por meio das relações entre a eficiência marginal do capital e a taxa de juros. Assim, toda a estrutura teórica da Teoria Geral se organiza a fim de fundamentar o falso diagnóstico keynesiano de que não era o consumo que limitaria a produção,[69] mas os conflitos entre industriais e banqueiros que se expressariam numa taxa de lucro esperada baixa, em relação ao juro.

Malthus, em vez de criticar as relações sociais da produção, a desigual repartição da renda inerente às relações entre capitalistas e assalariados, afirma que elas são insuperáveis e naturais:

---

[68] Idem, ibidem, p. 338.

[69] Ou a contradição do capital consigo mesmo, segundo Marx: o padrão contraditório de acumulação de capital que aumenta o capital não-produtor de lucro, o constante, em relação ao produtor de lucro, o variável, que é a força de trabalho em poder do capitalista, em cada ato de acumulação; ou, ainda, gerando uma desproporção entre setores ou entre departamentos.

A natureza proporcionou, mediante a fertilidade do solo, mediante a faculdade que têm os homens de empregar máquinas como substitutas do trabalho, mediante o estímulo que representa para a atividade um sistema de propriedade privada, a possibilidade de que um setor da sociedade goze de serviços pessoais ou de mercadorias, e, se um número maior de pessoas não aceita esse *dom benfazejo*, não apenas se perderá algo objetivamente bom que se poderia ter conseguido, mas o resto da sociedade, longe de se beneficiar com essa auto-renúncia, sofreria um prejuízo considerável.[70]

Este é um trecho muito expressivo do pensamento ideológico. Quando os ideólogos querem justificar as instituições, a exploração, a desigualdade, o consumo destrutivo ou o improdutivo, a dissipação de recursos, a força, etc., recorrem ao falso caráter "natural", eterno, das contradições capitalistas, e apresentam suas "soluções" repressivas e conservadoras como se fossem as únicas saídas possíveis, quando elas apenas são as únicas dentro das condições de produção capitalista. Malthus refere-se, no trecho acima, à "fertilidade do solo", esquecendo-se de que ele atribuía à avareza e pouca fertilidade do solo, em relação à fertilidade procriativa do homem, os principais desequilíbrios da sociedade humana em geral, problema "natural", e não específico do capitalismo. Agora, ao contrário, a terra e as máquinas produzem tanto, sob o impulso da senhora propriedade privada capitalista, que o '*dom benfazejo*', o excedente extraído do trabalho humano não pago, deve ser consumido pelos ociosos ricos e por seu governo; o emprego de consumidores improdutivos e seu crescimento seriam tão necessários e naturais quanto o crescimento das árvores e do gado.

Também para Keynes a repartição da renda nacional e os fatores que nela influem são dados, eternos. Assim, ao diagnosticar a insuficiência da demanda de bens de produção como redutora da demanda efetiva, Keynes inverte o diagnóstico de seu mestre Malthus. A conseqüência direta do diagnóstico malthusiano seria a abolição e superação das relações capitalistas de produção que estavam limitando o consumo coletivo dos trabalhadores assalariados, dos "pobres" e, com a insuficiência da demanda efetiva decorrente, o lucro, a produção e o emprego estariam reduzidos. A conseqüência do diagnóstico de Malthus seria a eliminação, a superação daquelas relações capitalistas de produção e de consumo que haviam se transformado "na cadeia" impeditiva do desenvolvimento das forças produtivas, pelo estrangulamento provocado pela demanda agregada antagônica, pela estreiteza e limitação do consumo coletivo

---

[70] MALTHUS, R. op. cit., p. 333.

em relação ao desenvolvimento das forças concentradas e dinamizadas pela economia dirigida pelo e para o lucro, segundo Marx.

Keynes percebeu o caráter revolucionário que a ideologia de Malthus e suas odes à propriedade privada e ao sistema "natural" de uma desigualdade inamovível não poderiam ocultar e conter por muito tempo. Abandonou e inverteu o diagnóstico de seu mestre do século XIX e, para fazê-lo, teve de dar uma estrutura especial ao sistema teórico: a *Teoria geral* se articula a partir da necessidade de fundamentar a inversão do diagnóstico de Malthus, procurando Keynes "fingir para nós mesmos e para todos" que acreditava ser a insuficiência da demanda de meios de produção o componente responsável pela insuficiência da demanda efetiva e não a deficiência capitalista da demanda de meios de consumo diante da capacidade acumulada e revolucionada de produzi-los. A questão se torna mais complexa quando se percebe que os investimentos em maturação ou de infinito período de maturação criam demanda (por gerarem emprego e lucro) sem oferta. Alguns "investimentos" keynesianos são, na verdade, gastos em consumo.

Se Malthus apontara a limitação e impossibilidade de aumento do consumo dos assalariados como a causa de uma insuficiente demanda efetiva, Keynes tinha de criar um *redutor* da demanda de bens de capital, que Malthus e Marx consideravam relativamente elevadas, para justificar o seu diagnóstico oposto. Para urdir a aparência lógica necessária para tornar aceitável seu estranho diagnóstico, Keynes começa negando a possibilidade de que a demanda de bens de consumo possa ser responsável pela insuficiência da demanda agregada. Substitui o critério de Malthus em que a distinção de bens de consumo entre ricos e pobres, entre capitalistas e assalariados, se faz a partir de um critério social: engloba as duas. $D = D_1 + D_2$, sendo D_1 o componente em que se somam e se confundem indevidamente as demandas de meios de consumo dos ricos e dos pobres, e, D_2, a demanda de bens de produção.

Para fundamentar ilusoriamente seu diagnóstico, partiu de afirmativa baseada no perigoso senso comum: quando minha renda de professor, de funcionário, de leitor de Keynes da classe média aumenta, meu consumo individual cresce, mas não tanto quanto minha renda. A proposição parece axiomática, singela e inocente. No entanto, contém complexidade, inverdades e maldades maquiavélicas. Ao passar para o plano global, em que as variações da renda nacional e do consumo coletivo substituem a proposição lançada no plano individual, Keynes convence o leitor de que não poderia existir insuficiência da demanda de bens de consumo na economia capitalista porque, quando a renda nacional aumenta, o consumo coletivo faz o mesmo, acompanhando de perto o crescimento do dividendo nacional. Mas, se por exemplo, quando o aumento da renda nacional se verificar no nível em que o consumo dos capitalistas se encontre satisfeito, no ponto de saturação, então o aumento da renda (no que tange ao lucro) não induzirá elevação do consumo dos ricos.

Em termos de Malthus, a demanda efetiva não se elevaria, por falta da "vontade de comprar" dos ricos, da baixa propensão marginal a consumir que os capitalistas apresentam. Se, por outro lado, ao aumentar o volume de emprego e o nível da renda nacional, o salário real individual se reduz, então o consumo de cada assalariado poderá ser forçado a se contrair, juntamente com sua demanda de bens de consumo.

Como Keynes afirma que existe uma correlação "unívoca e inversa" entre o aumento do volume de emprego e o salário que ganha uma unidade de trabalho, aquela redução do consumo de cada assalariado individual é a resultante normal do aumento da renda nacional a curto prazo. Além disto, se a taxa de juro se elevar concomitante com o acréscimo da renda nacional, o consumo dos emprestadores de dinheiro poderia não se elevar, mas a poupança, o não-consumo, de acordo com a ideologia pré-keynesiana. Logo, sua lei psicológica fundamental não é lei, não é psicológica e não é fundamental, mas apenas o enunciado útil para fazer crer que a insuficiência de demanda efetiva não pode ser atribuída malthusianamente à demanda de meios de consumo. Segundo Keynes, se não é a demanda de bens de consumo que é deficiente, então a insuficiência da demanda efetiva só poderia advir do outro termo, a demanda de meios de produção (D2).

A falsa "lei" psicológica fundamental de Keynes poderia ser invertida e colocada nos seguintes termos: a psicologia da comunidade é tal que, quando aumenta a renda nacional, os *investimentos* crescem (D2), mas não tanto quanto a renda, sendo, portanto, necessário que o *consumo* (e não o investimento) aumente para preencher a diferença entre o aumento da renda e o da demanda de bens de capital, a fim de que o volume de produção e de emprego se mantenha. O esperto lorde faz crer que se os capitalistas investirem, comprarem máquinas, equipamentos, insumos e força de trabalho, salvarão o sistema, aumentando a demanda efetiva. Mas, na depressão em que escreveu a *Teoria geral*, o aumento da demanda de meios de produção era totalmente inviável porque ele significaria compra de novas máquinas para serem instaladas ao lado das máquinas paradas, dada a taxa de ociosidade de 80%, de 70%... conforme o setor, segundo Steindel. Salvar o capitalismo por meio do aumento dos investimentos é muito mais palatável para os capitalistas do que dinamizá-lo por meio da difícil elevação do nível da demanda de bens de consumo.

Para Malthus, o que impedia o aumento dos investimentos, da acumulação de capitais, do emprego e da produção era a insuficiência da demanda global de bens de consumo; para Keynes, parece à primeira vista que o consumo não limita a produção. O que a limitaria, então? Keynes tem de encontrar um redutor da demanda global de bens de produção. Ele o encontra no esquema neoclássico, mecanicista, segundo o qual o volume de investimentos adicional não está limitado pelo consumo (pelo mercado, como dizia A. Smith), mas pela "margem da dúvida" entre a produtividade decrescente do capital e a taxa de juros corrente. Mas existem novos problemas que obrigam Keynes a mudar os conceitos dos dois termos: produtividade marginal do capital e taxa de juros. Em vez da produtividade decrescente do capital, com a qual Marshall procurava ocultar a existência do lucro, Keynes tinha de mostrar a potencialidade do lucro, apesar da crise de 1929 e do colapso de sua taxa. Para isto, transforma o primeiro conceito em sua eficiência marginal do capital, e a taxa de juros passará a ser fenômeno monetário, sujeita, como tal, à ação da autoridade monetária, para melhor estruturação do capitalismo dirigista.

A fase do capitalismo dirigista e intervencionista veio dar razão à teoria marxista que vê o juro como fenômeno fetichista por excelência; no nível da aparência, o dinheiro gera sua taxa na própria circulação, e fica obscurecida sua origem na produção, em que o capital-dinheiro se transforma em capital produtivo e é valorizado no processo de produção capitalista que é, simultaneamente, um processo de valorização do capital.

O redutor da demanda efetiva que Keynes acopla à demanda de meios de produção, em substituição ao redutor malthusiano da demanda efetiva, que é a desigualdade distributiva, é a relação entre eficiência marginal do capital e taxa de juros. Mas, à medida que avança o processo de acumulação e de concentração de capitais, reúnem-se em uma só mão na *corporation*, na *zaibatsu*, no *kereitsu*, no *konzern*, a eficiência marginal do capital, a taxa de juros e o lucro do comércio. Logo, evidencia-se que a disputa entre capitalistas do dinheiro e capitalistas da produção não é capaz de se apresentar como um redutor da demanda de bens de capital, do coeficiente de novos investimentos que resultaria na redução da massa de mais-valia, do volume de emprego gerador das três formas de lucro. Assim, a representação, a falsa suposição de que o processo acumulativo seria prematuramente bloqueado por um conflito entre os dois grupos de capitalistas em torno de suas remunerações, eficiência marginal do capital e taxa de juros, afasta-se cada vez mais para a estratosfera das produções ideológicas, úteis, mas irreais. Úteis para justificar os estímulos à eficiência marginal do capital por meio dos inúmeros instrumentos que compõem a política monetária, salarial, cambial, fiscal e financeira do capitalismo, mas inverídicas e inacreditáveis.

Keynes, em algumas passagens da *Teoria geral*, deixa transparecer que concorda com Malthus, que a deficiência da demanda efetiva se deve a uma limitação da demanda de meios de consumo. "O investimento não é uma entidade que subsista por si mesmo independente do consumo."[71] "A partir da guerra, houve uma torrente de teorias subconsumistas, das quais as do major Douglas são as mais famosas"... Ele, "com Mandeville, Malthus, Gesell e Hobson, que, segundo suas intuições, preferiram ver a verdade obscura e imperfeitamente do que permanecer no erro"[72]... "Essas escolas de pensamento estão, como guias para a política prática, indubitavelmente corretas."[73] Keynes quase confessa sua adesão aos subconsumistas; ele sabe que a pobreza e a limitação do consumo impõem um limite e explica as verdadeiras crises capitalistas. Ele suspeita que, na economia capitalista, o consumo deixou de ser o objeto e o fim da atividade produtiva. Seu fim é o lucro, e não a produção de valores de uso para o consumo. Os valores de uso são importantes apenas na medida em que sejam os suportes necessários à valorização do capital. Logo, a produção pode ser desviada dos consumidores individuais e se objetivar em não-mercadorias compradas pelo governo a preços tão elevados que garantam a realização ampliada e a taxa de lucro positiva, dentro de certos limites. Mas o governo não adquire meios de consumo, não é consumidor individual. Então, para que a demanda governamental se efetive, é necessário que a produção altere sua estrutura, erguendo o departamento III, produtor de não-mercadorias, estas sim compradas pelo governo.

Nesse sentido, o componente da demanda global que se mostrava deficiente e potencialmente elevável era o da demanda do governo, na economia do *laissez-faire*, sem dinheiro-estatal e sem déficit orçamentário, limitado pelo sistema monetário ouro, metálico.

Segundo Keynes, o "defeito de Malthus consiste em ter prescindido por completo do papel que desempenha a taxa de juros".[74] Se Malthus tivesse supervalorizado a importância da taxa de juros para justificá-la, quer como estimulante da poupança (do não-consumo), quer como dado "técnico"

---

[71] KEYNES, J. M. op. cit. p. 106.
[72] Idem, ibidem, p. 320-1.
[73] Idem, ibidem, p. 325.
[74] KEYNES, J. M. *Essays in biography*. Londres, Royal Economic Society, 1972. p. 101.

indispensável ao cálculo econômico (em relação à produtividade, eficácia ou eficiência marginal do capital), ele poderia ter "melhorado" sua ideologia, isto é, afastando-a da determinação dos fenômenos reais, torná-la-ia mais aceitável e mais útil aos banqueiros e à autoridade monetária. Isto porque a importância atribuída pela ideologia de Keynes à taxa de juros é indispensável como peça do sistema ideológico que, em vez de considerar a desigualdade repartitiva como responsável pela insuficiência da demanda de bens de consumo (e da demanda efetiva), aponta a taxa de juros como redutora da demanda de bens de capital, o membro oposto da demanda global. Assim, a desimportância da taxa de juros na construção ideológica de Malthus não é "defeito", sob certo sentido, porque expressa uma aproximação maior da realidade econômica capitalista: é o consumo, e não a taxa de juros, que limita a produção.

Foi preciso que o sistema bancário se desenvolvesse, como ocorreu entre 1820 (Malthus) e 1873 (neoliberais), para que a taxa de juros e o capital-dinheiro de empréstimo assumisse a importância que os neoliberais lhe atribuíram.

Ao transformar a taxa de juros num parâmetro técnico indispensável ao cálculo econômico, cuja inexistência, numa economia socialista, impediria a alocação racional de capital, a ideologia neoliberal está atribuindo o falso caráter de "tecnicamente necessário" ao juro, renda improdutiva, *not earned*, do capital-dinheiro de empréstimo. Na realidade, se a taxa de juros é zero ou inexistente, o capital produtivo pode ser utilizado mais amplamente do que o poderia diante de qualquer taxa positiva de juros. Logo, um defeito do sistema capitalista, que impede que os instrumentos de trabalho e as demais partes do capital produtivo sejam usados em sua possibilidade máxima, de vez que seu emprego deve se limitar ao ponto em que a produtividade marginal se iguala à taxa de juros corrente, é transformado, aquele defeito, numa superioridade do capitalismo, por meio de um processo de racionalização, que atribui ao juro o caráter de dado técnico imprescindível ao cálculo econômico racional...

As relações capitalistas que determinam no departamento I o volume de produção de meios de produção limitam as relações e as potências técnicas, em vez de estimulá-las e de maximizá-las, como pretende a ideologia. As relações capitalistas limitam a escala de produção de instrumentos de trabalho porque: 1) os capitalistas do departamento I limitam sua produção ao ponto em que o custo marginal for igual à receita marginal: se não houvesse custos capitalistas como impostos, juros, fiscalização, publicidade, etc., a quantidade produzida pelo mesmo custo marginal de "equilíbrio" seria superior, mas tal quantidade não é compatível com as relações capitalistas, seus custos e racionalidade; 2) mesmo a escala de "equilíbrio" capitalista do departamento I pode não se manter: os capitalistas do departamento II só compram meios de produção dos capitalistas do I se a eficiência marginal que esperam obter do investimento de uma unidade de capital produtor, isto é, as anualidades que produzirá durante sua vida útil descontado seu custo de reposição, for igual à taxa de juros. Logo, se a economia não fosse capitalista, a demanda de máquinas dos capitalistas do departamento II aos colegas do I seria efetivada num nível superior.

A demanda de máquinas do departamento II ao I e sua utilização ou ociosidade dependem do nível da demanda agregada capitalista de mercadorias: artigos de luxo e meios de consumo para assalariados. As relações de consumo dependem das relações de distribuição da renda e estas limitam o consumo coletivo-antagônico capitalista, impedindo que as relações técnicas de utilização máxima de instrumentos de trabalho e de recursos sejam estabelecidas. Finalmente, a demanda estatal de não-mercadorias mostra que a economia capitalista precisa produzir a não-produção, não-valores de uso.

1.8 KEYNES E A CRISE DE ACUMULAÇÃO EXCESSIVA

Keynes mostra, em outras passagens da *Teoria geral*, que foi a acumulação de capital a uma taxa excessivamente elevada, na Inglaterra e nos Estados Unidos, depois da Primeira Guerra Mundial, que tornou o capital abundante a ponto de provocar o colapso da eficiência marginal, na depressão de 1929. Ora, se foi a elevada demanda de bens de capital que produziu o colapso da eficiência marginal do capital, reduzindo-a abaixo do nível que a taxa de juros poderia fazê-lo, como é que a elevação do coeficiente de novos investimentos, o aumento de D2 que provocou a superacumulação, poderia soerguer o sistema? Impossível. Logo, Keynes sabia que Marx estava certo quanto ao aumento da composição orgânica do capital e que a economia capitalista padece de defeitos que encontram sua origem e sede nas relações antagônicas de produção, entre capitalistas e assalariados. É em conseqüência dessas relações que a capacidade de consumo do consumidor coletivo antagônico limita a produção, provocando o subemprego ou o desemprego. Quando a produção se expande e a plena utilização dos recursos se verifica, o auge não encontra suporte nas bases estreitas em que se move o consumo da coletividade, por um lado, e, por outro, o padrão acumulativo provoca queda na taxa de lucro ao incrementar o capital constante relativamente mais do que o capital variável, o único que produz mais-valia, como fica claro na fórmula $P^1 = S/\ C+V$, da taxa de lucro.

A tendência para a insuficiência crônica de demanda efetiva na economia mercantil desenvolvida se manifesta na tendência à deflação, à queda do índice geral de preços; se os preços caem, a taxa de lucro tende a zero. Assim, para que os preços não caiam, mas, ao contrário, se inflacionem, é necessário reduzir-se a oferta de bens disponíveis para o consumo e/ou aumentar-se a demanda efetiva por meio do incremento de atividades que empregam trabalhadores improdutivos.

A previsão de uma redução do valor da moeda (inflação) estimula o investimento e, em conseqüência, o emprego em geral, porque eleva a curva da eficiência marginal do capital; e a previsão de uma elevação do valor da moeda (deflação) é deprimente, porque faz baixar a curva da eficiência marginal do capital,[75] eis a declaração sintética de um inflacionista.

Malthus e Keynes adotam expressamente a teoria de que um "bem", um "fator" – dinheiro, terra, capital – produz rendimento enquanto dura, porque é escasso. Essa teoria foi considerada por Marx como o reflexo, no pensamento, das inversões e desrealizações decorrentes da sociedade produtora de mercadorias, das relações sociais da produção capitalista. Essa ideologia atribui poder procriativo e criador de valor e de riqueza à terra, aos instrumentos de trabalho (capital produtivo), ao dinheiro (capital-dinheiro, capital-bancário), às coisas e suas relações, quando a capacidade e a possibilidade de criação de valor, de valorização, se manifestam no processo de trabalho quando o trabalho vivo (capital variável) atua sobre o trabalho morto (capital constante).

Malthus aplica a teoria da escassez para "explicar" o lucro e as variações de sua taxa. O exemplo mais comprovador de sua teoria ele o encontra no período de reconstrução pós-bélica. "Se se destruísse um quarto do capital de um país, ou se o levasse para outra parte do mundo" (aqui está a justificativa do transplante de capital do ponto de vista da acumulação capitalista cêntrica), "sem que diminuísse ao mesmo tempo a demanda de mercadorias" (esclareça-se: permanecendo o departamento I de produção de meios de produção na economia transplantadora de capital, a fim de manter o nível de renda interna e o de demanda), "é evidente que tal escassez de capital ocasionaria graves inconvenientes aos consumidores" (por causa da redução da produção e da oferta interna dos meios de consumo, diga-se de passagem) "e perturbações importantes para as classes trabalhadoras" (com o transplante de máquinas,

---

[75] KEYNES, J. M. *Teoria geral* (Tradução ligeiramente modificada por nós). Portugal, FCE, 1970. p. 141.

exportam-se os instrumentos de trabalho, gerando desemprego cêntrico por transplante de oportunidades de emprego, por um lado, e exportação de meios de produção de bens de consumo operário, por outro), "porém os capitalistas que subsistissem obteriam grandes vantagens", conclui Malthus.[76] Assim, o capital escasso, já desconcentrado, daria uma taxa de lucro superior à taxa correspondente ao volume abundante de capital anteriormente existente. Em termos de Marx, a elevação da taxa de lucro se daria em virtude da diminuição da composição orgânica do capital em razão do transplante de capital. Logo, o transplante é o resultado de uma lei de movimento do capital e tende a evitar a queda da taxa de lucro na economia avançada, integrada, cêntrica.

A crise completa, que contém o colapso da economia keynesiana e dos governos nacionais que se tornaram incapazes de manter o auge, vai revelar formas colossais de desemprego.

---

[76] MALTHUS, R. *Princípios...*, p. 346.

CAPÍTULO 2

Malthus e Keynes: duas almas gêmeas irmanadas na defesa do capitalismo

2.1 MONETARISMO EM MALTHUS E EM KEYNES

A falta de compreensão da história do dinheiro e de suas determinações como fenômeno capitalista provoca a anomalia ideológica chamada monetarismo. Diante da moeda, o teórico pode assumir diversas atitudes: a primeira, é ignorar sua existência ou, o que é o mesmo, reduzir a moeda a um numerário ou a um meio de troca, isto é, reduzir a moeda ao fenômeno mais simples e elementar, cujas únicas funções seriam aquelas desempenhadas por uma moeda pré-capitalista.[1]

A segunda atitude igualmente desrealizada consiste em formular uma teoria da produção exógena do dinheiro, esquecendo-se de que as mercadorias são produzidas como mercadorias e como dinheiro no modo de produção capitalista e que o próprio governo e a autoridade monetária não são exógenos, mas agências a serviço da reprodução das relações de produção. Esta ideologia atribui ao dinheiro um papel causal, determinante do processo produtivo e das condições da produção, em vez de apontar os limites estreitos da interação que a moeda pode exercer sobre o processo de produção que a produziu e do qual ela se desligou em virtude do caráter fetichista daquela produção. Assim, o dinheiro esvaziado do valor trabalho, o dinheiro-estatal e o crédito fictício, fornecidos acima das possibilidades reais de sua produção, acabam por agravar as dificuldades de realização decorrentes do processo acumulativo voltado para o lucro e alimentado pelos poderosos canais que conduzem a mais-valia para sua transformação em capital. Esses autores se esquecem de que a moeda não

---

[1] "Além disso a mesma quantidade de dinheiro não pode permanecer por muito tempo em um país no qual diminuiu o valor da produção anual. A única utilidade do dinheiro é fazer circular bens de consumo. Ora, é através do dinheiro que os mantimentos, materiais e o produto acabado são comprados e vendidos, bem como distribuídos a seus próprios consumidores." SMITH, Adam. *A riqueza das nações*. SP, Abril Cultural, Os Economistas, 1983, v. 1, p. 292.

é capaz de resolver e de superar as contradições fundamentais da economia capitalista, mas, apenas, de mudar "a forma social das contradições".

Finalmente, para a terceira corrente o dinheiro aparece no real, de forma invertida, como sendo o início das trocas quando, na realidade, ele é o acabamento do processo de circulação mercantil. A esse respeito tem razão Marx quando afirma:

> A cristalização do dinheiro é um produto necessário do processo de troca, no qual se equiparam entre si de uma forma efetiva diversos produtos do trabalho, convertendo-se assim, real e verdadeiramente, em mercadorias. À medida que se amplia e se desenvolve historicamente, a troca acentua a antítese de valor de uso e de valor latente na natureza da própria mercadoria. A necessidade de que esta antítese tome corpo externo dentro do comércio, impulsiona o valor das mercadorias a revestir uma forma independente que não se detém nem descansa até que, finalmente, o consegue mediante o *desdobramento* da *mercadoria em mercadoria e dinheiro*. No momento em que os *produtos do trabalho* se convertem em *mercadorias*, se opera a transformação da mercadoria em dinheiro.[2]

Essa visão procura determinar as características, funções, limites e formas da moeda capitalista. Como esta serve para desempenhar as diversas funções que vão sendo exigidas pela expansão da produção; como o preço é a forma dinheiro do valor de troca e como a separação entre o valor e seu nome em dinheiro se realiza necessariamente na economia capitalista; como a moeda capitalista permite que as incongruências entre valor e preço se expressem; como a moeda nasce mercadoria, é produzida como mercadoria, exerce certas funções, inclusive a de equivalente universal por ser uma mercadoria, assim como o homem nasce uma criança e como uma criança balbucia e baba, mas necessariamente cresce e se transforma num adulto e num velho: ao longo das mudanças se manifesta sua essência. Ele não pode chegar a ser velho, assim como a moeda não pode chegar a ser símbolo, senão porque e após terem sido criança e mercadoria, respectivamente.

Produzida na matriz deformadora, que são as relações capitalistas de produção, a moeda pode adquirir certa autonomia e independência, bem como o crédito, que é o resultado da expansão da produção e do seu raio de ação. A teoria do valor-trabalho nos fornece o ponto de referência entre o fenômeno real, que contém trabalho humano, e o fenômeno fictício e imaginário, que não

---

[2] MARX, Karl. *El capital*. México, FCE, t. I, p. 50.

contém trabalho cristalizado: a moeda-fictícia, os preços irreais, o capital imaginário, a riqueza fantástica.[3]

Ao contrário de Marx, Malthus e Keynes não relacionam a moeda à produção, isto é, partem de uma produção exógena da moeda atuando sobre as condições da produção. Não percebem que assim fazendo seccionam o processo e o focalizam em seu retorno, na fase em que *reage* sobre o real. A moeda fictícia, o capital imaginário que o governo cria e introduz na atividade econômica são parte da riqueza fantástica, imaginária, que não contém trabalho humano cristalizado. Esse movimento desrealizado, essa produção fantástica, não podem ser racional e planejadamente controlados: são incontroláveis porque se desconectaram do mundo do trabalho adquirindo como que, fantasticamente, animada vida irreal. Ao atuar sobre o real, interagir sobre a atividade econômica, a moeda fictícia, os preços irreais (inflação), o capital fictício (especulativo e da dívida pública) acabam superaquecendo e gerando uma sobreacumulação que se resolve na crise.

Portanto, ainda que a economia seja mantida por 50 anos num quase auge por meio das medidas monetárias e das desproporções que elas permitem que o governo crie na economia capitalista, expandindo as atividades improdutivas e destrutivas, e tornando a inflação o resultado daquela desproporção,[4] a crise que não foi superada, mas mudou de forma, se desenvolveu, acabará se manifestando. O dinheiro não tem o poder de engendrar as relações sociais e as soluções das contradições e dos problemas criados pelo trabalho humano na sociedade capitalista, porque o próprio dinheiro é produzido na produção e o é de forma defeituosa. Foram as contradições da produção, desenvolvidas a ponto de gerarem a crise de 1929, que determinaram a dominação do papel-moeda inconversível, desligado do trabalho, na década de 1930.

Devia "ter ficado óbvio" para os economistas que um dos problemas principais do sistema é a tendência deflacionária que a produção industrial imprime por causa da redução do custo e do aumento de produtividade do trabalho. A tendência à queda da taxa de lucro esteve, desde Adam Smith, relacionada a essa outra tendência do sistema. À insuficiência da demanda de bens de consumo

---

[3] A moeda produzida na produção adquire certa autonomia no mundo fetichista das mercadorias e, mesmo como símbolo, reage e influi desrealizadamente sobre a produção. "A interação mútua ocorre entre os diferentes momentos. Isto acontece com todas as totalidades orgânicas." MARX, K. *Grundrisse*, op. cit., p. 100.

[4] Cf. mostramos em *A crise da ideologia keynesiana*, op. cit., cap. 11.

em virtude da distribuição defeituosa da renda capitalista se soma outra tendência deflacionária fundamental decorrente do aumento de produção, de produtividade e de oferta. Ao reduzir drasticamente a taxa de lucro, a deflação se manifestava como crise periódica da economia capitalista.

Transformar a tendência deflacionária numa tendência inflacionária é a notável solução que Malthus e Keynes tentam introduzir. Uma das dificuldades é romper com as limitações mentais dos seus colegas. A outra, estaria na impossibilidade de eternizar a solução – a inflação – porque ela não tem poder de engendrar as relações reais e o processo real, podendo apenas interagir, dentro de certos limites, sobre eles.

Malthus percebeu que a elevação de preços altera toda a distribuição da renda nacional. A moeda é para ele, portanto, um *instrumento de modificação da distribuição da renda* entre as classes: "Dificilmente pode produzir-se uma modificação essencial no meio circulante de um país sem uma alteração na distribuição do produto. Deve-se admitir que a causa principal dessas mudanças é o uso imprudente do papel-moeda"... Mas o que será o uso imprudente do papel-moeda? Para que haja desenvolvimento econômico, é necessário que o aumento de preços relativos permita que os capitalistas adquiram "uma quantidade maior de trabalho".

> Podemos estar seguros de que um país avança sem obstáculos para a riqueza e prosperidade se o valor em metais preciosos de seus produtos aumenta tanto (inflação) que se possa comprar com eles anualmente uma maior quantidade de trabalho, *sem diminuição dos juros*.[5]

Keynes propõe o controle da economia "por meio da moeda"; percebe que o aumento da quantidade de moeda é a variável "independente" final que altera não apenas a distribuição da renda e da riqueza, mas eleva a eficiência marginal do capital, reduz a unidade de salário real, perdoa a dívida e reduz o custo do capital produtivo comprado a prazo, reduz a preferência pela liquidez e a taxa de juros e aumenta a propensão a consumir de certos grupos; mas não determina os limites da ação da moeda sobre a atividade real que elevou as contradições a ponto de exigir a presença daquela moeda inconversível.

A *Teoria geral* é a defesa dessas modificações que o dinheiro-estatal (fictício) pode realizar na economia dirigista e intervencionista. A moeda "é o elixir" que estimula a atividade do sistema pelo aumento da taxa de lucro que o move, quando a elevação de preços, a inflação, é alcançada mediante a política de

---

[5] MALTHUS, R., op. cit., p. 324-5.

déficits orçamentários, de aumento do dispêndio do governo em trabalho improdutivo e em não-mercadorias, como estradas, produtos bélicos, etc. A produção que não podia se desenvolver nos setores voltados para os artigos de luxo, tinha de se realizar por meio da moeda-estatal, inconversível, e se reestruturar para produzir não-mercadorias.

Malthus dizia estar preocupado com a demanda *em relação* à oferta. Se houvesse uma "tensão" entre demanda e oferta, tensão que se resolvesse em elevação de preços, isto significava que o problema essencial do sistema capitalista, a insuficiência da demanda efetiva para absorver a totalidade da produção, estava contornado. Logo, a inflação era o indicador de que a demanda se encontrava em uma posição ideal em relação à produção e à oferta, do ponto de vista dos capitalistas e de seus motivos de produção.

Keynes afirma na *Teoria geral* que a queda de preços reduz a curva de eficiência marginal do capital, sendo que a elevação de preços provoca o efeito contrário. Em sua biografia de Malthus, depois de afirmar que seu ilustre biografado "se dava perfeita conta dos efeitos da poupança excessiva sobre os lucros", afirma:

> Já em 9 de outubro de 1814, em carta publicada pelo professor Foxwell no Economic Journal,[6] Malthus escrevia: Sob nenhum aspecto posso estar de acordo com sua observação de que o "desejo de acumular produzirá uma demanda tão efetiva (effectual) como o desejo de consumir", e que "o consumo e a acumulação dão origem igualmente à demanda". "Confesso, na verdade, que não conheço outra causa da redução de lucro (os quais em geral derivam da acumulação, segundo creio que você admite) que *a baixa de preços dos produtos em comparação com o custo de produção*, ou em outras palavras, com a diminuição da demanda efetiva (effective)."[7]

Tanto Malthus quanto Keynes perceberam os malefícios que a deflação e a deficiência da demanda efetiva traziam para a economia capitalista e que a inflação constituía a salvação possível do sistema. As perturbações ocasionadas pela queda de preços atingiam o lucro e a acumulação, o âmago do sistema; como conseqüência da queda da taxa de lucro, o aumento do desemprego e a redução da produção.

Esperar tirar proveito da deflação é, segundo Keynes, "um erro eterno". Se a deflação está associada à crise e é produzida por uma insuficiência da

---

[6] KEYNES, J. M. *Essays in biography*, The Collected Writings of John Maynard Keynes, Published for the Royal Economic Society, Londres, 1972. p. 99.
[7] KEYNES, J. M. *Malthus el primero de los economistas de Cambridge*, p. XXXV ss.

demanda efetiva; se a demanda efetiva não pode ser elevada por uma melhor distribuição de rendas e aumento de salários, então cabe, e cada vez mais, ao governo e aos ricos aumentar a demanda por meio da contratação de trabalhadores improdutivos e de produtos "que não são postos à venda nos mercados", as não-mercadorias. "A Malthus, diz Keynes, interessa a economia monetária em que vivemos; a Ricardo, a abstração de uma economia de dinheiro neutro." [8]

A economia capitalista não tem o direito de pretender atingir uma situação ótima. Ela deve escolher entre duas realidades perversas: o subemprego, a existência de fatores potenciais afastados da produção, ou o pleno emprego atingido por meio de subsalário e de uma demanda sustentada por trabalhadores e consumidores improdutivos e/ou destrutivos. Por outro lado, a economia capitalista só pode escolher entre o aumento de produção e produtividade interrompido pela deflação e pela crise, ou uma prosperidade acicatada pelos estímulos provenientes da inflação, o remédio perverso, necessário e inconfessável.

Cabe ao governo capitalista realizar o possível, aumentando as atividades que Bentham reuniu sob o conceito de Agenda: estradas, ruas, praças, edifícios públicos, produtos bélicos, etc. A taxa de acumulação de capital no departamento que produz não-mercadorias obriga o governo comprador a elevar seu dispêndio. A pressão inflacionária que resulta da estrutura produtiva em que o departamento III se destaca, impõe ao governo a elevação da dívida pública, contrapolo do dinheiro-estatal, que visa esterilizar parte do poder de compra inutilizado pelos gastos crescentes do governo.

> Se as injeções monetárias que penetram por esse departamento III,(....), não fossem, em grande parte, bombeadas pela dívida pública, pela venda de títulos do Governo (bonds, ORTN, LTN), elas fluiriam, de acordo com propensão média a consumir de seus perceptores, para a compra de meios de consumo, elevando exponencialmente a taxa de inflação e diluindo o poder de compra de novas emissões. (....) A dívida pública permanece e amplia-se porque ela passa a ser o contrapolo do dinheiro-estatal, que marca o curso, o circuito daquele dinheiro e mantém a inflação dentro de taxas que permitem a reprodução do sistema. (....) A solução autoritária centrada no Estado comprador de não-mercadorias é contraditória e caminha para a crise da dívida pública.
>
> O déficit orçamentário do governo mostra que seus gastos se elevam continuamente a fim de garantirem a lucratividade das indústrias e serviços produtores de não-mercadorias.(....) A dívida pública eleva-se porque, se o não fizer, a taxa de inflação

---

[8] Idem, ibidem, p. XXXIV.

subirá sem limite. A dívida pública cresce para que a taxa de inflação não se eleve, ou se eleve a uma taxa contida.[9]

A redução da taxa de crescimento das forças produtivas, que esta nova estrutura, cada vez mais dominada por compartimentos, setores e atividades improdutivas, produz, não seria um mal para o sistema capitalista. Malthus afirma que é dessa redução "que talvez estejamos precisando"... Dispêndios *'wholly'* dissipadores, como dirá Keynes, e "não apenas parcialmente dissipadores", a cargo do Governo, evitam o crescimento das forças produtivas e, se Marx estiver certo, adia a contradição final entre forças produtivas em expansão e relações de produção capitalistas. Se tudo que cresce muda ao crescer, o governo, que tem por missão preservar as relações de produção, reproduzi-las e eternizá-las, deve "evitar o crescimento do capital produtor", como disse Keynes, ou do trabalho produtivo, como dissera Malthus.

Ao aumentar a demanda de bens de consumo em relação à produção e oferta de bens consumíveis,[10] por meio do incremento da produção de não-mercadorias e do emprego de consumidores improdutivos, o governo cria uma "tensão" entre a demanda efetiva e a oferta global, tensão esta que se manifesta em elevação de preços, em inflação e aumento de "lucros". Assim, a inflação, o aumento do índice de preços, é o barômetro que indica que o nível da demanda efetiva não é deficiente, incapaz de absorver a produção total, mas, ao contrário, que aquele nível se encontra adequado para comprar aquele volume, e talvez um volume superior de meios de consumo. A insuficiência da demanda efetiva e a queda de preços correspondente, a deflação que se lhe segue, teriam sido resolvidas, como a inflação o indica. A lei de Say só não bastaria porque é preciso que se engendre um nível de demanda superior ao da oferta, criando-se uma "pressão" da demanda sobre a oferta global.

Marx penetra no subsolo real e percebe que a insuficiência da demanda efetiva é a expressão exterior de um desajuste interno: C e V, o capital constante e o variável são remunerados e, por isso, geram demanda; a mais-valia, S, não é paga, e, portanto, a ela não corresponde demanda alguma. O dinheiro-estatal viria compensar a insuficiência de demanda monetária própria das economias mercantis desenvolvidas, capitalistas.

No entanto, o dinheiro-estatal não tem o poder de interagir continuamente sobre as condições reais da produção, dinamizá-la de forma defeituosa por meio

---

[9] CAMPOS, Lauro. *Inflação: um problema metodológico*; além do estruturalismo enganado, Senado Federal, DF, 1999. p. 16.
[10] MALTHUS, R. *Princípios...*, p. 57.

da hipertrofia das atividades improdutivas e destrutivas. A desproporção dos setores produtores de não-mercadorias indispensáveis ao auge da economia malthusiano-keynesiana não pode continuar indefinidamente. Aquela desproporção é a nova forma assumida pela contradição entre capacidade de produção e capacidade limitada de consumo, pela capacidade acumulativa e pelos incrementos de produtividade do trabalho e a limitação e estreiteza das condições de realização, pelo desenvolvimento das forças produtivas diante das relações de produção que se tornariam rapidamente incompatíveis com aquelas forças. Logo, ao conter aquelas contradições, elas assumem nova forma, as de hipertrofia e desproporção dinamizadoras, que desenvolvem consigo as contradições que encerram. A crise aguarda para pôr fim à expansão e mostrar que ela era contraditória.

Malthus e Keynes são defensores de uma sociedade consumista, mas sabem que o consumismo é um luxo que só a elite pode cultivar. Na expressão de Sismondi: "Toda descoberta faz depender a sobrevivência de uma parte da indústria do pobre da criação de uma indústria de luxo."[11] Keynes transforma o princípio medieval de que o consumo é um pecado, e o princípio clássico de que a abstinência é a virtude geradora da poupança e do investimento no seu contrário: "Quanto mais elevada for a propensão marginal a consumir, maior será o multiplicador de investimento." O consumo assume o poder mágico de multiplicar a renda nacional.

Malthus não leva seu cinismo àquele nível, mas sua formação religiosa não o impede de condenar a lei dos pobres, a redistribuição da renda e as esmolas, afirmando que os trabalhadores que chegaram tarde ao "banquete" devem morrer. Mas,

> se todo mundo se contentasse com a alimentação mais simples, o vestido mais pobre e as casas mais humildes, é certo que não existiriam outras espécies de alimentos, vestuário e alojamentos... não apenas desapareceria completamente a riqueza derivada dos bens de luxo... como... se deteria antes do tempo a produção de alimentos e a população deixaria de progredir muito antes que o solo tivesse sido cultivado.[12]

A mão-de-obra excedente, que "não tem o que fazer onde se encontra", chegou tarde ao festim, não pode pretender que "a ordem e a harmonia do banquete sejam perturbadas" e outros "intrusos" pretendam alimento. Assim, o

---

[11] SISMONDI de S. In: NAPOLEONI, C. (Org.). *O futuro do capitalismo*. RJ, Graal, p. 106.

[12] MALTHUS, R. *Princípios*, p. 7-8; KEYNES, J. M. *Essays in biography*, op. cit. p. 102.

sistema deve evitar que nasçam os que irão engrossar o exército industrial de reserva, protestar e reclamar sua parte, perturbar a "harmonia do banquete"... Se eles nascerem, a natureza "lhes dirá que se retirem e rapidamente executará sua ordem", auxiliada pelos esquadrões da morte e pelos mão-brancas, os executores da mão invisível do capitalismo selvagem.

O consumo de luxo, tal como a economia brasileira o demonstrou definitivamente após 1950, e, principalmente, após o neo-malthusianismo de 1964, é essencial à dinâmica capitalista, assim como a limitação da taxa de crescimento da população assalariada no sentido de que se deve impedir de nascer aqueles que irão protestar contra o sistema e quebrar a "harmonia" natural dos consumistas em banquete festivo.

2.2 A ESSENCIALIDADE DO TRABALHADOR NÃO PRODUTIVO E DO CONSUMO IMPRODUTIVO EM MALTHUS E EM KEYNES: AS NÃO-MERCADORIAS

"A economia é uma ciência muito perigosa."[13] Se o ideólogo se distrai e esclarece o que não deve e não pode ser esclarecido, em vez de prestígio e de aplausos pode receber a condenação ao ostracismo e a crítica da incompreensão. Malthus foi excessivamente claro num ponto crucial da economia capitalista. Ele afirmou, sem o véu de um obscurecimento indispensável, que esta economia, que se supunha a mais eficiente, a mais racional e dinâmica forma possível de organização social do trabalho, da produção e do consumo, necessitava de ineficiência, de improdutividade e de dissipação, a fim de manter um nível de atividade aparentemente elevado. Essa verdade foi o pecado mortal que Malthus cometeu contra a aparente racionalidade do sistema e que o condenou ao esquecimento eterno. Mas ele sabia quais eram os riscos que corria ao defender, tal como Keynes, a necessidade de uma "grande dissipação", tanto maior quanto mais "desenvolvida for a sociedade industrial". Por isto, ao defender a necessidade do aumento de trabalhadores improdutivos, propôs que se mudasse o nome e, em vez daquela expressão pejorativa, se falasse em "serviços pessoais"... Mas não foi suficiente a mudança do rótulo para ocultar o caráter do remédio.

Para Malthus, o trabalho improdutivo é muito útil para aumentar o consumo capitalista, sem alterar a distribuição da renda, e o "consumo é a mais poderosa causa indireta da produção",[14] embora não tenha o poder de multiplicá-la...

---

[13] KEYNES, J. M. *Essays in biography*, op. cit., p. 91.
[14] Idem, ibidem, p. 38.

Mas o trabalho improdutivo é incapaz de aumentar a riqueza nacional, que só pode ser incrementada mediante o emprego de trabalho produtivo. Portanto, não se pode somar, no cômputo do produto, bens materiais e serviços improdutivos sob pena de não se poder avaliar a riqueza real da nação. Malthus critica J. B. Say que, tal como a contabilidade nacional capitalista e como Keynes, soma bens e serviços no cálculo do produto nacional.

> Deste ponto de vista, ver-se-á que considero, em certa medida, muito eficazes os serviços pessoais, porém é evidente que não como produtores por si mesmos, mas como estimuladores da produção de objetos materiais que serão trocados por eles (serviços), e como criadores de uma demanda proporcional aos pagamentos recebidos.[15]

O ponto de vista de J. B. Say, precursor do subjetivismo hoje dominante, coloca "no mesmo pé de igualdade" produtos materiais e serviços, trabalhadores produtivos e improdutivos, capital produtivo e capital "humano". Segundo Malthus, a inclusão de serviços improdutivos no cálculo do produto tornava impossível qualquer avaliação correta da riqueza real: Malthus não concorda com Say, o fundador da ideologia do capital humano, em que *"le talent d'un fonctionnaire public lui-même est un capital accumulé"* (o saber de um funcionário público é ele próprio um capital acumulado), em cuja formação foram feitos vários investimentos (*des avances*). Para Malthus

> uma nação em que houvesse uma multidão de músicos, de padres, de funcionários, poderia ser uma nação muito divertida, muito doutrinada e admiravelmente bem administrada, mas eis aí tudo; o capital dela não poderia receber nenhum aumento direto do trabalho de todos esses homens porque seus trabalhos seriam consumidos à medida em que fossem criados.

Ao contrário de Keynes, que afirma que "embora os bens e serviços produzidos" durante a Primeira Guerra Mundial "se destinassem à imediata e infrutífera destruição", "assim mesmo constituíam riqueza", Malthus não tem a dose de cinismo de seu discípulo e apresenta certo escrúpulo em misturar a produção e a destruição, os produtos destinados ao consumo e o resultado dos serviços improdutivos daqueles que são pagos para consumir, num mesmo conceito de renda (e riqueza) nacional. Mas a falta de cinismo não é uma das deficiências de Malthus, por isto ele define riqueza de modo que o conceito abranja os serviços e não-mercadorias comprados pelo governo com o intuito de provocar um aumento relativo da demanda agregada de meios de consumo: "Definirei a riqueza como os objetos materiais, necessários, úteis

---

[15] Idem, ibidem, p. 38.

ou agradáveis ao homem, de que os indivíduos ou as *nações* se apropriam voluntariamente."[16] O consumidor individual e o governo são os compradores de valores de uso, de meios de consumo, para seu consumo individual, e o comprador de não-mercadorias, que determinam o que é riqueza, constituindo o aumento do dispêndio do governo um estímulo para a reprodução ampliada daquela "riqueza" improdutiva ou destrutiva.

Keynes, discípulo de Malthus e aluno de Marshall, ele próprio um inglês, brinca com o conteúdo dos conceitos. Ele sabe que uma construção ideológica mascaradora do real não pode ser construída sobre categorias sólidas e bem determinadas. "Os termos devem ser claramente definidos, mas seu uso não deve ser rígido", lhe ensinara o ideólogo Marshall, manipulador do conteúdo dos conceitos fundamentais.

Se Malthus introduziu no conteúdo do produto nacional e no cálculo da riqueza as não-mercadorias e os serviços improdutivos que o governo adquire, depois de ter criticado Say, Keynes realiza uma mistificação mais depurada e trabalhosa, operação que lhe permitiu criar a ilusão do multiplicador de investimento. Ambos disfarçam a necessidade dos serviços improdutivos, da ampliação da capacidade relativa de consumo, de uma dissipação sistemática que o pleno emprego impõe como condição e como instrumento de sua consecução.

Keynes muda o conteúdo do conceito de renda nacional na Teoria Geral, e é esta mudança que cria a ilusão de que um investimento adicional (dI) poderá produzir um incremento de renda nacional k vezes superior àquele investimento, sendo k o multiplicador. Ora, no Capítulo 6 da *Teoria geral*, Keynes havia definido a renda nacional do ponto de vista da produção:

> Durante certo período de tempo um empresário terá vendido produtos acabados para os consumidores ou para outros empresários por uma certa soma que será designada A. Depois de definir o custo de uso U, afirma que "a renda agregada é igual a A -U".[17] A renda ou o dividendo nacional está sendo definido do ponto de vista da produção, tal como na página 71, em que "renda = valor da produção = consumo + investimento".

Assim, existem apenas dois setores naquela estrutura produtiva, um que produz os meios de consumo C e o outro que produz os meios de produção I. Investimento, até esse capítulo, significa "aumento líquido a todas as espécies de capital produtor"... "Investimento, assim definido, inclui, portanto, o incremento

---

[16] Idem, ibidem, p. 29.

[17] KEYNES, J. M. *Teoria geral*, p. 62.

do capital produtor, quer ele consista de capital fixo, capital circulante ou capital líquido..."[18] Mas, no livro 3, Capítulo 10, em que apresenta sua brilhante novidade, o multiplicador de investimentos, não há investimento porque o volume de capital produtor é dado: "As flutuações da renda real consideradas neste livro são as que resultam da aplicação de diferentes quantidades de emprego (isto é, de unidade de trabalho) a um *dado capital produtor*".[19] Se investimento é incremento do capital produtor[20] e se o capital produtor é dado,[21] ou não há investimento adicional no capítulo do multiplicador de investimento ou o termo *investimento* mudou de conteúdo. Esta última hipótese é que parece ocorrer: investimento naquele capítulo passa a significar "aumento do número de unidades de trabalho empregadas",[22] em dado capital produtor. Essas unidades de trabalho, cuja variação vai fazer aumentar (ou diminuir a renda nacional), são empregadas em dado capital produtor.

Ora, é o governo que está em condições de empregar um maior volume de unidades de trabalho em dado equipamento, em dado capital produtor, porque seus funcionários não empregam capital produtor, são unidades improdutivas de trabalho. Assim procedendo, o governo permitirá e determinará um aumento na capacidade relativa de consumo da coletividade: os incrementos do emprego e da renda monetária em razão do dispêndio governamental produzirão um aumento da demanda de bens de consumo em relação à produção dos mesmos. O caráter *relativo* do aumento da demanda de bens de consumo decorre do fato de que o emprego e a renda acrescidos não produziram nenhum acréscimo na produção dos meios de consumo porque se efetivaram em setores e atividades não produtoras de bens de consumo. É disso que Malthus e Keynes acham que a economia capitalista necessita para sobreviver.

Com o agravamento das contradições que a economia capitalista desenvolve, a unidade cindida entre a produção e o consumo continua obscurecida, mas o conteúdo do conceito de seu pólo oposto, o consumo capitalista é modificado e ampliado a fim de ocultar a grande dissipação proveniente do processo de produção capitalista. Os investimentos malthusiano-keynesianos são "investimentos" em consumo, ou melhor, que geram renda sem produção,

---

[18] Idem, ibidem, p. 82.
[19] Idem, ibidem, p. 116.
[20] Idem, ibidem, p. 82.
[21] Idem, Livro 3, p. 116.
[22] Idem, ibidem.

"demanda sem oferta". No entanto, a ideologia que obscurece a unidade, cindida pelas relações capitalistas de produção, entre a produção e o consumo e, logo, a unidade entre o acréscimo de investimento e o necessário acréscimo do consumo, em que a produção "recebe seu acabamento", não aceita ou não quer entender Marx quando ele disse que "produção é consumo, consumo é produção".

Keynes deixa de considerar a renda e o produto do ponto de vista da produção, segundo o qual existiriam apenas dois setores de produção, um produzindo os meios de produção que constituem o objeto de I, do investimento, e o outro que produz os meios de consumo que constituirão o objeto de C, do consumo coletivo. Keynes passa para o ponto de vista do consumo, que inclui as rendas nascidas na circulação, na repartição e na própria esfera do consumo. Desse outro ponto de vista, a renda Y contém e encerra as rendas dos trabalhadores improdutivos, dos funcionários públicos, do terciário consumidor e dos que produziram o objeto "consumido" pelo governo, as não-mercadorias.

A renda e a riqueza nacionais passam a abranger aquele conteúdo que Malthus teve escrúpulo em incluir no cálculo da riqueza e da renda nacional, mas que Keynes sub-repticiamente introduziu com o intuito de fazer crer que um acréscimo de "investimento" poderia dar um aumento multiplicado à renda nacional, quanto "maior for a propensão marginal a consumir". O multiplicador de Keynes é meramente um artifício contábil que resulta daquela mudança do ponto de vista da produção, em que só existem C e I, para o consumo, em que os serviços improdutivos do governo, das firmas terciárias e os não-meios de produção e de consumo (nem C, nem I) que o governo adquire – produtos bélicos, espaciais, parques, estádios – são abarcados pelo modificado e amplificado conceito de renda. O que foi amplificado, multiplicado, não foi a renda nacional, mas o conteúdo do conceito de renda que abrange as rendas geradas na circulação e, na esfera do consumo, no departamento III, as não-mercadorias, e não apenas as geradas nos dois setores da produção.

Se para Malthus o consumo é uma das mais importantes causas da produção, para Keynes o consumo adquire o poder fetichista de multiplicar a renda nacional, poder que nem o trabalho humano possui de vez que o trabalho humano apenas soma, transfere e agrega valor ao produto no processo de trabalho.

À medida que se desenvolvem as contradições entre a produção capitalista e o seu consumo, a produção e o consumo, a unidade cindida pelas relações capitalistas e por sua distribuição e circulação vai reaproximando-se e reunindo-se idealmente, só na teoria. Mas a reunião nunca pode ficar transparente porque a ideologia se recusa a perceber que a separação, conflitiva, contraditória e antagônica, entre produção e consumo é uma das características do capitalismo.

Quando Malthus e Keynes, mais este que aquele, mudam o conteúdo do conceito de investimento, que passa a significar um acréscimo de "unidades de trabalho em dado equipamento", unidades de trabalho, que tanto pode ser produtivo como improdutivo; quando "os investimentos" mostram, em ambos, que têm por objetivo não aumentar a produção de meios de produção ou de consumo, mas aumentar a capacidade de consumo em relação à capacidade de produção (dos meios de consumo), fica cada vez menos obscuro que eles estão falando em "investimentos" em consumo. O conteúdo do conceito de investimento foi tão alargado que passou a abranger o seu pólo oposto, o consumo. Hansen, um dos mais fiéis seguidores e escudeiros do Lord Keynes, em seu *Economic policy and full employment*, afirma:

> Mas, enquanto qualquer proposta para simplesmente subvencionar o consumo por meio de transferência de dinheiro aos consumidores geralmente não é aceitável, as democracias modernas já percorreram um longo caminho no sentido de efetuar uma redistribuição secundária da renda de modo que seu resultado final é muito diferente daquele que poderia ser esperado se o sistema de preços fosse o determinante final a respeito da distribuição da renda. Portanto, por meio de legislação de salário mínimo, seguro social, subsídios de bem-estar de diversas ordens, sistema de benefícios familiares, subsídio habitacional para famílias de renda baixa, lanches escolares gratuitos, rodovias gratuitas, parques, estádios, livrarias públicas, educação gratuita e outros serviços gratuitos comunitários, o consumo de bens e serviços financiado parcialmente pelo governo vai sofrendo uma gradual transformação.[23]

Os "investimentos" em livrarias, merenda escolar e no consumo em geral evidenciam não apenas que o problema que Malthus, Keynes e Hansen diagnosticam é o de insuficiência, limitação e pobreza do consumo em relação à capacidade potencial de acumulação e de produção, mas que, como Marx disse, produção é consumo e consumo é produção, do contrário não poderia haver "investimento" em consumo... Mas, para Marx, o consumo é a destruição, a negação da produção necessária à reprodução; o consumo destrói o objeto da produção, o produto. Mas o consumo produtivo, o desgaste de meios de produção e o consumo individual de meios de consumo que permite a reprodução da

---

[23] HANSEN, Alvin. *Economic policy and full employment*. Londres, McGraw-Hill, 1947. p. 45.

força de trabalho que será aplicada na produção, consumida na produção, aqueles consumos constituem a produção de mercadorias. Produção é consumo; P, a produção, se transforma em C, o consumo, no movimento, no circuito de metamorfoses sucessivas. A contém não-A, a produção contém o consumo e produz o objeto, a mercadoria, e o próprio consumidor. Se o consumo destrói e nega o produto, a produção nega a negação, afirmando, na síntese da produção ampliada, as partes e componentes transfigurados no produto acabado, valorizado, "grávido" de mais-valia.

É justamente a mais-valia, valor incorporado às mercadorias sem o correspondente pagamento em dinheiro, que cria as dificuldades de realização. A demanda é insuficiente porque só uma parte do valor das mercadorias foi pago, gerando renda e demanda: C + V. A mais-valia, S, é lucro líquido, não corresponde a ela qualquer pagamento: logo, a demanda é insuficiente no valor correspondente a S, ao lucro total.

O consumo, nesse processo de produção de valor e de valorização do capital, não tem e não pode ter o poder de multiplicar a renda nacional; o consumo, como fenômeno capitalista, é separado da produção pela repartição da renda, que é, antes, repartição de pessoas pela estrutura social, hierarquizada, contraditória e antagônica. Por isso, o consumo não pode equilibrar, ser simétrico à produção. A produção capitalista se separou do consumo e passou a ter o lucro e a acumulação por objeto e fim. A produção de não-meios de consumo, as não-mercadorias como produtos finais, é a prova do desvio entre a produção e o consumo materializada na estrutura produtiva.

Para Malthus e para Keynes, o consumo capitalista só pode ser sustentado pela ampliação de serviços improdutivos e de atividades não-produtivas, pelo emprego de pessoas "que não produzam diretamente bens materiais" ou de funcionários públicos, pelo governo. Este, que já "socializara", isto é, retirara dos gastos diretamente realizados pelo artesanato e pela manufatura, o custo dos serviços de saúde, de educação e preparação da mão-de-obra, de habitação e parte dos gastos de alimentação dos assalariados por meio de preços subvencionados de certos bens-salário, é convocado para externalizar também o custo da suplementação da demanda global. Se as indústrias capitalistas quisessem aumentar a demanda global de meios de consumo teriam de arcar com o aumento de custos correspondente ao aumento de salários reais. O governo é convocado para "socializar" mais esse "falso custo", necessário para que a demanda efetiva alcance o nível correspondente ao pleno emprego, e o faz mediante compra de não-mercadorias.

Enquanto Malthus exclui do cômputo da renda os serviços improdutivos, Keynes os usa como o conteúdo disfarçado do "multiplicador", isto é, o incremento dos serviços improdutivos e destrutivos constitui o acréscimo "ampliado" da renda nacional, em relação ao acréscimo inicial do "investimento". Diz Malthus:

> Entendo por serviços pessoais aquela classe de trabalho ou de atividade que, não obstante alguns deles possam ser utilíssimos e importantíssimos, e embora possam conduzir *indiretamente* à produção e à defesa da riqueza material, não se manifestam em nenhum objeto que possa ser valorado e transferido sem a presença da pessoa que o executa e, portanto, *não pode ser incluído no cálculo da riqueza nacional.*[24]

Malthus não teme que uma elevada propensão a consumir serviços possa alterar a estrutura produtiva e a estrutura ocupacional, ampliando demais as atividades que não produzam bens materiais, riqueza real. Ele considera que a propensão marginal a consumir serviços é igual à propensão média, o que garantiria a permanência das estruturas vigentes:

> Vale a pena recordar ao leitor que, embora seja desejável sob todos os aspectos o emprego de serviços pessoais (isto é, trabalhos improdutivos) *de um número de pessoas que varie junto com a renda nacional*, contudo seria mais desfavorável ao progresso da riqueza uma maior preferência pelos serviços do que pelos produtos materiais. Entretanto, podemos confiar em que as preferências pessoais estarão bem orientadas a este respeito; e todo mundo estará de acordo em que não existe dificuldade no que concerne àqueles empregados que são mantidos por pagamentos voluntários (serviçais), ainda que possa haver dificuldade, e grande, no que diz respeito aos empregados que são mantidos por meio de impostos.[25]

Keynes mistura, no cálculo da riqueza, produtos materiais (bens) e os serviços improdutivos que foram criados e estimulados para ampliar a capacidade de consumo do sistema. Tanto Malthus quanto Keynes consideram que a economia de guerra é altamente benéfica para o sistema capitalista, obviamente porque sua estrutura amplia o consumo improdutivo: o primeiro se refere à prosperidade dos Estados Unidos e da Grã-Bretanha durante a Guerra da Independência, e Keynes, na *Teoria geral*, afirma que "duvida que tenhamos conhecido um auge duradouro, recentemente, capaz de levar ao pleno emprego, exceto durante a guerra" e, em 1940, reafirma:

> Penso ser politicamente incompatível com uma democracia capitalista elevar o dispêndio na escala necessária para fazer a grande experiência que demonstraria minha

---

[24] MALTHUS, R. *Princípios...*, p. 30-1.
[25] Idem, ibidem, p. 342.

tese, exceto em condições de guerra. Se os Estados Unidos levarem a sério sua missão na defesa da civilização e se insensibilizarem com a grande dissipação decorrente da preparação das armas, aprenderão a conhecer sua força.[26]

A civilização capitalista se desenvolve e exige a guerra que é a justificadora da "grande dissipação" necessária ao desenvolvimento e ao pleno emprego capitalista... Isto é Malthus e seu discípulo.

2.3 A DESPROPORÇÃO DINAMIZADORA E A CRISE DE DESPROPORÇÃO

Keynes sabia que se a propensão marginal a consumir bens e serviços da coletividade (particulares e governo) fosse igual à média, se a demanda de serviços aumentasse apenas *pari passu* com a renda, a demanda de hoje teria a mesma estrutura, guardaria as mesmas proporções da economia do tempo de Malthus, com a sucessão das crises que estavam sendo geradas, e se universalizando e agravando, como provou a crise de 1929. Quando Keynes enumera os fatores objetivos e os fatores subjetivos[27] que explicariam a estabilidade da função consumo e o "fato" de ser a propensão marginal a consumir próxima da unidade, espertamente oculta os fatores reais determinantes do consumo da sociedade capitalista, a estrutura produtiva e a ocupacional e a repartição de pessoas, riqueza e renda na sociedade polarizada. Esconde, também, que concorda com Malthus, que a propensão a consumir serviços é um dos mais importantes fatores que determinam a capacidade relativa de consumo da coletividade, dada a repartição da renda.

Se a propensão a consumir serviços deve aumentar a fim de evitar a insuficiência da demanda de bens de consumo da coletividade, é o governo, por meio de impostos e de novas emissões,[28] que tem de responder pelo aumento da demanda de serviços, de trabalhadores improdutivos. A produção

---

[26] KEYNES, J. M. New Republic. In: CAMPOS, Lauro. *Textos censurados*. Estatização, privatização e crise (apud) 1996, p. 212.

[27] Ver KEYNES, J. M. *Teoria geral...*, Caps. 8 e 9.

[28] A dívida pública era o instrumento de aumento do dispêndio do governo que tinha problemas de caixa do Tesouro, sob o sistema monetário ouro, metálico: dada a impossibilidade de novas emissões, a solução é o empréstimo. Quando se trata de papel-moeda inconversível, a dívida pública adquire outro significado: o governo emite papel-moeda para pagar as compras crescentes ao departamento III; assim, cria uma pressão inflacionária que é reduzida por meio do aumento da dívida pública, isto é, da venda de obrigações, letras e notas do Tesouro, que drena parte das rendas monetárias criadas.

dinamizada pelo lucro, pela tecnologia e pela produção coletiva só pode se expandir se as atividades improdutivas, terciárias, destrutivas, na esfera do governo e da circulação, se hipertrofiarem a fim de criar uma demanda adicional que as forças automáticas da distribuição capitalista não poderiam produzir.

Pirâmides, terremotos, guerras devem servir para aumentar a riqueza, seguindo uma preferência por formas de gastos completamente dissipadores do que por formas parcialmente dissipadoras.[29] A moeda-estatal, inconversível, desvinculada do trabalho produtivo de ouro ou de prata, a dívida pública, que A. Smith, S. Sismondi e Marx consideram como "capital imaginário", destituído de valor trabalho, são os ingredientes capazes de pagar os trabalhadores improdutivos, funcionários e produtores de não-mercadorias, que respondem pelo "aumento da riqueza" mediante consumo, do aumento da demanda efetiva de meios de consumo. Ao capitalismo produtor de mercadorias corresponde a moeda-mercadoria – ouro, prata ou representativa –, ao capitalismo produtor de não-mercadorias corresponde a moeda-estatal, não conversível.

A fim de evitar, por outro lado, que o capital produtor se tornasse abundante "no curso de uma só geração", impulsionada sua produção pela acumulação capitalista e pela ciência colocada a serviço do capital, a solução é a mesma. O desvio de força de trabalho e de matérias-primas e materiais auxiliares para os compartimentos, indústrias e atividades improdutivas ou destrutivas faz com que rareiem os fatores alocáveis na produção de meios de produção, reduzindo-se a capacidade e possibilidade de produção de ambos, os meios de consumo e os de produção. Assim, a queda da taxa de lucro, que poderia ir a "zero no curso de uma só geração", segundo Keynes, em razão do aumento e abundância do capital produtor, é evitada pelo governo dissipador, keynesiano.

A desproporção das atividades que se voltam para o governo, que passam a ter nele seu único ou principal comprador, se amplia. O departamento III, produtor de não-mercadorias, cresce a uma taxa superior à de crescimento dos departamentos que produzem a riqueza real, os meios de consumo e os meios de produção.

Se é o governo o principal sustentáculo da crescente demanda de trabalhadores improdutivos,[30] consumidores que não produzem meios de consumo, e

---

[29] KEYNES, J. M. *Teoria geral*, p. 129.

[30] Adam Smith determinou corretamente o relacionamento do governo com o trabalho improdutivo. A receita ordinária e a dívida pública não são gastos como capital, mas "como renda", na compra de trabalho improdutivo e de atividades bélicas, dissipadoras, suntuárias. Smith não percebeu a necessidade de tais gastos.

se sua inserção na economia provoca uma desproporção das atividades improdutivas e destrutivas em relação às atividades que têm por objeto e fim o consumo, a retirada ou limitação dos gastos do governo provocaria uma crise ou recessão na economia capitalista, deflação e um desemprego sem precedente.

O aumento relativo da capacidade de consumo, que tenta resolver a contradição entre a produção e a insuficiência do consumo capitalista, conseguido pelo governo keynesiano, só é dinamizador da produção contraditória na medida em que provoque uma "tensão entre a demanda e a oferta" que se traduza em inflação, em elevação do índice de preços. A esta elevação de preços, a esta inflação estrutural, corresponde uma redução da unidade de salário real e aumento do "lucro", ou da eficiência marginal do capital.

Marx sabia que a economia capitalista exigia a presença de certas atividades que lançavam moeda no circuito (correspondente obviamente a alguma demanda efetiva) sem lançar mercadoria. Para Marx, a adição de dinheiro num ponto da economia capitalista é necessária para que a mais-valia adicional, contida nas mercadorias produzidas, possa se realizar, isto é, abandonar a forma mercadoria e assumir a forma dinheiro. Esta necessidade deriva do fato de que o capitalista compra valores equivalentes a C + V (capital constante e capital variável) pagando-os com as quantias D1+D2; lança, sob a forma de mercadoria, o valor valorizado C+V+S. É necessário que seja criada ou lançada em algum ponto da circulação uma quantidade de moeda (D3) equivalente ao somatório de S. "O capitalista lança menos valor na forma de dinheiro em circulação do que retira dela, porque ele lança mais valor na forma de mercadorias do que ele retira dela na forma de dinheiro"[31]... Seu objetivo não é igualar a oferta e a demanda, mas tornar a desigualdade entre elas, o excesso de sua oferta sobre sua procura, tão grande quanto possível; a lei de Say, a igualdade entre ambas, apenas, não bastaria para mover o capitalismo, afirmam Marx, Malthus e Keynes. Além da produção de dinheiro, Marx aponta outras duas fontes do dinheiro adicional. Rosa Luxemburgo, sem um pingo de razão, acusa Marx de estar preocupado com o problema, que seria falso, de onde vem o dinheiro adicional, quando deveria perguntar de onde provém a demanda adicional. Ora, não entra dinheiro em circulação de graça na economia capitalista; o dinheiro só entra como demanda e a demanda é sempre demanda efetiva, não existe outra: "... *money which exists only in exchange*".[32]

---

[31] MARX, K. *El capital*, t. II, p. 420.
[32] MARX, K. *Grundrisse*, p. 150.

De onde provém o dinheiro adicional, que não é produzido de novo, durante o período? Marx afirma que o dinheiro adicional provém ou dos capitalistas que estão realizando investimentos de longa maturação, lançando, portanto, dinheiro para comprar "fatores" sem lançar ainda mercadorias (porque as indústrias ainda não as estão produzindo), ou quando

> a cooperação permite estender o raio de ação do trabalho, sendo, portanto, indispensável em toda uma série de processos de trabalho pela concatenação geográfica do objeto sobre o qual o trabalho recai: drenagem de terras, canalização, irrigação, construção de canais, estradas, linhas ferroviárias, etc. De outro lado, este regime permite reduzir no espaço a zona de produção, proporcionalmente à escala desta. Esta possibilidade de reduzir a esfera do trabalho no espaço, ao mesmo tempo em que se estende seu raio de ação, possibilidade que permite poupar toda uma série de falsos gastos (*faux frais*) se explica pela aglomeração de trabalhadores, a coordenação entre diversos processos de trabalho e a concentração dos meios de produção.[33]

Enquanto assim agem, os capitalistas compensam a deficiência relativa de moeda proveniente da produção, que é um processo de valorização. Esse pensamento de Marx é exposto no tomo II d'*O capital*, enquanto o segundo elemento compensador aparece em *Teorias da mais-valia*. O problema é aflorado ali, igualmente *en passant*, como convém a quem não é nem malthusiano-keynesiano, nem incremental redistributivista: "Esses trabalhadores improdutivos não recebem sua parcela da renda (de salários e lucros), sua co-participação nas mercadorias produzidas pelo trabalho produtivo, grátis; eles precisam comprar sua parcela delas; mas eles nada têm a ver com sua produção."[34] Ao contrário do trabalhador produtivo que produz um valor superior ao daquele que consome e que reproduz sua força de trabalho, "que produzirá a riqueza material imediata consistente de mercadorias, de todas as mercadorias, exceto aquela que consiste na própria força de trabalho",[35] "é característico do trabalhador improdutivo que ele não produz mercadorias para seu comprador, *mas na realidade recebe mercadorias dele*".[36] Os tecnocratas e terciários em geral atribuem às suas atividades improdutivas ou destrutivas um caráter falsamente produtivo, relacionando-as com os incrementos de produção, com a esfera da produção. Marx afirma que nesse assunto "é preferível até gente como Malthus, que

---

[33] Idem, *El capital*, t. I, p. 265.
[34] MARX, K. *Theories of surplus value*. v. 1, p. 158.
[35] Idem, ibidem, p. 161.
[36] Idem, ibidem, p. 160.

defende diretamente a necessidade e utilidade dos "trabalhadores improdutivos" e de puros "parasitas".[37]

Como os trabalhadores improdutivos não produzem mercadorias, mas as consomem, comprando-as com o dinheiro que recebem da venda de sua força de trabalho (salário), também eles estão lançando dinheiro em circulação sem lançar mercadorias e, assim, tal como os vendedores de não-mercadorias para o governo e os funcionários, criando as condições para que a mais-valia contida nas mercadorias realize "seu salto mortal" e se transforme em dinheiro, isto é, que o valor total da mercadoria assuma a forma dinheiro. A reprodução ampliada exige, para a realização de uma maior massa de mais-valia, que "em outro ponto da circulação" apareça o dinheiro necessário para a sua realização.[38] Do contrário, o valor contido nas mercadorias (C+V+S) assumiria uma forma dinheiro mais reduzida quantitativamente e não poderia retornar à forma de (recomprar) mercadorias no mesmo valor, a menos que as mercadorias (C+V) baixassem de preço.

O que foi agora dito exige uma qualificação importante para ser verdade: as mercadorias produzidas, por exemplo, por R$ 50,00 (C) + R$ 30,00 (V) poderão ter um preço de produção de R$ 110,00, sendo S igual a R$ 30,00. Seu valor é R$ 110,00, mas se elas forem vendidas abaixo do seu valor, por um preço, digamos, de R$ 100,00, mesmo assim haverá obviamente possibilidade de reprodução ampliada, dado o lucro de R$ 20,00. Neste caso, não haverá necessidade de baixa de preços de C e de V para que se verifique uma acumulação de capital. Mas, se o preço de venda for inferior a R$ 80,00, a quantidade de C e de V inicialmente empregada não poderá ser recomprada a menos que os seus preços caiam o suficiente para que o montante recebido das vendas seja bastante para adquirir os fatores. A dificuldade, no entanto, é a de que haja demanda efetiva para S = 20,00: a demanda corresponde apenas a renda paga (C+V). A mais-valia, (S), é valor produzido sem criar demanda.

Se, portanto, aumenta a produção e a produtividade dos departamentos I e II, produtores de mercadorias, é necessário que aumente a massa monetária.

---

[37] Idem, ibidem, p. 176.

[38] A reprodução ampliada exige uma massa maior de capital-dinheiro para movimentar um valor capital (variável e constante) superior. A reprodução ampliada significa aumento do capital-produtivo, do capital-mercadoria e do capital-dinheiro. No entanto, "Marx demonstrou mediante sua análise que periodicamente grandes massas de capital-dinheiro são liberadas pelo próprio mecanismo dos movimentos de rotação". GROSSMANN, H. *La ley de la acumulación y del derumbe*. México, Siglo XXI, 1984. p. 211.

O aumento da massa monetária só pode se dar pelo aumento da renda dos funcionários do governo e dos que vendam para ele as não-mercadorias que produzem.

> A massa de dinheiro existente deverá ser também maior: 1) porque na produção capitalista todo produto (com exceção dos resultantes da produção adicional de metais preciosos e dos poucos consumidos pelos próprios produtores) se produz como mercadoria, devendo passar, portanto, pela crisálida do dinheiro; 2) porque, sobre a base capitalista, a massa de capital-mercadorias e seu volume de valor não apenas são maiores em termos absolutos, como aumentam a um ritmo incomparavelmente maior; 3) porque um capital variável cada vez mais extenso deve inverter-se necessariamente em capital-dinheiro; 4) porque à medida em que se desenvolve a produção tem de ir-se constituindo, em consonância com ela, novos capitais-dinheiro, devendo existir, portanto, o material necessário para seu entesouramento.[39]

Para que fique assegurada a existência de uma massa monetária capaz de permitir a realização da massa de mais-valia contida nas mercadorias produzidas a um preço que não imponha uma redução na taxa de lucro, e conseqüente redução no volume de emprego, de produção e de mais-valia, é necessário que as atividades opostas, improdutivas, aumentem continuamente. Na esfera da circulação, em que os valores se realizam e a metamorfose se dá, é necessário que as atividades improdutivas, que lançam dinheiro sem lançar mercadorias, recebam uma massa de meios de compra capaz de adquirir a massa de mercadorias por um preço total no mínimo igual aos preços de C+V+S. Se os preços caem por falta de dinheiro, de demanda efetiva, a deflação "faz baixar a curva da eficiência marginal do capital".[40]

Marx continua insistindo na necessidade de aumento da massa de dinheiro ativo para realizar uma massa acrescida de valor:

> É verdade, para voltar uma vez mais ao assunto, que toda mercadoria se desdobra em C+V+S, e [que para] a circulação da massa global de mercadorias é necessária, de um lado, uma determinada soma de dinheiro para a circulação do capital C+V e, por outro, uma outra soma para pôr em circulação a renda dos capitalistas, a mais-valia S. Para o capitalista individual, tanto quanto para a classe capitalista em conjunto, o dinheiro no qual adiantam capital é diferente do dinheiro no qual gastam suas rendas. De onde vem este último dinheiro?[41]

---

[39] MARX, K. *El capital*, FCE, t. II, p. 444.

[40] KEYNES, J. M. *Teoria geral*, p. 141.

[41] MARX, K. *El capital*, t. II, p. 421.

Para Marx, existem certos "custos de circulação" que "aumentam o preço das mercadorias";[42] "o capital e a força de trabalho que satisfazem a necessidade de armazenar e preservar a oferta de mercadorias são retirados do processo direto de produção".[43] "Seu dispêndio representa, portanto, uma diminuição da força produtiva do trabalho."[44] "Representam, portanto, custos"[45] improdutivos.

Se os preços totais que as mercadorias têm de assumir para garantir a reprodução ampliada se elevam, apesar do aumento de produção, de produtividade e da massa de mercadorias produzidas, se o índice de preços não pode cair sob pena de provocar um colapso na taxa de lucro, então ao aumento da massa da produção deve corresponder um incremento das atividades improdutivas, terciárias e destrutivas, sob a égide do governo e de sua moeda fictícia, a menos que investimentos de longa maturação injetassem dinheiro em circulação, sem lançar mercadorias. Como os investimentos de longa maturação são, geralmente, os que o governo sustenta e viabiliza, as estradas, os produtos bélicos, as pesquisas espaciais (que têm um período infinito de maturação porque nunca produzem "mercadorias *vendible for money*"), mais uma vez é a esfera governamental que responde por aquela função.

A massa de dinheiro que o governo deve lançar no circuito ativo para fazer face às necessidades de realização da massa ampliada da produção a preços ascendentes impõe o desenvolvimento, a hipertrofia do departamento III e das atividades improdutivas governamentais. Se o dinheiro tem de ser lançado "através da renda de alguém"[46] que não produza mercadoria, estabelece-se uma pressão da demanda sobre a oferta de bens de consumo que se traduz em inflação.

Por outro lado, a fim de evitar o "crescimento do capital produtor" que o tornaria abundante e provocaria a queda da taxa de lucro a zero, "no curso de uma só geração", a força de trabalho e o capital constante devem ser desviados do departamento que produz os meios de produção; como seu emprego no departamento que produz meios de consumo iria liquidar a escassez, o mercado e o lucro, provocando uma deflação, a solução é o emprego em escala crescente de recursos no departamento III, improdutivo, destrutivo, que produz os

---

[42] Idem, ibidem, p. 121.

[43] Idem, ibidem, p. 123.

[44] Idem, ibidem, p. 123.

[45] Idem, ibidem, p. 123.

[46] KEYNES. *Teoria geral*, op. cit.

não-meios de produção e de consumo, as não-mercadorias e os serviços improdutivos que o governo adquire "por preços especialmente elevados",[47] como confessa Richard Nixon na sua mensagem ao Congresso de 1972. Entre os subdesenvolvidos e semi-integrados, as exportações de matérias-primas e de produtos finais ajudam a preservar a escassez.

A produção de inutilidade, de não-mercadorias e de serviços improdutivos deve se expandir continuamente, mas não pode fazê-lo sob pena de, no limite, desligar totalmente a produção do consumo. Baranowsky não percebeu os limites e as contradições que tal desligamento encerra, imaginando a hipótese de investimento de maturidade infinita, isto é, da produção de máquinas que nunca produziriam meios de consumo e que seriam compradas continuamente pelos capitalistas. As máquinas, na economia keynesiana, podem produzir não-mercadorias, altamente lucrativas, realizadas fora do consumo individual, na esfera do governo, compradas pelo dinheiro-estatal.

2.4 A PRODUÇÃO COMO PRINCÍPIO DA DETERMINAÇÃO. A TOTALIDADE INDETERMINADA. A TOTALIDADE DETERMINADA. A TOTALIDADE INCOMPLETA NO TOMO III DE O CAPITAL

A produção, e não o consumo, a distribuição ou a circulação, deve ser o ponto de partida para as determinações dos fenômenos econômicos. Deve-se partir da produção por diversos motivos, entre os quais:

a) o fenômeno que a economia política tem como central em suas investigações é o processo pelo qual os homens entram em relações entre si no processo de produção de sua existência. O fenômeno fundamental para a existência social do homem é a produção e é a partir da determinação das relações sociais da produção que o processo de determinação dos fenômenos, da totalidade em movimento, se inicia;

b) como só se pode consumir e distribuir o que foi produzido, a produção determina o consumo e a repartição do produto social;

c) as relações sociais da produção (senhor-escravo, senhor feudal-servo, capitalista-assalariado) determinam a forma do produto: na forma-mercadoria subjazem as relações sociais da produção capitalista;

---

[47] Até mesmo frágeis e prosaicos assentos de privada e não apenas sofisticados aparelhos, partes e peças alcançam um preço fantástico: em fevereiro de 1985 um fornecedor de tampas de privadas para o Pentágono revelou que o preço unitário de milhares delas atingiu US$ 800.

d) o valor, a moeda, a forma-preço, o crédito, o comércio, a Bolsa, a rede bancária, o dinheiro mundial, o dinheiro-estatal, a taxa de reinvestimento, a distribuição, a massa de bens-salário, o consumo, o transporte, etc., são determinados pela produção, na produção; e até mesmo certa autonomia, que possam ter certos fenômenos capitalistas em relação à produção, encontram sua determinação na própria produção;

e) no regime de produção generalizado de mercadorias, o capitalismo, verifica-se que os *produtos* do trabalho humano, as mercadorias, adquirem movimento próprio, parecem animados, adquirem faculdades produtivas humanas, poder e reagem sobre a produção e os produtores que as criaram. Os euro, petro e nipodólares, o dinheiro vadio (*idle*), o dinheiro volátil, a dívida pública, a dívida externa, a eficiência fictícia marginal do capital são o resultado da autonomização fetichista dos fenômenos capitalistas. Eles adquirem o poder de dominar os seus produtores e de lhes ditar o comportamento e de lhes impor as crises;

f) a determinação dos fenômenos econômicos consiste, essencialmente, na determinação das relações sociais específicas, da forma que assume a produção, de seus objetivos particulares, dos instrumentos de trabalho como capital constante, da especificidade do processo de trabalho e de produção, das características da distribuição capitalista do produto do trabalho social e de seu consumo individual e produtivo, como parte de uma totalidade em movimento. Portanto, o importante não é determinar o conjunto das variáveis tidas como determinantes e determinadas ou as leis abstratas de remuneração dos "fatores", mas as condições histórico-sociais da produção do capital como mercadoria, da mercadoria como mercadoria e dinheiro, de seu movimento, contradições e superação;

g) as relações sociais da produção – entre capitalistas e assalariados – são bastante estáveis, assumem o caráter de eternas e de permanente; o direito de propriedade privada assume a forma de direito de apropriação sobre o resultado do trabalho assalariado; a reprodução permite a continuidade da acumulação privada do excedente. As relações entre consumidores não produtivos e produtores consumidores (consumo apenas reprodutivo da força de trabalho), bem como as relações entre credores e devedores são relações cujo objeto, legitimação, reprodução, movimento e limites são ditados, de forma complexa, pela produção.

Os teóricos que invertem o processo e começam pelo consumo e pelo consumidor individual "soberano" principiam por um seccionamento indevido do processo real e por uma inversão ideológica que permitem afastar do universo de análise uma série de contradições entre a produção e o consumo capitalista, suas determinações essenciais.

A análise de qualquer fenômeno social – do dinheiro, do crédito, do consumo, da Bolsa, da inflação, do comércio internacional, do balanço de pagamentos, do direito privado, da ideologia, da dívida pública, etc. – deve iniciar-se, como afirmamos, pela *produção*. Os fenômenos são parte de uma totalidade que se encontra em *movimento*, sendo produzida e reproduzida continuamente. Os indivíduos isolados e os fenômenos destacados do conjunto em movimento, isto é, da totalidade, não são compreensíveis a não ser em seus aspectos mais aparentes, comuns a outras totalidades socioeconômicas, gerais, indeterminadas e, numa palavra, abstratos. *Abstraídos* da totalidade de que são parte, isolados e pinçados, os fenômenos econômicos perdem suas determinações principais; abstrai-se deles as relações sociais que os caracterizam, as relações de produção, a estrutura da produção, as influências da produção sobre a circulação e o consumo, a falta de autonomia da circulação e da distribuição, os desajustes, conflitos e contradições que se manifestam no movimento, no circuito, no metabolismo e nas metamorfoses sucessivas. Metamorfose do dinheiro (D) em capital constante (C) e em capital variável (V); metamorfose de C sob a ação de V em produto (mercadoria); metamorfose da mercadoria já valorizada em dinheiro (D').

No estudo da produção, é importante começar-se pelo mais geral e indeterminado – homens relacionando-se, como parte da natureza, dispondo de seus membros e de instrumentos simples de trabalho para modificá-la, moldando-a aos objetivos de sua produção, cujo objeto é algo adequado à reprodução da vida social.

O processo de produção estudado em sua estrutura mais simples e geral, comum a todos os processos, fica indeterminado, abstrato, isto é, não nos diz nada a respeito do processo de produção que queremos entender, o processo capitalista de produção. O mesmo é válido para todos os fenômenos econômicos, sociais, políticos, etc. Assiste razão a Marx ao afirmar:

> Quando se trata, pois, de produção, trata-se da produção em um grau determinado do desenvolvimento social, da produção dos indivíduos sociais.(....) A produção em geral é uma abstração...Certas determinações serão comuns à época mais moderna e à mais antiga.(....) As determinações que valem para a produção em geral devem ser precisamente separadas, a fim de que não se esqueça a diferença essencial por causa da unidade, a qual decorre já do fato de que o sujeito – a humanidade – e o objeto – a natureza – são os mesmos. Esse esquecimento é responsável por toda a sabedoria

dos economistas modernos que pretendem provar a eternidade e a harmonia das relações sociais existentes no seu tempo.[48]

Quais as relações sociais da produção capitalista, como se relacionam os homens como seres sociais, na formação social capitalista? A primeira e, talvez, a determinação fundamental seja esta. O modo de produção capitalista constitui-se por trabalhadores diretos, assalariados, parciais, que transformam matérias-primas e matérias auxiliares, por meio de máquinas ferramentas que não lhes pertencem (capital constante), para produzir um objeto adequado à venda, a mercadoria, que é apropriada pelo comprador de sua força de trabalho, dos meios de produção e do produto, de acordo com um plano que tem por objetivo o lucro. Os instrumentos de trabalho se transformam em capital em virtude daquelas relações sociais de produção (no modo de produção capitalista são capital constante, fixo; na formação econômica indiana ou na azteca, os instrumentos de trabalho não são capital, porque não há relação social de produção entre assalariados e capitalistas que use os instrumentos de trabalho como capital); as matérias-primas são adquiridas como capital; o trabalho humano em poder do capitalista, a força de trabalho é adquirida porque funcionará como capital (capital variável) e o resultado, o produto, é uma mercadoria (capital-mercadoria) porque contém incorporado nele aquelas relações sociais.

A produção de mercadorias tem como precondição o desenvolvimento das forças produtivas acima da necessidade de manutenção dos trabalhadores diretos, isto é, a possibilidade de produção de um excedente vendável. A produção capitalista não visa a produção de produtos (valores de uso) consumíveis pelos produtores diretos (assalariados), mas, ao contrário, destina toda produção para o mercado. Logo, a transformação do capital-mercadoria em capital-dinheiro é o objetivo final, necessário, da produção de mercadorias: a valorização realizada.

Sabe-se, agora, que o processo de produção capitalista é um processo de produção de valor e de valorização do capital da riqueza que retorna continuamente valorizada para ampliar a propriedade privada especificamente capitalista, com todo seu emaranhado de contradições socioeconômicas. De acordo com Fausto:

> A "definição" que freqüentemente encontramos de capital... é a do "valor que se valoriza". Esta definição corresponde ao que poderíamos denominar de um *devenir* quantitativo do capital...

---

[48] MARX, K. Introdução de 1857, In: *Para a crítica da economia política*, op. cit., p. 4-5.

Mas o capital é apresentado também, às vezes ao mesmo tempo, como um movimento que percorre sucessivamente as formas dinheiro e mercadoria: é o capital como um *devenir* qualitativo. Na base do devenir quantitativo e qualitativo, existe um movimento que exprime a igualdade do capital consigo mesmo, que propomos chamar *devenir tautológico*. O capital é a unidade de um devenir quantitativo, de um devenir qualitativo e de um devenir tautológico.[49]

O devenir tautológico, a identidade do capital consigo mesmo é encontrada no dinheiro e é em virtude disso que a moeda adquire funções determinadas. Não é apenas meio de circulação, instrumento de reserva de valor e valorímetro: como moeda capitalista revela suas potencialidades à medida que a produção aumenta seu raio de ação e as contradições que clamam por novas formas de moeda. Ela passa a ser meio de pagamento, moeda-estatal, moeda-escritural, cartão de crédito, isto é, meio de compra de meios de consumo, moeda universal, dinheiro-salário, capital-dinheiro e capital-dinheiro de comércio, funções, determinações, potencialidades que, no caso da moeda, se revelam apenas nos marcos históricos do capitalismo.

A determinação do salário se realiza ao mesmo tempo em que a de seu oposto, a massa de mais-valia, e esta depende da taxa de mais-valia e do número de trabalhadores, da jornada coletiva de trabalho. A divisão da massa de mais-valia em lucro do comerciante e do capitalista do dinheiro é feita na circulação, na comercialização das mercadorias: deve-se aguardar o estudo da circulação para que se determinem aquelas rendas.

Depois de partir da população indeterminada, começa-se a voltar a uma totalidade determinada. O início da determinação e, portanto, do retorno à totalidade, se dá a partir da determinação das relações sociais da produção que determinam a forma mercadoria, a distribuição de pessoas nas classes sociais opostas, a distribuição da renda entre as classes, etc. O salário, o lucro, o juro, a renda da terra são partes de uma totalidade em movimento: cada uma daquelas remunerações *está sendo*, sofrendo interações, modificando-se como parte de uma totalidade em movimento. O Tomo III de *O capital* é, por isto, o estudo do processo de produção e de circulação em seu conjunto.

Para voltarmos à totalidade inicial, de início indeterminada, agora concreta, determinada, faltam o Estado e o comércio mundial, os grandes ausentes d'*O capital*. No projeto inicial, tanto o que Marx expôs nos *Grundrisse*[50] quanto

---

[49] FAUSTO, Ruy. *Sur le concept du capital*, idée d'une logique dialéctique. Paris, L'Harmattan, 1996. p. 12-13.

[50] MARX, K. *Grundrisse...*, cit., p. 108.

na *contribuição à crítica da economia política*, figuram as partes que faltam no mais notável produto do cérebro humano em todos os tempos e lugares, que é *O Capital*.

Ao mudar a estrutura original do projeto (o plano de 1857), cuja data é identificada em sua carta a Kugelmann em 13 de outubro de 1866, Marx introduziu os esquemas de reprodução do final do Tomo II e retirou: Concentração da sociedade burguesa na forma de estado considerada em relação consigo mesma. As classes "improdutivas". Impostos. Dívida pública. Crédito público. A população. As colônias. Emigração. As relações internacionais da produção. Divisão internacional do trabalho. Comércio internacional. Exportação e importação. Taxa de câmbio. O mercado mundial e crises.[51]

O segundo manuscrito d'*O capital*, feito entre 1861 e 1863, três anos depois dos *Grundrisse* e que permanece ainda inédito, em português, possui na seção do Livro do *Capital*[52] segundo Roman Rosdolsky: "Combinação da mais-valia absoluta e relativa. Relações (produção) entre trabalho assalariado e mais-valia. Subordinação formal e real do trabalho ao capital. Produtividade do capital. Trabalho produtivo e improdutivo."[53]

Não se pretende entrar na discussão sobre a mudança de esquemas na obra magna de Marx que envolve pesquisas de Kautsky, Henryk Grossmman, etc., enriquecida pelas contribuições recentes de R. Rosdolsky e Negri.[54] Mas, no decorrer do presente trabalho, fica patente que se aponta um claro, por causa da extração praticada pelo próprio Marx do trabalho improdutivo, do governo, da moeda-estatal, e do comércio mundial e da divisão internacional do trabalho. A insistência de Engels e dos outros editores de *O capital* e a necessidade declarada por Marx de chegar à redação do Tomo III para publicar o Tomo I, pode lançar luzes sobre a eliminação de parte do conteúdo original. É que, em um sistema estruturado como é *O capital*, a eliminação daquele conteúdo tem repercussões em toda a armação teórica, desde o princípio do Tomo I ao final do Tomo III.

---

[51] Ver ROSDOLSKY, Roman. *Genesis y estructura de 'El Capital' de Marx*, Parte I. México, Siglo Veintiuno Editores, 1978.

[52] MARX, Karl. *Manuscrits de 1861-1863*, op. cit.

[53] ROSDOLSKY, Roman, op. cit., p. 41.

[54] Ver a respeito o penetrante estudo de NEGRI, A. *Marx au-delà de Marx* – Cahiers de Travail sur les "*GRUNDRISSE*". Paris, Christian Bourgois, 1979.

O trabalho improdutivo foi eliminado do trabalho abstrato, conceituado no início do Tomo I. O conceito de trabalho abstrato é, portanto, o de uma totalidade: se abstrairmos da forma útil, particular, concreta que assume o trabalho produtivo do tecelão (tecido), do fiandeiro (fio), do carpinteiro (mesa, cadeira), etc., fica a totalidade abstrata, o trabalho abstrato do trabalhador coletivo. No entanto, Marx sabia que uma parte da totalidade é necessariamente representada pelo trabalho improdutivo, inútil, destrutivo. Ao eliminar do trabalho abstrato o trabalho improdutivo, Marx restringiu o universo do capitalista ao mundo das mercadorias. "De que maneira cada trabalhador acrescenta novo trabalho e conseqüentemente novo valor? Evidentemente, só trabalhando produtivamente em certa forma particular: o fiandeiro, fiando, o tecelão, tecendo, o ferreiro, forjando."[55] As mercadorias ou são produtos ou são instrumentos de produção.[56]

A eliminação do trabalho improdutivo levou Marx a aparar o esquema original, elidindo o empregador de trabalhadores improdutivos e o comprador de não-mercadorias, isto é, de não-meios de produção e de consumo, o governo capitalista.

À medida que se desenvolvem as potencialidades e as contradições da economia capitalista, fica cada vez mais evidente que o sistema não pode produzir apenas mercadorias, meios de produção e meios de consumo: ele acaba por negar cada vez mais os valores de uso, as utilidades que dificultam a finalidade real que é a valorização, o lucro.

O trabalhador improdutivo se avoluma sob a forma de funcionários públicos, de prestadores de serviços organizados sob a forma de empresas capitalistas, de trabalhadores nas indústrias bélicas, espaciais, etc., onde o resultado do trabalho é destinado à destruição pela qual o trabalho aparentemente produtivo é convertido em improdutivo. "Quando se destrói o valor de uso, destrói-se o valor", diz Marx, com razão. "Porém, como estão dadas as coisas, a reposição dos capitais investidos na produção depende, em grande parte, da capacidade de consumo das classes não produtivas."[57]

A possibilidade do conflito entre mercadorias e não-mercadorias, da contradição crescente entre a produção de não-mercadorias e a de mercadorias, se

---

[55] MARX, K. *El capital*, t. I, p. 193-4.

[56] Ver *Grundrisse...*, cit., p. 140.

[57] MARX, K. *El capital*, t. III, apud H. Grossmmann, *La ley de la acumulación y del Derumbe*, México, Siglo XXI, 1984, p. 234.

encontra, desde o início, na dualidade real que é constituída pela existência de trabalho produtivo e de trabalho improdutivo na unidade do trabalho abstrato. O desenvolvimento desta contradição, que é um produto das transformações do capitalismo em um determinado momento da história da luta de classes, atinge sua plenitude na crise da economia keynesiana que desenvolveu ao máximo a forma não-mercadoria que assume a produção capitalista.

A expansão do governo, de suas agências, de seu dispêndio, da forma de dinheiro-estatal, do déficit orçamentário, da dívida pública, isto é, do conteúdo que Marx eliminou da estrutura final de *O capital*, e sua crise atual, exigem o retorno ao plano original a fim de constituir-se a totalidade completa.

A determinação do desenvolvimento internacional das contradições contidas na forma mercadoria não foi feita por Marx. A hipótese necessária adotada em *O capital* de que o capitalismo era um sistema mundialmente dominante talvez tenha sido responsável pela desimportância das relações internacionais dentro da totalidade abarcada em *O capital*.

Rosa Luxemburgo teve o mérito de salientar como as contradições internas da acumulação capitalista, que Marx determinou nos *Grundrisse* e em *O capital*, impunham as relações com economias pré-capitalistas, subdesenvolvidas. Mediante as relações com áreas agrícolas internas e com o mercado das economias retardatárias, parte do valor das mercadorias que não se realiza em nenhum dos dois departamentos, poderia realizar-se. O que resulta do livro de Rosa Luxemburgo é a inviabilidade do capitalismo em escala mundial: as dificuldades se generalizariam e não haveria, no limite, economias retardatárias para realizar o valor das mercadorias cêntricas. Logo, ao contrário do que parece, ela justifica a eliminação do mercado mundial que Marx praticou, no sentido de que ele não responde pela criação ilimitada de condições de realização ampliada.

Os defeitos do livro de Rosa Luxemburgo resultam da eliminação do departamento III, cuja existência ela foi a primeira a indicar e que constitui o outro elemento retirado por Marx de seu projeto inicial. "Esta demanda de armamentos no valor 100 necessita da criação de um ramo da produção correspondente...".[58] As mudanças na estrutura produtiva e ocupacional provocam o aumento relativo da capacidade de consumo da coletividade e a redução da taxa de crescimento das forças produtivas, efeitos não contemplados

---

[58] LUXEMBURGO, Rosa. *A acumulação do capital*. RJ, Zahar, 1970. p. 403.

por Luxemburgo. Ela não acompanhou o desenvolvimento internacional das contradições contidas nas mercadorias exportadas até a determinação da crise do padrão dominante à época em que escreveu; não previu a mudança do padrão de desconcentração mundial do capital, o transplante de indústrias e não os relacionou à estrutura interna do capitalismo cêntrico.

Quando a estrutura produtiva do modo de produção capitalista possui apenas o departamento II, produtor de meios de consumo, a contradição fundamental entre o crescimento das forças produtivas e as relações de produção só pode manifestar-se como insuficiência relativa de consumo. As forças produtivas encontram apenas um departamento onde expandir-se, o departamento II, produtor de meios de consumo; seu desenvolvimento neste departamento só pode se verificar pela dinamização do setor que produz meios de consumo para capitalista, produtos de luxo. Aqui se mostra, reforçando o que se disse em "A Crise da Ideologia Keynesiana" (1980) e em "Mecanismos de Sustentação do Crescimento – As Agenda" (1974), que o setor do departamento II que produz meios de consumo para assalariados não pode ser o responsável pela dinamização da economia capitalista. Se o fosse, a economia estaria voltada para o assalariado e seu crescimento exigiria o pressuposto do aumento de salário real individual e do custo unitário de produção, o que negaria a possibilidade de crescimento.

A expansão do setor que produz meios de consumo para capitalistas se resolve internamente, dada a redução relativa do número de capitalistas (centralização), porque não capitalistas (funcionários da cúpula, tecnocratas, militares, profissionais liberais, etc.) passam a consumir similarmente aos capitalistas. Rosa Luxemburgo critica os autores que, não percebendo a polaridade entre produção para capitalistas e para assalariados, consideram os "terceiros consumidores" indispensáveis à realização das mercadorias.

Rosa Luxemburgo não acompanhou o desenvolvimento da contradição entre forças produtivas de meios de consumo para capitalistas e assalariados e relações de produção. Ao voltar sua preocupação para as relações entre os departamentos I e II, procurando provar o que Marx já demonstrara, isto é, as relações dialéticas, de mútua dependência, polarização, exclusão recíproca, que presidem o metabolismo desequilibrado do valor, do dinheiro e dos valores de uso dos dois departamentos, Rosa Luxemburgo "descobre" parte do esquema original do *O capital* no qual o comércio exterior é explicitado na totalidade a ser determinada.

Marx não determinou os limites da acumulação do capitalismo bissetorial que a crise de 1929 tão bem desnudou, nos Estados Unidos. A economia voltada para dentro e dinamizada pelos produtos de luxo (carro, geladeira, rádio, etc.), confirma a determinação de Marx:

> O resultado mais imediato da maquinaria é o aumento da mais-valia e, com ela, da massa da produção em que toma corpo; portanto, ao mesmo tempo em que incrementa a substância de que vive a classe capitalista, *com todo seu cortejo*... uma parte maior do produto social se converte em sobre-produto, um volume mais considerável deste é produzido e consumido em formas mais refinadas e variadas. Dito em outros termos: cresce a produção de luxo.[59]

Não capitalistas, "o seu cortejo", passam a consumir as mercadorias de luxo que resultam do padrão excludente de acumulação: "a redução relativa constante do número de trabalhadores necessários à produção de artigos de primeira necessidade".[60] Portanto, de início, o aumento da massa de mais-valia, a concentração de renda e a formação de uma percentagem crescente de não capitalistas, "o cortejo" que consome os artigos de luxo. Mas, a acumulação esbarra nas relações sociais da distribuição e da propriedade capitalistas: a partir de determinado nível de produção e de saturação da cúpula de consumidores, novos contingentes têm de ser incorporados "ao cortejo", ao terciário improdutivo. Nos Estados Unidos, quando a produção de carros atinge 5.300.000 e a frota em uso 27.000.000, o que ocorreu em 1929, a concentração de renda se alarga tanto, torna-se tão envolvente, que o aumento da taxa de mais-valia, necessária para garantir a concentração consumidora, encontra seu limite. A partir de certo nível quantitativo, o número de consumidores não capitalistas só pode aumentar se os capitalistas – banqueiros, industriais, comerciantes – redistribuírem sua renda, transferirem parte do lucro para os não capitalistas. A acumulação já ameaçada se veria desfalcada ainda mais.

A polarização essencial não suporta esta redistribuição que permitiria a penetração do consumo de luxo na massa assalariada. As relações sociais de produção capitalistas ficam ameaçadas pela "democratização" da produção e pela própria acumulação.

A produção de luxo tem de voltar-se para os mercados externos, procurando capitalistas e não capitalistas privilegiados que permitam reproduzir as relações de produção. No entanto, todas as outras economias cêntricas têm problemas semelhantes e têm de competir pela disputa do mercado submetido, subdesenvolvido. As contradições internacionalizadas assumem diversas formas que devem ser perseguidas e determinadas pelo pensamento dialético.

---

[59] MARX, K. *El capital*, t. I, p. 370.
[60] Idem, ibidem.

No estágio de desenvolvimento do sistema e de suas contradições em que o departamento II domina, solitário, a estrutura da produção, o padrão internacional de desconcentração de capital não é apenas o de exportação do capital na forma de mercadoria, o capital-mercadorias, mas as mercadorias de luxo, para capitalistas: aquelas cuja produção se expande, enquanto se reduzem o seu destinatário, o capitalista da economia cêntrica, e o dinheiro para financiar aquela realização internacional.

Rosa Luxemburgo capta parte das contradições da economia capitalista nesse estágio de desenvolvimento, várias décadas depois da estrutura produtiva estar sendo modificada pelo desenvolvimento das contradições. O departamento I, ao se erguer nas primeiras décadas do século XIX, acaba criando uma desproporção entre os dois departamentos. Impossibilitados de vender a produção crescente de máquinas para os capitalistas nacionais do departamento II, os capitalistas ingleses do departamento I revogam, em 1843, a proibição de exportar máquinas que a Grã-Bretanha criara, 100 anos antes, como uma muralha que lhe garantia o desfrute privilegiado da tecnologia industrial. A desconcentração mundial de capital passa a ser feita, a partir de 1843, de duas formas: meios de consumo, produzidos no departamento II, e meios de produção, produzidos no departamento I, emergente, dotado de uma taxa de crescimento muito superior à do departamento II.

Antes de se verificar a crise decorrente da generalização do modo de produção capitalista, verificou-se a crise decorrente da universalização das contradições entre os dois departamentos: as economias pré-capitalistas que importavam meios de consumo ingleses (tecidos, sapatos, chapéus, etc.) passaram a produzi-los com as máquinas importadas do departamento I, inglês. O mercado para o departamento I se abre internacionalmente às expensas do departamento II, cujos produtos se contraem na estrutura das exportações, e que é evidenciado pela balança de comércio da Grã-Bretanha, no século passado.

Rosa Luxemburgo não acompanhou o desenvolvimento das contradições, sua mudança de forma a partir da estrutura da produção e da ocupação e os limites mundiais em que o movimento dinâmico e contraditório fatalmente esbarrava.

A partir de 1850, a exportação de não-meios de consumo e de não-meios de produção torna evidente o conteúdo real que movia o processo. A exportação de ferrovias financiadas pelos grandes bancos vem ocupar uma posição de destaque na pauta das exportações inglesas. Se o movimento de exportação de meios de consumo decorre das dificuldades de realização, como corretamente afirma Rosa Luxemburgo, ou de insuficiência de demanda efetiva, como dizia Malthus em 1820, o que realmente estas expressões indicam é a negatividade do sistema capitalista.

Marx determinou a dupla existência da mercadoria: valor de uso e valor. Enquanto valor, a mercadoria se realiza ao assumir a forma dinheiro que a sua demanda efetiva apresenta; como valor de uso, a mercadoria se realiza no consumo individual ou no consumo produtivo. O consumo individual é limitado, os valores de uso não podem ser usados pelos trabalhadores assalariados, sob pena de eliminar o lucro e impedir a reprodução: o salário agregado tem de ser reduzido para limitar a realização do valor e, com ela, a realização dos valores de uso dos meios de consumo para assalariados. Se os trabalhadores produtivos assalariados não podem negar pelo seu consumo individual a quase totalidade das mercadorias por eles produzidas, em razão da limitação do dinheiro-salário que impede a realização de uma maior quantidade de valor, isto é, de compra de maior massa de mercadorias,[61] então a produção só pode buscar o outro pólo, esperando que o capitalista a destrua no seu consumo individual. Sem que a produção se realize pela metamorfose do valor da mercadoria no valor do dinheiro, que tem como condição prévia, naquelas condições, a realização do valor de uso no consumo, a reprodução não pode realizar-se: a escala de reprodução tem de reduzir-se. Ainda que o capitalista coletivo pudesse realizar o valor das mercadorias produzidas para ele em certo estágio do crescimento das forças produtivas, dada a centralização do capital e redução relativa ou absoluta do número de capitalistas, o processo de realização caminha para revelar-se impossível.

O setor dinâmico, o que produz meios de consumo de luxo em escala crescente, sempre procurou a complementação externa: os tecidos finos, as sedas, os perfumes, os cristais, as porcelanas, o linho, desde os tempos de

---

[61] "Contradição do regime de produção capitalista: os trabalhadores como compradores de mercadorias são importantes para o mercado. Mas, como vendedores de sua mercadoria – da força de trabalho –, a sociedade capitalista tende a reduzir ao mínimo seu preço.

Outra contradição: as épocas em que a produção capitalista põe em tensão todas as suas forças geralmente se revelam como épocas de superprodução, pois as forças de produção não podem empregar-se até o ponto de que não só se produza mais valor, como também se possa realizá-lo; mas pela venda das mercadorias, a realização do capital-mercadorias e também, portanto, da mais-valia, se acha limitada, não pela necessidade de consumo da sociedade em geral, senão pelas necessidades de consumo de uma sociedade cuja maioria dos indivíduos são pobres e têm necessariamente que permanecer nesse estado." MARX, K. *El capital*. México, FCE, t. II, op. cit. p. 283.

Colbert, assim como os televisores, as geladeiras, os carros, os computadores, etc., constituem o setor dinâmico interno e tendem a predominar na pauta das exportações dos países cêntricos, embora hoje camuflados pelo transplante daquelas indústrias.

A expansão do departamento I, nas primeiras décadas do século XIX, vai modificar a estrutura da produção, dar um passo no sentido de completá-la, de integrá-la, resolver alguns e criar novos problemas, mudando a forma de apresentação das contradições e da crise econômica.

As relações dialéticas entre os dois departamentos, a mútua dependência e a autonomia que cada um deles adquire diante do outro leva os capitalistas do departamento I a acumularem de tal forma que elevam a escala de produção de meios de produção acima e além da capacidade de consumo produtivo e de demanda efetiva que têm os capitalistas que as empregam no departamento II. A solução é exportar os meios de produção, procurar capitalistas externos que comprem as máquinas produzidas acima da demanda interna. A Grã-Bretanha atinge este nível, o que é indicado pela permissão legal de exportação de máquinas, em 1843.[62]

Assim como são as relações sociais capitalistas da produção que criam os obstáculos à acumulação de forças produtoras de meios de consumo, também são elas as responsáveis pela limitação do consumo produtivo de meios de produção e, por conseguinte, de sua produção. Os meios de produção produzidos no departamento I são produzidos como capital-mercadoria e adquiridos como capital constante. Não se trata simplesmente de produção de meios de produção, mas de capital. A compra dos meios de produção pelos capitalistas do departamento II está, agora, limitada e condicionada pela produtividade, pela lucratividade dos instrumentos de trabalho. Eles só são usados até e quando a receita acrescida por eles, durante sua vida útil, ultrapassar seu custo de reposição. Neste sentido tem razão Marx:

> O *verdadeiro limite* da produção capitalista é o *próprio capital*, é o fato de que, nela, são o capital e sua própria valorização que constituem o ponto de partida e a meta, o motivo e a finalidade da produção; o fato de que aqui a produção só é produção para o capital e não ao inverso, os meios de produção são simples meios para ampliar cada vez mais a estrutura do processo de vida da *sociedade* dos produtores. Daí que os limites dentro dos quais têm que mover-se a conservação e valorização do valor-capital, as quais se fundam na expropriação e pauperização das grandes massas de produtores, se choquem constantemente com os métodos de produção que o capital

---

[62] Ver a respeito, CAMPOS, Lauro. *O PT e a crise do capitalismo...*, cit. p. 10.

se vê obrigado a empregar para conseguir seus objetivos, e que tendem ao aumento ilimitado da produção, à produção pela produção, ao incondicional desenvolvimento das forças produtivas do trabalho social. O meio empregado... se choca constantemente com o objetivo perseguido, o qual é limitado: a valorização do capital existente.[63]

Logo, o consumo produtivo do capital constante, sua utilização e sua compra, estão limitados pelo fato de ser capital. São, portanto, as relações sociais da produção que limitam o consumo individual antagônico e o consumo produtivo, e, portanto, a demanda efetiva capitalista: a negatividade contida nas relações sociais se manifesta como limite e negação da produção. A produção de mais-valia, o lucro, fica limitado pela produção de valores de uso, isto é, dos meios de consumo e de produção.

Se a produção se afirma, alimentada pela mais-valia e por sua conversão em capital, não havendo problema real de insuficiência de poupança, o que realmente ocorre é que a negatividade produzida pelas relações sociais de produção capitalistas move o processo. Da mesma forma que os meios de consumo buscam, por meio da exportação, no mercado mundial, a demanda que faltou no mercado interno em virtude da dinâmica apoiada na produção de bens de luxo, para capitalistas reduzidos numericamente, também os meios de produção deparam com falta de utilização, de destruição no consumo produtivo, necessária à sua reprodução. Ambos, meios de consumo e de produção, se movem pelas mesmas contradições na tentativa de superar os limites impostos pelas relações de consumo individual às forças produtoras de máquinas, equipamentos, partes e peças, produzidos no departamento I.

A exportação de meios de produção, necessária à reprodução ampliada cêntrica, resolvia o problema de insuficiência de demanda em razão da estreiteza do mercado cêntrico, mas criava um problema para os capitalistas ingleses do departamento II, quando as máquinas e equipamentos exportados começavam a produzir meios de consumo e, portanto, a reduzir o mercado mundial para aquelas mercadorias finais, cêntricas. Além disso, a contradição entre as mercadorias que o centro tem de exportar e a escassez de dinheiro-mundial nas mãos dos importadores mostra o limite do mercado mundial. A dívida externa das economias periféricas amplia contraditoriamente o limite do mercado mundial.

O transplante de indústrias, de que as empresas multinacionais são portadoras, resolve parcialmente o problema da escassez de moeda mundial, de liquidez internacional para importação de meios de consumo e, além disso, faz

---

[63] MARX, K. *El capital*. México, FCE, 1973. t. III, p. 248.

penetrar e conservar a propriedade dos meios de produção transplantados sob o comando dos capitalistas cêntricos. A desconcentração do capital constante em escala mundial passa a corresponder à centralização da propriedade do capital e, portanto, da apropriação do lucro gerado nas economias hospedeiras. Os três movimentos fundamentais – a concentração do capital, sua necessária desconcentração a partir de determinado nível quantitativo, e a centralização da propriedade se ajustam sob o novo padrão – o que não ocorria sob o antigo padrão inglês, de venda de meios de produção e criação de capitalistas autônomos na periferia.

O ajustamento se mostrará problemático e as contradições serão acirradas. Agora haverá o transplante das empresas multinacionais para as economias hospedeiras a fim de que estas possam valorizar o capital que não mais tem condições de se reproduzir ampliadamente no mercado mundial. O fluxo internacional de investimentos será muito maior entre países hegemônicos do que entre estes e as economias retardatárias, semi-integradas. Neste sentido, as economias hospedeiras exercerão, agora no novo padrão de acumulação, o papel que sempre tiveram, qual seja, o de solução provisória das crises capitalistas cêntricas. A forma é que será modificada. Em vez do crédito internacional dirigir-se para o fazimento de empresários "nacionais" autóctones, serão os capitalistas do mundo hegemônico que, com a sobreprodução de capital, no centro, serão constrangidos a internacionalizar o capital por meio das multinacionais, minando o campo de ação dos capitalistas nacionais. O capital transplantado das economias hegemônicas será valorizado nas economias hospedeiras. Esse transplante deve-se ao fato de que:

> a acumulação de capitais atingiu imensas proporções. Se constituiu um enorme "excedente de capitais" nos países adiantados.
>
> Se o capitalismo pudesse desenvolver a agricultura... se pudesse elevar o nível das massas populares que, a despeito do vertiginoso progresso técnico continuam subalimentadas e na indigência não haveria um excedente de capitais... Assim o capitalismo não seria capitalismo, pois a desigualdade de seu desenvolvimento e a subalimentação das massas são as condições e as premissas fundamentais, inevitáveis, desse modo de produção. Enquanto o capitalismo continuar a existir, o excedente de capitais será direcionado não à elevação do nível de vida das massas em um determinado país, pois isto resultaria numa diminuição dos lucros para os capitalistas, mas a aumentar esses lucros pela exportação desses capitais ao estrangeiro, nos países subdesenvolvidos.[64]

---

[64] LENIN, V. I. *L'impérialisme, stade suprême du capitalisme.* Paris/Moscou, Editions Sociales/Editions Progrès, O. C., t. 22, p. 260-1.

2.5 O CONGELAMENTO DE RECURSOS EM ESCALA MUNDIAL: ESTRADAS DE FERRO COMO NÃO-MERCADORIAS

A história da indústria têxtil na Inglaterra, seu auge e seu declínio, evidencia que se o comportamento do setor de produção mais importante na revolução industrial fosse generalizado a todos os setores de atividade, criaria os mesmos problemas que marcaram a história da "desarticulação do centro fabril do mundo". Se fosse verdade que "a história industrial inglesa pode ser quase resumida na história de uma única indústria"[65] – a algodoeira – as contradições que se revelaram no processo de sua expansão, e que geraram suas crises e retrações, teriam contaminado todos os compartimentos do mundo industrial avançado.

É do conhecimento de todos que foi na Inglaterra que as principais inovações foram introduzidas na fase de constituição do processo de produção maquinizado de tecidos de algodão e linho. Um autor anônimo a que se refere Eric Roll em sua História das Doutrinas Econômicas, publicara um trabalho em 1703, em que previa o domínio do artesanato algodoeiro da Índia, se a Inglaterra não descobrisse "processos mecânicos" de produzir tecidos... "A Indústria algodoeira era atrasada, pequena e incapaz de competir com o percal ou tecidos de algodão da Índia em qualidade ou preços, a não ser que medidas protecionistas se fizessem presentes".[66] A substituição da mão-de-obra pela máquina, que caracteriza a evolução industrial, se verifica na máquina-ferramenta e não no motor ou na transmissão. A máquina de fiar de Hargreaves "faz com que por volta de 1812, um fiandeiro possa produzir tanto num dado período quanto duzentos podiam produzir antes da invenção da máquina de Hargreaves".[67] A fiandeira hidráulica de Arkwright (1769); o tear mecânico de Cartwright (1787) foram lentamente introduzidos graças às reações e crises provocadas pelo excesso de produção em relação à estreiteza do mercado. A máquina de fiar de Hargreaves deu novo impulso à produtividade do setor. O preço do fio cai de 38 shillings por libra peso em 1786 para 9 shillings em 1807, pressionado pelas inovações e pelas condições conhecidas de exploração da mão-de-obra infantil e adulta de ambos os sexos.

---

[65] SCHUMPETER, J. A. *Business Cycle*. George Allen and Unwin Ltd., Londres, Museum Street, 1950. p. 271.

[66] DEANE, P. *A revolução industrial.* RJ, Zahar, p. 106.

[67] Idem, ibidem, p. 109.

Apesar do aumento da demanda provocado pela violenta redução do preço dos tecidos, as crises por excesso de produção iniciadas no século XVIII se agravaram no século XIX.

Quando nos primeiros decênios do século XIX o Departamento I, de produção de máquinas têxteis se articula, as crises tendem a tornar-se mais violentas. O mercado externo, dominado pela Grã-Bretanha, absorvia parcelas crescentes da produção de tecidos. A indústria de base inglesa vai seguir dois caminhos longos e contraditórios. A produção de máquinas para exportação, que só podia ser feita mediante licença prévia até 1843, e a produção de estradas de ferro. Naquele ano, a Grã-Bretanha tinha 3.000 quilômetros destas, que se estenderam a 10.000 quilômetros em 1850.[68]

Cole percebeu a importância relativa da indústria de produção de ferrovias na Inglaterra, que superou a da produção de máquinas. Ele não percebeu, contudo, que a "preferência" por investimentos na produção de ferrovias para exportação (locomotivas e trilhos) visava alimentar o volume da produção de lucro ao departamento I, sem que àquele nível de produção e de lucro correspondesse a exportação de máquinas verdadeiras que iriam, instaladas na periferia, criar uma produção concorrente com a da indústria inglesa de meios de consumo. Diz este autor que:

> a grande indústria de fabricação de máquinas que havia se convertido na principal fonte de bens de capital para as partes subdesenvolvidas do mundo, no princípio se apoiou muito mais na demanda de locomotivas e de equipamento ferroviário em geral, do que no crescente uso da maquinaria para ser usada na indústria de transformação.[69]

Em 1843 o embargo à exportação de máquinas, a exigência de licenças prévias restritivas às exportações, é revogado. O Departamento I produzia a máquina como mercadoria procurando mercado de colocação amplo, fora das fronteiras nacionais. O movimento instintivo deste departamento, diante das contradições cíclicas do mercado interno, se dava no sentido de exportar o seu produto: a maquinaria têxtil. Na medida em que os países retardatários desenvolviam o departamento II, produtor de tecidos, o mercado mundial para o tecido inglês tendia a contrair-se. Assim, a solução encontrada pelo departamento I (exportação de máquinas) se chocava, a longo prazo, com os

---

[68] Ver, COLE, D. H. *Introdución a la história económica*. México, FCE, p. 62.

[69] Idem, ibidem.

interesses das indústrias têxteis de Lancashire, dimensionadas para o mercado mundial: sofriam a retração provocada pelo aumento de produção de tecido e exacerbação da concorrência em escala mundial.[70]

Se esse movimento antagônico que caracteriza as relações dos departamentos I e II de produção de máquinas e meios de consumo têxteis tivesse se repetido em todos os setores de produção industrial, se verificaria a mesma queda da produção do departamento II e de sua exportação.

A venda de máquinas têxteis por parte do pólo integrado permitiu que o setor de produção de tecidos se constituísse como a base da revolução industrial em países como o Japão, Rússia, Índia e outros.

As guerras napoleônicas e o bloqueio mostraram que o departamento II de tecidos não encontrava na Ilha possibilidade de realização: a crise de 1816 é o primeiro atestado claro do fato. A quota necessariamente exportada da produção permanece elevada: em 1907 representava 88,9% da produção de tecidos de algodão. Portanto, a solução baseada na exportação de máquinas era precária e contraditória. A redução do mercado a ela imanente, cria, a longo prazo, problemas insolúveis para os setores do departamento II correspondentes.

A exportação de máquinas têxteis por parte das economias avançadas representou a possibilidade de substituição de importações de tecidos pelas economias semi-integradas, em escala mundial, diminuindo as exportações de tecidos por parte dos países avançados; a importância dos setores de produção de máquinas e de meios de transporte torna-se cada vez maior na pauta de exportações dos países integrados economicamente.[71] A exportação de produtos pelo sistema de produção maquinizada, de máquinas de produzir máquinas, encontrou na produção de locomotivas e em sua exportação sua válvula de escape.

Os imensos capitais que se investiram na produção de estradas de ferro mostram que a expansão deste setor amainou as contradições entre os departamentos I

---

[70] Os produtos têxteis em 1830 representavam 72,3% do total das exportações do Reino Unido, ao passo que os produtos metalúrgicos representam 12%; em 1850 os têxteis representavam 43,4% e os metalúrgicos 31,7%. Ver PALLOIX, Christian. *A economia mundial e a iniciativa privada*. Lisboa, Estampa, p. 310.

[71] Os têxteis que representavam 32,7% do valor das exportações totais dos USA, Grã-Bretanha, Alemanha, França, Itália, Bélgica, Luxemburgo, Suíça e Suécia caem para 29%, 16,5% e 17,8%

e II até a crise de 1890 na Argentina e a crise de 1907 quando os antagonismos que não tinham sido superados explodiram com toda a virulência.

A razão dessa expansão se encontra num fato muito simples: a exportação de locomotivas e trilhos não criava, nas economias retardatárias importadoras, qualquer fluxo de produção competitiva com o departamento II da economia avançada. O caráter não diretamente reprodutivo das estradas de ferro – mais do que seu efeito sobre a abertura de novos mercados – elidia as contradições criadas pelas exportações de máquinas produzidas pelo departamento I. Captando o excedente gerado em setores produtivos e reprodutivos (principalmente a partir de 1692, quando é regulamentada a sociedade anônima na Inglaterra), a taxa de expansão do setor ferroviário passa a depender, basicamente, da possibilidade das economias importadoras de estradas de ferro de internalizar este setor.

A intensidade do ciclo das estradas de ferro é tão impressionante quanto é curta a duração do movimento. Em 1914-1918, sua produção estanca para não retomar jamais o auge do passado.

A indústria ferroviária foi, sem dúvida, responsável pelo aumento da produção siderúrgica e constituiu seu principal cliente, nas economias avançadas, no período do surto das ferrovias. É a própria indústria siderúrgica que se vê ameaçada com a redução da produção de trilhos, locomotivas e vagões em escala mundial, quando o impulso das ferrovias se arrefece como mostra a tabela a seguir.

---

em 1928, 1938 e 1950, respectivamente. Nos mesmos anos, as máquinas e meios de transporte se elevam de 15,8% para 23,2%, 32,9% e 38,8%. NIVEAU, M. *História dos fatos econômicos contemporâneos*, p. 206, Difusão Européia do Livro, 1969. Em 1978, a Alemanha atinge o 1º lugar como exportadora de meios de produção, ultrapassando os Estados Unidos.

Tabela II
Desenvolvimento das estradas de ferro, a partir de 1840 em alguns países.
(Milhas de vias abertas ao trânsito)

Países	1840	1850	1860	1870	1880	1890	1900	1905	1910	1920	1930	1940	1950
Estados Unidos	2.820	9.020	30.630	53.400	84.393	161.397	194.262	218.291	242.107	253.152	262.213	246.739	238.060
Reino Unido	838	6.620	10.430	15.540	17.935	20.073	21.855	22.907	23.387	20.312	20.265	19.900	19.600
França	360	1.890	5.880	9.770	14.500	22.700	25.000	29.018	25.390	25.167	26.177	26.430	26.430
Alemanha	341	3.640	6.980	11.730	20.690	26.750	32.330	34.526	38.747	35.919	36.231	36.684	....
Bélgica	210	550	1.070	1.800	2.400	2.800	....	4.375	5.340	5.455	6.098	6.029	6.755
Austria-Hungria	90	960	2.810	5.950	11.500	16.000	....	24.338	27.333	....	....	....	....
Canadá	16	70	2.090	2.500	6.890	13.256	....	21.280	26.624	39.170	42.075	42.637	42.248
Rússia	16	310	990	7.100	14.020	18.059	36.500	39.591	45.078	29.909	48.236	59.375	65.824 (1945)
Itália	13	270	1.120	3.830	5.340	8.090	9.317	10.120	10.570	9.741	13.844	14.334	14.000
Holanda	11	110	208	780	1.440	1.570	....	2.133	1.994	2.377	2.287	2.105	2.005
Espanha	....	80	1.190	3.200	4.550	6.220	....	8.782	9.160	9.436	10.138	10.400	8.064
Dinamarca	....	20	70	470	830	1.247	....	2.043	2.134	2.662	3.290	3.163	3.049
Suíça	....	15	650	890	1.600	1.870	....	2.640	3.154	3.915	3.367	3.660	3.600
India (e Paquistão)	....	....	840	4.830	9.310	16.977	24.752	28.221	32.099	37.029	42.281	41.052	40.524
Suécia	....	....	375	1.090	3.650	5.174	....	7.815	7.812	9.420	10.506	10.486	10.489
Egito	....	....	275	550	1.120	1.158	....	3.233	2.278	3.032	3.358	3.690	3.816
Austrália	....	....	250	1.230	5.390	10.141	....	14.988	16.968	24.263	27.477	27.999	27.076
Brasil	....	....	135	505	2.175	4.700	....	10.600	13.611	17.847	19.840	21.380	22.140
Chile	....	....	120	450	1.100	1.700	....	2.939	3.697	5.403	5.540	5.220	5.525
Peru	....	....	50	250	1.180	880	....	1.299	1.682	1.984	2.810	3.000	2.581
Argentina	....	....	15	640	1.540	5.869	10.304	12.230	17.380	22.590	25.435	26.840	27.000
México	....	....	....	220	660	4.648	....	12.227	15.000	11.154	18.119	14.690	13.896
Turquia	....	....	....	113	1.137	1.296	3.638	3.110	3.500	2.160	3.965	4.450	4.770
Uruguai	....	....	....	60	270	707	....	1.210	1.570	1.625	1.729	1.874	1.828
União Sul-Africana	....	....	....	....	1.040	3.355	4.900	....	8.091	10.144	12.873	13.238	13.340
Argélia	....	....	....	....	780	1.910	....	2.060	2.221	3.009	3.000	....	3.000
Japão	....	....	....	12	75	1.438	3.638	4.693	5.354	3.207	12.821	14.912	....
China	....	....	....	....	....	90	....	3.435	5.820	7.000	14.192	14.000	14.000

Fonte: COLE, D. H. *Introduccion a la historia económica*. México, Buenos Aires, FCE, 1973.

Na óptica das economias avançadas a exportação de trilhos, locomotivas e materiais ferroviários se transforma em "não-mercadorias", produtos não diretamente reprodutivos ou consumíveis. Suas relações com o governo praticamente as transforma em "produtos que não vão para o mercado". A doação de 35 quilômetros de terras a partir do eixo, para cada lado, para as companhias construtoras de estradas de ferro, nos Estados Unidos; os empréstimos à taxa de juro negativa, a garantia de lucro mínimo, a compra de estradas privadas pelo governo, etc., indicam que as relações em que entram se assemelham às que definem as não-mercadorias e que determinam as elevadas taxas de expansão dos setores não lucrativos, no regime movido pelo lucro.[72]

Se a produção de não-mercadorias representa um congelamento ou destruição das forças produtivas, as estradas de ferro têm este caráter para os países produtores, enquanto exportadores. Nas economias importadoras, em que são montadas, seus efeitos colaterais sobre a velocidade de circulação das mercadorias, redução do custo de transporte e de armazenagem tornam opaco o caráter não diretamente reprodutivo das ferrovias. Também aqui, o capital privado as tem como produtivas sempre que certo lucro provenha de sua exploração.

Para que o caráter produtivo seja atribuído às ferrovias é necessário ligar o sistema de transporte, que elas dinamizam, aos setores de produção que se beneficiam delas pela redução daqueles custos e velocidade ou pelo aumento do raio de ação das empresas produtivas que se ligam à nova ferrovia. Aqui, é o momento do raio de ação da produção que provoca a confusão e a falsa identificação do sistema de transporte com as atividades diretamente produtivas. Além disso, a possibilidade de ferrovias múltiplas, excedentárias, tornando

---

[72] Na França a lei de 1842 e as convenções de 1833 e 1857 estabelecem o regime de concessões na organização das estradas de ferro. O Estado fornecia os terrenos necessários, mandava construir ou financiava a infra-estrutura e pagava os juros das obrigações em caso de déficit. Em 1907 o déficit das estradas para com o Estado se eleva a 1.171.000.000 de francos. A Companhia do Oeste devia 453 milhões de francos e por isto foi nacionalizada antes de 1914.

Nas ferrovias francesas se anteciparam as relações do Governo com a indústria automobilística: o Estado fica com o ônus da construção de infra-estrutura, imobilizando na Agenda das estradas recursos que representam um múltiplo daqueles que a indústria automobilística concentra na fábrica de automóveis. O êxito desta indústria, seu mercado, sua viabilidade são garantidos na medida em que o Governo realiza os investimentos em rodovias complementares e não lucrativas ou cujos lucros são parcialmente internalizados pela indústria à medida que aumentam as externalidades.

improdutiva em absoluto uma parte delas, e a falta de resposta dos setores produtivos localizados na área de ação da nova ferrovia revelam a precariedade da relação entre a base material do transporte e as condições reais da produção.

As diferenças entre as locomotivas e as máquinas, que se manifestam na história de sua expansão e no tipo de relacionamento com os setores produtivos, já surgem na estrutura das duas. Enquanto as máquinas se compõem sempre de três partes – motor, transmissão e máquina-ferramenta – tendo a revolução industrial partido das modificações na última parte (aquela que substitui as operações manuais), as locomotivas possuem as duas primeiras partes, mas não têm a última – a vital – a máquina-ferramenta, que determinou o desenvolvimento daquelas; verifica-se também a transformação das operações produtivas em produção de mero movimento.

Toda maquinaria um pouco desenvolvida se compõe de três partes substancialmente distintas: o *mecanismo de movimento, o mecanismo de transmissão e a máquina-ferramenta ou máquina de trabalho*. Desta parte da máquina, máquina-ferramenta é de onde arranca a revolução industrial do século XVIII. É daí o ponto de partida da constante transformação da indústria manual ou manufatureira em indústria mecanizada.[73]

É a partir da revolucionarização do processo produtivo pela grande indústria que a economia capitalista vai "andar sobre seus próprios pés", ou seja, é com o processo de industrialização que o excedente econômico será produzido sob forma eminentemente capitalista. Este fato se constitui numa revolução copernicana sob vários aspectos, entre os quais podemos apontar:

a) a troca de equivalentes envelopa a troca de não equivalentes imanente à economia capitalista;

b) o lucro não mais advém da compra mais barata para a venda mais cara da mercadoria;

c) o lucro é agora produto da esfera da produção; e

d) a determinação do processo produtivo-consuntivo é o valor de troca e não mais o valor de uso.

A determinação da locomotiva como máquina produtora de movimento é imprescindível à compreensão dela no regime capitalista, em que o superdimensionamento da escala de sua produção se deve ao fato fundamental de ser ela uma

---

[73] MARX, K. *El capital.* México, FCE, 1973. t. I, p. 304.

não-máquina ou máquina da qual se eliminou a parte definidora, as mãos da máquina, ou seja, a máquina-ferramenta. Assiste razão a Marx quando diz:

> Sem embargo, existem ramos industriais independentes onde o produto do processo de produção não é um objeto novo, uma mercadoria. Entre eles o único que tem importância econômica é o da indústria de comunicações, tanto a indústria específica dos transportes de pessoas e mercadorias como a destinada à mera transmissão de notícias, cartas, telegramas, etc.[74].

A cisão entre a esfera da produção e a da circulação, que Marx expressa no circuito interrompido D-M...P...M, contém a possibilidade da independência, autonomia e desproporção da circulação em relação à esfera da produção e, portanto, à possibilidade de crise. Para Marx,

> o capital-dinheiro e o capital-mercadoria, na medida em que aparecem, com suas funções... ao lado do capital industrial, são modalidades das distintas formas funcionais que o capital industrial ora assume ora abandona na esfera da circulação, estruturadas pela divisão social do trabalho.[75] Dessa forma, adquiriram uma existência independente e se desenvolveram desproporcionalmente (*one sidedly*).[76]

As óbvias diferenças entre a exportação de máquinas produtoras de mercadorias competitivas com as produzidas pelo setor II das economias avançadas, e de locomotivas, máquinas produtoras de movimento, não foram devidamente elucidadas pela História da economia. O departamento I encontrou nas locomotivas e nas estradas de ferro a possibilidade de acumular recursos em escala inatingível pelos setores produtivos mecanizados, em razão da redução do mercado colonial, de meios de consumo que a exportação daquelas máquinas geraria.[77]

É, portanto, justo afirmar que as ferrovias representaram uma ponte entre a produção de mercadorias e a produção de não-mercadorias. O declínio e morte rápida do setor durante a Primeira Guerra Mundial se deveriam, neste caso, ao surgimento e ampliação da produção de não-mercadorias *strictu sensu*, os produtos bélicos, que substituíram o setor ferroviário. A semelhança entre os dois na forma de acoplamento aos interesses e necessidades de reprodução do regime permitiu a substituição do ferroviário pelo bélico.

---

[74] MARX, K. *El capital*. México, FCE, t. II, p. 50.

[75] Idem, ibidem, p. 51.

[76] MARX, K. *Capital*. Progres Publisher, 1974. p. 57.

[77] As ferrovias absorveram quase metade do total dos investimentos privados nas quatro últimas décadas do século XIX, nos Estados Unidos, conforme Baran e Sweezy concluem dos dados de Kuznets. "De 1850 a 1900 os investimentos em ferrovias excederam o investimento em todas as indústrias juntas." BARAN, Paul; SWEEZY, Paul. *Monopoly capital*. EUA, Pelican Book, p. 217-23.

O fato de que as profundas modificações das relações sociais ocorridas nos últimos séculos tenham partido da produção é o resultado de um determinismo histórico inexorável, porque é a expressão, no tempo, da unidade entre a produção, o consumo, a circulação e a distribuição.

As mudanças na distribuição, na circulação e no consumo implicam uma mudança anterior na produção. Como as modificações nas relações sociais não se realizam em abstrato, a alteração da base material em que se move a existência social dos homens, e, portanto, da produção, é necessária para que aquelas modificações se verifiquem. A circulação não é produzida e reproduzida em abstrato, mas dentro de quadros, relações, condições e formas sociais que se expressam nas modificações da produção.

Quando as relações de trabalho permitem a substituição do trabalhador pela máquina, a estrutura da máquina, como produto social que é, passa a expressar a necessidade de substituição do homem pela máquina.

Por isso, é a técnica voltada para a máquina-ferramenta (a parte da máquina que substitui as mãos e os braços dos trabalhadores) que provoca a revolução industrial. O motor e a transmissão foram revolucionados tardiamente, e apenas quando se uniram às mudanças na máquina-ferramenta foram alvo de inovações significativas.

A produção de máquinas por meio de máquinas multiplica as forças produtivas, afasta a produção do consumo e acaba por cindir as bases materiais e condições do transporte das condições de produção.

Até determinado grau de desenvolvimento das forças produtivas, o transporte dos produtos é dominado, em toda sua extensão, pelos produtores. Até as primeiras décadas do século XIX, as bases materiais dos meios de transporte, na Inglaterra, sofreram melhorias nas quais a máquina não era utilizada.

Quando o processo de produção de máquinas por meio de máquinas se instala, uma modificação profunda se verifica na estrutura da máquina-produzida: desenvolve-se a produção de máquinas que possuem as duas partes (motor e transmissão), mas que não possuem a máquina-ferramenta, ou seja, a parte da qual "arrancou" a revolução industrial. No entanto, as exigências do transporte, da comercialização, a amplificação do raio de ação da produção age sobre a produção e determina aquela alteração na estrutura de certas máquinas. O transporte das mercadorias provoca a substituição das máquinas-ferramentas pelas rodas na estrutura tripartite da máquina. A sociedade que necessita desenvolver as atividades improdutivas expande os componentes improdutivos na máquina coletiva.

Quando o departamento I, ao lado das máquinas produtoras de meios de consumo, passa a produzir máquinas que produzem movimento, as bases materiais do transporte de mercadorias fogem do domínio da produção de meios de consumo.

O capital que se acumula nas bases materiais do transporte, nas empresas de transporte, não é mais de propriedade, não obedece às determinações e, portanto, pode quebrar a proporcionalidade entre a produção de mercadorias e seu transporte presente nos estágios anteriores de expansão da produção.[78] A desproporcionalidade se manifesta no setor ferroviário, aquele em que se inicia a revolução na esfera do transporte.

As máquinas que se inserem no transporte de mercadorias diferem essencialmente das máquinas que se colocam na produção: apenas estas possuem a máquina-ferramenta. Na óptica do capitalista individual do departamento I, que produz ambas, esta diferença desaparece: para o produtor de máquinas elas são mercadorias, quer possuam ou não a parte dedicada às operações de transformação de matérias-primas. Agora, o departamento I produz máquinas adquiridas pelos capitalistas do II, de produção de meios de consumo, e "máquinas" produtoras de mero movimento.

A exportação dessas máquinas produtoras de movimento, inseridas na esfera do transporte de mercadorias, não pode revolucionar a produção das economias importadoras. A transformação da produção só pode ser feita pelas máquinas inseríveis na produção, isto é, aquelas que possuem a máquina-ferramenta como seu coroamento. Tugan Baranowsky[79] não compreendeu as diferenças entre as máquinas verdadeiras, que são coroadas pelas máquinas-ferramentas, por isto capazes de substituir o trabalhador, e as máquinas de produção de movimento, colocadas na esfera da circulação: "A locomotiva e o navio a vapor, mais ainda que as máquinas de fiar e de tecer, criaram nossa organização econômica capitalista, com todos seus lados bons e maus." Embora tenha feito uma "teoria ferroviária do ciclo", Tugan não percebeu a cisão e hipertrofia do setor de transporte, sua autonomização fantástica da produção. A exportação de máquinas inseridas no transporte (produtora de

---

[78] "A circulação (...) o movimento das mercadorias no espaço, se traduz no transporte de mercadorias. A indústria do transporte forma, por um lado, um ramo independente da produção e, portanto, uma base especial de inversão do capital produtivo. Por outro lado, se distingue pelo fato de manifestar-se como a continuação de um processo de produção *dentro* do processo de circulação e para este." MARX, K. *El capital*, t. II, cap. VI, p. 135.

[79] BARANOWSKY, M. V. *Les crises industrielles en Angleterre*. Paris, Giard et Briere, 1913. p. 7.

movimento) não produz qualquer contradição imediata e pode desenvolver-se sem os limites impostos pelo crescimento do departamento II das economias semi-integradas à expansão da produção mundial de mercadorias. A desproporção dinamizadora desenvolve o capitalismo e suas contradições até a crise.

Engels, em nota a *O capital*, desenvolve o seguinte raciocínio teórico, histórico:

> O gigantesco desenvolvimento dos meios de comunicação – navios a vapor, ferrovias, telégrafo elétrico, canal de Suez – criaram pela primeira vez um verdadeiro mercado mundial. A Inglaterra, país que antes monopolizava a indústria, tem hoje a seu lado uma série de países competidores; em todos os continentes abriram-se mais vastos e mais diversificados territórios à inversão do capital europeu excedente, que desse modo se reparte mais amplamente, superando com mais facilidade a superespeculação local. Todos esses fatores contribuíram para eliminar ou enfraquecer fortemente a maioria dos antigos focos e as conjunturas de crises. Ao mesmo tempo, a concorrência no mercado interno cede lugar diante da dos cartéis e trustes, enquanto se restringe no mercado externo pela proteção aduaneira da qual se cercam todos os grandes países industriais exceto a Inglaterra. Mas, as muralhas de proteção aduaneira são apenas armaduras para a última batalha internacional da indústria que decidirá da hegemonia do mercado mundial. Assim, *todos os elementos que se interpõem à repetição das velhas crises traz consigo o germe de uma crise futura muito mais violenta*.[80]

Por tudo isso, o departamento I encontra na demanda de máquinas inseridas no transporte o objeto ideal de sua produção. O surto das ferrovias, o superdimensionamento do setor, a dissipação, a falência ou a paralisia e atrofia que coroaram o *'boom'* ferroviário só podem ser entendidos, bem como os astronômicos capitais investidos, neste quadro mais amplo de relações que definem o setor.

Ao ampliar as bases da produção do departamento I, antes de 1913, o declínio das ferrovias provocaria uma crise sem precedentes, a não ser que a capacidade produtiva do departamento I não sofresse as conseqüências diretas da redução da demanda de meios de transporte; as não-mercadorias permitiriam a conversão, ao absorverem as matérias-primas, antes usadas na ferroviarização, na pujante indústria bélica desenvolvida na Primeira Guerra Mundial. As profundas semelhanças entre o caráter improdutivo das ferrovias e o destrutivo das não-mercadorias bélicas indicam que não foi por mero acaso que o *'boom'* ferroviário desembocou, se extinguiu ou se converteu naquela forma de produtos.

---

[80] MARX, K. *El capital*, t. III, nota de ENGELS, F., p. 460.

Stuart Mill intuíra que, se não fossem os gastos em ferrovias, o capitalismo necessitaria de "um grande incêndio" para se manter.

Marx, ao apreender a forma social mercadoria como produto de múltiplas determinações, "ensinou a perceber a desproporção entre a produção e o transporte, a negatividade que passou a animar a produção capitalista. Ele não pôde acompanhar – pois morreu em 1883 – a crise das ferrovias em 1900 e a crise de 1913, mal-acobertada pela Primeira Grande Guerra.

A importância que demonstrava relativamente às ferrovias, é claramente explicitada por ele ao falar do dinheiro ferroviário enquanto forma social do capital:

> Não é fácil compreender como a transformação do capital circulante em capital fixo pode fazer diminuir o capital-dinheiro dentro do país, já que, por exemplo, nas ferrovias que eram as empresas principais em que se investia capital, não se constroem viadutos nem dormentes com ouro nem com papel, e o dinheiro para adquirir ações ferroviárias, na medida em que se depositava simplesmente para pagamentos, funcionava exatamente da mesma forma que qualquer outro dinheiro depositado nos bancos e inclusive aumentava momentaneamente, como salientamos mais acima, o capital-dinheiro suscetível de ser emprestado.[81]

2.6 CISÃO ENTRE A PRODUÇÃO E O TRANSPORTE. TRANSPORTE DE OBJETOS NÃO PRODUZIDOS

O transporte de mercadorias e as bases materiais em que este se realiza podem ser considerados como o complemento proporcional da produção, em certo estágio de expansão das forças produtivas. O transporte fica, então, a cargo do produtor, é propriedade sua, o que permite que se mantenha certa proporcionalidade entre a escala da produção e a dos transportes.

Quando se cinde a esfera da produção de mercadorias da esfera do transporte, esta passa a ser independente daquela, dotada de leis e movimentos próprios. O surgimento de empresas de transporte atesta a formação de proprietários dos meios de transporte que competem entre si para obter as mercadorias produzidas pelo capital-industrial e que recebem uma parcela da mais-valia de acordo com o capital empregado. A estrutura da máquina se modifica pela eliminação da parte que a relaciona à produção, à elaboração e transformação de matérias-primas e produtos semi-elaborados – a máquina-ferramenta. O motor e o sistema de transmissão se dirigem, na estrutura dos

---

[81] MARX, K. *El capital*. México, FCE, t. III, p. 456-7.

meios de transporte, ao acionamento das rodas, mostrando que esta transformação qualitativa tem por fim relacioná-la ao transporte e não mais à produção de mercadorias. Esta mudança na estrutura da máquina determina outra no departamento I, que, além das máquinas produtoras de mercadorias, passa a produzir, com seu sistema maquinizado, máquinas que produzem mero movimento.

A expansão das bases materiais do transporte adquire independência em relação à expansão das mercadorias a serem transportadas e rompe-se, rapidamente, a proporcionalidade entre a esfera da produção e a do transporte e até mesmo a da circulação.

Como ficou visto, o primeiro ramo do transporte em que se objetivam somas de capital que chegam a se igualar, em algumas décadas e em alguns países, ao total dos investimentos em todos os setores da produção, o ferroviário só pôde conhecer aquela expansão porque não reproduziu a contradição criada, em escala mundial, pela redução do mercado de produtos finais, derivada da exportação de máquinas pelo departamento I das economias integradas. Os "serviços" dos meios de transporte exportados – de início as vias férreas – não competiam com os produtos finais do departamento II, como ocorria quando máquinas produtoras de mercadorias eram exportadas para as economias retardatárias.

A desproporção e independência da esfera do transporte em relação à da produção de mercadorias se deve, também, à presença do governo que adquire, financia, protege e estimula a expansão das bases materiais do transporte e canaliza para esta *Agenda* grande parte das forças sociais da produção e do conhecimento científico.

O transporte ferroviário é o primeiro ramo em que se objetivam, de forma anárquica e superdimensionada, as forças produtivas que não podem assumir as formas nem de meios de produção, nem de meios de consumo.

A atividade de transporte não é uma atividade reprodutiva em si e por si, mas apenas quando satisfaz as necessidades diretas e técnicas da produção. A estrutura do equipamento de transporte, a ausência da *máquina-ferramenta*, evidencia sua submissão à produção, sua natureza não-produtiva e sua inadequação à reprodução.

A cisão e independência entre a capacidade de produção de mercadorias e o ciclópico desenvolvimento dos meios de transporte revelam o caráter improdutivo de grande parte destes, e, ao mesmo tempo, impõem a criação *de objetos de transporte, coisas transportáveis que não foram produzidas,* e de necessidade de independência e autonomia entre a produção e o transporte. A desproporção entre estes, e até mesmo entre a produção e a circulação, na medida em que não resulta em déficit das empresas de transporte, indica que o sistema capitalista solucionou provisoriamente esta contradição: coisas não produzidas – o homem, o som, as palavras, a imagem, os sinais – são transportados, nascem e são consumidos na circulação, sem terem antes existido na produção.

As relações capitalistas se apoderam dos produtos da cultura, desenvolvem sua reprodutibilidade necessária para que eles assumam a forma de não-mercadoria, percam sua "aura", se laicizem e vulgarizem.

A reprodutibilidade do som criou uma indústria de discos, de fitas, de gravações, como criou a arte de produzir um som "puro", fiel ao original. Os novos produtores culturais trocam os pincéis, os buris, por aparelhos de fotografia, por filmadoras e gravadores de som que vêem os objetos, que escutam os sons com artísticos privilégios. Na "era da reprodutibilidade técnica" quando da produção de não-mercadorias culturais (não-meios de consumo e não-meios de produção) "a obra de arte reproduzida é cada vez mais a reprodução de uma obra de arte criada para ser reproduzida"[82] como no caso da litografia mostrado por Benjamim em que "a mão foi liberada das responsabilidades artísticas mais importantes, que agora cabiam unicamente ao olho".[83]

O capitalismo transforma os produtos culturais em não-mercadorias, na "era de sua reprodutibilidade técnica". Não-meios de produção e não-meios de consumo, os sons, as imagens, as cores, os sinais constituem os objetos transportados e vendidos que impedem os consumidores de pensar e agir, paralisam-nos e, acima de tudo, nascem, vivem e morrem sem alterarem as forças produtivas.

O capitalismo, cujas contas nacionais são tão vulgares e enganosas quanto sua estética, considera como acréscimo de seu PIB a produção bélica, a venda de sangue, de retina, de rins, as receitas dos motéis e prostíbulos, onde o sexo se transforma em não-mercadoria; as despesas com expedições interplanetárias, as rendas provenientes do turismo, que enriquecem os gigolôs dos monumentos históricos e da natureza privilegiada, etc.

Desviando-se da produção de valores de uso, de produtos úteis, o capitalismo transforma tudo em "produção" – desde que dê lucro – os cursos de

---

[82] BENJAMIM, Walter. A Obra de arte na era da reprodutibilidade técnica. In: *Obras escolhidas*. SP, Brasiliense, v. 1, p. 171.

[83] Idem, ibidem, p. 167.

língua (a fala), o canto, a dança, a ginástica, a sauna, o sexo (as revistas de sexo, os vídeos de sexo, os motéis, etc.), os cursos de boas maneiras, a psicanálise de cachorros, etc. Tudo assume o caráter de "natural", de produto necessário, fino e útil.[84]

A solução importa na criação de objetos transportáveis que não estiveram antes na esfera da produção, o que parece conferir um poder mágico ao sistema. E é no domínio próximo à magia e à *'toute puissance des idées'*, no fetichismo das mercadorias e dos serviços que se encontra a solução. A imagem, o som, a cor, a palavra, os sinais adquirem preço, se transformam em mercadoria e passam a preencher parte da diferença entre as reduzidas mercadorias produzidas, em relação à massa das que "circulam" e são transportadas. Por outro lado, a criação de necessidades de transporte no sujeito acompanha a criação do novo objeto dos transportes: o som, a palavra, a cor, a imagem, os sinais e o próprio homem – enquanto produto desligado da esfera da produção – passa a ser objeto de transporte. O turismo e sua expansão resultam da necessidade capitalista de hipertrofiar os transportes, obter lucro, empregar pessoas sem que a seu emprego corresponda nenhum aumento das forças produtivas reais.

Quando a Agenda do transporte ferroviário se satura (por volta de 1907), novos produtos para aquela esfera são criados (o submarino, o avião e o transporte subterrâneo, todos desenvolvidos durante a I Guerra) e se inaugura a era dos automóveis.

Segundo Marx, a expansão dos meios de transporte e de comunicação reduz, por um lado, o tempo de circulação do capital-mercadoria, o tempo que permanece estocado à espera do transporte, etc.; mas, por outro,

> a massa de mercadorias que se encontram a caminho, transportada para pontos longínquos, cresce em enormes proporções e também, portanto, em termos absolutos e relativos, a parte do capital social que se encontra constantemente, em prazos longos, na fase de capital-mercadoria dentro do período de circulação. Com isto *cresce, ao mesmo tempo, a parte da riqueza social que, em vez de servir como meio direto de produção, se inverte em meios de comunicação e de transporte e em capital* fixo e circulante necessário para sua exploração.[85]

Nesse trabalho revelam-se aspectos fundamentais do sistema de comunicação e de transporte modernos. Embora as necessidades imanentes à expansão da produção de mercadorias pudesse responder por parte da hipertrofia

---

[84] CAMPOS, Lauro. *O PT frente a crise...* op. cit., p. 16-8.
[85] MARX, K. *El capital*. México, FCE, t. II, p. 224. (Grifo nosso.)

da órbita dos transportes e da comunicação, aqui se verifica que outras necessidades impulsionaram a cisão e sustentaram o superdimensionamento daquela esfera na qual "a parte da riqueza social, em vez de servir como meio direto de produção", se investe em não-meios de produção. Verifica-se que, tanto nos países capitalistas integrados, quanto nos retardatários, o governo alimenta aquela cisão, hipertrofia e independência. Observa-se, também, que nos países semi-integrados, a expansão dos transportes e das comunicações não resultou das necessidades internas e do desenvolvimento dos meios de produção, mas se articulou a meios e modos de produção que se conservaram arcaicos: enxadas e foices coexistem com telefones; antenas parabólicas, internet, convivem com carroças, etc.

Determinou-se, também, que os meios de transporte individual, tanto quanto os da palavra, do som, da imagem, da cor, etc., ampliaram a parte da "riqueza" social que se situa fora da órbita da produção e da reprodução, em detrimento da expansão das forças produtivas, em todas as economias capitalistas. Os indivíduos, objeto dos transportes individuais, e os objetos das comunicações não constituem o produto dos departamentos I e II, da atividade produtiva; assim, cinde-se a órbita da circulação da órbita da produção, como se aquela criasse seu próprio objeto, permitindo a continuidade da desproporção entre a expansão dos transportes e da comunicação e o aumento da produção. Finalmente, o transporte interplanetário imobiliza recursos em escala astronômica, sem transportar qualquer mercadoria.

A sustentação dessa desproporção e dos custos e prejuízos a ela imanentes, no seio da economia dirigida pelo e para o lucro, só pode ser compreendida quando se determina a essencialidade do aumento da produção de não-mercadorias, com a conseqüente contenção da taxa de expansão das forças realmente produtivas, para a preservação e a sustentação da economia capitalista, do sistema que procura conciliar os incrementos de capacidade produtiva com a preservação da escassez.

Aquela imensa massa de "mercadorias", que não passou pela esfera da produção, não foi produzida, parece criar, *ex nihil*, objetos intermináveis para a circulação. Ao contrário das mercadorias produzidas pelo metabolismo entre o homem e a natureza, do qual resulta um objeto útil, e que encontram o limite de sua produção e oferta na capacidade de consumo socialmente determinada, o transporte do som, da palavra, da imagem, da cor, de sinais e do próprio homem tem limites menos definidos. Passa-se da saciabilidade física imanente ao mundo das mercadorias, a que raramente se chega, para a saciabilidade psíquica, que parece encontrar seus limites apenas no tempo de lazer. Assim, é necessário que parte deste se converta em tempo dedicado ao consumo das "mercadorias" criadas (sem terem sido produzidas) para o funcionamento das bases materiais do moderno sistema de transporte do indivíduo, da palavra, do som, da imagem. Diretamente, mediante a compra de aparelhos, instrumentos e "máquinas" de transporte, ou indiretamente, mediante o pagamento de impostos aplicados pelo Estado naquelas bases materiais, grande parte da renda é gasta na esfera do transporte capitalista, enquanto desligada da esfera da produção.

Enquanto o desgaste de um instrumento de trabalho, de uma máquina-ferramenta, repõe, ao final de sua vida útil, o valor da máquina, na série de objetos produzidos, o desgaste dos meios de transporte, aparelhos, computadores, instrumentos e "máquinas" (automóvel, lancha, avião, etc.), enquanto desligados do transporte de mercadorias de forma direta e necessária, é mero desgaste irreprodutível; é o consumo individual e não o consumo produtivo que constitui o fim dos meios de transporte[86] e dos aparelhos de comunicação.

> Se é certo que, de uma parte, com o progresso da produção capitalista, o desenvolvimento dos meios de transporte e comunicação encurta o tempo de circulação para uma determinada quantidade de mercadorias, não é menos certo que este mesmo progresso e a possibilidade que o desenvolvimento dos meios de comunicação e transporte, supõem, pelo contrário, a necessidade de trabalhar para mercados cada vez mais longínquos, em uma palavra, para o mercado mundial.[87]

O impulso recebido pela esfera do transporte, resultado que é da canalização de recursos para fora da esfera da produção e da reprodução, acaba por levar a esfera do transporte para o espaço interplanetário. As somas astronômicas necessárias para atingir os astros expressam a necessidade de preencher a cisão entre a produção e o transporte, representadas pela aventura espacial, da qual o governo é o único financiador.

Assim, transporte, comunicação, turismo e espaço interplanetário constituem diferentes denominações de um fenômeno único, que se hipertrofia a ponto de, por cissiparidade, criar seus novos compartimentos: as Agenda do espaço, a das comunicações e a do turismo.

A cisão e independência entre um movimento e o outro só se manifestam tardiamente (a revolução dos transportes inicia-se por volta de 1840); o caráter

---

[86] "Os verdadeiros instrumentos de trabalho... só se consomem produtivamente e não podem entrar no consumo individual... Os meios de transporte são uma exceção a esta regra." MARX, K. *El capital*, t. II, p. 142.

[87] MARX, K. *El capital*. México, FCE, 1973, t. II, p. 223-4.

não reprodutivo dos instrumentos, "máquinas" e aparelhos de transporte não encontra nas relações de produção e de propriedade capitalistas a força de retenção que caracteriza a revolução na produção. Por isso, as economias retardatárias receberam o impacto da revolução industrial na esfera do transporte e das comunicações antes de terem podido conhecer o processo de produção maquinizado e expandi-lo.

Paul Baran e Sweezy[88] localizam a crise final das ferrovias em 1907. Do nosso ponto de vista, que difere dos dois autores norte-americanos, o importante não é a determinação da data da inversão da tendência-transformação do auge ferroviário em seu oposto, em crise. O importante é determinar o auge ferroviário como uma desproporção que dinamizou contraditoriamente a economia capitalista cêntrica, desproporção que se manteve por meio dos governos coloniais endividados para assumir o déficit de ferrovias falidas. A desproporção dos meios de transporte – não-meios de produção e não-meios de consumo – sustentada pelo dinheiro e pelo crédito públicos ampliam relativamente a capacidade de consumo das economias exportadoras de ferrovias e não desenvolvem as forças produtivas reais, como não-máquinas produtoras de movimento, apenas; elas não possuem a máquina-ferramenta que compete e substitui os trabalhadores e faz desenvolver as forças produtivas. São máquinas de circulação de mercadorias e de passageiros e é por sua negatividade, por não desenvolver as forças produtivas reais e aumentar a capacidade relativa de consumo, que a era da ferrovia se prolongou e seu espaço se alargou.

Os investimentos ferroviários mostram, de acordo com os autores acima citados, uma "pronunciada contração durante os anos de 1890, especialmente durante a longa depressão de 1892 a 1896, mas uma forte revitalização se verifica ao redor da dobrada do século".

"Que a tendência para a geração de um excedente excessivo pudesse ser submersa pela ferroviarização parece ser inteiramente plausível", afirmam Baran e Sweezy. Do ponto de vista desses autores, a corrente de monopolização a partir de 1880 não apresenta dificuldades crescentes de absorção do excedente graças aos investimentos ferroviários.

A desproporção dos meios de transporte, seu crescimento acima e além das necessidades reais de transporte de mercadorias e passageiros, seu apoio no crédito externo, na dívida pública e na dívida externa dos países importadores, sua determinação como máquina de transporte permite que elas sejam determinadas como a forma embrionária das não-mercadorias.

---

[88] BARAN Paul; SWEEZY, Paul. *Monopoly capital*. EUA, Pelican Book, op. cit., p. 223.

Stuart Mill percebeu que os imensos gastos com ferrovias constituíram a única forma, ao lado das despesas bélicas, que foram capazes de induzir uma elevação na taxa de juros:

> O mesmo efeito sobre os juros, produzidos por empréstimos tomados pelo governo para fins bélicos, é produzido pela abertura repentina de qualquer forma de investimento permanente que seja nova e atraente. O único exemplo desse gênero, na história recente, em escala comparável à dos empréstimos para fins bélicos, é a absorção de capitais na construção de ferrovias.[89]

As semelhanças entre a construção de ferrovias e a economia de guerra não se esgotam no fato de que ambas se apóiam e fazem crescer a dívida pública, assim como a taxa de juros. As semelhanças são mais profundas do que as determinadas por Stuart Mill. O crescimento desproporcional, "o desenvolvimento desproporcional" de seus empreendimentos ferroviários[90] ocorridos nos Estados Unidos e na Inglaterra constituem o embrião da forma não-mercadoria da qual a economia de guerra constitui um dos mais importantes exemplares.

---

[89] MILL, John Stuart. *Princípios...*, v. 2, Abril Cultural, p. 171.
[90] Idem, op. cit., v. 1, p. 66.

CAPÍTULO 3

A crise de transição da economia hegemônica mundial inglesa

3.1 OS ESTADOS UNIDOS E AS CONDIÇÕES DE ASCENSÃO EM PLENA CRISE DA ECONOMIA INGLESA E DO CONTINENTE

A forma que assume o desenvolvimento das contradições que movem a história econômica do capitalismo encontra, no período 1907-1920, alguns dos mais importantes ingredientes que a modelarão ao longo do século XX.

A crise da economia capitalista mundial que tinha seu centro hegemônico na Inglaterra e na Europa Ocidental destruiu grande parte da estrutura produtiva, do sistema creditício e financeiro a ela correspondente e as relações econômicas e políticas internacionais que caracterizam o imperialismo clássico. É preciso que se apreendam os limites do fantástico processo de crescimento da economia inglesa, as contradições crescentes que continham e limitavam o crescimento das forças produtivas da ilha diante do gigantismo de sua economia mundial, fundado na hipertrofia da economia dos meios de transporte (ferrovias, navegação, comunicação), para que se compreenda as condições internacionais que limitaram e moldaram a expansão dos Estados Unidos. A atração do lucro que move o capital mundial para essa fronteira nova do século XIX, encontra as bases reais de soerguimento da taxa média de lucro na estrutura social da produção e na estrutura produtiva da economia dinamizada pelos artigos de luxo.

As características especiais que os Estados Unidos assumiram durante a Primeira Guerra Mundial; sua neutralidade até a fase final do conflito; sua economia de guerra em expansão sob a proteção da "neutralidade" política e o fato de que não ocupara o espaço internacional, não desenvolvera o crédito e sistema financeiro mundial que entrou em colapso com as ferrovias em 1907-1913 (até 1913 a legislação proibia a criação de bancos americanos fora do país) são alguns elementos que explicam o soerguimento da economia norte-americana em relação à prolongada crise da economia européia, a partir de 1913.

As contradições que levaram à cisão entre a esfera da produção e a do transporte e da circulação, provocando a hipertrofia dos meios de transporte, do crédito internacional a ele ligado, e, finalmente, à crise do sistema mundial centrado na Inglaterra, atingiram o núcleo europeu de dominação e dinamização do capitalismo mundial. O futuro evidenciou que as mudanças estruturais possíveis ocorreram nos Estados Unidos e moldaram a nova dinâmica, voltada para a produção de luxo e para o mercado interno americano, ampliado pela conquista territorial, pela imigração européia e pela acumulação de capital, permitindo o desenvolvimento das contradições sob novas formas, formas estas que evidenciariam seus limites na crise de 1929, quando se tornaram incapazes de albergar as forças produtivas que se desenvolveram no período.

Diga-se de passagem que o padrão de crescimento que impulsiona a economia dos Estados Unidos – a dinâmica da produção de carros e de "duráveis" – não possui o caráter internacional e não era internacionalizável como as ferrovias e os navios. O crédito ao consumo de duráveis; o sistema de estradas de rodagem e de distribuição de eletricidade para utilização dos "duráveis"; o sistema de abastecimento, conserto e reposição; a concentração de renda abrangente, capaz de criar consumidores não capitalistas para aqueles artigos de luxo, são condições necessárias à nova dinâmica. Essas condições não podiam ser criadas pelos Estados Unidos nas economias nacionais externas, possíveis importadoras daqueles artigos, ao contrário dos ingredientes necessários para a internacionalização do mercado para ferrovias e navios, sistemas integrados de transporte, financiados para governos nacionais e não para consumidores individuais de carros e "duráveis". Por ser inexportável em quantidade significativa, é que a produção norte-americana se define, ao se dinamizar pela produção de artigos de luxo, como "voltada para dentro".

O colapso prolongado, que atesta as dificuldades de reativação da economia européia, não se verificou apenas nos países que foram derrotados na Primeira Guerra Mundial. Não foi, portanto, como conseqüência econômica do Tratado de Versalhes, como resultado das duras condições impostas pelos aliados aos perdedores, que a crise econômica, o desemprego, a desarticulação do sistema de dominação mundial se verificou.

O ferro gusa e o aço são os principais indicadores das condições da produção nesse estágio, como o plástico poderá ser noutro momento e a pedra lascada poderá ter sido no passado. Também os indicadores são histórico-sociais, assim como as unidades de medida e o conteúdo do que se considera como a *riqueza* que está sendo medida.

Na Alemanha, a produção de ferro gusa cai de 19 milhões de toneladas em 1913 para 5.568 mil em 1920. Eleva-se para apenas 8 milhões de toneladas em 1922 para contrair para 4 milhões no ano seguinte. Em 1923, a Alemanha produz apenas 20% da quantidade produzida em 1913. A produção de aço apresenta o mesmo quadro, aproximadamente: as 18.631 mil toneladas produzidas em 1913 se reduzem para 7.648 mil toneladas em 1919 e para 5.000 mil em 1923.

A crise da economia do ferro, das estradas de ferro, das siderúrgicas, do sistema de transporte e do crédito internacional necessário à expansão do fantástico mercado, não foi muito menos violenta entre os vencedores do conflito mundial. A produção de ferro gusa na França, em 1923, não atinge ainda o volume de 1913: 5.125 mil toneladas contra 5.000 mil toneladas em 1923. A produção de aço, de 4.614 mil toneladas em 1913 reduz-se para 2.151 mil em 1919, para voltar ao nível de pré-guerra, com suas 4.750 mil toneladas, em 1923.

Apesar da imensa produção-destruição comandada pelos governos beligerantes, a crise que lavrava na economia européia era tão profunda que o imenso mercado de guerra não pôde substituir o mercado mundial saturado e em colapso.

Mesmo a Grã-Bretanha não consegue evitar a contração dos setores industriais de base: o colapso se aprofunda, na Grã-Bretanha, principalmente após o encerramento da economia de guerra. Em 1913, ela produz pouco mais da metade do peso produzido pela Alemanha – 10.260 mil toneladas de ferro gusa; em 1921, apenas 2.616 mil toneladas, com índice de queda igual ao da Alemanha. Em 1923, a produção se eleva para 7.860 toneladas, ou seja, 2.800 mil toneladas a menos do que em 1913. A economia de guerra consegue manter elevada a produção de aço: 7.664 mil toneladas em 1913; 7.894 mil toneladas em 1919; 9.067 mil toneladas em 1920. O colapso ocorre em 1921: 3.703 mil toneladas apenas, 5.881 mil no ano seguinte e 8.490 mil toneladas em 1923.

No mundo como um todo, a produção de ferro gusa e de aço expressa o quadro recessivo: em 1913 a produção mundial de ferro gusa foi de 77.182 mil toneladas e a de aço foi de 75.019 mil; em 1923, elas caíram para, respectivamente, 64.580 mil e 72.573 mil toneladas. As forças produtivas de ferro gusa e de aço foram contidas em sua expansão durante 11 anos. O valor de produção industrial alemã em 1927 é inferior ao de 1913.

O quadro depressivo não é maior porque a economia norte-americana, organizando uma nova estrutura produtiva, dinamizada pela produção de meios de transporte individual, de minimáquinas domésticas, os duráveis, em vez de participar do colapso europeu, apresenta contínuo crescimento.

Em 1920, os Estados Unidos produziram 36.401 mil toneladas de ferro gusa, contra 30.655 mil em 1913; em 1921, a produção cai para 16.500 mil toneladas, na crise de conversão para a economia do carro, do luxo, que permite a elevação para 26.851 mil toneladas já no ano seguinte e para 39.500 mil em 1923.

A produção de aço se eleva a partir das 31.301 mil toneladas de 1913 para atingir 42.133 mil em 1920. A chamada crise de conversão que evidencia a rigidez estrutural da economia que se voltará para nova articulação dinâmica,[1] reduz a produção de aço em mais de 50% – 19.749 mil toneladas apenas são produzidas em 1921. Em 1923, as aciarias americanas já produzem 70%, aproximadamente, da produção mundial: 44.400 mil de aço.[2]

Se os insumos de aço e de ferro gusa utilizados pela produção bélica a partir de 1912 fossem eliminados, ter-se-ia uma idéia da profundidade da crise que Tugan Baranowsky previra em 1908.

O produto industrial da Alemanha só recupera o nível de 1913 a partir de 1927. Como assevera Bettelheim:

"Entre as causas que explicam o prolongamento da situação difícil da indústria, é necessário acentuar a importância das convulsões políticas que marcaram, para a Alemanha, o período de pós-guerra. Os anos 1920 a 1923 foram marcados por uma certa retomada, ligada a fenômenos inflacionários. De 1919 a 1922, o volume da produção industrial cresce 90% mas ele não representa ainda mais do que 71% da produção anterior à guerra. Em 1923, a crise final da inflação e a ocupação do Rhur levam a um novo recuo da produção industrial. O índice representativo desta se encontra em 48 contra 100 em 1913. (....) O índice passa de 48... a 83 em 1925, a 79 em 1926, a 100 em 1927 e a 102 em 1928 e 1929.[3]

Nem a queda da produção industrial nem o estrangulamento externo, o déficit na balança de comércio, transações correntes, são específicas da Alemanha. O desemprego na Grã-Bretanha alcança 1.200 mil trabalhadores em 1928, depois de ter o Fundo de Desemprego consumido 500 milhões de libras durante a década de 1920, segundo Keynes.

---

[1] A chamada tecnologia flexível, que se desenvolverá a partir da Segunda Guerra Mundial, se propõe evitar esse desajuste. Na verdade, ela procura evitar as conseqüências da retração de demanda sobre a capacidade ociosa.

[2] Os dados supracitados foram extraídos de *Statistical Abstract of U.S.A.*, 1923. p. 270, apud HOBSON, John A. *A evolução do capitalismo moderno*. SP, Abril Cultural, 1983. p. 336-7.

[3] BETTELHEIM, Charles. *L'ecomomie allemande sous le nazisme*. Paris, F. Maspero, 1979. v. 1, p. 18.

Entre os poucos economistas que tiveram sensibilidade para as importantes modificações do período, destaca-se John A. Hobson. A independência, o espírito crítico e a competência do eminente pesquisador inglês levaram-no a romper com a ortodoxia e a ser respeitado tanto por Lenine – que abre o seu livro, *Imperialismo fase superior do capitalismo*, referindo-se ao livro anterior de Hobson *Imperialism – a study*, quanto por Keynes que o tem como um dos guias para a construção de sua *Teoria geral*.

Preocupado com o imperialismo, com os cartéis, trustes e com a monopolização da economia; com os olhos voltados para a economia de guerra; enxergando o caráter excedente de muitos tipos de investimentos objetivadores de "poupança" excessiva; percebendo a vocação para a produção de artigos de luxo, a vasta obra de Hobson o credencia como dos mais férteis economistas do século XX.

Diante do déficit da balança comercial das principais economias européias, situação que persistia e se agravava desde o início do século, Hobson não teve dúvida em apontar os "invisíveis" – as receitas de seguro, de transporte e frete, de juros de empréstimos externos de capital-dinheiro, como a característica essencial do novo estágio de dominação internacional.

> O traço característico mais específico do internacionalismo econômico moderno não é, todavia, o crescimento do comércio comum através das fronteiras políticas, mas o investimento crescente de capital em países estrangeiros. *Esse crescimento de exportação de capital, com as enormes complicações que provoca nos balanços gerais do comércio dos países nele envolvidos, configurou-se em todos os países industriais avançados da Europa.* Foi o Reino Unido que mais avançou nesse sentido, tanto no que se refere ao volume de dinheiro investido no exterior, como no percentual dessa soma em relação a investimentos internos.[4]

As contradições da economia capitalista que movem as relações polarizadas entre o centro dominante e as economias dominadas se expressam, afinal, como déficit de exportações sobre importações (que evidenciam a apropriação da riqueza líquida do exterior) mantido pelo "superávit" na dominação – financeira e tecnológica – os juros, os *royalties*, os seguros, os fretes pagos pela periferia explorada aos dominadores cêntricos.

O déficit na balança comercial compensado pelas receitas internacionais de "serviços" de seguro, de juros, de *royalties*, de transporte, isto é, pelo superávit

---

[4] HOBSON, J. A., op. cit., p. 338.

na conta de capitais das transações correntes já tinha sido determinado por Hobson antes da década de 20 e foi registrado por ele nos seguintes termos:

> Essa situação do comércio internacional comprovou evidentemente *grande desenvolvimento de exportações de invisíveis*, sob a forma de serviços de navegação, financeiros e outros, *junto com um aumento do agregado dos juros sobre investimentos estrangeiros*, no caso de países como Alemanha, França e Bélgica.[5] (Grifos nossos.)

Hobson retrata a desarticulação de um padrão de produção, centrado na Grã-Bretanha, ao qual corresponde um sistema de crédito internacional, de comercialização, de divisão internacional do trabalho, de exploração e de endividamento.

A hipertrofia dos transportes como forma de evitar o desenvolvimento das forças produtoras de meios de produção e de consumo em escala mundial é responsável pelo valor dos "serviços de navegação", de fretes e seguros e, também, pelo "equilíbrio" nos balanços de pagamento da Grã-Bretanha e em alguns países da Europa. Além disso, 60% das aplicações internacionais de capital-dinheiro de empréstimo e, portanto, a fonte de um percentual correspondente de juros, se destinaram ao financiamento de ferrovias e meios de transporte.[6]

O colapso da estrutura produtiva apoiada na hipertrofia dos meios de transporte, que se reflete no colapso das indústrias de aço e de ferro gusa já referidas, teria de provocar a crise de toda a economia mundial, minando as bases materiais da produção do próprio crédito, da dominação financeira internacional e das relações políticas correspondentes àquela estrutura econômica.

O aumento das receitas de serviços, o "desenvolvimento das exportações de invisíveis", não pode se erguer *ex nihil*. A economia capitalista que possui condições de encontrar novo caminho de crescimento, necessariamente voltada para dentro, para seu próprio mercado, é a economia norte-americana. A redução do valor das exportações de mercadorias em relação ao valor das importações de mercadorias, o déficit crônico nas balanças de comércio dos principais países da Europa atestavam que as bases materiais da produção sobre as quais se erguia o sistema de financiamento, de onde nasciam as receitas de juros: o sistema produtivo e exportador de meios de transporte, base material

---

[5] Idem, ibidem, p. 338.

[6] As ferrovias absorveram 41% dos investimentos ultramarinos britânicos em 1913. Ver HOBSBAWM, E. J. *Da revolução industrial inglesa ao imperialismo*. RJ, Forense Universitária, 1979, diagrama 9.

das receitas de "serviços de navegação", de fretes e de seguros, aquelas bases tinham entrado em desarticulação.

A passagem do centro do capitalismo mundial da Grã-Bretanha para os Estados Unidos se verificou durante e mediante a Primeira Guerra Mundial e a crise econômica que se iniciou em 1913, a crise dessa estrutura internacional contraditória.

A rearticulação da economia de guerra para a economia dinamizada pelos meios de transporte individual, os carros, as minimáquinas domésticas e os artigos de luxo verificou-se no novo centro dinâmico mundial norte-americano, com exclusão das demais economias nacionais. O petróleo necessário para mover a frota de carros na economia norte-americana que passou a produzir cerca de 2.500 mil unidades/ano a partir do início da década de 20; a construção de estradas, pontes, túneis em escala nacional; de postos de abastecimento e de reparo dos duráveis; a rede elétrica que movia os eletrodomésticos e a iluminação urbana; o sistema de crédito ao consumo produzido pelas necessidades da produção determinaram o conteúdo da ação governamental, o caráter "voltado para dentro", e as características essenciais da totalidade contraditória em marcha para a crise de 1929.

A empresa oligopólica norte-americana que se articula com o sistema de transportes no século XIX e com a apropriação de fontes de matérias-primas (petróleo, antrocito, carvão, etc.) é parte de uma totalidade que a explica e determina. Há uma ação recíproca entre o todo, nele incluído o governo e o restante do mundo, e a parte oligopólica, a unidade produtora de mais-valia, a grande empresa que se concentra nos Estados Unidos.

Entre 1913 e 1923, o valor da exportação (especial) de mercadorias dos Estados Unidos passa de 12,47% para 16,88% do total mundial; naquele período, o total exportado pelo Império Britânico se eleva de 25,28% para 30,14% do total mundial.[7]

A economia norte-americana assume a supremacia mundial, enquanto o valor das exportações do Reino Unido permanece igual ao das exportações dos Estados Unidos, atestando o fechamento relativo do novo núcleo; entre outras assimetrias, a predominância externa da economia do Império Britânico impede que o dólar assuma a função de moeda mundial quando o valor da produção dos Estados Unidos conquista o primeiro lugar no mundo.

---

[7] HOBSON, J. A., op. cit., p. 339.

3.2 A CRISE DO CAPITAL FINANCEIRO INTERNACIONAL NA DÉCADA DE 1920

A falência do padrão britânico de dominação pode ser verificada a partir da retração das aplicações domésticas de capital e do aumento absoluto e relativo das aplicações no exterior.

O objetivo principal que essas somas gigantescas têm em vista é ainda a construção de ferrovias em quase todas as partes do mundo. Outro importante setor de empresas que exige constantemente novos capitais é o de construção de portos, sistemas de abastecimento de água e gás, iluminação elétrica, telégrafos e bondes... Patenteia-se, contudo, no curso dos investimentos externos durante os últimos anos, uma nova característica, ou seja, uma tendência para investir em firmas manufatureiras e industriais.[8]

Os investimentos diretos da Grã-Bretanha no exterior não chegaram a articular-se sob a forma de transplante de indústrias. Essa forma de desconcentração só ocorreria após a Segunda Guerra Mundial, quando a fronteira dos Estados Unidos passou a constituir um espaço econômico acanhado para o capital acumulado naquele centro dinâmico.

O esvaziamento da capacidade do Reino Unido de absorver as aplicações de capitais se expressa na queda dos investimentos internos de £ 100.121.000 em 1900 para £ 35.951.000 em 1913; entre 1900 e 1913, os investimentos do Reino Unido no exterior, ao contrário, se elevam de £ 26.069.000 para £ 149.735.000.

Com a falência do sistema ferroviário em escala mundial, a Grã-Bretanha tem dificuldades crescentes em reproduzir também internacionalmente seu capital, essencialmente internacionalizado. As moratórias da Argentina (1890), do Brasil (1898 e 1914); da Austrália, da Venezuela, do Egito e de outros atestam as dificuldades crescentes que cercavam o capital aplicado no setor ferroviário, altamente contraditório.

Durante a Primeira Grande Guerra, "a Alemanha liquidou a maior parte de seus valores mobiliários no exterior; a Grã-Bretanha reduziu seus haveres estrangeiros em 1 bilhão de libras esterlinas aproximadamente".[9]

Os Estados Unidos passam, durante a guerra, de país devedor a credor internacional. A Alemanha e a França permanecerão excluídas do processo de

---

[8] HOBSON, C. K. *The export of capital*, apud J. A. Hobson, op. cit., p. 340.
[9] HOBSON, J. A., op. cit., p. 341.

exploração internacional por causa de suas contradições internas e de seus endividamentos externos durante a década de 20; desarticula-se o velho mundo como centro dominante sem que o novo mundo, os Estados Unidos, possam voltar-se para fora e ocupar o espaço aberto pela crise, pelas contradições e pela guerra mundial.

Diante do colapso da economia britânica; da contração da economia européia em geral e, em particular, da Alemanha; diante do Japão ainda articulando sua estrutura retardatária e da Rússia envolvida em seus problemas internos que encontram sua solução na revolução socialista; diante de uma Europa limitada pelo déficit crônico de suas balanças comerciais, a economia norte-americana se volta para dentro, para a construção de estradas de rodagem, de usinas e linhas de transmissão de eletricidade, de petróleo e para a acumulação consumista e concentradora de renda, preparando o palco e criando as condições para a crise de 1929.

Esgotado, em 1929, o processo de acumulação voltado para dentro, a estrutura produtiva só se reativará quando for se voltando para o governo oligopsonista e para o transplante das indústrias onde a sobreacumulação se objetivará.

Lembre-se, de passagem, que as contradições centradas a partir da Primeira Guerra Mundial nos Estados Unidos fornecem o caráter americano da crise de 1929. A retomada exigiu uma mudança profunda nas estruturas produtiva e ocupacional, que passa a produzir dinamicamente não-mercadorias, e substanciais transformações na estrutura do poder, do dinheiro e das relações internacionais.

3.3 A CONTRADIÇÃO ENTRE MERCADORIA E DINHEIRO NA ECONOMIA MERCANTIL DESENVOLVIDA, CAPITALISTA

A insuficiência de demanda efetiva ou as dificuldades de realização podem ser vistas em diversos níveis de profundidade: o nível da aparência, da manifestação do fenômeno em que Malthus a percebeu ou no nível interno, latente e real, em que Marx localiza a contradição e a determina como fenômeno capitalista.

Quando Malthus, Sismondi, o Dr. Chandler e Keynes se referem à insuficiência da demanda efetiva o problema está sendo apresentado (ou representado) no nível da aparência: a demanda de bens de consumo, reduzida pela distribuição desigual da renda, ou a demanda de bens de produção (Keynes) reduzida pela alta taxa de juros em relação à taxa de lucro esperada, se torna insuficiente para que o volume de emprego e de produção se mantenha no máximo. O volume de pleno emprego é o que maximiza o lucro total.

Keynes, afirmando que daria maior precisão à percepção dos subconsumistas que "preferiram limitar-se a um conhecimento obscuro e imperfeito da verdade do que sustentar um erro, baseado, sem dúvida, em uma lógica simples, clara e consistente, mas derivando de hipóteses incompatíveis com os fatos",[10] inverteu o diagnóstico realista dos subconsumistas. A partir dessa inversão, ele arquitetou a visão contrária, de que a insuficiência da demanda efetiva era produto do baixo coeficiente de novos investimentos, ou seja, à deficiência da demanda de bens de capital e não à de bens de consumo.

Keynes afirma, no início da Teoria Geral, que os empresários pagam os fatores de produção, criando parte da demanda monetária, quando assim procedem; a outra parte da demanda é criada pelo pagamento feito aos outros empresários pelas compras feitas. "A diferença entre o valor da produção resultante e a soma do custo de fatores e do custo de uso é o lucro, ou, como passaremos a chamar-lhe, a renda do empreendedor."[11]

Keynes pretende fazer crer que os empresários esperam receber da produção, quando empregam certo volume de mão-de-obra, duas somas: a soma correspondente à demanda de bens de consumo que se eleva quando a renda nacional aumenta, não ensejando problema de realização. A insuficiência da demanda efetiva estaria, então, no outro componente da demanda agregada, a soma dirigida à procura de bens de capital. Os capitalistas limitam suas compras de bens de capital porque a taxa de juro seria elevada em relação à eficiência marginal do capital. Seria, assim, o baixo coeficiente de novos investimentos o responsável pelo fato de que os empresários não recebem o montante que esperavam receber da venda de sua produção quando fixaram o volume de emprego e de produção. Se os empresários investissem mais, comprassem mais bens de capital, então a "interseção da função da procura agregada e da função da oferta agregada" dar-se-ia no ponto correspondente ao pleno emprego.

Marx, ao contrário, afirma que a demanda efetiva é insuficiente porque é capitalista: a remuneração aos trabalhadores (V) e o pagamento aos outros empresários (C) criam rendas monetárias que se podem designar por D1 e D2. Os empresários criam uma demanda monetária correspondente a D1 + D2 quando incorrem em seus custos de produção (preço de custo). Mas, como a produção é capitalista, ainda que o total de dinheiro lançado pelos empresários

---

[10] KEYNES, J. M. *Teoria geral...* cit., p. 350.
[11] Idem, ibidem, p. 36.

em circulação, como pagamentos aos fatores e aos outros empresários retornasse como demanda efetiva, ela seria insuficiente. Será insuficiente porque as mercadorias são compostas do valor pago ($\underline{C}$ + $\underline{V}$) e do valor não pago S, a mais-valia, correspondente à valorização do capital, ao lucro líquido. O lucro é lucro porque não tem custo, não corresponde a nenhum pagamento e, portanto, não gera demanda alguma.

O valor da mercadoria é igual a C+V+S do qual apenas os dois primeiros têm uma contrapartida monetária, um preço, que poderá ser usado na demanda de valor equivalente (C + V). Mas falta a demanda monetária para realizar, para adquirir, o valor de S – da mais-valia, valor não-pago. De onde vem esse dinheiro? Marx, no tomo II do Capital, afirma que ele poderá, por acaso, vir de minas de ouro, ou poderá ter sido lançado por empresários que estavam ainda em fase de maturação, lançando dinheiro ao pagar os fatores de produção (V) e ao pagar os empresários que forneciam os materiais – de sua indústria (C). Nessa fase, os empresários lançam dinheiro em circulação e não retiram nenhum dinheiro dela, porque ainda não têm mercadorias para vender. Quando começam a produzir suas mercadorias, retiram mais dinheiro de circulação do que nela lançaram, na importância correspondente a S, seu lucro líquido. Portanto, a demanda efetiva é insuficiente porque ela é capitalista.

Quando o governo realiza o pagamento de seus funcionários, quando o governo investe em atividades improdutivas, em estradas, em diques, em esgotos, em economia de guerra, etc., ele "investe" adquirindo a produção, remunerando os serviços dos funcionários. Cria demanda, lança dinheiro em circulação e não vende mercadorias, não retira dinheiro dela (a não ser sob a forma de receita tributária).

A insuficiência de demanda não se deve ao baixo coeficiente de novos investimentos, mas ao contrário: enquanto os investimentos estão em fase de maturação, criam demanda sem aumentar a oferta; mas, logo em seguida, os capitalistas passam a retirar de circulação o que nela lançaram em remuneração aos custos pagos e mais a quantia que nela não foi lançada, correspondente ao lucro. A demanda efetiva é insuficiente porque ela é capitalista, isto é, a mão valorizada do lucro, em expansão, não pode se ajustar à luva acanhada do dinheiro. A demanda monetária é insuficiente para realizar o valor da mais-valia. De onde vem o dinheiro? A criação keynesiano-malthusiana de demanda monetária sem a produção e a oferta correspondente de mercadoria (consumidores improdutivos) é o fiel da balança, "equilibrador" que ajusta o valor da oferta (preço da oferta global) ao insuficiente preço da demanda global, ou seja, ao nível insuficiente da demanda efetiva capitalista, ao lado dos investimentos em fase de maturação. A produção de não-mercadorias pagas com dinheiro-estatal eleva a renda disponível para o consumo sem aumentar o valor da oferta global, suprindo, de forma caótica, obscura, parte das dificuldades de realização.

Malthus, Marx, Sismondi, John A. Hobson e outros perceberam que a dinâmica capitalista se apoiou na produção de artigos de luxo. Diz Hobson:

> já vimos que está crescendo o percentual dos operários engajados na produção de artigos de conforto e luxo, e o fato que está declinando o percentual dos que produzem artigos para satisfazer as necessidades fundamentais da vida do homem.[12]

Hobson não pôde acompanhar o colapso da dinâmica voltada para a produção de artigos de luxo e o papel fundamental da produção bélica na retomada. O caminho que o capitalismo trilharia para sobreviver só podia ser aquele mais temido por Hobson: o da produção de não-mercadorias e da hipertrofia do Estado autoritário que usa a força decorrente da produção de não-mercadorias para "administrar" as contradições e os conflitos acirrados pelas relações de exclusão exacerbadas. A expansão das forças não produtivas de meios de produção e de meios de consumo é desviada para a produção de não-mercadorias.

As despesas de guerra e as espaciais, o desenvolvimento do transporte interplanetário, a guerra nas estrelas e a expansão das comunicações de palavras, sinais, imagens, cores, sons constituem as ferrovias sob as formas atuais. A produção de não-mercadorias não precisa ser bélica, só bélica: enquanto a humanidade queima 1,4 trilhão de dólares naquele setor, 70% dela estão condenados à fome.

> Segundo as Nações Unidas para dar a toda a população mundial acesso às necessidades básicas (alimentação, água potável, educação, saúde) seria suficiente retirar, das 225 maiores fortunas, menos de 4% da riqueza por eles acumulada. Atingir a satisfação universal das necessidades sanitárias e nutricionais não custaria mais do que 13 bilhões de dólares, ou seja, apenas o que os Estados Unidos e a União Européia gastam, por ano, na compra de perfumes...[13]

Alguns escondem o fato de que os gastos do governo, necessários para elevar o nível da demanda capitalista, contêm relações de exclusão (Malthus, Keynes). Outros revelam as relações de exclusão inerentes àqueles dispêndios

---

[12] HOBSON, J. A. *A evolução do capitalismo moderno*. Abril Cultural, p. 242. (Grifo nosso.)

[13] RAMONET, Ignacio. *Stratégie de la faim*. Le Monde-Diplomatique, Paris, out./98, p. 1.

públicos (Marx, Stuart Mill, J. A. Hobson, Rosa Luxemburgo). O que estes enfatizam e revelam em oposição aos primeiros é que o governo gasta e "consome" no lugar, excluindo os trabalhadores, reduzindo o salário real. O aumento *relativo* da demanda não se faz por meio do aumento do salário real, de uma melhor repartição da renda, do aumento do consumo operário, mas porque os gastos do governo devem ser superiores à *redução da demanda de meios de consumo operário*, resultante da redução do salário real. O aumento líquido da demanda efetiva é obtido quando os gastos do governo que se somam à demanda global mais do que compensam a redução do consumo operário que aquela soma acarreta. Aquela soma, aquele acréscimo à demanda global é uma subtração, contém a diminuição da demanda dos operários.

Não é por acaso que menos de 0,5% da elite da população norte-americana possui 37,4% de todos os títulos e ações das empresas e 56,2% de todos os ativos da iniciativa privada estadunidense.

"O rico tornou-se super-rico na década de 1980, em grande parte às custas do restante da força de trabalho americana, que via seus salários serem reduzidos, seus benefícios encolhidos e seus empregos eliminados."[14]

A desigualdade social provocada pela dinâmica hipertrofiada da economia capitalista se expressa no fato de que menos de 3,8 milhões de americanos ganham tanto quanto os 51% dos de menor salário que totalizam mais de 49,2 milhões de indivíduos.[15]

A concentração excludente da renda nacional que beneficia os super-ricos e os *nouveaux riches*, os *parvenus* à fronteira do mundo dos ricos, continuava em 1992: "o pagamento médio dos chefes executivos elevou-se 19% em 1992".[16] Os dados apresentados por Jeremy Rifkin em seu livro *O fim dos empregos* confirmam que também a distribuição dos salários segue o padrão de exclusão necessário à dinâmica capitalista que já havíamos detectado na economia nacional. Os salários mais altos são os que recebem incrementos significativos que permitem aos 5% dos trabalhadores de cúpula o acesso à compra de artigos sofisticados, de duráveis; enquanto isto, os 20% dos assalariados da base da pirâmide social, sofreram os custos do padrão de desenvolvimento implementado.

---

[14] RIFKIN, Jeremy. *O fim dos empregos*. RJ, Makron Books, 1976. p. 191.

[15] Idem, ibidem.

[16] Washington Post, apud RIFKIN, J., op. cit., p. 190.

Os 5% dos assalariados mais bem pagos do país tiveram sua renda aumentada de US$ 120.253 em 1979, para US$ 148.438 em 1989 enquanto os 20% mais pobres da população sofreram redução de seus rendimentos passando de US$ 9.900 para US$ 9.431 por ano.[17]

J. A. Hobson, tal como J. Stuart Mill, percebeu as relações de exclusão que o método dialético de Marx explicita. As despesas de guerra geram:

> uma situação muito séria, na realidade, eminentemente desfavorável ao progresso econômico. A indústria e o comércio estariam conscientemente sujeitos, por toda parte, a influências políticas e militares, e os desenvolvimentos científicos e técnicos que viessem a ocorrer seriam orientados para aplicações mais militares que econômicas.
>
> Funções autoritárias e protetoras exercidas pelo Estado, associando-se aos interesses empresariais organizados com vistas a estruturar monopólios e assegurar mergulhos lucrativos no tesouro da comunidade. O clamor por auto-suficiência econômica significa sempre rendas crescentes e altos lucros para os ramos protegidos, *com conseqüente redução dos salários reais*.[18]

Não foi Rosa Luxemburgo quem tratou dos efeitos da economia de guerra sobre a atividade econômica global pela primeira vez. A "construção de uma Pirâmide em Sallisbury Plane" proposta por William Petty, coloca o mesmo tipo de problema e de discussão. Robert Malthus se refere aos efeitos positivos sobre a economia inglesa da Guerra da Independência dos Estados Unidos e ao fato de que a paz trouxe a depressão; propõe a contratação de trabalhadores desempregados pelo governo e a construção de estradas, de edifícios, etc. para aumentar o nível da demanda efetiva.

Sismondi e o Dr. Chalmers têm clara consciência da necessidade de emprego de trabalho improdutivo, da necessidade destruidora do capital que o capitalismo possui, e, portanto, da funcionalidade da economia de guerra.

Embora John Stuart Mill adote a lei de Say e, por isso, seja contrário ao ponto de vista que enfatiza a necessidade de aumento da capacidade relativa de consumo satisfeita mediante a contratação de trabalhadores improdutivos (e destrutivos), reconhece que a economia de guerra leva ao "pleno emprego", com subsalário. Eis o trecho:

> Na Inglaterra deu-se o inverso. Esse país empregou comparativamente poucos soldados e marujos de reserva próprios do país, enquanto desviou centenas de

---

[17] Idem, ibidem.
[18] HOBSON, J. A., op. cit., p. 359. (Grifo nosso.)

milhões de capital produtivo para fornecimento bélico e sustento dos exércitos de aliados do Continente. Em conseqüência, como se vê no texto, seus trabalhadores sofreram, seus capitalistas prosperaram e seus recursos produtivos permanentes não acusaram queda.[19]

Stuart Mill não percebe que as conseqüências do crescimento do departamento III são, necessariamente, a redução dos salários reais por unidade de trabalho e a elevação da taxa de lucro (real ou fictícia): as guerras napoleônicas tiveram seu efeito redutor dos salários neutralizados porque "os fundos de custeio da guerra eram... fornecidos por contribuições cobradas das regiões invadidas pelas forças francesas", como reconhece o próprio autor.

A percepção da possibilidade de autonomização da demanda efetiva, isto é, de que dentro de certos limites é possível que os gastos do governo, sustentados pelo dinheiro-estatal, engendrem um nível de demanda efetiva superior ao que existiria sem a intermediação estatal, estabelece o diferencial entre Say, Stuart Mill, de um lado, e Malthus, Chalmers, Sismondi, J. A. Hobson, Marx e Keynes, de outro. Os primeiros consideram que qualquer tipo de produção gera um nível de demanda efetiva equivalente ao valor das mercadorias produzidas, logo, não há necessidade de aumento dos trabalhadores improdutivos e da produção bélica. Os segundos consideram que o aumento *relativo* da demanda é obtido quando o capitalista ou o governo realiza "compras sem vendas" (Marx), quando investimentos em maturação são efetuados ou quando o governo realiza despesas de maturação longa ou infinita (com funcionários, em estradas, em guerras).

O que Keynes chama de preço da demanda global (D1+D2) é, justamente, o montante da renda monetária gasta por trabalhadores que recompram os meios de consumo necessários à reprodução da força-de-trabalho, mais a gasta pelas compras feitas por capitalistas a outros capitalistas (C). Keynes define o preço da demanda global como expectativa dos empresários, "o montante que eles *esperam* receber da venda de sua produção" a "consumidores" finais e a outros capitalistas. Ele esconde que a insuficiência do "preço da demanda global" seja o resultado de ser o valor da oferta da produção C + V+ S maior do que o montante da demanda global constituída das remunerações a C e a V, D1 e D2 apenas. A diferença entre o preço da demanda global e o preço da oferta global é a mais-valia, $\underline{S}$, o lucro, e é isto que a colocação de Keynes esconde.

---

[19] MILL, J. Stuart. *Princípios...*, v. 1, p. 87.

Ele afirma, então, que aquele preço de demanda global é composto de duas parcelas: em relação à demanda global de meios de consumo, o "montante que os empresários esperam receber da venda de sua produção" se concretizaria, se realizaria. Então, a deficiência se encontra na outra parcela, a demanda de meios de produção. O *redutor* que explicaria a deficiência do preço da demanda global foi por ele imputado à elevada taxa de juros que bloquearia a demanda de meios de produção. Frustradas as expectativas de vendas e de receita, em virtude da deficiente demanda de bens de capital, o volume de emprego e de produção não poderia manter-se. O preço de oferta global, o preço de custo (em Marx, C + V) seria muito alto em relação ao montante recebido das vendas totais. Para Marx, C + V, o preço de custo, não afeta o que seria o preço da demanda global necessário para transformar em dinheiro o valor total das mercadorias: C + V + $\underline{S}$. O valor não pago é S, logo, não gera renda monetária e tem de ser convertido em dinheiro. De onde vem o dinheiro? Não vem, a não ser por acaso, em circunstâncias e condições que ele explica quais seriam. Em certo sentido Kees concorda com Marx, sem explicitar o acordo. Este, diz que fora a produção de moeda nas minas de ouro, o dinheiro para completar o montante da demanda efetiva capitalista deficiente no valor de $\underline{S}$, da massa de mais-valia, viria de investimentos em curso, investimentos em maturação.

Marx mostra que, de início, os capitalistas lançam dinheiro, remuneram trabalhadores, compram as matérias-primas, erguem as plantas das indústrias, pagam as máquinas e não vendem ainda nada, não retiram dinheiro da circulação. Compram sem vender. Depois de pronta, ou inaugurada a indústria, vendem sem comprar. Compram C e V por D1 + D2, não compram $\underline{S}$, a mais-valia, valor gratuito, lucro líquido. Compram C + V e vendem C + V + S, invertendo o efeito inicial. É preciso que, noutro ponto, algum capitalista esteja investindo para lançar dinheiro em circulação, o dinheiro que irá constituir o preço de demanda do valor $\underline{S}$. A demanda é insuficiente porque é capitalista e, pode ser corrigida a deficiência, por acaso, se algum capitalista compra sem vender, remunera, contrata, aumenta a renda disponível sem produzir ainda, sem vender. Como todas as indústrias em funcionamento geram vendas sem compra (de S) é preciso que haja outras (em maturação) que comprem sem vender, para compensar aquela deficiência do preço da demanda global capitalista.

Rosa Luxemburgo pensa, erroneamente, que Marx queria encontrar a parcela inexistente, responsável pela insuficiência da demanda efetiva, pelas dificuldades de realização. Marx repete a pergunta – "De onde vem o dinheiro?" que para ele, expressamente equivale à questão – "De onde vem a demanda?" Repete-a durante todo o tomo II d'*O capital*, para mostrar que ele não encontrou de onde vem: sua cabeça não pode "resolver" uma contradição que a prática não superara e não pode superar. Se o raciocínio resolvesse a contradição que permanece aberta, movendo o desenvolvimento tortuoso do capitalismo e se desenvolvendo com ele, a cabeça não seria dialética, mas racionalista e racionalizadora do real. O produto do cérebro não seria uma determinação científica, a transposição do fenômeno para a idéia, mas a recriação ideal – e ideológica – de um sistema racional.

De onde vem o dinheiro? Ele não pode vir nem da economia agrícola, pré-capitalista e, portanto, quase a-monetária em que Rosa Luxemburgo pensa encontrá-lo, nem do mercado externo onde a ausência de dinheiro mundial para comprar as mercadorias exportadas só é suprível mediante a existência de ouro, mediante o aumento das exportações (o que agravaria a dificuldade de realização na economia cêntrica) ou mediante o aumento da dívida externa das economias periféricas, até a crise da dívida externa, a moratória e o *'default'*.

Marx penetra na intimidade da economia capitalista e evidencia a origem das dificuldades internas e internacionais de realização: quando se produzem mercadorias, os capitalistas lançam dinheiro em circulação em pagamento do capital constante C – que adquirem (máquinas, equipamentos, matérias-primas, materiais auxiliares) e em pagamento da força de trabalho empregada – V (salários). Chamemos D1 e D2 às respectivas quantias em dinheiro. Os capitalistas gastam D1 e D2, que é o preço de custo de suas mercadorias, e as vendem por uma quantia superior. Eles lançam D1 + D2 em circulação e retiram dela D1 + D2 + D3. O D3 corresponde ao lucro que resulta do fato de ser capitalista o processo de produção e, por isto, ao mesmo tempo, este processo ser de valorização do capital. A quantia D3, recolhida pelo capitalista, corresponde ao valor que ele não pagou (não lançou dinheiro em pagamento), S, a mais-valia. De onde vem a quantia de dinheiro que não foi lançada na circulação capitalista de mercadorias (porque ela é uma circulação capitalista), e pelo mesmo motivo tem de ser retirada da circulação a fim de que o lucro líquido, monetário, possa ser apropriado pelo capitalista? De onde vem o dinheiro? pergunta Marx, com toda a razão e repete a questão para mostrar que ela só pode vir por acaso ou por desequilíbrios compensatórios daquela insuficiência de dinheiro para realizar o valor total das mercadorias.

Malthus, Sismondi, Hobson, Keynes e outros, perceberam a contradição no nível da distribuição e do consumo antagônicos (de capitalistas e de assalariados). Marx penetrou em sua origem e determinou o desajuste como expressão da contradição capitalista em que o valor S, a mais-valia, é o resultado do trabalho não pago (processo de valorização). A mercadoria produzida é valorizada com o trabalho não pago e, portanto, não corresponde àquela parcela de seu valor nenhuma renda e nenhuma demanda. De onde vem o montante de dinheiro D3 que não foi lançado em circulação, porque corresponde à massa de mais-valia, S, e tem de ser retirada dela a fim de que o lucro se realize? Como S, a mais-valia, pode se converter num D3 inexistente?

Nem a produção mercantil desenvolvida interna nem a internacional podem resolver essa contradição. A Odisséia capitalista, as lutas e os conflitos internacionais são formas de manifestação e de desenvolvimento dessa contradição interna. A cabeça, em vez de procurar inventar uma resposta que o mundo real não contém, deve acompanhar as metamorfoses que a contradição realiza. Essas mudanças de forma das contradições é que permitem novos avanços da acumulação de capital. A forma completa, definitiva que vai assumir o desenvolvimento internacionalizado da contradição só pode ser apreendida pelo pensamento quando se tiver realizado na prática. Por enquanto, aqui se fica. O roteiro das formas sucessivas que assume a mais explosiva das contradições agora só pode ser vagamente delineado. Quando se tiver mais instrumentos e melhor equipamento, em capítulo posterior, se volta à tentativa de acompanhar e de determinar essa que é a mais complexa contradição do capitalismo: a contradição internacionalizada entre mercadoria e dinheiro. *Hic Rhodus, hic salta*. Não se pode agora, ir além do ponto inicial.

3.4 TRANSFORMAÇÃO DE UMA CONTRADIÇÃO SECUNDÁRIA EM PRINCIPAL: AUGE E CONTRADIÇÕES DA ECONOMIA DO AUTOMÓVEL NOS ESTADOS UNIDOS, NA DÉCADA DE 1920

A vertiginosa expansão dos meios de transporte em escala mundial que se verifica a partir da última metade do século passado pode ser considerada, de início, como uma contradição secundária entre a esfera da produção de mercadorias e as esferas do transporte e da circulação. No entanto, ela é a forma de expressão da contradição fundamental entre a expansão das forças produtivas e as relações de produção.

As condições reais que transferiram o eixo da economia mundial para os Estados Unidos e o movimento da indústria automobilística naquele país determinaram, em grande parte, o caráter autárquico da economia norte-americana, isto é, o fato de ter sido eminentemente voltada para dentro. Ali, a expansão das bases materiais do transporte citado e independentemente da capacidade de produção de mercadorias assume grandezas quantitativas crescentes.

Nas condições específicas da economia norte-americana da década de 1920, a contradição fundamental entre a expansão das forças produtivas e as relações de produção passaram a ser sobredeterminadas pela contradição entre a esfera da produção e a esfera dos transportes. A contradição fundamental foi amainada pela produção crescente dos meios de transporte individuais, destinados ao transporte do homem, transformado em objeto autotransportado. Apesar da recessão da reconversão que se manifesta depois do armistício de novembro de 1918, o antigo ritmo de atividade da economia norte-americana é retomado em 1919 e perdura até 1922. Neste ano, uma depressão aguda, mas breve, se instaura. *A venda* de automóveis, que em 1922 foi de 2.655.624, aumenta, com a retomada, para 4.034.120 no ano seguinte. *A produção* de carros, em 1923, atinge 3,6 milhões, para alcançar, 5,3 milhões[20] em 1929. Calcula-se o estoque de automóveis, no final da década, em 27 milhões.[21]

À primeira vista, o aumento da produção de automóveis e de "duráveis", minimáquinas de uso doméstico,[22] parece indicar uma notável expansão das forças produtivas e reprodutivas. A elevada taxa de acumulação nos setores beneficia a ilusão, que em parte decorre de colocar-se o observador na óptica exclusiva do capital investido naqueles setores.

A análise do não aparente mostra, contudo, que a escala e nível da produção de automóveis e duráveis só podem ter atingido os cumes de 1929 porque os ditos produtos (automóveis e minimáquinas) constituem meios de consumo para capitalistas, que penetraram pelo crédito e por outras pressões no consumo de não capitalistas.

Produzidas como mercadorias pelo capitalista, adquiridas como mercadorias pelos consumidores excluídos do acesso à propriedade das máquinas verdadeiras, reprodutivas, elas são não-máquinas na óptica da reprodução das forças produtivas em escala ampliada, pois não retornam à esfera da

---

[20] GALBRAITH, J. K. *The great crash*, Penguin Books, p. 31, cita os dados de Thomas Wilson, segundo os quais 5.358.000 automóveis foram produzidos em 1929; *Business Week*, setembro, 1979, p. 7, indica a produção de 5,6 milhões de veículos naquele ano.

[21] *Business Week*, p. 6, Sept. 1979.

[22] A determinação dos eletrodomésticos como instrumentos localizados na órbita do consumo individual capitalista é feita a seguir.

produção: não possuem máquina-ferramenta que as qualifiquem para a produção de mercadorias.

Se, por um lado, a revolução dos meios individuais de transporte desvia e absorve parte crescente das forças produtivas e reprodutivas, por outro, a construção das bases materiais do transporte, especialmente das rodovias – imobiliza recursos em função da expansão da indústria automobilística em si e para si, e não mais em função do transporte de mercadorias (obtidas na produção).

As condições excepcionais que beneficiavam os transportes determinaram uma contradição entre a produção e oferta de automóveis e o acesso de não capitalistas ao mercado, como compradores das "máquinas" de transporte. A geladeira e o rádio são outros artigos de luxo que penetram no consumo de não capitalistas.

O crédito para a compra de automóveis, mecanismo de ampliação da capacidade de consumo sem alteração da distribuição da renda, chegara ao seu limite: mais de 90% das vendas de automóveis foram feitas a crédito, no final dos anos vinte.[23]

Novos compradores só poderiam ser criados se a renda fosse mais igualitariamente distribuída; isto significa que a concentração consumista da renda, que permite a não capitalistas o acesso ao consumo de alguns artigos de luxo, se transformaria em seu oposto, em distribuição da renda, se a produção continuasse a aumentar.

Como as exportações de carros não podiam aumentar de forma significativa, os 4,5 milhões produzidos em 1928 e os 5,3 milhões produzidos em 1929 foram a grande gota d'água no copo das contradições da economia norte-americana.

O automóvel, não-meio de consumo e não-meio de produção que a estatística e o simplismo englobam na categoria de "bens de consumo duráveis", dominou a economia norte-americana da década de 20; como produto de luxo, liderou a superacumulação, as dificuldades de valorização e a queda da taxa de lucro, que se encontram na base da especulação na Bolsa.

Ao atingir o estoque do principal artigo de luxo que estava sendo consumido por não capitalistas a cifra de 27 milhões de carros, um salto qualitativo se verificaria: a concentração de renda que permitiu ao assalariado, gerentes,

---

[23] Já em 1927, 85% dos móveis, 80% dos fonógrafos, 75% das máquinas de lavar foram vendidos a crédito. GAZIER, Bernard. *La crise de 1929*. Paris, Presses Universitaires de France, p. 43.

altos funcionários, profissionais de nível médio e superior, etc., o acesso ao carro, passaria a englobar um contingente tão grande da população ativa que a concentração da renda se transformaria em redistribuição da renda. A polaridade necessária foi ameaçada naquele momento: a produção não podia continuar aumentando com aquela estrutura, sob pena das relações de distribuição e de consumo entrarem em choque com as relações de produção e de propriedade do capital. Para evitar a ameaça redistributivista, o caminho impossível dentro do capitalismo, a crise de 1929 pôs um limite àquela produção que não tinha condições sociais, capitalistas de avançar.

A crise de 1929-1941, a destruição do capital, a redução da produção de carros para 700 mil em 1943, e a mudança estrutural na produção que passa a ser dinamizada por não-mercadorias (produtos bélicos, militarização, produtos espaciais, etc.) constituem o resultado da correção do erro, ou melhor, do perigo redistributivista que o salto qualitativo imporia fatalmente.

No Brasil, a concentração consumista que foi imposta pela estrutura produtiva transplantada na década de 50 não chegou jamais a ameaçar as relações de distribuição e de consumo. A indústria oligopólica sempre reagiu à retração da demanda não por uma baixa de preços de carros, geladeiras, televisores, etc., mas por uma elevação de preços, excludentes do consumidor não capitalista que já tinha acesso àqueles artigos.

Enquanto no 10º ano que se seguiu à linha de montagem – 1923 – os Estados Unidos produziram 3.600.000 carros; no Brasil, onde mal atingiu a escala de 1 milhão, 22 anos após a instalação de várias indústrias transplantadas, a produção alcançou 800 mil unidades, das quais 600 mil para o mercado interno. A queda de produção se verifica, no Brasil, mostrando que não mais de 3 ou 4 milhões de não capitalistas puderam ter acesso aos "bens" da cúpula. A polaridade social se reafirma por meio da elevação de preços dos duráveis, cujas indústrias se apropriam de uma parcela maior da mais-valia gerada nas pequenas e médias empresas-satélites, fornecedoras e revendedoras. Logo, estas têm de reduzir seu lucro, entrar em crise profunda.

A falácia ideológica que promete às massas assalariadas acesso às mercadorias para capitalistas por meio de efeitos de chuveiro e de cascata é mero arco-íris que colore um inalcançável horizonte real com as cores da ilusão. Durante 10 anos, o estoque de carros em circulação no Brasil permaneceu estacionário, bem como a escala da produção.

Que as exportações norte-americanas não funcionaram como mecanismo de ampliação da demanda global mas, ao contrário, se retraíram quando se contraiu de forma absoluta a capacidade interna de consumo da coletividade, se depreende facilmente dos dados abaixo.

Enquanto a compra de bens e serviços pelo governo (não-mercadorias e pagamento aos terciários) atinge seu mínimo em 1933, quando seu total caíra de US$ 76,0 bilhões, em 1929, para US$ 69,3 bilhões, as exportações, em seu mínimo de 1933, é de US$ 7,1 bilhões, tendo se contraído do total de US$ 11,8 bilhões, que atingira em 1929.

Em 1935, os gastos do governo se igualam praticamente aos de 1929, enquanto as exportações só superam o nível de 1929 em 1946: a contração de 4,5 bilhões de dólares no valor das exportações é insuficiente para apoiar a explicação internacionalista da crise. Como a retomada se verificou antes do aumento das exportações, a dinâmica não estava apoiada no componente externo da demanda agregada, nas exportações.

A necessidade imperiosa de criação de mercado interno para a crescente produção automobilística determina certa mudança de forma da contradição fundamental entre a expansão da capacidade de produção voltada para os artigos de luxo e as relações de produção e de repartição de mercadorias.[24] Por isto, esta contradição adquire um caráter sobredeterminado pela crescente desproporção entre a esfera da produção e a esfera do transporte, forma próxima, de transição, entre a contradição fundamental e a existente entre mercadorias e não-mercadorias: a recuperação da crise de 1929 mostra a exaustão da dinâmica do luxo (carros, geladeiras, rádios) substituída pela ativação via produção de não-mercadorias.

A crise de 1929 é o momento da unidade das contradições, em que as causas derivadas da desproporção e o irracional crescimento dos meios individuais de transporte[25] se unem à estreiteza da capacidade coletiva de consumo e de aquisição de artigos de luxo, abismando a economia americana nas profundezas da depressão: a superacumulação nos setores do departamento

---

[24] Como veremos, por dois efeitos diversos: porque a produção de carros reduz, como não-mercadorias, as forças reprodutivas de *mercadorias*; porque, como mercadoria de preço cadente, pela óptica de seu consumidor, penetrou em orçamentos bastante baixos, o que não poderia ocorrer antes de 1920, quando o carro se apresentava como meio de consumo individual inacessível às rendas dos assalariados e até mesmo de certas cúpulas de empresas não-concentradas, e do terciário do governo.

O duplo efeito, que corresponde ao caráter contraditório do carro (ponte entre mercadorias e não-mercadorias), será elucidado mais tarde.

[25] Também os "eletrodomésticos" constituem parcela importante, analisada a seguir.

II, que produzem meios de consumo para capitalistas (carros, geladeiras, rádios, etc.), provoca dificuldades crescentes de valorização e o movimento especulativo que tem em suas raízes a queda da taxa de lucro das indústrias. A especulação bursátil reage sobre o consumo individual, reduzindo-o ainda mais.

Revela-se que o capital-dinheiro-potencial encaminhara-se para as atividades especulativas, improdutivas, por causa da impossibilidade de se transformar em capital-dinheiro-industrial-efetivo. A elevação da quotação dos títulos na bolsa é o resultado, então, deste movimento meramente especulativo, resultante da cisão entre a venda limitada de produtos e a compra de meios de produção e força de trabalho adicionais. O aumento da quotação dos títulos, que antes, na fase de ascensão, se correlacionava diretamente com a expansão da atividade econômica, reflete, agora, o engravidamento do sistema pelas condições da crise.

O poder de gerar uma crise verdadeira só se encontra em alguns poucos setores que se transformaram no eixo da produção nacional e a atividade bursátil não pode ser senão sobredeterminada pelas relações e proporções que governam a atividade real e pelos movimentos que o sistema produtivo-consuntivo determinam.

A partir da crise de 1929, a produção do automóvel é apenas capaz de repor o desgaste do estoque. Em 1935, o estoque de carros nos Estados Unidos é o mesmo de sete anos atrás.

A profunda crise que abalou o setor foi mais violenta do que a que fustigou a média das empresas industriais. Nem os preços cadentes dos automóveis puderam suster a redução de sua demanda, durante o período crítico. O modelo T da Ford custava em 1909, 950 dólares; em 1917, 450 dólares; em 1921, 355 dólares; em 1925, 290 dólares; e em 1929, 285 dólares.[26]

Quando a economia norte-americana se recupera, isto é, quando a conversão bélica se inicia, a indústria automobilística não apresenta índices de crescimento iguais aos da média dos outros setores, mas *inferiores*. Por que este paradoxo aparente? Entender seus motivos é compreender o caráter das relações subjacentes no automóvel, semelhantes àquelas embutidas nas ferrovias, e compreender, ao mesmo tempo, porque o *boom* ferroviário se extinguiu na Primeira Guerra Mundial. Convém lembrar que o colapso do mais importante setor da economia norte-americana, e talvez mundial, nas vésperas da Primeira Guerra, correspondeu ao "pleno emprego" keynesiano daquele período bélico, não gerando aquele declínio qualquer crise, nem mesmo "de conversão".

---

[26] ADAMS, Walter. *The structure of american industry*. 3. ed., p. 315.

O movimento de ascensão e declínio da produção dos meios de transporte revela a irmandade deles com as não-mercadorias, especialmente com as destinadas à defesa, conforme atesta a História econômica das economias integradas.

Tanto na Primeira quanto na Segunda Guerra Mundial, o eixo, a indústria principal das economias capitalistas (a ferrovia, antes da Primeira, e o automóvel, antes da Segunda), se retrai quando a produção nacional, a renda nacional e o volume de ocupação se expandem. Por isto, o aumento da produção de não-mercadorias nos períodos bélicos se realiza às expensas e implica numa redução da produção dos meios de transporte.

Em 1929, a renda pessoal disponível média, de 683 dólares, era suficiente para adquirir mais de dois carros Ford, modelo T, por ano. No Brasil, em 1982, o Corcel custa 8 mil dólares, mais do dobro da renda anual *per capita*.

A produção "marginal" adicional de 5,3 milhões, somada ao estoque acumulado nas mãos dos capitalistas, acionistas e terciários de cúpula, ultrapassou a capacidade de consumo da coletividade. A crise se instaura, a produção se contrai rapidamente, de tal forma que os 3,2 bilhões de dólares gastos em automóveis em 1931 caem para 0,9 bilhão em 1932. Novos consumidores não puderam ser criados por meio do aprofundamento da concentração consumista da renda: a base assalariada, sua pobreza, impôs o limite à concentração de renda e à dinâmica consumista.

Se a queda da renda nacional, nos Estados Unidos, de 86,8 bilhões de dólares em 1929 para 75,4 bilhões em 1930, 59,7 bilhões em 1931, 42,8 bilhões em 1932 e 40,3 bilhões[27] em 1933, provocou a redução da demanda de automóveis e de sua produção, o aumento da renda nacional entre 1941 e 1944 não provoca qualquer aumento da demanda total de automóveis, mas, ao contrário, uma queda em relação ao nível de 1939. O caráter despótico e antecipado da demanda do governo – de não-mercadorias bélicas – determina a impossibilidade de que os "consumidores soberanos" adquiram carros quando sua renda aumenta naquele período. A estrutura do produto, como afirmamos, predetermina a da demanda e a do consumo.

As despesas com compra de automóveis, que atingiram, em 1941, 3,4 bilhões de dólares, caíram, nos anos seguintes, a 0,7 bilhão, 0,8 bilhão e, em 1945, a 1,0 bilhão de dólares. A queda do nível da atividade econômica não se verifica porque as não-mercadorias bélicas ocupam o lugar dos carros no fornecimento de oportunidades de emprego e de renda disponível que se defronta

---

[27] *Economic report of the president*, January, 1972. p. 211.

com uma oferta reduzida, relativamente, de meios de consumo,[28] garantindo a elevada "eficiência marginal do capital".

A dívida pública federal que expressa a venda de *bonds*, de *treasure notes*, que tentam manter a taxa de inflação em nível "normal", atinge 119,9% do PIB em 1945.

Em 1929, o total da força de trabalho era de 49.440 mil, numa população de 121.767 mil pessoas. Ainda que a distribuição da renda tivesse alcançado o seu limite de desigualdade, permitido pelas relações capitalistas, mesmo assim a concentração da renda excluía do mercado de compra de carros novos cerca de 46 milhões de pessoas, numa força de trabalho de 49.440.000 mil pessoas. Como o estoque existente exigiu, para sua reposição realizada pela cúpula da pirâmide da renda, 12.000.000 de carros de 1929 a 1935, o estoque neste último ano é o mesmo de 1928. Portanto, mesmo o baixo nível de produção em que se abismou, o setor foi mantido apenas pela reposição do estoque preexistente, reposição esta realizada mediante a compra de carros novos pela cúpula de renda elevada, evidentemente.

Em 1929, o total das despesas pessoais em consumo se eleva a 77,2 bilhões de dólares. A esfera do transporte participa dessas despesas da seguinte forma:

Automóveis e partes:	3,2 bilhões de dólares
Gasolina e óleo:	1,8 bilhões de dólares
Serviço e transporte:	<u>2,6 bilhões de dólares</u>
	7,6 bilhões de dólares

A saturação do mercado para automóveis provoca uma violenta redução no "consumo" de carros, redução muito mais pronunciada do que a dos demais itens da demanda final de meios de consumo:

Tabela III
Demanda final de meios de consumo

bilhões de dólares

Anos	Total das Despesas Pessoais em Consumo	Automóveis e Partes	Gasolina e Óleo	Serviços de Transporte
1929	77,2	3,2	1,8	2,6
1931	69,9	1,6	1,5	1,9
1932	48,6	0,9	1,5	1,6
1933	45,8	1,1	1,5	1,5
1934	51,3	1,4	1,6	1,6
1935	55,7	1,9	1,7	1,7

---

[28] Idem, ibidem, p. 207.

Enquanto o total das despesas pessoais em consumo se retrai em 40%, aproximadamente, em 1933, quando atinge seu nível mínimo a despesa com compra de carros retrai, em 1932, em 70% do montante de 1929; entre 1929 e 1931, as despesas pessoais em consumo caem lentamente, em 10% apenas, e estas últimas, em carros, em 50%.

Foi após a crise de 1929 que os gastos do governo em transportes se hipertrofiam nos Estados Unidos. Enquanto o governo federal se mostrava tímido, antes de 1930, na imobilização de recursos em estradas e transportes, a partir daquela data investe crescentemente atingindo, em 1937, a cifra de $ 350 milhões. Naquele ano, a produção de automóveis ainda se encontrava em colapso, demonstrando a necessidade da criação de novas formas de não-mercadorias capazes de redinamizar a economia que não podia se reativar pelo aumento da produção de artigos de luxo.

Tabela IV
Despesas do Governo, destrutiva/improdutiva e pessoais
(em bilhões de dólares de 1958)

Ano	Compras de Não-mercadorias e Serviços (pelo Governo)	Despesas Pessoais de Consumo (duráveis e não duráveis)	Despesas Pessoais em Serviços
1929	76,0	85,6	54,0
1930	75,8	78,8	51,5
1931	74,8	76,8	49,4
1932	70,1	68,8	45,9
1933	69,3	66,9	46,0
1934	72,7	71,9	46,1
1935	74,9	77,6	47,9
1936	82,3	87,9	50,5
1937	82,8	91,1	52,0
1938	84,8	99,3	50,9
1939	87,7	95,7	52,5
1940	90,8	101,3	54,4
1941	112,6	109,0	46,3
1942	175,6	103,0	58,5
1943	226,2	103,9	61,8
1944	246,4	106,7	64,7
1945	224,1	115,3	67,7
1946	120,5 a	131,3	72,1
1950	134,6 b	148,7	81,8
1955	184,5	174,9	99,3
1960	216,5	194,5	121,6
1970	326,6	288,7	187,2

Fonte: *Economic report of the president*, Jan. 1972. Coluna I, p. 197; coluna II, p. 196; coluna III, p. 196.

a e b: Redução compensada pelo aumento de construções, compras de carros e eletrodomésticos.

Enquanto as despesas pessoais de consumo caem de 85,6 bilhões de dólares, em 1929, a 66,9 bilhões, em 1933, e elevam-se apenas a 115,3 bilhões[29] em 1945, as compras de "bens e serviços" pelo governo, isto é, seu dispêndio com não-mercadorias e com o terciário, tiveram de elevar-se de US$ 76,0 bilhões de dólares, em 1929, para US$ 224,1 bilhões, em 1945, e, finalmente, para US$ 326,6 bilhões, em 1970, para garantir neste mesmo ano as despesas pessoais de consumo no montante de US$ 288,7 bilhões.[30]

É preciso que o pólo das não-mercadorias imobilize US$ 246,4 bilhões de dólares, em 1944, para que o consumo pessoal se eleve para US$ 106,7 bilhões naquele ano.[31]

Portanto, o setor de transportes, na década de 20, sofrera uma transformação que contribuiu para estrangular a manutenção da demanda de meios de consumo. Enquanto os produtos que se destinam ao governo se caracterizam por gerarem renda (em grande parte disponível para a aquisição apenas de meios de consumo) sem nada acrescerem ao *output* de *mercadorias disponíveis* para o consumo – como é o caso das ferrovias – os automóveis, que dominaram a Agenda dos transportes, se transformaram, para parte daquela população, em "bens de consumo" de luxo, competindo em pé de igualdade com a massa de meios de consumo individual na absorção da renda pessoal disponível.

Retirando-se o governo (e a moeda-estatal) do setor dos transportes, ocupado em grande parte pelos gastos individuais, e não criando novas atividades geradoras de renda, capazes de ampliar *relativamente* a demanda interna de meios de consumo, a unidade das contradições entre o aumento da capacidade de produção de mercadorias em relação à capacidade da coletividade de consumi-las, entre a expansão da esfera dos transportes sob a forma de meios individuais e a esfera da produção, a concentração consumista da renda e a concentração acumuladora esgotariam a base assalariada, levando as contradições acirradas a se manifestarem na crise.

---

[29] Idem, ibidem, p. 196. Das despesas pessoais de consumo, retiramos os gastos em serviços, porque desejamos, agora, tratar apenas dos meios de consumo individuais. Idem, ibidem, p. 197, dólares de 1958.

[30] Idem, ibidem, p. 197, dólares de 1958.

[31] Idem, ibidem, p. 196-7.

O processo de produção, segundo Marx, produz um objeto que *não é uma mercadoria*, principalmente na indústria de comunicações e de transporte:

> Existem ramos industriais independentes nos quais o produto do processo de produção *não é* um objeto novo, *una mercancia*. Entre eles, o único que tem importância econômica é a indústria de comunicações, tanto a indústria específica do transporte de pessoas e mercadorias como a destinada à mera transmissão de notícias, cartas, telegramas, etc.[32] E mais: No que se refere a seu consumo, este efeito útil funciona também exatamente como as demais mercadorias. Se se consome individualmente, seu valor desaparece com o consumo; se se consome produtivamente... seu valor se transfere a esta como valor adicional.[33]

Se o objeto novo produzido não é uma mercadoria, é uma *não-mercadoria*, de acordo com a hipótese antes levantada.

O quadro anterior evidencia a contradição crescente entre a forma mercadoria e a forma não-mercadoria, nos Estados Unidos. Mostra que, para que as despesas pessoais de consumo se multiplicassem por 3,3 foi necessário que as não-mercadorias se multiplicassem por 4,2 e as despesas pessoais em serviços, por 3,4.

3.5 AS DETERMINAÇÕES REAIS DA CONCENTRAÇÃO DE RENDA E AS CONTRADIÇÕES DO DEPARTAMENTO II NA DÉCADA DE 1920

Os estudos sobre a concentração da renda nos Estados Unidos padecem dos vícios que inquinam o empirismo em geral. As determinações do processo econômico, de sua natureza íntima, das relações dialéticas que movem os diversos momentos da totalidade são indispensáveis para que se possa compreender os dados empíricos. Não são estes que esclarecem o processo: ao contrário, é a determinação do processo que torna os dados compreensíveis.

Diante de séries de dados sobre mortalidade infantil, sobre êxodo rural, sobre distribuição de renda, sobre balanço de pagamentos, sobre taxas de variação do PNB, etc., o economista fica tão perplexo quanto ele ficaria ao ver os indicadores da química do organismo humano, dos índices de colesterol, de glicose, de potássio, de iodo, ou de hemoglobina, transaminase, transpirúvica, etc., sem compreender as relações recíprocas das glândulas e nem entender a interação e a função dos diversos elementos cujas relações externas, quantitativas,

---

[32] MARX, K. *El capital.* t. II, p. 50.
[33] Idem, ibidem, p. 51.

aparecem nos exames laboratoriais. É o conhecimento da endocrinologia, da fisiologia, da anatomia, da química, que esclarece o sentido dos dados; os dados não iluminam o processo, suas funções e disfunções, senão para aqueles que já o conhecem, as relações íntimas, as proporções entre as partes da totalidade em reprodução.

Um dos defeitos que são comuns a todos os estudos sobre a distribuição da renda nacional em geral, e nos Estados Unidos em particular, resulta do desconhecimento das contradições internas no departamento II, entre a produção de artigos de luxo e a produção de meios de consumo para assalariados. Se se inclui no valor agregado dos salários também os vencimentos de funcionários e as remunerações da direção, a concentração consumista da renda pode deixar de ser detectada. Para que se determine a concentração consumista que permite que não capitalistas consumam artigos de luxo, é necessário que se conheçam os salários dos diversos decis dos assalariados – da cúpula até a base, e não apenas o valor agregado dos salários e vencimentos. Uma análise dialética procuraria aqueles dados capazes de quantificar o processo de exclusão crescente da base, de redução do salário de base e de aumento relativo da renda da cúpula, essencial à dinâmica apoiada na produção de artigos de luxo.

Outra questão fundamental que não tem sido sequer visualizada pela ortodoxia e nem mesmo pelos que adotam o método de determinação do não aparente, da realidade interna, é a que resulta da inclusão da redução relativa dos preços dos artigos de luxo na distribuição da renda real.

Grande parte das inovações tecnológicas ocorre nos setores dinâmicos da estrutura produtiva que foram, até 1929, os compartimentos do departamento II que produziam artigos de luxo. A redução do custo unitário de produção e o aumento da quantidade produzida pelos incrementos de produtividade decorrentes da inovação tecnológica induziram uma redução relativamente maior do preço final dos artigos de luxo do que a contração média de preços dos meios de consumo para assalariados.

No nível da aparência, se o exame se detém nos salários nominais, nas rendas nominais, não se percebe que a parcela da população de renda mais alta recebe o benefício que resulta do aumento relativo do poder de compra dos lucros e das rendas elevadas. Como os artigos de luxo, que compõem a cesta de consumo dos ricos, têm seus preços especialmente reduzidos, o poder de compra dos lucros e das rendas altas se eleva, mas aquela valorização não é detectada nem detectável. Os assalariados de baixo nível e de nível intermediário de salário que não tiveram acesso aos artigos de luxo de preços relativamente cadentes, não se beneficiaram porque não puderam exercer aumento do poder de compra de dinheiro-salário sobre os artigos de luxo, excluídos de suas cestas de consumo.

A estrutura produtiva, apoiada na dinâmica da produção de artigos de luxo, produz um tipo de concentração de renda que resulta de seu próprio funcionamento. A concentração de renda resulta da inteligência cega do sistema, de sua lógica invisível. Somente aqueles que têm acesso aos produtos de luxo, cujos preços caem mais do que os preços das mercadorias produzidas nos setores tradicionais, para assalariados, têm seus rendimentos aumentados – vencimentos, lucros, aluguéis, acréscimos de rendas que não surgem no nível da aparência, no dinheiro, nos rendimentos nominais. Ainda que a distribuição nominal de renda permanecesse imutável durante o período – tanto a distribuição funcional quanto a pessoal –, a contração relativa dos preços dos artigos de luxo, produzidos pelos setores dinâmicos, aumentaria relativamente a renda dos compradores daqueles artigos, excluindo dos benefícios da redução de preços parte da população que não pôde comprar os produtos de luxo.

A tabela elaborada por Michal Kalecki,[34] na sua coluna da direita, mostra que a parcela dos salários no valor agregado reduziu-se de 40,2% em 1914 e de 41,3% em 1923 para 36,2% em 1929, 35,7% em 1931 e para 35,0% em 1933.

A contração dos salários em relação aos custos de matérias-primas é visualizada na coluna do meio. A razão entre custos de matérias-primas e custos de mão-de-obra se eleva de 329% para 346%, entre 1923 e 1929.

A concentração de renda que a tabela indica não consegue detectar duas outras formas de concentração: a que se verifica dentro da própria classe assalariada, com a redução relativa dos salários inferiores, e a que resulta da distribuição da riqueza real decorrente da redução relativa dos preços dos artigos de luxo.

---

[34] KALECKI, M. *Teoria da dinâmica econômica*. SP, Abril Cultural, 1983. p. 138.

Tabela V

Ano	Razão entre rendimentos e custos diretos %	Razão entre custos de matérias-primas e custos de mão-de-obra %	Parcela relativa dos salários no valor agregado %
1879	122,5	382	47,8
1889	131,7	291	44,6
1899	133,3	337	40,7
1914	131,6	370	40,2
1923	133,0	329	41,3
1929	139,4	346	36,2
1931	143,3	314	35,7
1933	142,8	331	35,0
1935	136,6	349	37,9
1937	136,3	338	38,6

Fonte: KALECKI, Michal. *Teoria da dinâmica econômica*. São Paulo, Abril Cultural, 1983. p. 138.

Os preços do carro Ford modelo T entre 1909 e 1929 constituem um indicador do aumento do poder de compra de cerca de 20 milhões de proprietários dos 27 milhões de carros existentes nos Estados Unidos no final dos anos 20. Em 1929, em vez do comprador de carro gastar 950 dólares, pagava apenas 285 dólares pelo veículo. Logo, cada um dos 4 milhões de compradores de 5,3 milhões de carros gozavam de um incremento de 665 dólares em sua renda disponível para adquirir outros itens da riqueza disponível. Os outros 40 milhões de componentes da força de trabalho ativa que não possuíam e não compraram carros (e outros artigos de luxo), em 1929, foram excluídos do aumento do poder de compra porque não puderam realizar a compra daqueles produtos. Verificou-se um aumento da concentração da riqueza nacional na mão dos compradores de produtos cujos preços caíram relativamente mais do que o preço dos artigos para assalariados. No nível da aparência, dos salários monetários, dos vencimentos e dos lucros nominais, aquela concentração da renda real não transparece. O nível da moeda e dos preços obscurece o verdadeiro processo de distribuição da riqueza real.

Portanto, os dados da aparência indicam uma concentração de renda agravada entre 1929 e 1933 e a queda relativa dos preços dos artigos de luxo, dos quais o preço do carro é o indicador, revela o aumento relativo do poder de compra de capitalistas e de não capitalistas que puderam adquirir aqueles bens privilegiados. Essa concentração real da renda, que decorre da dinâmica voltada para a produção de artigos de luxo, favorece o consumismo, o aumento do número de não capitalistas que consomem as mercadorias de preços cadentes. Revela, contudo, o caráter excludente e limitado daquela dinâmica tortuosa.

Mostra, também, que uma massa maior de produtos contém dado *quantum* de valor e de mais-valia, com dificuldade crescente de realização.

A natureza e o comportamento das empresas oligopólicas mudam com as modificações da totalidade de que elas são partes e para cuja transformação não podem parar de contribuir.

Quando se afirma que as empresas oligopólicas, diante de uma crise que impõe a contração da quantidade produzida, do volume, do número de unidades produzidas, protegem seu lucro individual, elevando o preço unitário de seus produtos, deve-se qualificar esta determinação, torná-la concreta.

Vimos que, apesar de oligopólica, a indústria automobilística norte-americana, ao aumentar a escala de produção, o nível de tecnologia empregado, a produtividade do trabalho no setor, garantiu a dinâmica movida pela produção de artigos de luxo, como atesta a queda de preço do Ford Modelo T de 950 dólares, em 1909, para 285 dólares, em 1929.

As mudanças ocorridas na totalidade em crise, da qual a indústria do luxo constituía o setor axial, transformaram o comportamento das indústrias de carros. O preço dos carros, a partir de 1929, passa a ser a expressão de um contexto alterado, a partir das estruturas produtiva e ocupacional. A produção só volta a "dinamizar-se" pela expansão dos setores produtores de não-mercadorias, do departamento III, voltado para o governo comprador.

Dada a impossibilidade de prosseguimento da concentração consumista da renda, indispensável à ampliação do mercado interno para os artigos de luxo, o sistema perde sua dinâmica apoiada na produção destes produtos e se rearticula, ao longo de nove anos, em direção à demanda "autônoma" do governo.

Assim, em 1943, embora a renda disponível já tivesse recuperado o nível de 1929, há dois anos, em 1941, a produção de carros foi de apenas 700.000 unidades contra as 5.300.000 de 1929. O preço de exclusão de 4.600.000 consumidores individuais pode ser cobrado pela indústria oligopólica. Esta é agora parte de uma totalidade que exclui a classe média do consumo de artigos de luxo e, por isto, eleva o preço de seus produtos excludentemente, de conformidade com o caráter da totalidade que se reproduz e da qual ela e seus preços são parte. Os preços oligopólicos, que se elevam quando a demanda se contrai, são socialmente e não tecnicamente determinados.

Como fica a ideologia "preçarial", a mecânica abstrata dos preços neoliberal, individualista e racionalista diante de determinações reais? Não fica, não subsiste.

3.6 A FORMA NÃO-MERCADORIA DOS MEIOS DE TRANSPORTE NAVAL: A MARINHA DE GUERRA. EXPANSÃO DA TÉCNICA DO DEPARTAMENTO I VOLTADA APENAS PARA A PRODUÇÃO DE MEIOS DE TRANSPORTE

Se o transporte ferroviário atesta o atraso inicial da esfera do transporte em relação à da produção e a posterior ultrapassagem, independência e desproporção entre as duas esferas da atividade capitalista, o mesmo se verifica no ramo do transporte marítimo. Este, atrasado, de início, em relação à produção de máquinas, à técnica, etc., acaba sendo revolucionado pela revolução industrial.

No século XVIII o conhecimento científico já se pusera a serviço da navegação. Leonard Euler publicou em 1749 o seu *Stientia Navalis*, Seu *Tratactus de constructione*, que "contém investigações detalhadas sobre a teoria do equilíbrio nos barcos, das condições que regem sua flutuação estável, das formas mais convenientes de se lhes produzir, de seu movimento, da influência dos ventos, etc."[35] Bernovilli e Shapman contribuíram com obras importantes, no século XVIII, sobre os problemas envolvidos na fabricação e utilização dos barcos.

A máquina de Newcolmen foi aplicada a um barco, em 1736, por Johnattan Hulls;[36] o modelo de Jouffroy, de 1781, podia navegar uma hora contra a correnteza.[37]

Fitch foi o principal pioneiro norte-americano, introdutor da hélice em seu modelo de 1788. No entanto, todas as tentativas de aperfeiçoamento só puderam ter êxito no século XIX, quando a fábrica de Watt e Bulton, em Soho, começou a produzir máquinas a vapor adequadas aos navios. O motor instalado por Fulton no "Cairmont", em 1807, é de 20 HP e o barco mede 43 metros de comprimento; em 1811, 1.000 barcos cortam o Mississipi.

O transporte transoceânico a vapor é inaugurado pelo "Savannah", em 1819, com uma carga de algodão levada da América para Liverpool.

O Enterprise, em 1825, com um motor de 120 HP, transporta 470 toneladas. No entanto, "só em 1837 se constroem os primeiros navios a vapor apropriados para efetuar travessias regulares através do oceano".[38]

---

[35] DANILEVSKY, V. *História de la técnica*, siglos XVIII e XIX. Buenos Aires, Editorial Lantaro, 1943. p. 270.
[36] Patente inglesa nº 556, de 21 de dezembro de 1736.
[37] DANILEVSKY, op. cit., p. 273-4.
[38] Os dados acima foram todos obtidos e a citação pertence a: Idem, ibidem, p. 270-81.

O primeiro navio de ferro data de 1822 e o primeiro dividido em compartimentos estanques e impermeáveis, de 1843.

"Só na última década (anterior a 1867), a colossal construção ferroviária e os grandes transatlânticos a vapor fizeram surgir aquelas máquinas de dimensões inusitadas, que agora se aplicam para a construção dos motores", percebera Marx. O navio Great Eastern, com dois motores, de 3.411 e 4.886 HP, objetiva os avanços nas bases materiais do transporte internacional. O eixo propulsor do "Grã-Bretanha" exige a construção de um martelo a vapor, projetado especialmente por Nasmith. A expansão deste meio de transporte, que tece as relações materiais da economia capitalista mundial, pode ser visualizada nos seguintes dados, estes também apresentados por V. Danilevsky:

Tabela VI

Expansão de vapores e veleiros no século XIX

Ano	Vapores	Veleiros
1807	150	
1821	11.500	5.240.000
1831	43.000	5.058.000
1841	140.000	6.377.000
1851	329.500	9.425.000
1861	1.003.500	13.420.000
1871	2.443.000	15.260.000
1881	13.856.500	8.205.100

Fonte: DANILEVSKY, op. cit., p. 287.

Percebe-se, também, que só quando os vapores ultrapassam a casa dos dois milhões começa a reduzir-se o número de veleiros.

Quando o processo de produção mecanizado se apodera do transporte marítimo, aqueles países que conseguem aliar o sistema de subvenções do governo ao aumento das mercadorias e passageiros transportados por suas empresas, não conhecem crises profundas.

Na maior parte dos países capitalistas, o surto inicial da marinha como um todo dura mais do que o da ferrovia. Na Primeiro Guerra Mundial, a transformação da produção de navios mercantes, transportadores de mercadorias, em barcos de guerra, permite a continuidade da expansão daquele meio de transporte. Ao mesmo tempo, indica claramente a separação entre os meios de transportes marítimos, estreitamente ligados ao transporte de mercadorias, por um lado, e a forma não-mercadoria assumida pelos navios de guerra.

Assim, a duplicidade de características que se encontra nas ferrovias e que nos levou a defini-las como uma ponte entre as mercadorias e as não-mercadorias, se separou nitidamente nos meios de transporte marítimo; de um lado deparamos os navios de transporte, não diretamente produtivos e reprodutivos, mas que se ligam às máquinas-ferramentas da esfera da produção e transportam as mercadorias produzidas naquela esfera; do outro, os navios de guerra, inadequados ao transporte de mercadorias, incapazes de se ligar à esfera da produção de mercadorias. São um prolongamento, em tempo de guerra, da produção de não-mercadorias, das quais constituem um grupo.[39]

Os navios de pesca, ao serem produzidos, continuam (como os tratores) na esfera da produção, produzindo e transferindo seu valor à medida que são utilizados. Todos os demais navios saem, uma vez produzidos, da esfera da produção e penetram, de maneira irreversível, na do transporte, em que são consumidos. É nesta etapa do processo consuntivo que recebem seu acabamento e podem ser, por isto, determinados: alguns constituem o prolongamento técnico, proporcional e necessário à produção de mercadorias, e, como tal, são mercadorias; outros continuam na esfera da produção, possuem máquinas-ferramentas, como os navios de pesca e os navios petroleiros, e são, por isto, meios de produção; outros constituem não-mercadorias bélicas, em que se objetivam forças irreprodutíveis, aptas apenas à destruição; outros são meios de transporte individual (iates), irreprodutíveis na medida em que são produzidos e utilizados, sem qualquer vinculação direta e necessária com a esfera da produção. Os navios de turismo, por mais lucrativos que sejam para as empresas que exploram os serviços de lazer, constituem não-mercadorias.

A determinação econômica reduz a multiplicidade de navios e barcos a essas categorias que exaurem aquela multiplicidade.

Percebe-se, agora, que chamamos as locomotivas e carros de ponte entre as mercadorias e as não-mercadorias para determinar a contradição interna naqueles objetos; a contradição interna naqueles produtos se exterioriza na forma navio, em que alguns são mercadorias, outros nitidamente não-mercadorias.

3.7 GASTOS EM DEFESA

A expansão das forças produtivas mundiais de maneira desigual e combinada, sua concentração e centralização em algumas economias nacionais avançadas e

---

[39] Evidentemente, são não-mercadorias, porque: não são nem meios de consumo-individual, nem meios-de-consumo-produtivo; não são disponíveis no mercado, a não ser pelo governo; constituem formas de objetivação das forças destrutivas, etc.

integradas, determina, dada a impossibilidade de socialização do produto, o aprisionamento, a conformação destas forças, germes do futuro, às relações capitalistas de distribuição e de consumo. A produção de não-mercadorias é a solução provisória que se evidencia, de início, nos desvios de forças da esfera da produção para a dos transportes. A esta forma híbrida se soma, à medida que o departamento III se expande, a produção de não-meios de consumo individual e não-meios de consumo produtivo, sob a forma de produtos bélicos que o governo adquire por preços especiais.

Como herança de regimes anteriores, metamorfoseada e sujeita, portanto, a determinações próprias de sua forma capitalista, a Agenda da defesa se expande no seio deste modo de produção.

Ao lado dos setores produtivos e reprodutivos de mercadorias vão surgindo, nas indústrias do departamento II, seções de produção de não-mercadorias que se somam àquelas dedicadas unicamente à produção bélica e que constituem importante parcela do departamento III.

Os compartimentos do departamento III, de produção de não-mercadorias, que apresentam maior taxa de crescimento são, de longe, os relacionados à produção bélica. Os gastos com armamentos, conforme Frederick Lenz, representavam 4% da renda nacional mundial, entre 1858 e 1908. Cresceram, daquela data a 1913, a 12% ao ano, em média, crescimento proporcional ao da produção industrial. Em 1936, os gastos em armamentos eram 200% superiores aos de 1913; representaram 50% da renda nacional do mundo, em 1940. Durante a Segunda Guerra alcançam 36% do PNB dos Estados Unidos.

De acordo com a sugestão de Gregory King,[40] na Inglaterra, no final do século XVII, o consumo privado de bens e serviços montava a 91% da demanda total, o consumo do governo de bens e serviços a 4 ou 5% e a formação doméstica de capital a 3 ou 4%. Se existe um consumidor soberano, capaz de criar sua demanda solvível dentro de limites bastante amplos, de elevar a taxa de lucro dos setores de que adquire suas não-mercadorias, de estimular a produção de novas (espaço, antipoluição, etc.), alterando a estrutura da produção em proveito do departamento III, este consumidor é o governo capitalista da economia keynesiana, bélica ou não. O consumo do governo absolutista chegava a 4% ou 5% da demanda total, enquanto o consumo do governo "democrático"-keynesiano alcança 40% em condições "normais", isto é, de "paz".

---

[40] Citado em *The Fontana Economic History of Europe*, 2. v. p. 99.

J. A. Hobson, brilhante economista do "submundo", analisa a tendência ao crescimento dos gastos improdutivos do governo britânico e do aumento do dispêndio público em geral. As despesas com a "defesa" consumiam, a partir de 1875, uma parcela cada vez maior do crescente dispêndio governamental.

> As despesas militares e navais diretas durante o período cresceram mais rapidamente que o dispêndio total, do que o crescimento do comércio, do que a renda nacional ou do que qualquer outro indicador geral dos recursos nacionais. Em 1875 o exército e a marinha custavam menos de 24, 5 milhões de um gasto total de 65 milhões. Em 1903 eles custavam aproximadamente 79 milhões de um total de 140 milhões. Este crescimento naval e militares de 25 para 79 milhões em menos de um quarto de século é o fato mais importante das finanças imperialistas.[41]

A hipertrofia dos gastos em defesa, por suas conseqüências sobre a estrutura da produção e do emprego, deixou muitos saudosistas da economia de 1914-1918. Talvez os mais saudosos não tenham sido os que se enriqueceram com o conflito ou com suas conseqüências, mas os observadores argutos que visualizaram seus efeitos sobre o funcionamento da economia capitalista. Entre uma guerra e outra, Keynes testemunhou:

> A experiência de guerra na organização da produção socializada deixou alguns observadores ansiosos por repeti-la em condições de paz. O socialismo de guerra alcançou uma produção de riqueza numa escala muito maior do que jamais conhecemos na paz, porque, embora os bens e serviços oferecidos se destinassem à imediata e infrutífera destruição, assim mesmo constituíam riqueza.[42]

Keynes, todos os economistas neoliberais e os rígidos e impassíveis budas congelados pós-keynesianos não se preocupam com estas sutilezas – produção para a vida e produção para a morte – considerando, de seu prisma falsamente neutro, tudo como riqueza. Operam a sociedade com a frieza de médicos. Apenas os médicos não chegaram ao descaramento de, diante do aumento da infecção no organismo do paciente, afirmarem indiferentes: "Tudo vai bem, o agravamento do estado de saúde do paciente é sintoma de vitalidade... dos micróbios. Tudo é vida". Felizmente, os médicos não entendem de economia moderna e não se valem de suas racionalizações tanáticas.

As não-mercadorias que o governo adquire para a Agenda da defesa, constituem parte substancial da "riqueza" capitalista, de seu produto nacional

---

[41] HOBSON, J. A. *Imperialism*. Ann Arbor Paperbacks, The University of Michigan Press, 1972. p. 94.

[42] KEYNES, J. M. *Laissez-faire and communism*. New Republic, Inc. N. Y., 1926. p. 48-9.

e são financiadas com a dívida pública, com o passivo do governo. Se a dinamização da economia capitalista por meio da guerra (Malthus e Keynes) promove o pleno-emprego por meio do massacre dos seres humanos, a dívida pública que resulta das despesas de guerra será paga pelas gerações futuras. A lógica do capital se assenta no genocídio imediato e na destruição do futuro, das gerações vindouras que pagarão a dívida pública. Neste sentido, afirma Mészáros:

> De modo similar, (....) o complexo militar-industrial remove com sucesso os tradicionais constrangimentos do círculo de consumo definido pelas limitações do apetite dos consumidores. A este respeito ele corta o nó górdio altamente intrincado do capitalismo 'avançado' pela reestruturação do conjunto da produção e do consumo, de maneira a remover para todos os efeitos e propósitos a necessidade do consumo real. Em outras palavras, aloca uma parte massiva e sempre crescente dos recursos materiais e humanos da sociedade a uma forma de produção parasitária e autofágica, que está tão radicalmente divorciada, em verdade oposta, da efetiva necessidade humana e seu consumo correspondente, que pode visualizar como seu fim último e racional até mesmo a total destruição da humanidade.[43]

Após a crise de 1929, as alterações estruturais, que permitiram que a economia capitalista funcionasse em pleno emprego durante a guerra, se afirmam. Foram essas alterações que permitiram a produção crescente de não-mercadorias, desviando para a improdução as forças produtivas excedentes da capacidade de consumo da coletividade.

3.8 PLENO EMPREGO E MODELO DA ECONOMIA DE GUERRA

Ao deflagrar a guerra, intensificam-se as modificações na estrutura da produção e do consumo iniciadas na fase de preparação. O departamento I deve adaptar sua produção de forma a fornecer ao departamento III a maquinaria adequada à produção de tanques, canhões, submarinos, etc., em vez de produzir as matrizes, máquinas e equipamentos de produção de mercadorias: tratores, ônibus, caminhões, tecidos, navios de transporte, etc.

A essas modificações técnicas, a partir das máquinas de produzir máquinas, tem de corresponder um mais elevado coeficiente de novos investimentos, isto é, a acumulação privada se expande no departamento III. Dificilmente essa mudança na estrutura da produção se realiza de forma espontânea e adequada, em quantidades necessárias às diversas aplicações específicas.

---

[43] MÉSZÁROS, István. *Produção destrutiva e estado capitalista*. Cadernos Ensaio, SP, Pequeno Formato, 1996. p. 124.

No processo de tomada de decisões, o governo assume, necessariamente, maior parcela de poder; sua ação visa canalizar para os compartimentos do departamento III, relacionados com a defesa, uma parcela ponderável das forças produtivas de mercadorias, e de forças potenciais, desempregadas, que são incorporadas como trabalho improdutivo no processo destrutivo. Empréstimos compulsórios, bônus de guerra e novas emissões aumentam o dinheiro-estatal, base de seu poder decisório acrescido; no pólo do consumo bélico o governo adquire, por preços especialmente elevados, as não-mercadorias produzidas. A acumulação se processa, em virtude dos preços elevados, a uma taxa muito alta. Ao lado do departamento II se instalam compartimentos do departamento III, ou se criam novas unidades de produção de não-mercadorias.

A taxa de lucro elevada, que é imanente a essas relações, atrai para o departamento III, sob a forma de capital-ações, capital-dinheiro-potencial dos departamentos I e II, apressando o processo acumulativo. O PIB bélico aumenta a taxas fantásticas, revelando a eficiência do sistema capitalista nos setores da produção destruidora. O governo do pleno-emprego tanático acendeu a chama do lucro elevado na pólvora da produção bélica, da espacial, das não-mercadorias.

Toda essa atividade econômica não corresponde a qualquer acréscimo da produção de meios de produção e de meios de consumo. As novas máquinas produzem não-meios de consumo, as não-mercadorias para a "defesa".

As mercadorias disponíveis para o consumo individual reduziram-se, nos Estados Unidos, como resultado da Primeira Guerra Mundial. O componente bélico da renda nacional aumentou de 11,2 bilhões de dólares entre o primeiro trimestre de 1917 e o último trimestre de 1918. O componente não-bélico reduziu-se para 13 bilhões em dólares de 1914, segundo os cálculos de Kuznets em seu "*National Product in Wartime*".[44]

Ainda que não se verifique a redução, em termos absolutos, da produção e oferta de meios de consumo individual, a nova estrutura determina um aumento *relativo* de sua demanda coletiva: o aumento do volume de emprego no terciário do governo, decorrente da mobilização da população civil, e do emprego no departamento III, produtor de não-mercadorias, aumentará a renda da coletividade disponível para o consumo. O caso extremo da redução da produção e oferta que se defronta com uma renda disponível dada ou crescente,

---

[44] KUZNETS, S. *Economic forces in American history*. Apud SOULE, George. Willian Sloane Associates, N. Y., 1952. p. 453.

para o consumo individual, parece ser compatível apenas com o estado de beligerância. No entanto, em qualquer das hipóteses, o aumento *relativo* da capacidade de consumo se verifica, dada a distribuição da renda, porque o terciário do governo acrescido e o aumento do volume de remuneração ao departamento III alimentam o acréscimo da demanda global de meios de consumo sem contribuir em nada para a produção dos ditos meios.

Se a economia possuísse apenas os departamentos I e II, produtores de meios de produção e de meios de consumo individual, a aplicação neles dos recursos desviados para o terciário improdutivo e para o departamento III evidenciaria cedo que a capacidade produtiva ultrapassaria a capacidade de consumo da coletividade, resolvendo-se, na crise, aquela contradição.

O capitalismo keynesiano, saudosista da experiência da economia de guerra, instaurou a estrutura e as relações evidenciadas pela Primeira Guerra Mundial, nas economias avançadas, na década de 1930. "As semelhanças entre a economia de pleno emprego e a de guerra", escrevíamos em Inflação – ideologia e realidade,[45]

> ... não dizem respeito apenas ao estado de "pleno emprego" que, conforme o próprio Keynes, conhecemos de forma mais ou menos duradoura somente durante os conflitos internacionais, ao aparecimento de marcada tendência de elevação de preços, etc. Todos os instrumentos de realização da política de "pleno emprego" são instrumentos dotados de grande funcionalidade em uma economia de guerra. A hipertrofia do Estado e os recursos para o financiamento desta hipertrofia estão postos na Teoria Geral que representa, por este aspecto, uma ponte entre a economia liberal e a economia de guerra.

A guerra do capitalismo integrado, avançado, contra a crise de 1929, reinstaurou a estrutura bélica no seio do capitalismo keynesiano. Foi essencialmente este fato que determinou a metamorfose da contradição fundamental entre o desenvolvimento das forças produtivas e as estreitas bases do consumo da massa, em contradição entre a forma mercadoria e a crescente forma não-mercadoria que se expande no seio do capitalismo keynesiano.

A vitória da União Soviética e dos Estados Unidos se tivesse desativado os setores bélicos e espaciais em escala mundial, representaria uma derrota do sistema capitalista. A "guerra fria" e as 74 guerras internacionais ocorridas entre 1816 e 1969, registradas no *Breve Século XX*,[46] mantiveram a estrutura bélica-espacial e, com ela, o próprio capitalismo, dando-lhe uma sobrevida de 50 anos.

---

[45] CAMPOS, Lauro. *Inflação, ideologia e realidade*. Mimeografado, 1962. p. 50.
[46] HOBSBAWN, Eric. *Era dos extremos*; o breve século XX. SP, Cia. das Letras. p. 32.

A inflação, que é a solução da economia de guerra, promotora daquelas mudanças estruturais, é o remédio do capitalismo keynesiano. Aos olhos da ideologia dominante, aquela solução – inflação – se transfigura em problema. No entanto, como vimos,[47] ela é a unidade das diversas soluções keynesianas, constituindo a deflação ou a estabilidade do índice de preços o verdadeiro problema do capitalismo. Os gastos imensos dos governos beligerantes no departamento III provocam um déficit orçamentário que é coberto por emissões. A dívida pública, a venda de letras, de *bonds*, amortece a pressão inflacionária que resultaria daquelas injeções monetárias.

Quem duvidar da verdade contida nessa explicação deve meditar, mais uma vez, sobre o conteúdo do seguinte trecho que Keynes escreveu em 1940:

> Penso ser politicamente incompatível com uma democracia capitalista elevar o dispêndio na escala necessária para fazer a grande experiência que demonstraria minha tese, *exceto em condições de guerra*. Se os Estados Unidos levarem a sério sua missão na defesa da civilização e se insensibilizassem com a *grande dissipação de recursos* decorrente da preparação das armas, aprenderiam a conhecer sua força, e o aprenderiam de uma forma como nunca poderiam aprender em outra ocasião; aprenderão uma lição que logo poderá servir para reconstruir um mundo *que compreenderá os principais princípios* que governam a produção da riqueza... As preparações de guerra, longe de requerer um sacrifício, serão um estímulo...[48]

Pela primeira vez na história econômica a guerra deixa de representar um sacrifício para ser um estímulo, isto é, a estrutura e relações de uma economia de guerra, resumidas na acumulação ampliada dos compartimentos do departamento III, produtores de não-mercadorias bélicas, se acopla ao processo de produção da "riqueza"... Esta é a especificidade da guerra atual que a distingue de suas formas pré-capitalistas. A tabela a seguir demonstra, medularmente, a necessidade dos gastos em armamentos para o processo de reprodução ampliada do modo capitalista de produção.

---

[47] CAMPOS, Lauro. *A crise da ideologia keynesiana*. RJ, Campus, 1980.

[48] KEYNES, J. M. Artigo na New Republic, 1940. Apud CAMPOS, Lauro. *Estatização, privatização e crise*. p. 213.

Tabela VII
Evolução das despesas militares da Otan

(em bilhões de dólares americanos a preços estáveis de 1990)

	1987	1988	1989	1990	1991	1992	1993	1994	1995	1996
Estados Unidos	331,2	323,9	320,4	306,2	269,0	284,1	269,1	254,0	238,2	226,4
Canadá	11,5	11,6	11,5	11,5	10,4	10,5	10,4	10,2	9,6	8,8
Otan Europa	186,6	184,7	186,2	186,4	184,6	176,3	171,6	166,5	159,0	159,7
Otan total	529,3	520,2	518,1	504,1	464,0	470,7	451,1	430,7	406,8	394,9

Fonte: GRENEt, Yves. *O livro negro do capitalismo*. RJ/SP, Record, 1999. p. 453.

A queda na evolução das despesas militares deve-se aos tratados internacionais: Start I, Start II, assinados entre Estados Unidos e Rússia em 1991 e 1993 visando a diminuição de ogivas nucleares, o Tratado de Não-Proliferação de Armas Nucleares (TNP) em 1995 e o Tratado de Proibição Total de Testes Nucleares (CTBT) em 1996. Na realidade, esses tratados visam a não-possibilidade de acesso dos países retardatários ao seleto clube dos detentores das mais avançadas tecnologias pertencentes ao departamento produtor de não-mercadorias já em crise.[49]

O capitalismo Keynesiano incorporou e assimilou a estrutura e as relações de uma economia de guerra somando à hipertrofia interna do poder executivo o poderio militar nacional e multinacional. A divisão internacional do poder reflete a acumulação, concentração e integração econômica em certos pólos avançados. Até mesmo organizações internacionais no capitalismo mundializado, globalizado se transformam em braços armados do poder centralizado internacionalmente. Neste sentido, adverte Chomsky:

> Reunidos em Washington para o qüinquagésimo aniversário da Organização do Tratado do Atlântico Norte (Otan), os *países-membros* homologaram, em 26 de abril, o novo conceito estratégico proposto pelos Estados Unidos. Ontem, defensiva, a Otan poderá intervir militarmente, sem mandado das Nações Unidas, contra um país soberano. Se a referência à ONU satisfaz a democracia francesa, ela não é mais do que uma nuance para a forma de hegemonia americana. A guerra nos Balkans, levada

---

[49] Ver GRENET, Yves. Capitalismo, corrida armamentista e comércio de armas. In: PERAULT, Gilles (Org.). *O livro negro do capitalismo*. RJ/SP, Record, 1999. p. 453. Ver, também, o elucidativo dossiê de BENNIS, Phyllis. *L' empire contre l' ONU les Etats-Unis sapent le droit international*. In: http://www.monde-diplomatique.fr/1999/12/BENNIS, dezembro de 1999.

a efeito sem autorização do Conselho de Segurança, em nome da ingerência humanitária, e este novo conceito estratégico marcam uma mudança na ordem mundial. A única legalidade internacional, a das Nações Unidas, é, pela primeira vez desde 1945, posta abaixo pelos vencedores da Segunda Guerra Mundial (menos a Rússia). Sem que qualquer outra ocupe seu lugar. Autorizando, entretanto, a China, a Índia ou a Rússia, por exemplo, a conduzir, em suas zonas de influência, intervenções semelhantes àquela da Aliança. Multiplicando por todos os cantos os riscos de injustiças e de conflitos.[50]

Absorvendo recursos que se situam "entre 10 e 15% da renda nacional real do país", os compartimentos bélicos do departamento III demonstram uma rigidez crescente. A especificidade da produção bélica, a diferença física crescente entre as não-mercadorias bélicas e as mercadorias, torna cada vez mais difícil converter aquela produção nesta. Os interesses que gravitam em torno da atual estrutura, desde os econômicos aos políticos, tornam ainda mais rígida a estrutura polarizada. Acima de tudo, a diversidade das formas não-mercadoria e mercadoria constituem uma unidade nesta diversidade polarizada, de tal forma que os acréscimos à produção de mercadorias só podem realizar-se quando se verifica um aumento anterior no pólo das não-mercadorias; este é essencial para o aumento relativo da capacidade de consumo da coletividade, sem o qual o aumento da produção de mercadorias não pode realizar-se.

Assim, quando em 1955 o capital nacional dos Estados Unidos foi avaliado em 600 bilhões de dólares, parte substancial da "grandeza do aparato militar", avaliado naquele ano em 120-130 bilhões de dólares,[51] não poderá ser utilizado senão para os fins específicos, bélicos, que sua estrutura técnica determina.

A forma não-mercadoria, assumida por grande parte do resultado do trabalho social na economia capitalista, apresenta-se sob uma diversidade de aparências. Nas não-mercadorias subjaz o trabalho improdutivo, ou o destrutivo. Elas apresentam-se sob a forma de serviços não tecnicamente necessários, produtos bélicos, meios de transporte e de comunicação existentes em desproporção com as necessidades da produção, meios de transporte do som, da imagem, de cores e sinais, minimáquinas de consumo individual, estradas e

---

[50] CHOMSKY, Noam. *Guerre dans les Balkans L'OTAN, maître du monde.* In: http://www.monde-diplomatique, maio 1999. p. 1.

[51] KONROD, V. A. Mudanças estruturais no capitalismo contemporâneo. In: TSURU, Shigeto (Org.). *Aonde vai o capitalismo?* Zahar, 1968. p. 100.

infra-estrutura do transporte, turismo, falsos custos socializados e hipertrofiados e capacidade produtiva ociosa.

A determinação do conteúdo material das não-mercadorias só é possível depois de sua determinação como categoria fundamental da produção moderna. Como o aspecto físico é mero indicador da categoria,[52] porque as relações sociais da produção é que definem as não-mercadorias, sua quantificação é aproximada.

À distorção dinamizadora que se objetiva na estrutura produtiva em que predominam as não-mercadorias, corresponde a inflação, a expressão monetária daquela distorção; a dívida pública cresce ao absorver a inflação, aumenta no lugar dela. Os gastos do governo constituem a fonte da complementação da demanda efetiva e da inflação. Quando as contradições contidas nesta dinâmica se desenvolverem, a estrutura produtiva terá emprestado tão grande sensibilidade à taxa de inflação diante de novas emissões que o dinheiro-estatal não poderá ser emitido em quantidade suficiente para dinamizar o capitalismo. Logo, as não-mercadorias não poderão ser compradas e reproduzidas evidenciando a crise da forma não-mercadoria.

Imensa massa de trabalhadores empregados nos setores e atividades produtores de não-mercadorias será lançada ao desemprego. A opção que o capitalismo acabou por apresentar aos trabalhadores, e que a ideologia obscureceu por várias décadas, se torna clara: trabalhar nas atividades improdutivas, bélicas, destrutivas ou ser lançado no desemprego resultante da crise e destruição daqueles setores.

A "opção" pelo desemprego não é, na verdade, escolha alguma. O desemprego se apresentará como resultado da falência dos governos keynesianos diante de uma dívida pública invencível. O neoliberalismo, morto e enterrado em 1929, ressurge após a crise das estruturas produtiva, ocupacional, monetária, bélica e estatal do keynesianismo.

A grande novidade e esperteza do neoliberalismo consiste em permitir aos governos capitalistas em crise fazer crer que o desemprego, a queda da taxa de lucro, as falências, as insolvências, a deflação, a queda de preços dos imóveis, a crescente especulação, o dinheiro volátil, que é a nova forma do dinheiro-potencial (Marx), do *idle money*, a contração dos gastos públicos, que levam

---

[52] "Os valores de uso formam *o conteúdo material da riqueza*, qualquer que seja a *forma social* desta. No tipo de sociedade que nos propomos estudar, os valores de uso são, ademais, o suporte material do *valor de troca*." MARX, K. *El capital*. México, FCE, 1973. t. I, p. 4.

empreiteiras e fornecedoras de não-mercadorias à falência, resultam de uma ação consciente dos governos que adotaram voluntariamente a "razão do mercado", a religião neoliberal. Na verdade, são os sintomas da crise que se afirmam e passam a dominar todas as atividades econômicas e a modelar a ação dos governos governados pela crise.

3.9 OS INSTRUMENTOS DE TRABALHO DOMÉSTICO: DETERMINAÇÃO DO CARÁTER DAS MINIMÁQUINAS NO MODO CAPITALISTA DE PRODUÇÃO

Vimos que a revolução, cisão e independência entre a esfera do transporte e a da produção, desviaram recursos produtivos para a não-máquina de transporte. As ferrovias, ciclópicos meios de transporte coletivo, permitiram uma imobilização e congelamento de recursos em escala mundial. Na própria esfera do transporte, os meios gigantescos de transporte coletivo dão lugar ao carro, meio de transporte liliputiano, adaptado às condições impostas pelo consumo individual, imanente a uma sociedade individualista.

Outro mecanismo de redução das forças produtivas se instaura na economia, opondo-se à expansão da capacidade produtiva que se verifica quando o sistema de produção de máquinas gigantescas por meio de máquinas ameaça liquidar a escassez e revolucionar todo o processo produtivo-consultivo. Este movimento antagônico provoca uma drástica redução do tamanho das máquinas produzidas, da capacidade de produção e de sua produtividade, de sua taxa de utilização e de sua vida útil, limitando as novas "máquinas" ao uso *individual* e restringindo seu raio de ação às paredes da casa.

O departamento II, muito menos concentrado do que o I, torna-se capaz de produzir estas minimáquinas como mercadorias, e, portanto, vendê-las em massa aos consumidores individuais. A produção delas se expande ao mesmo tempo em que se reduzem suas características físicas e sua produtividade.

Incapaz de perceber a natureza das relações subjacentes nessas máquinas liliputianas, a economia vulgar as denomina de "bens de consumo durável", indicando, pelo menos, sua vinculação ao *consumo*, e não à produção de mercadorias.

A redução das forças produtivas e reprodutivas,[53] que está na base da expansão desses instrumentos de trabalho doméstico, provoca uma aberração

---

[53] J. Stuart Mill considera que Sismondi e o Dr. Chalmers acentuaram tanto "a necessidade de destruição de capital como fatores que se opõem à queda da taxa de lucro que 'negligenciaram

histórica: a máquina doméstica de assar, moer, liquidificar, limpar, cortar, etc., permite, pela primeira vez na história, que *produtos* (para o consumo individual), em vez de mercadorias (para a venda no mercado), sejam produzidos por meio de uma "máquina". Nas mãos dos seus proprietários individuais, estas máquinas significam e se igualam a um mero instrumento antediluviano de trabalho.

A redução das forças produtivas que se objetivam nessas "máquinas" se evidencia pelo fato simples de que as parcelas do valor da máquina produtiva transferidas para as mercadorias se realizam na venda, ao passo que as máquinas liliputianas domésticas transformam e produzem *produtos* diretamente destinados ao consumo individual doméstico.

Retirada a potência da máquina de produzir mercadorias, pela redução da sua capacidade produtiva e por sua colocação nas mãos dos consumidores individuais, ela surge diante de seu comprador como um "bem de consumo durável" e final.

O consumo individual capitalista determina que a máquina liliputiana doméstica tenha uma taxa de utilização insignificante, limitada à capacidade de consumo familiar: 5, 10, 15 minutos por dia, que é o período de funcionamento do torrador, da assadeira, do liquidificador, do aspirador, da máquina de abrir latas, da de lavar roupa, da máquina de secar, da de lavar pratos, etc.

Pulverizada e atomizada a força produtiva da grande máquina em milhões de máquinas liliputianas subutilizadas no consumo individual capitalista, a estas forças produtivas desconcentradas não pode corresponder a produção de mercadorias ou de não-mercadorias, mas a de *produtos* que a família consome.

Se a máquina liliputiana não é usada de acordo com a racionalidade capitalista e com as relações do capital para acumular e dar lucro, nela pode-se desenvolver a obsolescência planejada que aí encontra seu campo de predileção. O Japão, com sua alta densidade demográfica (pouco espaço por habitante), falta de matérias-primas e elevado custo de transporte para os mercados externos é o *locus* ideal para o desenvolvimento das minimáquinas.

Produzidas pelo departamento II, como as mercadorias *finais* em geral, e não pelo I, como as máquinas autênticas, a criação de unidades de sua produção

---

todos os outros'". Mill acentua a exportação de capital e a "destruição em sentido absoluto. Abrem-se minas, constroem-se pontes e estradas de ferro, iniciam-se muitos outros empreendimentos de lucro incerto". Os "investimentos" destrutivos como necessidade de evitar o aumento das forças produtivas não foi apontado por Schumpeter quando fala no processo de destruição criadora do capital.

e o transplante destas para economias semi-integradas, podem ser facilmente feitos. A reposição ou ampliação das unidades do departamento II, de produção dos "eletrodomésticos" só se realiza mediante compra de máquinas e partes ao departamento I, que permanece na economia integrada, avançada. A esta dependência técnica generalizada a todos os setores corresponde a dependência e subordinação econômica, financeira e, algumas vezes, política.

O elevado preço "de demanda insatisfeita" pago pelos instrumentos liliputianos de trabalho no mercado doméstico das economias retardatárias torna elevado o custo da "liberação" da mão-de-obra feminina. Ociosidade elevada (quase total), vida útil reduzida, alto custo de conservação, elevado preço de reposição, alta taxa de juros sobre o financiamento do consumo, tornam muito elevado o custo dos instrumentos que poderiam substituir a mão-de-obra feminina, "liberando-a" do trabalho doméstico certamente para uma dupla jornada.

Impossibilitados de adquirir as máquinas, os meios de produção de mercadorias, os assalariados que neles trabalham, os membros dos terciários subordinados às empresas e ao governo, adquirem as máquinas liliputianas, adequadas ao seu poder individual e montam suas unidades domésticas de consumo na base do "retorno decrescente", do custo crescente marginal, da negação da racionalidade que se supõe imperar na produção capitalista.

Não é mera coincidência o fato de que as relações econômicas mundiais, entre economias integradas e retardatárias, determinaram a predominância dos meios de transporte (ferrovias, antes da primeira, e carros, depois da Segunda Guerra Mundial), isto é, de "máquinas" improdutivas, de produzir mero movimento, e de eletrodomésticos, "máquinas" de produzir *produtos*, realmente não-máquinas na óptica da produção e da reprodução,[54] nos mercados subdesenvolvidos para onde foram transplantadas pelo movimento centrífugo do capital.

À medida que as indústrias de alimentos desenvolvem técnicas de produção de alimentos prontos, reduz-se ainda mais a taxa de utilização das máquinas liliputianas. Nas economias avançadas, a forma mercadoria dos alimentos

---

[54] O professor J. Atali sugere que a produção de instrumentos médicos de utilização fácil e de órgãos artificiais é capaz de reativar a economia capitalista cêntrica. O problema não está em novas formas de minimáquinas e de não-máquinas, mas no esgotamento do setor III, de impossibilidade de expansão do setor III a que pertence aquela produção sugerida pelo professor francês.

prontos acaba por expulsar completamente a forma *produto*, isto é, a preparação e produção doméstica de alimentos. Também este movimento apressa o transplante das indústrias do setor II para economias retardatárias, em que o atraso das indústrias de alimento pronto abre amplo mercado para as máquinas liliputianas de produtos domésticos.

Depois de reinstaurada a produção de *produtos* em pleno domínio da produção de mercadorias, pela redução das forças produtivas do trabalho doméstico individual e dos instrumentos que ele utiliza, a produção industrial de alimentos semiprontos e prontos, na qual se empregam máquinas de elevada capacidade produtiva, elimina a forma produto e domina o mercado de alimentos. Esta criação de dessincronia e sua abolição posterior representa uma forma de tornar globalmente obsoletos os aparelhos domésticos; é a obsolescência global que se instaura quando a obsolescência planejada ao nível dos instrumentos individuais parece ter alcançado seu limite.

3.10 EXPANSÃO DOS MEIOS DE TRANSPORTE E DAS MINIMÁQUINAS DE CONSUMO NAS ECONOMIAS SEMI-INTEGRADAS. "DESENVOLVIMENTO DO SUBDESENVOLVIMENTO"

Nas economias retardatárias, a revolução na esfera do transporte antecede a revolução na esfera da produção. Para o seio de um modo de produção quase sempre feudal, sempre pré-capitalista, se transplantaram meios de transporte baseados no processo de produção maquinizada e organizados nos moldes jurídicos da empresa capitalista de transporte estatal ou privado.

No Brasil, a ferrovia antecedeu a abolição da escravatura;[55] nos Estados Unidos, o mesmo se deu. Na Alemanha, no início dos anos de 1840, o

---

[55] A América Latina (19 países) possuía, em 1945, 131.229 quilômetros de estradas de ferro; em 1960, 137.697 quilômetros. Em 1970, parte das ferrovias tinha mais de 41 anos: Argentina – 64%; Bolívia – 78%; Brasil – 40% (com mais de 50 anos); Colômbia – 36% (com mais de 50 anos); Chile 76%; Uruguai – 71%. (Fonte: *El Transporte en América Latina*, Naciones Unidas, p. 5 e 9, quadro 6.)

Os empréstimos mais importantes às ferrovias brasileiras, segundo Richard Grahan, foram os seguintes: Estrada de Ferro Central do Brasil (ex-Dom Pedro II), 1855 (empréstimos ingleses, o primeiro de 1,5 milhão de libras); Estrada de Ferro São Paulo e Rio – (empréstimos ingleses de 600.000 libras em 1874 e 164.200 em 1879); Estrada de Ferro de Sapucaí – (empréstimo inglês de 1.110.000 libras em 1889); Estrada de Ferro do Oeste de Minas – (empréstimo inglês de 3.700.000 libras em 1893); Companhia Mogiana – (empréstimo inglês de 483.700 libras em 1880); Companhia Estrada de Ferro Leopoldina – ações vendidas em Londres por 7.000.000 de libras. Em fim de 1880 havia 11 companhias inglesas no Brasil e 25, dez anos depois. (Dados extraídos de Richard Grahan, *Grã-Bretanha e o início da modernização no Brasil.*)

feudalismo era o regime dominante, bem como no Japão, onde a ferrovia antecede as reformas de 1873 e de 1876. Na Índia, a ferrovia relaciona-se ao canal de Suez e à necessidade de aproximar o algodão indiano das indústrias de Lancashire, etc. O fenômeno é universal, exceto na Inglaterra, em que ele segue, evidentemente, o andamento "normal", iniciando-se na produção.

Se perseguirmos as formas e ramos em que se desdobram sucessiva ou cumulativamente as bases materiais do transporte capitalista, sua difusão e modo de inserção nas economias retardatárias e semi-integradas, teremos desvendado uma parcela substancial da explicação das atuais divisões internacionais da dominação, da exploração e do trabalho.

Nas economias retardatárias, que não puderam integrar a produção dos meios de transporte ao seu sistema produtivo, as novas bases do transporte conviveram, beneficiaram e fortaleceram formas de produção não tipicamente capitalistas, próprias aos antigos modos de produção, mas subsumidas pelo capital: a redução dos custos de transporte,[56] de armazenamento e a redução do período de rotação do capital permitiram o aumento do excedente apropriado pelos senhores da produção primária. Ampliaram quantitativamente a extensão da terra cultivável, sem ocasionar mudança substancial nos instrumentos de trabalho, na produtividade, nas formas de produção, de apropriação do excedente e nas relações de propriedade.

Durante e após a Primeira Guerra Mundial, a produção de não-mercadorias, sob a forma de produtos bélicos e, em seguida, de novos meios de transporte, substituíram e eliminaram a necessidade de produção de estradas de ferro e de sua exportação, do ponto de vista da economia integrada.

---

[56] Ou a externalização do custo de transporte: as empresas ferroviárias em sete países da América Latina no período 1950-62 acusam os seguintes déficits. Os dados são apresentados em milhões de moeda nacional, valores correntes.

	Argentina	Brasil	Colômbia	Chile	México	Peru	Uruguai
1950 déficit	426	1.512	2	1.142	15	5	...
1960 déficit	9.698	21.485	13	42.289	303	38	73
1961 déficit	13.046	40.943	14	58.648	512	74	118
1962 déficit	16.253	78.877	38	86.709	606	87	158

Fonte: *Estudio Económico de América Latina*, Nações Unidas, 1963. p. 122.

O deslocamento do centro capitalista para os Estados Unidos e o correspondente início da crise capitalista na Grã-Bretanha, ampliaram a fronteira para a revolução das bases materiais do transporte. Os Estados Unidos estavam introjetando o mercado externo pela apropriação de 30 milhões de imigrantes, que receberam em poucas décadas. Por isto, a segunda grande revolução dos transportes, a do carro, não precisou e, como veremos, não pôde ser exportada tão rapidamente quanto a primeira, a das ferrovias.

Enquanto a primeira revolução dos transportes se deu em pleno coração do individualismo econômico, na Inglaterra, assumiu ali, paradoxalmente, a forma de transporte *coletivo*[57] a ferrovia – e teve o Governo como seu principal comprador e financiador; a segunda, assume a forma de *produção em massa* de um meio de transporte *individual* de alto preço, de luxo. Logo, no primeiro caso, os governos retardatários podiam comprar, financiar e arcar com o prejuízo das ferrovias, mas não podiam, obviamente, no segundo, importar automóveis e doá-los à população, financiar seu uso e o prejuízo inerente ao seu desgaste improdutivo.

Para que a nova "máquina" liliputiana de transporte individual pudesse ser importada em escala significativa seria necessário que os governos retardatários construíssem o sistema rodoviário, segundo o modelo norte-americano (igual ao francês das ferrovias). O essencial deste modelo é que o governo construa e expanda continuamente as rodovias em benefício das indústrias de veículos que aumentam a escala da produção, o faturamento e o lucro. O sistema de produção e distribuição de eletricidade, de combustível e o de crédito ao consumo são produzidos pela produção e exigem, portanto, a presença da produção daqueles artigos.

Enquanto os países retardatários não constroem suas rodovias, a exportação de automóveis pelas economias integradas fica contida dentro de estreitos limites. Não contando com o dinheiro-estatal para a compra de automóveis em grande escala, os meios individuais de transporte não puderam substituir as

---

[57] A locomotiva deriva dos automóveis a vapor (Crignot, 1769; Evans, 1772; Siming Torre, 1875; Mendock, 1877, etc.). Em 1830 transitavam pelas estradas inglesas cerca de 100 diligências a vapor que foram superadas pelas estradas de ferro (V. DANILEVSKY. *História de la técnica*, siglos XVIII e XIX. Buenos Aires, Editorial Lantaro, 1943. p. 250). Até chegar ao Rocket de Stephenson, vitoriosa no torneio de Reinhill de 1829 entre 50 outros modelos (pesava 4,5 toneladas, puxava um trem de 17 toneladas, a 21 quilômetros por hora), foi um longo caminho. Os automóveis e diligências a vapor passaram rapidamente para a pré-história do transporte.

ferrovias como principal objeto do comércio internacional e da dívida externa das economias dependentes e semi-integradas.

O outro aspecto, difícil de ser discernido, indica que a produção automobilística retardou a crise por desviar as forças produtivas e reprodutivas para a esfera do transporte individual irreprodutível. Se, em vez de cerca de 30.000.000 de carros, a década de 20 tivesse produzido, com parte daqueles recursos, máquinas, a esfera da produção teria fatalmente acumulado *forças produtivas de meios de consumo* que teriam, antes de 1929, ultrapassado a capacidade de consumo da coletividade norte-americana, antecipando a crise por acumulação excessiva, por dificuldades de valorização e de realização, como Grossmann escrevera em 1926.

O capitalismo subdesenvolvido, semi-integrado, com suas Agenda proibidas, seu terciário relativamente atrofiado, seu sistema de crédito ao consumo neutralizado pelas taxas de juros elevadas, suas restritas possibilidades de exportação, deve ter os olhos voltados para as condições daquela crise. Em 1980 se repete, no Brasil, a crise do capitalismo transplantado, dinamizado pelos setores de luxo desde o início da década de 60. Como a produção transplantada nos anos 50 foi contida por relações externas e pela pobreza do mercado interno, a escala de produção de carros era de cerca de um milhão de unidades/ano quando entrou em crise no Brasil.

Ao lado dos carros, os eletrodomésticos afirmam-se, a partir da década de 1920, no pólo do consumo individual do capitalismo integrado. A projeção da culpa da crise de 1929 em condições e fenômenos "internacionais", desgravitados das contradições reais, internas, que moviam a economia norte-americana ou em particularidades e irracionalidades são facilmente identificáveis. Ela visa difundir a crença em que, se fossem adotadas políticas monetárias, creditícias e cambiais diferentes, a crise não teria ocorrido: logo, uma boa administração monetária poderia evitar aquele e outros colapsos.

O fantástico processo de acumulação de capital que se verificou nos Estados Unidos após a Primeira Guerra Mundial – nas indústrias de artigos de luxo (carros, geladeiras, enceradeiras, iates, residências, etc.) – exigia, para sua reprodução ampliada, a criação contínua de "economias externas", acumulação sustentada na esfera estatal, que tinham como fundamento econômico real: a necessidade de externalizar os custos das empresas privadas. A construção do sistema de estradas de rodagem, a implantação do sistema de distribuição de energia elétrica para fins domésticos, a concentração consumista da renda nacional e sua reconcentração, a acumulação de capitais na agropecuária, a concentração bancária e a criação de um sistema de crédito ao consumo, a Bolsa como centro de atração de capitais mundiais desde o século anterior forneceram aos Estados Unidos as características contraditórias que definiam sua economia em oposição às economias dependentes.

Como as economias subdesenvolvidas, semi-integradas não possuíam o sistema rodoviário, o sistema de produção e distribuição de energia elétrica para mover os eletrodomésticos, o sistema de crédito ao consumo e a concentração consumista da renda, elas não possuíam as condições necessárias para importar e utilizar os produtos que se tornaram excedentes na economia norte-americana, como a crise de 1929 revela dramaticamente. Os países não-produtores das mercadorias que movem a economia cêntrica não possuíam as condições essenciais para importar o excedente norte-americano invendável, as outras economias cêntricas – França, Alemanha, Grã-Bretanha – onde a produção havia criado aqueles pré-requisitos para importação, não podiam fazê-lo, pois passavam por problemas semelhantes aos que afligiam a economia norte-americana. Logo, não poderiam importar significativamente os artigos de luxo americanos a fim de manter o nível de emprego e a atividade produtiva do "Tio Sam" próximos dos níveis de 1929, ainda que o crédito internacional fosse concedido de forma farta e barata.

O quadro que se segue mostra a desimportância das relações internacionais no padrão de crescimento norte-americano. A economia dinamizada pelos artigos de luxo que exigem um sistema rodoviário, uma rede de abastecimento de gasolina e derivados de petróleo, um sistema de produção e distribuição de energia elétrica, um sistema de crédito ao consumo, um nível elevado e concentrado de renda disponível para o consumo, etc., exclui o mundo pobre, o submundo subdesenvolvido, da possibilidade de participação naquele mercado elitizado. Daí o fato de ser a economia norte-americana do período "voltada para dentro". Ela voltou-se para dentro, não porque não possuía impulsos imperialistas, mas porque só por meio do transplante da produção americana ela poderia produzir no mundo pobre as condições essenciais e indispensáveis à ampliação do raio de ação da produção dinamizada pelos artigos de luxo. Esse movimento realizado numa nova divisão internacional do poder, após a Segunda Guerra Mundial, vai produzir uma nova divisão internacional do trabalho, da propriedade, da riqueza, da exploração, da dominação, do endividamento.

Segundo o quadro adiante reproduzido, a queda no valor das exportações, em dólares de 1958, foi de US$ 4,7 bilhões entre o pico de 1929 e o nível mínimo de 1931 e 1932.

Quando, em 1943, o valor das exportações cai para US$ 6,8 bilhões, 300 milhões inferior ao mínimo de 1931-32, a economia dos Estados Unidos encontrava-se em plena recuperação aparente, pois a grandeza de seu PNB de 1929 foi realcançada em 1941.

O componente externo foi, portanto, pequeno na recuperação da economia dos Estados Unidos, porque foi insignificante em sua crise que é o colapso de uma economia "voltada para dentro", elitista, individualista e excludente.

A queda de US$ 4,7 bilhões, em dólares de 1958, no valor de suas exportações não pode, por falta de peso em relação ao PNB, ao nível da demanda efetiva e ao valor anterior das exportações, explicar a crise de 1929. É tarefa vã tentar explicá-la pela contração do comércio mundial, do crédito internacional e do movimento internacional de dinheiro mundial, fenômenos cujas variações devem ser, ao contrário, explicados pela crise.

Tabela VIII
Valor das exportações norte-americanas US$ de 1958

bilhões de dólares

Ano ou quarto	Exportação líquida de bens e serviços (US$ de 1958)	Exportação	Importação
1929	1,5	11,8	10,3
1930	1,4	10,4	9,0
1931	,9	8,9	7,9
1932	,6	7,1	6,6
1933	,0	7,1	7,1
1934	,3	7,3	7,1
1935	-1,0	7,7	8,7
1936	-1,2	8,2	9,3
1937	-,7	9,8	10,5
1938	1,9	9,9	8,0
1939	1,2	10,0	8,7
1940	2,1	11,0	8,9
1941	,4	11,2	10,8
1942	-2,1	7,8	9,9
1943	-5,9	6,8	12,6
1944	-5,8	7,6	13,4
1945	-3,8	10,2	13,9
1946	8,4	19,6	11,2
1947	12,3	22,6	10,3
1948	6,1	18,1	12,0
1949	6,4	18,1	11,7
1950	2,7	16,3	13,6
1960	4,3	27,3	23,0
1970	2,4	52,2	49,8

Fonte: *Economic Repport of the President*, Jan. 1972. p. 197.

CAPÍTULO 4

Desenvolvimento e crise da economia keynesiana

4.1 A ATUALIDADE DO PENSAMENTO DE MARX

A grandeza e a perspicácia contidas nas soluções malthusiano-keynesianas só se revelam em sua plenitude quando confrontadas com a penetrante e sólida análise de Marx sobre a crise do capitalismo.

As medidas de política econômica derivadas da ideologia malthusiano-keynesiana parecem oferecer respostas a todas as formas de crise que Marx determinara como as responsáveis pela forma do movimento cíclico que descreve a história do capital.

A crise que Marx considerava fundamental – a que deu origem ao modo de produção capitalista e que lhe imporá um termo – é a causada pela expansão das forças produtivas no casulo das relações de produção. Os sintomas dessa crise aparecem nos estágios terminais de desenvolvimento capitalista e indicam que a solução consiste, a partir de certo nível de tensão, na superação das relações de produção que passaram a aprisionar a expansão das forças produtivas. Assim como a destruição das relações de produção feudais – entre mestres e aprendizes e entre senhores e servos – pelas forças produtivas em desenvolvimento se deu nos países da Europa ocidental para depois de um século ou mais ocorrer no Japão, na Rússia, na China entre outros, assim também Marx esperava que a superação das relações capitalistas de produção pelas forças produtivas que o próprio capitalismo criou ia se verificar nas economias nacionais em que o estágio de crescimento fosse superior.

Essa tendência para a crise de superação de uma formação econômica, social, política e jurídica está presente em todos os passos do desenvolvimento econômico da humanidade: as crises menores que se sucedem na História econômica do capital são reduzidas antecipações da crise de superação do capitalismo para uma forma de organização social superior.

As crises menores, simples, elementares, correspondem a um estágio embrionário da produção. À medida que esta se torna mais completa e complexa, com o surgimento e afirmação do departamento I ao lado do departamento II, a crise deixa de ser apenas de subconsumo para ser de sobreacumulação, de dificuldade de valorização, de desproporção, de exportação de capital, de transplante de capital e de desproporção keynesiana.

A queda da taxa de lucro é uma tendência que acompanha o desenvolvimento das forças produtivas e das forças destrutivas como resultado do padrão contraditório de acumulação do capital e que se evidencia em todas as crises menores.

À primeira vista, as modificações da estrutura da produção malthusiano-keynesiana, mudanças da estrutura produtiva, da ocupacional e da estrutura da demanda efetiva realizadas mediante os instrumentos de política monetária, orçamentária, fiscal, de estímulos, de doação de capital, de investimentos públicos e de aumento da demanda governamental por não-mercadorias, fornecem uma resposta a todas e a cada uma das crises que Marx determinara no modo de produção capitalista. Quando, a partir da década de 30, a terapêutica eficaz de Malthus e de Keynes conseguiu soerguer o vetusto enfermo, o *round* foi favorável ao capital e a seus ideólogos.

À tendência para a crise de longo alcance, provocada pela expansão das forças produtivas a ponto de as tornar incompatíveis com o assalariamento, Malthus e Keynes opõem a eternização das relações capitalistas, que seria conseguida por meio da dissipação de forças produtivas, com seu desvio sistemático para o departamento III e para as atividades improdutivas. A redução das forças produtivas, que se acumulavam no capitalismo cêntrico, a ponto de provocar a crise de 1929, é obtida por meio da exportação de capital, a que Malthus já se referia; esse mecanismo foi acionado após a destruição bélica de capital, que ocorreu durante a Segunda Guerra, e bem depois da destruição de capital acarretada pela depressão de 12 anos, após 1929.

A exportação de capital constante sobreacumulado nos setores de produção de carros e duráveis se verifica quando, em 1957, a produção de carros nos Estados Unidos marca 7 milhões de unidades. O transplante de parte das forças produtivas para o Canadá, o México, o Brasil, a Argentina, a Coréia do Sul impede que a reprodução da crise de 1929 se verifique numa escala maior. A globalização assume um padrão e determina as inserções dos países periféricos de acordo com os interesses do capital cêntrico.

A expansão do departamento II e o aumento da burocracia civil e militar trouxeram para a estrutura produtiva, para a estrutura ocupacional e para a estrutura da demanda efetiva aquela contradição entre as forças produtivas e as relações de produção. A expansão do departamento III, onde se realizam os gastos "completamente dissipadores" da economia keynesiana, expressa a necessidade que tem o capitalismo de evitar o crescimento das forças produtivas e do capital produtor. Malthus dizia que é da "redução das forças produtivas que talvez estejamos precisando", quando defendia o desvio de recursos para atividades improdutivas.[1] Assim, o capitalismo malthusiano-keynesiano encontrou uma forma de se opor à expansão das forças produtivas que, segundo Marx, acabariam chocando-se com as relações entre capitalistas e assalariados, sendo aprisionadas pelo assalariamento e tendo de superá-lo para continuar sua expansão.

Entretanto, a expansão das forças improdutivas e destrutivas por meio da moeda-estatal, do *déficit spending* e da nova sistemática tributária não pode continuar indefinidamente, sob pena de dominar toda a produção e inviabilizar a reprodução. Por isso, o gênio de Malthus e a sutileza de Keynes vislumbraram mecanismos e instrumentos capazes de retardar a marcha das forças produtivas, a história de seu desenvolvimento, mas não de congelá-la para sempre. O *round* de 1930 deu, por 40 anos, efêmera e superficial vitória a Malthus e Keynes. A História recente, ao revelar por meio de uma crise a anatomia do capitalismo, crise provocada pelo desgaste e desmoralização dos instrumentos keynesianos, vem reafirmar a tendência determinada por Marx, e que se encontrava em movimento sob o aparente equilíbrio geral e eterno no período malthusiano-keynesiano, de lento "crescimento auto-sustentado".

As estruturas da economia keynesiana parecem responder definitivamente às contradições entre a expansão da capacidade de produção diante da pobreza e limitação do consumo que as relações entre lucro e salário impõem à economia, e que se manifestam numa crise. Como afirma Marx:

> a razão última de toda verdadeira crise é sempre a pobreza e a capacidade restringida de consumo das massas, com as que contrasta a tendência da produção capitalista a desenvolver as forças produtivas como se só tivessem por limite a capacidade absoluta de consumo da sociedade.[2]

---

[1] HOBSON, J. A. *A evolução do capitalismo moderno*, p. 350, percebe que as relações sociais de distribuição (e de consumo) impedem que a eficiência capitalista se desenvolva: "É portanto ocioso postular a necessidade de produtividade mais alta, sem perceber que ela só pode ser justificada por mudanças radicais no sistema distributivo." A distribuição limita a eficiência capitalista.

[2] MARX, K. *El capital*. t. III, p. 455.

Se grande parte dos meios de produção não se destinam mais à produção de meios de consumo, porque são empregados para produzir os produtos bélicos, espaciais e correlatos (não-meios de consumo), no departamento III o problema acima determinado estaria superado, ao contrário do que Marx supusera. Agora, o consumo coletivo da sociedade capitalista não mais limita a capacidade de produção e seu desenvolvimento porque grande parte dos produtos finais não assume a forma de meios de consumo e não precisa sair da esfera da circulação para a do consumo individual a fim de se reproduzir o circuito; ao contrário do que ocorreria numa economia sem governo, de uma estrutura bissetorial, neoliberal, grande parte da produção assume a forma de não-mercadorias e é adquirida pelo governo que passou para o centro da atividade econômica para melhor desempenhar essa função vital. A produção deixa de ter por objeto e fim o consumidor individual para encontrar seu objeto e fim nas garras do Leviatã, no congelamento ou na destruição das demandas do governo. A "grande dissipação" provocada e garantida pela "elevação do dispêndio" pode "atingir a escala suficiente para fazer a grande experiência que demonstraria" a tese de Malthus e de Keynes. A demanda governamental aumenta a capacidade de consumo da coletividade em relação à capacidade de produção porque amplia as atividades improdutivas ligadas ao governo e porque provoca a redução da taxa de crescimento do setor produtor de meios de consumo por meio de um desvio contínuo de recursos para o departamento III, destrutivo. Ao aumentar o dispêndio governamental nos setores improdutivo-destrutivos, o governo gera renda e meios de pagamento de meios de consumo, aumenta a negatividade da economia. Contudo, os meios de consumo passam a ter sua elasticidade de produção limitada pela totalidade a que pertencem: os recursos se tornam relativamente escassos para aumentar a produção e a oferta de meios de consumo porque os fatores encontraram uma alocação mais vantajosa, mais lucrativa, nas atividades voltadas para o governo. A hipertrofia e grandeza do Executivo se devem a um defeito do sistema: eliminar a grandeza não corrige o defeito.

Em vez de insuficiência de demanda efetiva e deflação, provocadas pela pobreza e limitação da capacidade relativa de consumo, e insuficiência de negatividade, a estrutura malthusiano-keynesiana consegue que se crie uma "tensão" entre a demanda global e a oferta limitada estruturalmente, que se expressa na inflação da economia moderna e no aumento da dívida pública.

Assim, Malthus e Keynes, os defensores da inflação, só têm razão enquanto a taxa crescente desta não se chocar com as reações sindicais crescentes, com o aumento do custo de reemprego de uma unidade de trabalho, com o perdão de dívidas do consumidor-endividado, com o serviço crescente da dívida pública, com o limite máximo da carga tributária e com a função de reserva de valor e de padrão de câmbio que a moeda mundial desempenha, que são incompatíveis com certas taxas ascendentes de inflação e com a sensibilidade crescente de sua taxa relativamente às novas emissões em razão da impossibilidade de expansão da dívida pública.[3] Para que Malthus e Keynes tivessem razão durante os 40 anos de prática redutora da taxa de crescimento das forças produtivas e de incremento da capacidade relativa de consumo da coletividade, sem redistribuição de rendas, foi necessário que uma desproporção fantástica se expandisse na economia keynesiana e que a dívida pública aumentasse para enxugar a "oferta" monetária do governo. A propensão marginal a consumir serviços e a consumir não-mercadorias (via incremento do dispêndio do governo) teria de ser superior à propensão média a fim de evitar que a tendência determinada por Marx se manifestasse por meio de uma crise.

A expansão do departamento III, de produção de não-mercadorias e da burocracia civil e militar, ao lado das atividades terciárias de turismo, emagrecimento, cuidados de cães,[4] etc., introduz uma desproporção na estrutura produtiva e na ocupacional. Essa desproporção keynesiana é, de início, funcional, "racional", adequada e útil à reprodução ampliada do conjunto, da totalidade de que ela é parte.[5] Todavia, ela contém, sob nova forma, as contradições fundamentais do sistema. A desproporção é funcional porque, por um lado, "resolve" a crise por insuficiência de consumo e, por outro, afasta a crise ocasionada pela expansão das forças produtivas; é ela que reduzindo o salário real por meio da inflação, mantém elevada a taxa de lucro do sistema, a eficiência marginal do capital, em decorrência do aumento do volume de emprego que é capaz de fornecer maior massa de mais-valia. Por outro lado, a queda da taxa de lucro que

---

[3] A dívida pública se transforma, a partir da década de 30, no contrapolo do dinheiro-estatal. O limite à dinamização apoiada no dispêndio crescente do governo, no *deficit spending*, é colocado pela transformação estrutural (da produção e da ocupação) que tornam a estrutura cada vez mais rígida e, portanto, inflacionária. A elevação do serviço da dívida e de seus juros é outro obstáculo.

[4] Estudo realizado no Japão em 1996, mostra que o custo médio de manutenção de um cão, em cuja "cesta de consumo" se encontram saunas, massagens relaxantes, caminhadas e penteados atingiu 17.900 francos franceses por ano, cerca de US$ 3.600,00. Enquanto isto, o salário mínimo pago a um trabalhador brasileiro é cerca de US$ 900,00, conforme REISCHAUER, Edwin O. *Histoire du Japon et des japonais*. Paris, Ed. Seuil. t. II, p. 181.

[5] Do ponto de vista do valor, há uma contradição que será evidenciada adiante: o valor real objetivado nos departamentos I e II é incapaz de sustentar a taxa de lucro de toda a economia.

decorreria do aumento da composição orgânica do capital é evitada porque o governo gera lucro fictício ao pagar caro as não-mercadorias que compra de seus fornecedores e empreiteiras, ao subsidiar parte da produção, ao estatizar custos de produção, ao conceder empréstimos subsidiados, ao financiar pesquisas, ao garantir mercados externos...

Assim, as crises de Marx assumem a forma de uma desproporção que é incapaz de superar e de resolver as contradições que se situam na origem dos antagonismos. As mesmas contradições que se manifestavam nas crises determinadas por Marx se desenvolvem, disfarçadas, sob a forma de uma desproporção:

> Daí, porém, o fato de que o capital ponha cada um desses limites como barreira e, portanto, de que *idealmente* passe por cima deles, de modo algum se deduz que os tenha superado *realmente*; como cada uma dessas barreiras contradiz sua determinação, sua produção se moveu no meio de contradições superadas constantemente, porém postas também constantemente.[6]

Após 40 anos de vitória e de prestígio, Keynes e Malthus perdem, para a História econômica, o *round* final.

"No desenvolvimento das forças produtivas, chega-se a um estágio em que nascem forças improdutivas e meios de circulação que não podem senão ser nefastos no quadro das relações existentes e que deixam de ser forças produtivas para serem forças destrutivas."[7] O capitalismo "sobrevive a si mesmo" e "entra na senilidade" quando deixa de cumprir sua "missão histórica", que é a de "desenvolver as forças produtivas" e passa a desenvolver seu contrário, as forças destrutivas, afirma Marx no tomo III do Capital.

Cabeças menores, como a de Castoriadis,[8] patinando no nível da aparência, dizem que os marxistas estavam equivocados ao afirmarem que as forças produtivas estavam sendo contidas quando, segundo ele, desenvolviam-se a taxas elevadas. Tão elevadas, quanto ilusórias.

As respostas às verdades passageiras de Malthus e de Keynes já tinham sido formuladas por quem se apoiava na história da prática e na dialética do desenvolvimento capitalista.

---

[6] MARX, K. *Elementos fundamentales para la crítica de la economía política.* p. 362.

[7] MARX, K.; ENGELS, F. *L'idéologie allemande.* Paris, Editions Sociales, 1968. p. 67-8.

[8] A crítica aguda e pertinente a Cornelius Castoriadis se encontra em FAUSTO, Ruy. Abstração real e contradição; sobre o trabalho abstrato e o valor. In: *Marx lógica & política.* t., I, p. 89-141.

A desproporção keynesiana deixou de ser funcional, útil, para reativar o sistema e para evitar as três formas de crise contra as quais se ergueu. Agora, a potencialidade crítica acumulada no quase auge rompe os diques dos mecanismos e dos instrumentos que impediram e retardaram sua manifestação. Esta é a crise conjunta em que a desproporção sustentada pelo dinheiro estatal, a queda da taxa de lucro e a insuficiência relativa do consumo mostram que as forças produtivas não podem ser anuladas a ponto de deixarem de entrar em contradição com o assalariamento. A aliança da sobreacumulação de capital nos setores produtores de mercadorias com a desproporção do departamento III, produtor de não-mercadorias consiste algo inédito, essencial à determinação da crise atual.

A argúcia e a sutileza que fizeram Malthus e Keynes ascender para a glória não são suficientes para impedir que a prática os desmoralize por meio de uma crise verdadeira, bem mais completa do que as anteriores, até porque as contém.

Se a economia malthusiano-keynesiana é uma economia de guerra, conforme ambos diversas vezes declararam; se a economia do desenvolvimento, inclusive a Cepalina, é a "redução sociológica" mal-elaborada e também é a transplantação da ideologia de Keynes para as economias retardatárias,[9] estas economias, ao se desenvolverem, alcançarão a condição de arremedo de sua matriz, de seu modelo sob forma acanhada, isto é, serão também uma economia de guerra. A economia do desenvolvimento passa por uma economia de "revolução"[10] antes de atingir a estrutura de uma economia de guerra, meta difícil de ser alcançada diante da centralização do poder e da produção de não-mercadorias, que são instrumentos de poder, nos Estados Unidos.

Se a estrutura e a organização de uma "produção socializada tal como a conhecemos durante a guerra", repetida "em condições de paz", conforme Keynes já almeja na década de 20, e que se realiza nas décadas seguintes, é a forma encontrada para que as revoluções e transformações em âmbito nacional não se verifiquem, aquelas revoluções nacionais potenciais, contidas, desenvolvem-se na estrutura desproporcionada da economia keynesiana e se manifestarão como uma guerra mundial ou como a derrota da União Soviética depois de 45 anos de guerra fria. O remédio heróico de Malthus e Keynes, a

---

[9] CAMPOS, Lauro. *Controle econômico e controle social*. Roma, 1958.

[10] Os representantes autoritários de triste figura, na América Latina, dessa economia, são: Pinochet, Videla, os generais do Brasil pós-1964 e outros.

guerra, encontra-se preparado para sua utilização. A crise do capitalismo no leste europeu, a "queda do muro", coloca um dilema crucial aos Estados Unidos e aos países capitalistas adiantados (A.C.C.): sustentar o capitalismo e garantir-lhe a reprodução, sem guerra, sem que a expansão do departamento III assegure as condições de reprodução do capital mundial.

Foi para evitar a crise que o capitalismo desenvolveu o departamento III, capaz de fornecer a destrutividade e a improdutividade necessárias, a negatividade que, na economia liberal e neoliberal, as crises e as guerras eram as portadoras:

... em qualquer caso, o equilíbrio se restabelecerá mediante a imobilização e inclusive a destruição de capital em maior ou menor proporção. Isto será extensivo em parte à substância material do capital; quer dizer, que uma parte dos meios de produção, do material fixo e circulante, deixará de funcionar, de atuar como capital; uma parte das empresas de produção postas em marcha se paralisará. (....) Uma parte das mercadorias que figuram no mercado só pode efetuar seu processo de circulação e reprodução mediante uma grande contração de seus preços, quer dizer, mediante a depreciação do capital que representa. Assim mesmo ficam mais ou menos depreciados os elementos do capital fixo. (....) Esta perturbação e paralisação afeta a função do dinheiro como meio de pagamento, função que se desenvolve juntamente com o capital.(...) se interrompe em distintos lugares a cadeia de obrigações de pagamento em determinados prazos se agudiza todavia mais pela conseqüente bancarrota do sistema de crédito que se desenvolve simultaneamente com o capital e conduz deste modo a agudas e violentas crises, a súbitas e profundas depreciações e a uma perturbação e paralisação reais do processo de reprodução, que determinam o conseqüente descenso desta.[11]

(....) Não é que se produza muita riqueza. O que ocorre é que se produz periodicamente demasiada riqueza sob suas formas capitalistas antagônicas.[12]

Os neoliberais preferiram supor a existência do pleno emprego automático; ignorando o problema, não analisaram as conseqüências da absorção do desemprego nos setores de produção de não-mercadorias sobre a atividade econômica privada. A visão ideológica da escola iluminista se evidencia quando, mediante um mecanismo de projeção freudiana, atribui a culpa do desemprego aos próprios trabalhadores: se os salários fossem flexíveis para baixo, o desemprego seria automaticamente corrigido, nos setores de produção de mercadorias, preservando a racionalidade empresarial e aumentando a capacidade produtiva. Eliminando de seu universo de análise os setores de produção de "produtos que não sejam postos à venda", ocultaram a contradição entre o

---

[11] MARX, Karl. *El capital*. t. III, p. 251-2.

[12] Idem, ibidem, p. 253.

incremento da capacidade de produção e a capacidade relativa de consumo da coletividade. Fizeram crer, além disto, que os culpados pelo desemprego não são as relações capitalistas de produção, de distribuição e de consumo e as contradições imanentes, mas os próprios assalariados que tornam o salário rígido; obscureceram a natureza contraditória da acumulação que se expressa nas dificuldades de valorização e na queda da taxa de lucro.

Keynes retomou o esforço de persuasão em sua linha malthusiana depois de ter esposado a versão de Adam Smith, que elucidaremos após mostrar a transformação ocorrida na obra do Lord.

Em abril de 1929, em *A Programme of Expansion – General Election, May, 1929*, elaborado quando a Inglaterra contava com 1.140.000 desempregados, Keynes advertia que

> ... este nível de desemprego está nos custando do Fundo de Desemprego um desembolso de caixa de cerca de £ 50 milhões por ano. Desde 1921 nós pagamos pelo desemprego, em dinheiro, uma soma de cerca de £ 500 milhões e literalmente nada temos conseguido. Esta soma teria construído um milhão de casas...[13]

Para persuadir os capitalistas e a massa proletária de que a opção ideal seria a de "investir" na compra de não-mercadorias a fim de aumentar o volume de ocupação, dava ênfase aos efeitos dos gastos do governo sobre a produção e não sobre o consumo: "É precisamente com gastos em trabalhadores improdutivos que devemos fazer novos investimentos."[14]

Como aumentar os investimentos e a capacidade de produção de *mercadorias*, reduzindo o desemprego, se aqueles mesmos setores de produção dispensaram os trabalhadores produtivos, dando origem ao desemprego? Adam Smith salientara a impossibilidade do sistema de incrementar o trabalho humano produtivo e indicara a presença dos *ociosos* como um mecanismo de preservação do sistema, capaz de evitar um incremento demasiado rápido do produto nacional:

> Se a sociedade se achasse em condições de empregar anualmente *todo trabalho de que pudesse dispor* no curso do ano, como a quantidade de trabalho aumentaria muito de um para outro ano, o produto de cada um dos anos sucessivos se *incrementaria de uma maneira enorme* em relação ao ano anterior. Porém, não há um só país em que o produto anual íntegro se empregue em manter os trabalhadores. Os *ociosos consomem* em todos os países uma grande parte do produto e, segundo sejam as proporções

---

[13] KEYNES, J. M. *Essays in persuasion*, p. 118.
[14] Idem, ibidem, p. 128.

como ele se distribui anualmente entre estas duas classes tão opostas, assim *crescerá, diminuirá ou permanecerá estacionário* cada ano seu valor médio ou corrente.[15]

Marx esclarece que a parte da mais-valia gasta como renda, para satisfazer as necessidades do capitalista, obviamente reduz a transformação da mais-valia em capital, ou seja, desfalca a acumulação; o mesmo efeito sobre a acumulação exerce a parte empregada pelo capitalista na compra de trabalho improdutivo:

> Do mesmo modo que as mercadorias que o capitalista compra com uma parte da mais-valia para atender ao seu próprio consumo não lhe servem de meios de produção nem de fonte de valor o *trabalho* comprado por ele para satisfazer suas necessidades naturais e sociais não tem tampouco o caráter de *trabalho produtivo*... A economia clássica está, pois, correta quando faz finca-pé em que a *característica do processo de acumulação* é o consumo do produto excedente pelos *trabalhadores produtivos* e não por pessoas improdutivas.[16]

O labor ideológico consistiu, essencialmente, em "demonstrar" os efeitos "positivos" e persuadir de que a única opção – portanto a melhor – era a de absorver o desemprego nos setores de produção de não-mercadorias e no terciário improdutivo. Para que a "eficiência" da solução não fosse contestada, deveria ser obscurecida e afastada a solução de Smith, isto é, a de reabsorver o desemprego nos setores de produção de mercadorias, evidentemente incompatível com a racionalidade do sistema produtivo que afastou os trabalhadores produtivos excedentes, originando o desemprego. A preocupação ideológica visava obscurecer que a solução adotada – empregar improdutivamente os operários desempregados – representava um desfalque das forças produtivas, de que "realmente necessitamos", conforme Malthus dissera. Caso o trabalho adicional fosse trabalho produtivo, o "produto de cada ano se incrementaria de uma maneira enorme", e a taxa efetiva de crescimento da capacidade produtiva aboliria rapidamente a escassez, não sem ter antes descaracterizado e revolucionado a estrutura repartitiva e as relações de produção do sistema. Se tudo que cresce muda ao crescer, a taxa de crescimento ótima não é a máxima, mas a que não altera fundamentalmente o sistema, do ponto de vista da ideologia conservadora. Crescer pouco, quase nada, a fim de durar muito, eis a receita difícil de ser seguida pelo sistema da eficiência máxima, capitalista.

Foi na década de 30 que o esforço ideológico se completou, quando Keynes atrelou, com os fios de sua sutileza mental, o multiplicador (de Khan) aos

---

[15] SMITH, Adam. *La riqueza de las naciones.* p. 53.
[16] MARX, K. *El capital.* t. I, p. 496-7.

princípios expostos por Malthus, conseguindo obscurecer o "efeito Smith", isto é, a redução da taxa de crescimento das forças produtivas, corolário da opção de absorver o desemprego em setores não reprodutivos.[17]

A outra opção, de reabsorver o desemprego na produção de mercadorias, foi abandonada e sepultada porque, no fundo, era incompatível com as necessidades e relações fundamentais do sistema: era uma opção inter-sistema e não intra-sistema.

Outra preocupação ideológica era obscurecer os benefícios das "obras públicas", procurando emprestar-lhes a natureza de benefícios sociais gerais. Entretanto, é óbvio que o emprego de 100 ou 200 mil operários na construção de rodovias beneficia mais as próprias firmas empreiteiras de estradas e a indústria de automóveis e de caminhões do que as indústrias de alimentação, vestuário e móveis, por exemplo: é óbvio que as obras urbanas de água encanada, esgoto, parque, jardins, etc., até hoje, na Europa, por exemplo, só beneficiaram uma parcela da população urbana, evidentemente aquela de níveis mais elevados de renda; é óbvio que todas as obras de portos, canais, cais, favorecem especialmente os grupos ligados à exportação e ao comércio do que os de plantadores de café ou banana.

O esforço ideológico que permeia toda a Teoria Geral consiste em prometer o pleno emprego mediante o estímulo ao fator básico de sua etiologia: o "aumento da taxa de novos investimentos". Para isto, o diagnóstico fundamental da teoria de Keynes oculta genialmente as verdadeiras contradições do sistema que se expressam na insuficiência relativa da capacidade coletiva de consumo; ao enunciar sua "lei psicológica fundamental", desloca para D2 (demanda de bens de capital) a causa da insuficiência da demanda global. Conclui convenientemente que: "portanto, quando a propensão a consumir não varia, o emprego não pode aumentar, a não ser que, ao mesmo tempo, D2 cresça de modo a preencher a diferença ampliada entre Z e D1".[18]

---

[17] KEYNES, J. M. *Essays in biography*, p. 100-1, afirmava já em 1922: "Se apenas Malthus, em vez de Ricardo, houvesse sido a linha-mestra a partir da qual a economia do século XIX se desenvolveu, que lugar de sabedoria e riqueza seria o mundo hoje!... Há muito tempo tenho designado Robert Malthus como o primeiro dos economistas de Cambridge". Todo este entusiasmo de Keynes se manifesta após a citação da carta de Malthus a Ricardo, em que várias vezes é afirmada a necessidade do consumo improdutivo: "E eu ainda penso que esta proporção do consumo improdutivo... é absolutamente indispensável para aumentar os recursos de um país".

[18] Idem, *Teoria geral*, p. 41.

Aqueles que se hipnotizaram com o diagnóstico fundamental de Keynes (e foi a quase totalidade dos neoclássicos) continuaram a crer que a correção do desemprego poderia ser conseguida aumentando a eficiência e a produtividade do sistema capitalista. Os atributos fundamentais que os ideólogos atribuíam ao sistema – eficiência ótima, elevada produtividade, etc. – foram preservados por este falso diagnóstico, completamente incompatível com a taxa de ociosidade do equipamento que, na grande depressão, se situava em 75% em importantes setores de produção. Como, com equipamento ocioso, elevar o volume de emprego mediante compra de máquinas e equipamentos (aumento de capital real) que se instalariam ao lado das máquinas paradas? É óbvio que o genial Lord não podia acreditar no "aumento do coeficiente de novos investimentos" como solução do desemprego, pelo aumento da demanda efetiva. Defende ele este diagnóstico teórico falso porque era o único capaz de ocultar a necessidade do sistema de reduzir a eficiência, a produtividade, a expansão das forças produtivas, por meio dos gastos não reprodutivos, nas várias Agenda e no terciário improdutivo.

Keynes escamoteou na Teoria Geral, em seu diagnóstico fundamental, um componente da demanda global – D3, demanda de não-mercadorias, reduzindo-a a D1 e D2 apenas (demanda de bens de consumo e demanda de bens de capital). Por isto, o aumento da demanda global mediante D3, que é a única viável na crise aguda e na crise crônica do sistema, não se exterioriza em seu diagnóstico.[19] Só à página 98 Keynes reconhece expressamente que o aumento da procura agregada não é obtenível por meio da elevação de D2, da

---

[19] ROBINSON, Joan, *An essay on marxian economics*. 2. ed. Londres, Macmillan Press, 1976, p. 71-2, tangencia o problema: "Finalmente, o senhor Keynes justifica a intuição de Marx de que o conflito crônico entre poder produtivo e consuntivo seja a causa das crises. A má distribuição de renda restringe o consumo, e assim incrementa a taxa de investimento necessária para manter a prosperidade, enquanto ao mesmo tempo estreita o campo do investimento lucrativo, pela restrição da demanda por bens de consumo que o capital pode produzir. Descobertas geográficas e invenções técnicas abrem campos alternativos para investimento, enquanto guerras de tempos em tempos absorvem enormes quantidades de capital... e quando se enfraquece o estímulo ao investimento, a contradição subjacente entre a capacidade produtiva e a capacidade de consumo emerge como ruína e miséria que se torna mais e mais intolerável na medida em que suas causas se tornam mais claras. A teoria do senhor Keynes oferece forte apoio à afirmação de Marx de que a real barreira à produção capitalista é o próprio capital." Keynes, na Teoria Geral, jamais foi tão claro quanto a demanda de bens de capital como causa principal da insuficiência da demanda efetiva. Os investimentos "inúteis" nas Agenda e o aumento do emprego nos setores terciários, improdutivos, seriam capazes de fortalecer o poder de consumo (*consuming power*, idem, ibidem, p. 48), isto é, aumentar a

demanda de bens de produção, mas por meio de emissões que cubram o déficit orçamentário:

> Convém igualmente levar em conta a influência exercida sobre a propensão agregada a consumir pelas somas que o governo reserva, para amortizar a dívida, utilizando o produto dos impostos comuns... Por isso uma reviravolta da política do governo, passando do endividamento à criação de fundos de reserva (ou vice-versa), pode ocasionar uma séria diminuição (ou notável expansão) da procura efetiva.[20]

Assim se coroa o esforço ideológico na mente privilegiada do *"enfant terrible"*, em que, teoricamente, o problema do desemprego se resolveria pelo aumento dos "investimentos", continuando o investidor capitalista a ser o cristo-salvador do sistema, com a eficiência como seu atributo redimido, a justiça social seu objetivo automático ou politicamente alcançado, no clima de liberdade para o desenvolvimento do *"money making and money loving instincts of men"*. Na prática, contudo, o desemprego só pode ser "resolvido" pela "grande dissipação de recursos", que o governo garante com o déficit. Eleva-se a propensão agregada a consumir por meio da compra de não-mercadorias e/ou pelo aumento da contratação de serviços do terciário, os dois grandes ausentes de seu diagnóstico, mas que se insinuam na Teoria Geral para se desnudarem em 1940, como vimos no artigo da *New Republic* em que desinibidamente revela que a dissipação é imanente ao crescimento sustentado do sistema.

Assim, o esforço de persuasão se encerra transformando o "sacrifício", isto é, esta parcela do custo social de preservação do capitalismo representada pela "grande dissipação de recursos", em "estímulo", mediante ênfase sobre a demanda de meios de consumo que esta solução única acarreta. O custo de absorção do desemprego, por meio da "grande dissipação" institucionalizada e lucrativa, representa o custo social de manutenção das relações capitalistas que geram o desemprego e a subutilização de recursos, imanentes ao sistema. Quer se trate da produção de armas, estádios, estradas, espaço, ou outra forma de

---

capacidade de consumo da coletividade pelo aumento do volume de ocupação e da renda disponível para o consumo, sem alterar a repartição da renda. Keynes só admite a possibilidade de redistribuição na Teoria Geral quando trata do superinvestimento. Keynes deve ser compreendido como o ideólogo do sistema capitalista que percebeu que o governo e a moeda-estatal poderiam, ao mesmo tempo, aumentar relativamente a capacidade de consumo da coletividade e reduzir a taxa de expansão das forças produtivas e reprodutivas, ampliando o limite temporal de sobrevida do sistema. Cem anos de sobrevida para o capitalismo, previu Keynes.

[20] KEYNES, J. M. *Teoria geral*, p. 98.

produção de não-mercadorias, o custo social de preservação do capitalismo tenderia para zero aos olhos e segundo os padrões da ideologia neoclássica e da keynesiana; aos seus olhos desrealizados, apenas o desembolso do "Fundo de Desemprego" consiste verdadeira dissipação de recursos... Com a nova solução – conversão de trabalhadores e capital real desempregados em não-mercadorias, se esqueceu o "efeito Smith" e a redução da taxa de crescimento dos setores produtivos de mercadorias (meios de consumo e meios de produção) que se impõem ao sistema quando se ampliam os recursos alocados nos setores não reprodutivos, cujos produtos são imobilizados ou destruídos na forma de não-mercadorias.

Os gastos do governo na compra de não-mercadorias (e no terciário não tecnicamente necessário) que correspondem a esta "grande dissipação" expressam, de maneira acobertada, o custo social de manutenção do sistema, pois correspondem simultaneamente à redução da taxa de expansão das forças produtivas e ao aumento relativo da capacidade de consumo de mercadorias. Por isto, perde, aos olhos da ortodoxia, o caráter de custo, de sacrifício, como Keynes declarou na passagem acima citada. Jean Baptiste Say já participava desta tendência ideológica:

> Durante muito tempo esteve-se persuadido, e muitas pessoas ainda pensam assim, de que as despesas públicas nada custam à sociedade, *porque invertem na sociedade o que custam*... É verdade que a segurança que resulta das tropas é um bem, o bem resulta de um serviço prestado à sociedade por um exército, mas *não do consumo* operado por esse exército...[21]

Na mente pouco audaz e equilibrista de Say, os gastos na defesa encontraram sua justificativa no "serviço" da segurança, *bem* "que é necessário pôr no mesmo pé de igualdade com os produtos materiais", jamais pelo aumento do consumo, como pretenderam Malthus e, com êxito multiplicado, Keynes, o coroador do esforço ideológico mascarador das relações econômicas reais subjacentes nas não-mercadorias, e na redução necessária da taxa de crescimento das forças produtivas.

4.2 IDENTIDADE BÁSICA ENTRE O TERCIÁRIO IMPRODUTIVO E A PRODUÇÃO DE NÃO-MERCADORIAS

Como expressão da óptica limitada da empresa privada, a ideologia neoliberal elimina as outras ópticas possíveis e a pluralidade de sentidos dos fenômenos

---

[21] SAY, J. B. Cours d'Economie Politique. Apud DENIS, Henri. *História do pensamento econômico*. Lisboa, Livros Horizonte, 1987. p. 327.

econômicos. Do ponto de vista do capital, todo trabalho que é realizado segundo as relações capitalistas de produção é trabalho produtivo. O capital adquire o valor de uso da força de trabalho e o submete aos processos de produção de valor (que corresponde essencialmente à reprodução do valor da força de trabalho e do transferido pela maquinaria ao produto) e de valorização do capital (produção da mais-valia). Portanto, quer a mercadoria especial (força de trabalho) se destine à produção de mercadorias, de não-mercadorias ou de serviços, os valores obtidos de sua utilização durante uma jornada de trabalho ultrapassam os valores que constituem seu custo de produção. Para o trabalhador o custo de produção da mercadoria compreende C + V + S, enquanto que para o capitalista a mesma mercadoria custa C + V. A mais-valia, S, nada lhe custou, é simplesmente trabalho apropriado gratuitamente e que se constitui, em termos concretos, na exploração do trabalhador. O processo de trabalho é, portanto, o útero da luta de classes no capitalismo.

Por isso, quer se trate de uma unidade capitalista de produção de mercadorias, de serviços ou de não-mercadorias, o trabalho empregado é sempre força de trabalho produtivo para o capitalista, pois no processo de trabalho em que a força de trabalho entra, ela apresenta-se como produtora ou como fonte de lucro.

A reprodução das relações sociais de produção de mais-valia constitui o objetivo tanto das empresas de produção de mercadorias quanto das de não-mercadorias e das empresas terciárias que, como vimos, estruturam-se e organizam de acordo com o mesmo modelo. A exclusão dos assalariados da apropriação dos meios de produção e do capital variável é essencial à preservação das relações de produção; por isso, o preço da força de trabalho deverá ser apenas suficiente para sua reprodução, e o será desde que, por seu *quantum*, expresso em dinheiro-salário, exclua o assalariado da possibilidade de compra dos meios de produção, de força de trabalho e corresponda a um montante de valores de uso menor do que o que foi, em média, produzido em uma jornada de trabalho.

Do ponto de vista do assalariado, seu trabalho para si será, portanto, sempre trabalho improdutivo, trabalho que não lhe permite valorizar para si o objeto em que se cristaliza, mas, apenas, reproduzir-se enquanto força de trabalho apta para valorizar o capital.

Do ponto de vista global, em relação ao desenvolvimento das forças produtivas, só é produtivo o trabalho que se objetiva em meios de consumo individual ou em meios de consumo *produtivo* e o trabalho intelectual tecnicamente necessário ao desenvolvimento da potência social da produção daqueles meios que os conhecimentos tecnológico e científico desenvolvem.

O pleno desenvolvimento do capital só ocorre – ou o capital só pôs, o modo de produção a ele adequado – quando o meio de trabalho está determinado não só formalmente como *capital fixo*, senão superado em sua forma imediata e o *capital fixo* se apresente frente ao trabalho, dentro do processo de produção, na qualidade de máquina; o processo inteiro de produção, entretanto, não aparece como subsumido à habilidade direta do operário, senão como aplicação tecnológica da ciência.[22]

Portanto, do ponto de vista da atividade econômica em seu conjunto, tanto o trabalho imaterial não-técnico quanto o que se materializa em não-meios de consumo e em não-meios de produção, isto é, em não-mercadorias, constituem trabalho humano improdutivo.

Confundindo as diversas ópticas e a pluralidade de sentidos, a ortodoxia econômica se mostra infensa à categoria trabalho improdutivo e quer impor como único o ponto de vista do capital, para o qual o lucro obtido do trabalho assalariado é suficiente para defini-lo como trabalho produtivo.

A distinção do caráter técnico e do caráter não-técnico dos fenômenos capitalistas constitui uma tarefa essencial que Marx realiza em grande extensão. No entanto, ele não chega a fazê-la de forma sistemática.

Parece que não foi necessário distinguir os dois aspectos porque Marx se fixou na determinação do trabalho produtivo apenas do ponto de vista da produção capitalista, ou, mais exatamente, da óptica do capital:

> Isto também estabelece absolutamente o que é trabalho improdutivo. É o trabalho que não é trocado por capital, mas diretamente por renda, isto é, por salários ou lucro (incluindo, certamente, as várias categorias daqueles que dividem como coparticipes do produto do capitalista, tal como juro e renda)... Um ator, por exemplo, ou um palhaço de acordo com esta definição, é um trabalhador produtivo se ele trabalha a serviço de um capitalista (empresário) a quem ele devolve mais trabalho do que recebe dele na forma de salário...[23]

Basta que as relações capitalistas de produção produzam mais-valia para que o trabalho seja produtivo, segundo a óptica do capital: "É produtivo o trabalhador que produz mais-valia para o capitalista e, portanto, trabalha para a auto-expansão do capital."[24]

No entanto, há um outro sentido que surge no próprio Adam Smith e em Marx e que exige a distinção entre o caráter técnico e o não-técnico do trabalho.

---

[22] MARX, K. *Grundrisse...*, cit., t. II, p. 221.

[23] MARX, K. *Theory of surplus value*, Part I, p. 157.

[24] Idem, ibidem. "Este trabalhador solitário é produtivo, produz mais-valia para o capitalista, e assim trabalha para a própria expansão do capital."

Quando se considera o desenvolvimento das forças produtivas em seu conjunto, adquire o caráter de trabalho produtivo, em oposição ao trabalho improdutivo, aquele que promove a expansão das forças produtivas materiais. Marx, neste sentido, considera improdutiva a parcela do trabalho social objetivada na produção de moedas, como vimos. Também neste sentido o problema é colocado no seguinte trecho:

> Considerando-se dois países com populações semelhantes e similar desenvolvimento das forças produtivas do trabalho, seria sempre verdadeiro dizer, com Adam Smith, que a riqueza das duas nações deve ser mensurada de acordo com a proporção entre trabalhadores produtivos e improdutivos. Isto significa apenas que o país que possuir um número relativamente maior de trabalhadores produtivos, uma quantia relativamente maior da renda nacional será consumida produtivamente.[25]

Até mesmo as despesas determinam-se como "custos improdutivos" na medida em que elas produzam uma redução da força produtiva do trabalho: "Seu custo tem portanto o efeito de diminuir o poder produtivo do trabalho, de forma a que uma quantidade maior de capital e trabalho seja requerida para a obtenção de um particular efeito de uso. Eles são custos improdutivos."[26]

Portanto, é necessário, no sentido em que utilizamos o termo, distinguir o caráter técnico do não-técnico do trabalho, devendo-se considerar produtivo aquele que se objetiva em meios de consumo produtivo e de consumo individual dos quais estão excluídas as não-mercadorias. Para isto é necessário acompanhar o produto até seu acabamento no consumo, e é no consumo que se revela o caráter produtivo ou improdutivo do trabalho. O próprio Marx reconhece que o trabalho cristalizado na produção de moeda é improdutivo, como o cristalizado em uma "via férrea sobre a qual não se viaja, e por conseguinte não se gasta, não é uma via férrea, mas um dynamei",[27] tanto quanto o que se emprega no consumo improdutivo.

Se o ponto de vista do capital (segundo o qual, por exemplo, é produtivo o trabalho que dá lucro) abarcasse todas as determinações do fenômeno, o Capital não precisaria ter sido escrito. Isto porque é fundamental ao método de Marx determinar o fenômeno dos diversos pontos de vista ou nos diversos planos de análise possíveis: o do capitalista individual, o do assalariado, o da moeda, o da totalidade e do ponto de vista da totalidade em movimento, pois

---

[25] Idem, ibidem, p. 290.
[26] Idem, ibidem, p. 142.
[27] MARX, K. *Contribuição à crítica da economia política*, p. 210. Dynamei significa potencial.

cada fenômeno *está sendo* parte daquela totalidade e, finalmente, algumas vezes, do ponto de vista do consumidor e do ponto de vista da circulação.

Os leitores que lêem Marx como se ele fosse um Malthus ou um Marshall não percebem as determinações dos diversos pontos de vista e a determinação final do fenômeno como parte da reprodução conjuntural, do movimento cíclico da totalidade.

Do ponto de vista do consumidor, o cozinheiro do hotel é improdutivo, embora seja produtivo para seu empregador, o capitalista proprietário do hotel; aquela mesma pessoa que é produtiva no hotel pode ser improdutiva como empregado doméstico; do ponto de vista do próprio trabalhador assalariado, seu trabalho é sempre improdutivo, porque não produz mais-valia, não valoriza nada para si. Estes diversos pontos de vista, com exceção do último, se encontram à página 159, do volume I, da *Theories of Surplus Value*.

Se olharmos do ângulo da reprodução, o resultado do trabalho improdutivo não é uma mercadoria, não se destina ao mercado. De acordo com Marx, ao se desenvolver a produção capitalista, desaparece a produção doméstica "para consumo próprio, que não produz mercadoria"; assim, a maior parte do trabalho improdutivo, não se objetivando em valores de uso, portadores de valores de troca, se apresenta sob a forma de serviços pessoais.

> Que eles (trabalhadores improdutivos) não produzam mercadorias (*produce no commodities*) decorre da natureza do caso. Pois a *commodity* enquanto tal nunca é um objeto imediato de consumo, mas um portador de valor de troca. Conseqüentemente, apenas uma parte insignificante desses trabalhadores improdutivos pode ter participação direta na produção material, uma vez que o modo de produção capitalista tenha se desenvolvido.[28]

Quando nos referimos ao esforço ideológico único que se manifesta na justificação dos gastos do governo na compra de não-mercadorias e no terciário, algo ficou por ser esclarecido. A ideologia ortodoxa evita evidenciar que tanto as não-mercadorias quanto o terciário não-técnico constituem a forma que assume a contradição fundamental entre o aumento das forças produtivas e as bases estreitas em que se assenta o consumo da coletividade. O método ortodoxo que levou ao objetivismo vulgar e o neoliberal que desemboca no empirismo-abstrato impedem que se penetre na análise das relações sociais de produção que subjazem, definem e caracterizam o resultado do trabalho humano. Conduz, por isto, à falsa identificação de produtos, mercadorias, não-mercadorias e serviços.

---

[28] MARX, K. *Theories of surplus-value*, op. cit.

Assim como o método capaz de analisar a forma mercadoria, sem cair no fetichismo, se concentra nas relações sociais da produção subjacentes nas mercadorias, o método adequado à determinação da especificidade das não-mercadorias deve ser histórico-dialético. O trabalho humano, no processo metabólico da produção, transforma a natureza e se materializa nos objetos úteis como valores das coisas. À produção exclusiva de valores de uso correspondem instrumentos de produção em sua forma natural e relações de produção, de distribuição e de consumo que se organizam entre os produtores individuais.

Ora, o trabalho criador de valor de uso é o trabalho útil, trabalho produtivo: "O trabalho cuja utilidade vem a materializar-se assim no valor de uso de seu produto ou no fato de que seu produto seja um valor de uso é o que chamamos, resumindo tudo isto, *trabalho útil*."[29]

Todo trabalho útil objetivado é um *produto*, mas não uma mercadoria: "Assim, por exemplo, a comunidade da Índia antiga supõe uma divisão social do trabalho, apesar de que os produtos não se convertem, ali, em mercadorias."[30]

Marx parte do valor de uso das mercadorias para chegar ao conceito de trabalho abstrato ou geral, e o faz da forma seguinte:

> Agora, bem, se prescindirmos do valor de uso das mercadorias, estas só conservam uma qualidade: a de ser produtos do trabalho. Porém, não produtos de um trabalho real e concreto. Ao prescindir de seus valores de uso, prescindiremos também dos elementos materiais e das formas que os convertem em tal valor de uso. Deixarão de ser uma mesa, uma casa, um novelo ou um *objeto útil* qualquer... para reduzirem-se todos eles ao mesmo trabalho humano, ao trabalho humano abstrato.[31]

Nessa categoria não está incluído o trabalho improdutivo, que se materializa em não-mercadorias (não-meios de consumo e não-meios de produção) ou se apresenta como serviços imateriais e que, portanto, não entram nem no consumo individual, nem no consumo produtivo. Como "a produção só se realiza no consumo", todo produto do trabalho humano sistematicamente destruído ou imobilizado constitui uma não-mercadoria. A destruição ou imobilização do produto do trabalho humano representa uma forma de transformação *a posteriori* do trabalho produtivo em improdutivo. Quando se destrói ou imobiliza o resultado material do trabalho, seu produto, o que se destrói ou anula é o caráter *produtivo* daquele trabalho.

---

[29] Idem, *El capital*, t. I, p. 9.
[30] Idem, ibidem.
[31] Idem, ibidem, p. 5-6.

Tal como ocorre com todas as não-mercadorias, as que atuam como dinheiro não entram no consumo individual nem no consumo produtivo[32]... "Porém, além de condenar uma parte da riqueza social a esta *forma improdutiva*, o desgaste do dinheiro reclama a constante reposição de mais trabalho social – sob a forma de produto em mais ouro e prata."[33] A categoria não-mercadoria (produtos que não entram no consumo individual nem no consumo produtivo e que assumem uma "forma produtiva") só surge na análise marxista da moeda, como não-mercadoria.

Assim como os instrumentos de trabalho não constituem capital (constante), a não ser nas condições econômicas e sociais especiais em que se define a relação de capital; assim como o produto do trabalho humano assume a forma generalizada de mercadoria apenas no modo de produção capitalista; assim como a mercadoria força de trabalho é específica deste modo de produção, também as não-mercadorias só se determinam a partir de certo grau de desenvolvimento das forças produtivas, como subproduto das contradições básicas que se avolumam no mundo das mercadorias.

Produzidas pelo trabalho humano que a preservação do regime capitalista não permite que seja empregado nos setores produtivos e reprodutivos de mercadorias; obtidas graças ao emprego do excedente não distribuível sob a forma de meios de consumo e não reinvestível sob a forma de meios de produção; inseridas no processo produtivo consuntivo como mecanismo de imobilização ou de destruição das forças reais de produção; meio de transformação *ex post* do trabalho humano produtivo em improdutivo; mecanismo simultâneo de redução da capacidade produtiva de meios de consumo e de ampliação *relativa* da capacidade coletiva de consumo, nas não-mercadorias subjazem todas estas características, além da forma específica de sua circulação: produtores privados as vendem só para o governo.

O que fornece as determinações das não-mercadorias em oposição às determinações das mercadorias são as relações subjacentes em ambas; por isto, um mesmo produto pode ser uma mercadoria ou uma não-mercadoria, como

---

[32] "Quer se produza como mercadoria ou sem tal caráter, um produto é sempre cristalização material de riqueza, um valor de uso destinado a servir para o consumo individual ou para o consumo produtivo" (Idem, ibidem, t. II, p. 121). A moeda é uma das exceções, *mas não é a única*, pois "o produto recebe seu acabamento final no consumo". Assim, como uma mercadoria recebe seu acabamento final no consumo, devemos acompanhar até esta fase o produto que só nela se define.

[33] Idem, ibidem, t. II, p. 121.

pode ser um meio de produção ou um meio de consumo durável, de acordo com as relações em que entra.[34]

O dinamismo do departamento III de produção de não-mercadorias se manifesta ao longo do processo de expansão das forças produtivas como solução provisória das contradições fundamentais. As crises e as guerras amoldam e remodelam a estrutura produtiva e criam as condições de canalização do excedente não consumível e não reinvestível nos setores produtivos de meios de produção para os setores de não-mercadorias; estas modificações ocorrem em prolongado e doloroso período de diversificação da estrutura produtiva.

A identidade básica a que antes nos referimos entre serviços do terciário e não-mercadorias (para a imobilização ou destruição) brota, assim, da aplicação do método que nos ensina a prescindir da forma material e a fixarmo-nos nas relações subjacentes às formas sociais dos fenômenos.

O processo histórico de expansão das forças produtivas de mercadorias fez expandir seu oposto – a produção de não-mercadorias – que, ao lado do terciário, representa a mais violenta contradição das sociedades produtoras de mercadorias em que se preservam as antigas relações de produção e mostra que o casulo capitalista das relações de produção se torna cada vez mais incompatível com o grau de expansão das forças produtivas.

Nas condições da produção existente ao tempo de Marx, o trabalho produtivo era aquele que produzia mais-valia, dava lucro ao capitalista. Tanto do ponto de vista do todo quanto do ponto de vista de cada capitalista individual, aquela determinação era correta: o trabalho produtivo se realizava no departamento I ou no II e, em qualquer um, era produtivo enquanto dava lucro. O ponto de vista da totalidade era coincidente com o ponto de vista dos dois departamentos de vez que ao produzir mercadorias, tanto no I quanto no II, o trabalhador aumentava as forças produtivas.

Foram Hegel e, principalmente, Marx que ensinaram que os conceitos só se completam na mente quando se realizam, isto é, desenvolvem suas potencialidades na prática. Portanto, só quando o departamento III se estrutura e se afirma, este departamento que abriga o trabalho improdutivo, é possível à mente determinar a realidade completa do fenômeno: o trabalho improdutivo capitalista. Quando as relações capitalistas se apropriam, organizam, disciplinam o

---

[34] Um navio pode ser uma mercadoria, prolongamento da produção na circulação; pode ser um meio de produção, capital constante da indústria da pesca ou do petróleo; pode ser um artigo de consumo de luxo, um iate; pode ser uma não-mercadoria, um destróier, um barco de guerra.

trabalho improdutivo sob o comando do capital, todos os trabalhadores assalariados, empregados nos departamentos produtivos I e II e no departamento improdutivo III dão, no nível da aparência, lucro aos capitalistas, isto é, criam as condições de remuneração do capital, fornecem, pelo menos, a eficiência marginal fictícia, keynesiana, do capital. Agora, ao contrário do que ocorria ao tempo da estrutura bissetorial, trabalhadores produtivos e trabalhadores improdutivos, como partes de uma totalidade transformada, dão, aparentemente, lucro.

Portanto, é preciso distinguir-se, agora, o ponto de vista do todo do ponto de vista das partes. Do ponto de vista do todo, trabalhadores produtivos e improdutivos dão lucro, mas só os produtivos (empregados nos departamentos I e II) desenvolvem as forças produtivas; embora forneçam eficiência marginal fictícia do capital, os trabalhadores empregados no departamento III são improdutivos porque não desenvolvem as forças produtivas reais. Esta é a determinação que a mente pode fazer quando a estrutura do capitalismo desenvolve suas potencialidades, completando-se na prática antes de ser apreendida no pensamento.

Poderá o trabalhador improdutivo incorporar valor ao produto ou transferir valor no seu processo de trabalho improdutivo? Não pode. No processo de trabalho, o trabalho vivo, útil, particular, concreto, incorpora valor a uma matéria.

O ferreiro, o carpinteiro, o pedreiro, o alfaiate, etc., ao trabalharem, transferem o valor dos instrumentos de trabalho e das matérias-primas para o produto, que é a forma útil, o novo valor de uso correspondente à metamorfose da matéria realizada mediante o emprego de seu trabalho vivo, útil e produtivo.

> Portanto, o trabalhador não conserva os valores dos meios de produção desgastados, ou, o que é o mesmo, não os transfere como elementos de valor ao produto, *incorporando-lhes trabalho abstrato*, mas pelo *caráter útil concreto*, pela *forma específica produtiva* do trabalho que incorpora.[35]

Como incorpora o trabalhador tempo de trabalho e, portanto, valor? Sempre única e exclusivamente sob a forma de seu *trabalho produtivo* peculiar.[36]

Finalmente, não há dúvida de que Marx, acertadamente, exclui os serviços como possíveis portadores de valor, como objeto em que se objetiva e encarna

---

[35] MARX, K. *El capital*, t. I, p. 151.
[36] Idem, ibidem, p. 150.

o trabalho abstrato: "Se prescindirmos da representação puramente simbólica dos *signos de valor*, o *valor* só existe encarnado em *valores de uso*, em objetos."[37] "Portanto, ao perder-se o valor de uso, se perde também o valor encarnado nele."[38] Logo, do ponto de vista de Marx, os *serviços* imateriais, não objetivados, não podem conservar valor e, ainda que fossem *úteis*, se são consumidos ao serem fornecidos, "se perde(ria) também o valor encarnado nele(s)",[39] se houvesse valor. O que permanece nos trabalhos improdutivos é o símbolo dinheiro, a forma materializada e substantivada do valor de troca. Entretanto, se o dinheiro for mero símbolo, não contiver valor-trabalho, não incorporar trabalho abstrato, o caráter fictício, irreal, imaginário, de seu processo de trabalho, serão um dia chamados a prestar, mediante sua crise, contas ao trabalho real, concreto, útil, particular, produtor de valores de uso, de mercadorias.

A contradição interna entre valor de uso, a parte física e o valor, a parte social, capitalista, da mercadoria se externaliza na contradição entre mercadoria e dinheiro. A crise de realização é a expressão desenvolvida daquela contradição. Aquela contradição entre valor de uso e valor se expressa na composição orgânica do capital (C/V): o capital coisa, constante C, domina e expulsa o capital variável V, a força de trabalho humana em ação e lança o trabalhador no desemprego. As crises de desemprego expressam claramente a contradição entre máquinas, desenvolvimento tecnológico, e a parte do capital que cria valor, o capital variável. A queda da taxa de lucro é a outra forma de expressão da contradição entre o componente físico, o valor de uso, e o valor, a parte humana, social, capitalista do valor. Paul Mattick em seu livro[40] colocou esta contradição no centro de sua interpretação da obra de Marx.

As não-mercadorias e as mercadorias surgem, assim, como o resultado daquelas formas distintas de trabalho: improdutivo e produtivo.

Também as despesas se determinam como "custos improdutivos" na medida em que elas produzam uma redução do poder produtivo do trabalho. O trabalho improdutivo desempenha um papel duplo no modo de produção

---

[37] Idem, ibidem, p. 152.

[38] Idem, ibidem.

[39] "Se a coisa é inútil, também o é o trabalho contido nela; o trabalho não conta como trabalho, e portanto não cria valor" (Idem, ibidem.). Além disto, o dinheiro-estatal que o governo gasta para remunerar o trabalho improdutivo de seus funcionários e o objetivado nas não-mercadorias, ele o "gasta como renda" e não como capital: "é valor que não se conserva", "capital imaginário", tal como a dívida pública.

[40] MATTICK, P. *Marx y Keynes los límites de la economía mixta*. México, ERA, 1978.

capitalista: ele aumenta a demanda efetiva, co-participando da mais-valia, e representa um "falso custo" que impede as quedas da taxa de lucro e do índice de preços de se manifestarem numa crise; assim, mantém elevada a eficiência marginal do capital, o lucro imaginário. Contudo, por outro lado, o trabalho improdutivo não é fonte de valor, não valoriza realmente o produto e, portanto, não sendo produtor de valor, não pode produzir mais-valia. Ao aumento do trabalho improdutivo (expresso no crescimento do departamento III e no terciário capitalista) corresponde, portanto, uma redução da massa de maisvalia em relação ao capital constante total, impondo a queda da taxa de lucro real, da parcela de trabalho não pago apropriada por dado capital. Todavia, a inflação provocada pelo aumento relativo da demanda reduz o salário real individual e aumenta a taxa de mais-valia.

Assim, a "eficiência marginal do capital" mantém seu poder alucinatório (o perigo, diz Keynes, "é que os empresários venham a se alucinar com a esperança de lucros futuros e elevem o volume de emprego além do nível que torna os lucros máximos") por décadas de auge, até que a crise revele o caráter fictício dos lucros monetários engendrados por estímulos governamentais, preços especiais elevados, etc.

Durante três séculos a sociedade mercantilista fez do ouro o objeto e fim de seu trabalho, sem perceber que o aumento da quantidade de ouro inflacionou a Europa, anulando o valor do próprio ouro; não percebeu que este, parado, nega as possibilidades de sua valorização que só pode se dar quando usado como capital, como moeda que compra a força de trabalho e valoriza realmente o capital.

Portanto, do ponto de vista do valor, a redução relativa dos departamentos I e II e a hipertrofia do III significam a redução da fonte de valor, de valorização, de produção de mais-valia que será distribuída como lucro real por todo o sistema, inclusive pelo crescente departamento III.

A conversão *a posteriori* do trabalho humano produtivo em improdutivo via destruição ou imobilização mostra por que a expansão do terciário e dos gastos do governo na compra de não-mercadorias andaram unidos em todo o pensamento ortodoxo, expressando a necessidade contraditória do sistema de expandir o trabalho produtivo e a acumulação pela expansão de seu oposto – o trabalho improdutivo, separando os valores dos preços por meio da inflação.

Após a materialização do trabalho humano no produto, que se realiza segundo o modo e as relações capitalistas de produção, o sistema destrói, imobiliza ou congela aquele trabalho produtivo, convertendo-o, *ex post*, em improdutivo. Grande parte dos trabalhadores produtivos se assemelha cada vez mais a Penélope e tem o resultado de seu trabalho desfeito ou destruído pela rede das relações socioeconômicas em que entram aqueles produtos, independentemente da vontade de seus produtores e, até mesmo, das vontades dos capitalistas individuais.

4.3 O SURGIMENTO DO DEPARTAMENTO III – DE PRODUÇÃO DE NÃO-MERCADORIAS. A NOVA FORMA DO EXCEDENTE E SEUS LIMITES

O processo real que transformou as atividades "envolucradas sob o título de Agenda" – aquelas em que "o lucro jamais poderia reembolsar as despesas"[41] nos mais gigantescos setores de atividade das economias capitalistas avançadas não foi menos tortuoso e dubitativo do que seu reflexo no domínio da teoria.

A transformação dos setores não lucrativos naqueles que mais cresceram na atividade econômica global capitalista se apresenta como uma das contradições mais visíveis que surgem no seio da atividade guiada pelo lucro e conduzida pelas empresas e pelo governo para a acumulação privada.

Enquanto o surgimento do departamento I, de produção de máquinas por meio de um sistema de produção maquinizado, é, até certo ponto, um fenômeno técnico, que resulta da generalização da atividade industrial, a estruturação do departamento III é um fenômeno tipicamente social, produto das relações capitalistas de produção, distribuição e consumo.

O século XIX conheceu, com a expansão da capacidade produtiva dos departamentos I e II, "crises de crescimento", segundo a infantil denominação ideológica dos movimentos espasmódicos em que se contorce o sistema, e que evidenciavam sua instabilidade estrutural.

As crises de 1810, 1818, 1825, 1837, 1847, 1857, 1864, 1873, 1882, 1890 e as de 1900, 1907, 1920 e de 1929, na medida em que se identificavam como crises capitalistas verdadeiras, revelaram que a redução intermitente da capacidade produtiva se apresentava como uma necessidade imanente ao modo de produção capitalista. As crises capitalistas genuínas provocam uma sangria "depuradora" da capacidade produtiva do excedente que, então, se apresentava sob a *forma de mercadorias*: meios de produção e meios de consumo. A redução da taxa de utilização dos meios de produção, nas crises, indica que a *forma mercadoria do excedente* não encontra possibilidade de retorno ao processo produtivo-

---

[41] SMITH, A. *La riqueza de las naciones*, p. 639.

consuntivo. Indica, em última análise, que a capacidade de produção de meios de consumo ultrapassou a capacidade de consumo conjunta dos trabalhadores produtivos, dos terciários de cúpula e de base do governo, das empresas e das empresas terciárias. Algumas vezes, estes fatos óbvios são expressos claramente até mesmo pela ideologia ortodoxa:

> Além disso, mesmo que o superinvestimento neste sentido fosse uma característica normal do auge, o remédio não consistiria em impor de repente uma alta taxa de juros, que provavelmente desanimaria alguns *investimentos úteis*[42] enfraquecendo ainda mais a propensão a consumir, mas em tomar medidas enérgicas, como uma *nova distribuição dos rendimentos, a fim de estimular a propensão a consumir*.[43]

O remédio heróico, a redistribuição dos rendimentos, brota da farmacopéia ortodoxa como se o sistema possuísse os mecanismos de sua aplicação e, o que é pior, como se pudesse ser utilizado *in abstrato*, isto é, independentemente das características básicas da conjuntura. Não se percebe que as contradições fundamentais que permitiram o auge do processo acumulativo estão presentes em todos os momentos do ciclo e impedem "a nova distribuição dos rendimentos", impossibilitando a continuidade do processo de expansão unicamente baseado na empresa privada. Isto porque, quando a "eficiência marginal do capital" é suficientemente elevada para remunerar o capital, não há por que matar a galinha dos ovos de ouro e permitir uma "nova distribuição"; à atual, corresponde uma demanda global cujo nível e composição permitem uma alta rentabilidade dos investimentos adicionais. Não se redistribui porque não há por que se redistribuir.

Na fase oposta, quando "a nova distribuição" se faz necessária a fim de aumentar a capacidade de consumo da coletividade, o lucro esperado (a eficiência marginal do capital) se encontra ameaçado até mesmo pela distribuição vigente. Não se redistribui, nessa fase, porque não há o que se redistribuir.

Nenhum economista incremental-reformista jamais demonstrou que "a nova distribuição da renda", julgada capaz de sustentar o processo de crescimento, seria compatível com as características fundamentais do regime. Ao contrário, a elevação salarial que antecede a crise não é suficiente para ressuscitar a lei de Say, mas agrava as contradições pelos efeitos "perversos" que causa sobre a taxa de lucro.

---

[42] Se há *investimentos úteis*, deve haver investimentos inúteis.
[43] KEYNES, J. M. *Teoria geral*, p. 306.

Na fase de desenvolvimento intensivo das forças produtivas, quando a estrutura produtiva se constitui essencialmente dos departamentos I e II (de produção de *mercadorias*), sob a forma de meios de produção e de meios de consumo, as crises clássicas de realização apresentam sempre uma interrupção do processo de metamorfose das mercadorias (venda sem compra), resultando em prejuízos privados e na redução da escala de produção de *mercadorias*. Na economia malthusiano-keynesiana aquela capacidade excedente, em vez de mercadorias invendáveis, produz não-mercadorias que o governo adquire.

As crises e as guerras que ocorreram a partir de certo estágio de expansão do departamento I constituíram a mola propulsora do crescimento do departamento III. A produção mecanizada de não-mercadorias só pode definir-se quando o departamento I se torna capaz de transformar suas matrizes a fim de produzir as máquinas produtoras de não-mercadorias.[44]

O departamento III é, portanto, o resultado de um prolongado processo de gestação que se inicia nos albores do capitalismo industrial e se afirma nas últimas crises capitalistas verdadeiras; evidencia-se na Primeira Guerra Mundial, acelera-se nos anos seguintes à crise de 1929 e conhece sua plenitude na Segunda Guerra, quando 50% do PNB do mundo correspondiam apenas aos setores da defesa.

A expansão do DIII representa um mecanismo de socialização dos prejuízos inerentes às crises, de redução do desemprego sem aumento das forças produtivas e de preservação das características estruturais básicas do capitalismo. O excedente não distribuível, não socializável, que se produzia sob a forma de *mercadorias* na fase de acumulação intensiva, passa a ser o objeto do departamento III de produção, assumindo a forma social de não-mercadorias. Como são produtos que não vão para o mercado, mas que se dirigem

---

[44] A forma material das mercadorias é, aqui, importante. Marx, que critica a visão "escocesa" de Adam Smith, segundo a qual a forma física determina a mercadoria, quando analisa a reprodução, os seus elementos materiais, enfatiza a importância da forma: "A produção total da sociedade se divide em dois grandes departamentos: I – Meios de produção, mercadorias cuja forma as obriga a entrar no consumo produtivo, ou pelo menos permite-lhes atuar deste modo; II – Meios de consumo, mercadorias cuja forma se destina a entrar no consumo individual da classe capitalista e da classe trabalhadora" (*El capital*, t. II, p. 353). Acrescentamos o departamento III, de não-mercadorias, cuja forma as exclui do consumo produtivo e do consumo individual e as obriga, como não-meios de consumo e não-meios de produção, simultaneamente, a serem adquiridas pelo governo que as extrai da reprodução. No mesmo sentido: "Destinada ao consumo desde o princípio, essa porção existe sobretudo na forma de artigos completamente inadequados ao consumo individual". (*El capital*, t. II, p. 531.)

exclusivamente para o governo, à reprodução ampliada do departamento III tem de corresponder maiores recursos nas mãos do comprador. Para realizar a compra ampliada de não-mercadorias, amplificando as bases do "consumo coletivo", o governo se desloca do pólo da acumulação para o pólo do consumo.

A presença do Estado no pólo da acumulação, (....) é a demonstração de que o capitalismo keynesiano – a socialização "democrática" – como diz Klein, ainda não encontrou seu destino definitivo, ainda não se fixou no pólo do consumo, como necessariamente acontece na sociedade capitalista de consumo a partir de determinado nível de desenvolvimento de suas contradições. A doação de capitais estatais para os empresários encontra sua aparente justificação na queda da taxa de lucro que vem no bojo da crise, mas, acima de tudo, indica uma retificação do rumo do capitalismo keynesiano subdesenvolvido. A acumulação excessiva, produzida pela taxa despótica de exploração, criou problemas intransponíveis no pólo oposto, o do consumo coletivo, para onde se dirige agora o Estado brasileiro açodadamente, querendo recuperar o tempo perdido, ainda confuso e meio perdido no emaranhado de seus ideólogos e na pior de todas as fases para a realização do trânsito, que é a conjuntura depressiva.

Se a doação de empresas estatais eleva a taxa média de lucro e resolve, parcialmente, aquela crise, as empresas doadas se deparam com a crise de subconsumo, com a contração do mercado. Mesmo as empresas estatais doadas não podem subsistir como capitais privados se o mercado, destruído, não permite que elas utilizem senão parte muito pequena de sua capacidade produtiva. Escapam de uma crise e são apanhadas pela outra.[45]

Na origem das transformações estruturais mais importantes pelas quais passou o regime capitalista se encontra sempre a necessidade de ampliar as bases do consumo coletivo, sem alterar profundamente a estrutura distributiva, a fim de permitir a continuidade do processo acumulativo em sua forma privada.

A própria estrutura produtiva, montada de início para a produção mecanizada de meios de consumo, em seguida para a produção de máquinas por meio de máquinas, foi revolucionada pelas guerras e pelas crises, gerando o processo de produção de não-mercadorias por meio de mercadorias.

A fim de que parte significativa do excedente assuma a forma de não-mercadorias, não bastam as adaptações e transformações do DI capazes de fornecer máquinas produtoras daqueles produtos. Para que isso ocorra, é necessário que o DIII se transforme no receptáculo do excedente gerado nos departamentos I e II, permitindo que o capital-dinheiro-potencial que surge

---

[45] CAMPOS, Lauro. Estatização, Privatização e Crise. In: *Textos censurados*. Brasília, p. 221.

nos departamentos produtores de mercadorias se transforme em capital constante e em capital variável no departamento produtor de não-mercadorias.

A metamorfose do capital-dinheiro-potencial na estrutura óssea e em "fatores" do DIII se verifica de duas formas principais: a) pela criação de setores de produção de não-mercadorias nas próprias empresas de produção de mercadorias; essa transformação é mais visível nas fases de preparação bélica, mas ocorre em diversos setores de produção cujos produtos possam se dirigir às Agenda da comunicação, saúde, habitação, espaço, etc. A descoberta de qualidades nas mercadorias que as tornem utilizáveis como não-mercadorias permite a metamorfose total ou parcial da produção. Não é, no entanto, a simples descoberta de qualidades materiais (valores de uso) nos produtos que permite seu emprego para fins não reprodutíveis que provoca a metamorfose, mas o processo social que transforma o trabalho objetivado nos produtos em não-meios de consumo e em não-meios de produção, pela sua imobilização ou destruição, é que realmente define o produto como não-mercadoria; b) mediante criação ou aperfeiçoamento dos canais financeiros que permitem que o investimento do excedente gerado nos departamentos I e II, se objetive no departamento III. O capital-dinheiro-potencial dos dois departamentos se transforma, pela compra ou subscrição de novas ações, em capital-ações do DIII.

É, em parte, o papel polarizador do departamento III, receptáculo do excedente gerado nos setores produtores de mercadorias, que explica como seus compartimentos, todos relacionados à produção para as Agenda "não lucrativas", crescem a uma taxa superior à dos departamentos I e II (os setores lucrativos, segundo os clássicos).

A eficiência do processo acumulativo do DIII e as mudanças qualitativas na estrutura produtiva que a elas correspondem ameaçam esgotar rapidamente seu horizonte acumulativo. À medida que as empresas produtoras de não-mercadorias crescem, tendem a tornar-se autofinanciadas, e se mostram, então, impermeáveis à absorção do capital-dinheiro-potencial gerado nos setores de produção de mercadorias. Na medida em que ocorre esta tendência, a poupança tende a empoçar nos departamentos I e II, sob a forma de entesouramento, deixando o DIII de relacionar-se aos demais como parte de um todo: este seccionamento é o indício da crise.

A criação, e recriação, de novos setores produtores é, assim, imanente ao processo de expansão dos departamentos I e II e à rápida taxa de crescimento do departamento III, mostrando que também nele, produto das relações de produção e de consumo capitalistas, a contradição fundamental se reproduz. A criação de novas não-mercadorias (espaço, oceano, antipoluição, etc.) amplia o horizonte da acumulação de forças improdutivas no DIII, que só se manifestará como contradição real quando o governo empregar na compra de não-mercadorias um montante capaz de ameaçar a reprodução ampliada dos setores de produção de mercadorias, quando a sociedade de consumo se rebelar contra o incremento da forma inconsumível assumida pela produção da coletividade, ou quando as outras contradições aqui analisadas impuserem o limite ao departamento III. Os efeitos sobre a taxa de crescimento populacional serão examinados depois.

Nos setores ainda não totalmente dominados pelo modo capitalista de produção, ou naqueles em que as características físicas[46] dos produtos não permitem que eles tenham outro destino, senão o consumo individual, como é o caso da quase totalidade dos produtos agrícolas – o excedente se apresenta sob a forma original de *mercadorias*, e é nesta forma que o governo o adquire para estocar. Enquanto imobilizadas nos estoques, retiradas de circulação, se convertem, como todas as não-mercadorias, em não-meios de consumo e não-meios de produção. Ao retornarem à circulação, seu baixo preço de venda mascara a doação: seu preço de venda é inferior ao preço de custo, nele incluído o de armazenagem, mostrando sua diferença em relação às mercadorias.

Enquanto a estrutura produtiva compreende apenas os dois departamentos de produção, o consumo individual (de meios de consumo) e o consumo produtivo (de meios de produção) constituem a última fase da produção, em que esta se realiza. À mudança qualitativa na estrutura produtiva, que se verifica quando se afirma o DIII, deve corresponder uma modificação na estrutura qualitativa do consumo. Essa mudança estrutural se apresenta como mudança qualitativa porque a ela deveriam corresponder modificações na *natureza das relações de produção e de consumo*. Entretanto, como as relações capitalistas subjacentes nas não-mercadorias eliminam, mediante sua produção, o excedente físico redistribuível, isto é, o excedente sob a forma de mercadorias, o processo de redistribuição da renda e o correspondente incremento do consumo não podem realizar-se por impossibilidade material: o excedente se apresenta, agora, sob a forma de não-meios de consumo e de não-meios de produção (não-mercadorias).

O superexcedente se constitui de não-mercadorias que, pela óptica do capital, se identificam às mercadorias, desde que sua produção se apresente lucrativa

---

[46] Mais uma vez se afirma, quando se amplia o mundo das não-mercadorias, a necessidade de analisar as características físicas dos produtos. O plantio de cactus no governo Roosevelt e o café lançado ao mar, no governo Vargas, são dois exemplos de não-mercadorias agrícolas.

e se realize com os mesmos processos técnicos, padrões de racionalidade e formas de cooperação que caracterizam a grande indústria.

Do ponto de vista do todo, como não-meios de consumo individual ou de consumo produtivo, o consumo da massa não pode impor o limite à sua produção: ela não visa ao consumo coletivo, mas à destruição ou imobilização realizada pelo governo. Como não-meios de consumo individual e não-meios de consumo produtivo, as não-mercadorias não podem retornar ao processo produtivo-consuntivo como forças incrementadas de produção. A produção de não-mercadorias atesta, por outro lado, que, quando o desenvolvimento das forças produtivas ultrapassa, sob o capitalismo avançado e integrado, a capacidade coletiva de consumo, as relações de consumo, em vez de assumirem a forma correspondente àquele estágio de desenvolvimento pós-capitalista, são dominadas e conformadas àquelas relações individuais. A socialização e a coletivização do consumo não se realizam porque as forças improdutivas se objetivam nas não-mercadorias, objeto direto da demanda despótica do governo. Nos setores improdutivos em que o Estado do *Welfare* realiza as "obras coletivas", deparamos com as não-mercadorias, a forma não distribuível do excedente. A socialização capitalista do produto mostra, então, que é apenas outra forma da contradição já encontrada na "socialização" privada do lucro, que na realidade corresponde à coletivização dos investimentos, por meio das sociedades anônimas. A "socialização" estatal do produto não pode significar coletivização do consumo, mas, apenas, imobilização ou destruição na forma de não-mercadorias e acumulação de forças improdutivas.

Antes da década de 1930, o excedente invendável, sob a forma de mercadorias, resultava em prejuízo privado dos capitalistas. Sob a forma de não-mercadorias, é adquirido pelo dinheiro-estatal, e assume a forma de "socialização do prejuízo" a que nos referimos, que é característica do estágio de produção de não-mercadorias.

O preço especial que o governo paga pelas não-mercadorias que adquire é o principal instrumento de garantia da preservação do modo capitalista de produção, desta forma que assume o excedente, ao lado das subvenções diretas ao departamento III. O preço que rege nas relações governo-empresas produtoras de não-mercadorias não pode se nivelar ao preço de concorrência, simplesmente porque este preço "nunca poderia reembolsar as despesas": as atividades e a produção não seriam viáveis em virtude da ausência de lucro que as define.

A não-lucratividade "das atividades envolucradas sob o título de Agenda" só pode ser rompida pelo preço especial pelo qual o governo adquire as não-mercadorias. À reprodução ampliada do DIII é também essencial que o governo não empregue seus produtos como fatores de produção ou para revenda, mas para a imobilização, destruição ou doação total ou parcial.

Por isso, o governo, ao se deslocar do pólo da acumulação, se transforma num comprador especial que paga, pelo menos, um preço suficientemente elevado para garantir a reprodução ampliada do departamento III. No entanto, para atrair o excedente gerado nos dois departamentos de produção de mercadorias, isto é, para converter o DIII no receptáculo do capital-dinheiro-potencial dos departamentos I e II, aquele preço deverá ser capaz de manter uma taxa média de lucro no departamento produtor de não-mercadorias superior à taxa média corrente dos departamentos produtores de mercadorias. A compra de não-mercadorias assume, por isso, geralmente, a forma de contratos de compra e venda contínua e de longo prazo de vigência, em que se fixa, pelo menos, o *average price*, e não o mínimo, a fim de preservar a atração e polarização sobre o excedente gerado nos departamentos I e II.

Nos estágios avançados de crescimento, os homens do governo já não escondem, como seus ideólogos inseguros, esses fatos e tendências. No *Economic Report of the President Transmitted to the Congress, January, 1972*, lê-se à página 126: "O governo como comprador de tais bens e serviços deve também manter as despesas em pesquisa e desenvolvimento requeridas para suas produções quer por meio de fundos federais de pesquisa e desenvolvimento ou indiretamente por meio de preços que ele paga pela produção dos bens finais." Não há por que perder tempo com a desculpa esfarrapada de que o elevado preço pago pelo governo pelas não-mercadorias representa um auxílio para pesquisa e desenvolvimento do departamento III. O governo perde o controle sobre a aplicação da receita das firmas que ajuda a engordar.

O dinheiro-estatal retorna ao processo produtivo-consuntivo para garantir específica e diretamente o processo de acumulação ampliada do DIII, garantir seu relacionamento ao todo[47] e, desta forma, as condições gerais básicas de reprodução dos departamentos I e II (de produção de mercadorias) e das empresas terciárias para as quais flui a renda do pessoal de cúpula e de base do terciário do governo. Como a demanda de "bens de consumo e serviços" dos empregados no terciário do governo só pode realizar-se de acordo com seus padrões estandartizados de comportamento, o governo só pode controlar ou influir no montante, ou seja, no aspecto quantitativo daquela demanda de bens

---

[47] A reunião dos departamentos em que se cindiu a produção de início resultante da unidade da estrutura produtiva monossetorial, quando só existia o departamento II, agora se realiza pela força. A força é a da demanda despótica exercida pelo dinheiro-estatal. Quando o dinheiro-estatal entra em crise, a força desaparece e a cisão se afirma entre os departamentos.

e serviços. O controle qualitativo da demanda efetivada pelos funcionários do terciário do governo escapa à ação estatal, ficando restrito apenas aos estímulos e castigos que a política tributária pode exercer sobre os preços relativos das mercadorias e serviços que compõem aquela demanda. Apenas em casos extremos, afunilamentos ou achatamentos da pirâmide da renda do terciário do governo podem ocorrer a fim de adequar o perfil de sua demanda à estruturação da produção.

Ao garantir uma elevada taxa de "lucro" nos compartimentos do departamento III, sobre os quais atua diretamente mediante suas compras e dos preços especiais a elas imanentes, o governo colabora para que o terciário de cúpula do DIII e o terciário de cúpula do próprio governo criem uma forma de relacionamento, de comunicação e de comunhão de interesses que lhes é específica. Por meio desse relacionamento, as empresas que produzem não-mercadorias adquirem diretamente, ou por influências subterrâneas, uma participação crescente na tomada de decisões do terciário de cúpula do governo concernente à compra de não-mercadorias, sua quantidade, qualidade e preço. Essa comunhão de interesses, visível nas economias capitalistas integradas, nas quais se expandiu o departamento III de produção, determina o aumento da mobilidade dos altos funcionários entre o terciário das empresas e o terciário do governo. Essa mobilidade que se afirma nas cúpulas dos compartimentos terciários e a rede de relações socioeconômicas que ali se tece correspondem às mais elevadas "remunerações" e aos mais indevassáveis segredos das administrações empresariais e estatais.

As remunerações daqueles membros das cúpulas terciárias envolvem o preço da fidelidade e da discrição sobre o conteúdo secreto daquelas relações.

O processo de reprodução ampliada das empresas produtoras de não-mercadorias, e de todo o sistema mediante os efeitos que delas se irradiam (*linkages*, captação do excedente, etc.), está baseado nessas relações e no processo especial de tomada de decisões nelas envolvido.

O deslocamento do governo do pólo da produção para o do consumo (de não-mercadorias) tem por finalidade integrar o departamento III ao processo produtivo-consuntivo, a fim de que este apresente uma unidade dentro da diversidade da produção e consumo de mercadorias e de não-mercadorias e serviços. De um lado, comprando máquinas do departamento I e, do outro, gerando o fluxo de renda que constituirá importante componente da demanda do setor II. A economia ortodoxa se esquece de que os padrões de racionalidade imanentes à demanda do governo diferem profundamente daqueles atribuídos aos consumidores individuais. No entanto, os estudos de elasticidade-preço, elasticidade-renda, elasticidade-cruzada da demanda do governo não são objeto do empirismo abstrato. O caráter despótico e a natureza predeterminada da demanda do governo e a sua soberania são desprezados por aquela ideologia da soberania do consumidor.

A hipótese individualista da igualdade encarnou-se no mecanicismo econômico, apoiou-se no simplismo do livre arbítrio (livre escolha) e do comportamento egocêntrico, narcisista, que deságua, fatalmente, no onanismo empírico-abstrato. A "soberania do consumidor" é o resultado da hipótese ideológica de que o poder se distribui em *partes homogêneas, atomizadas, aos indivíduos* que decidem e escolhem racionalmente, diante da massa de "bens e serviços" que afluem aos mercados. Justamente o comprador que detém e encarna o poder, a soberania, isto é, o governo, não é tido como consumidor soberano.

A essa concepção individualista corresponde, inexoravelmente, a análise da opção "básica" dos indivíduos em relação ao emprego de sua renda, que só pode ser entre consumo e poupança (ou conservação em forma líquida, que é o resultado da generalização do comportamento específico da crise).

A análise estrutural indica que, ao contrário do que afirma a economia ortodoxa, aquelas não são as opções fundamentais da economia capitalista como um todo, em todas as fases de sua formação histórica. A primeira opção, primeira porque antecipada pelos contratos de longa duração e por um processo decisório em que a soberania do Estado não pode ocultar seu caráter despótico, é realizada pelo governo. Esta opção determina qual a parcela do produto deverá assumir a forma de não-mercadoria, ser o objeto jurídico dos contratos de compra do governo e objeto material de seu consumo, isto é, do armazenamento, destruição ou imobilização das não-mercadorias compradas. A dinâmica apoiada no consumo de artigos de luxo conheceu sua grande crise em 1929. Naquela crise as mercadorias de luxo (carros, geladeiras, enceradeiras, aspiradores) estavam limitadas aos mercados dos países ricos, Estados Unidos e Europa ocidental. O transplante posterior à Segunda Guerra preparou a completude da crise final. O transplante dos anos 50 foi movido pela ameaça de sobreacumulação cêntrica – 7 milhões de carros foram produzidos nos Estados Unidos em 1957. A atual "globalização" é um movimento dos capitais constantes do Japão, dos Estados Unidos, da União Européia em busca do capital variável barato, do salário de US$ 1,00 por dia pago aos trabalhadores chineses e asiáticos em geral diante dos US$ 50 ou US$ 70 pagos pelos capitalistas aos trabalhadores assalariados nos A.C.C. (Países Capitalistas Adiantados).

Ao se afirmar e expandir o governo no pólo do consumo, o caráter despótico de sua demanda de não-mercadorias se revela na sua vontade soberana de comprar, acompanhada do poder de compra do dinheiro-estatal, proveniente da arrecadação despótico-legal, das novas emissões e dos empréstimos compulsórios.

Sobre o restante do produto – as mercadorias – é que se exercerá a segunda opção, entre consumo e investimento, dentro dos limites impostos pela estratificação social, repartição da renda, sistema de crédito, etc. Os capitalistas exercerão o poder de sua "opção" sobre os artigos de luxo, restando a cesta limitada de artigos modestos para ser o objeto da "escolha" dos assalariados.

Enquanto isso, a acumulação, a centralização e a monopolização do capital fazem com que a "soberania" do Estado moderno[48] seja exercida pelos conglomerados econômico-financeiros que comandam, por meio de seu poder transnacional, os governos nacionais. Os soberanos não são os consumidores individuais, consumidos, mas os capitalistas, senhores de seus fundos neo-imperialistas.

4.4 O CUSTO SOCIAL DA PRESERVAÇÃO DAS RELAÇÕES DE PRODUÇÃO

"O aspecto dual do investimento" e o conceito vulgar de produção de mercadorias impedem que se perceba a totalidade de sentidos e de relações que subjazem na produção coletiva de mercadorias e de não-mercadorias. A ortodoxia se mostra mesmo incapaz de perceber que "todo conceito representa uma espécie de *tabu* diante das demais fontes possíveis de sentidos e simplifica e unifica a multiplicidade da vida em benefício da ação".[49]

O que a supersimplificação ortodoxa visa, em última análise, é enfatizar os efeitos da absorção do desemprego nas Agenda e no terciário sobre a atividade econômica global, especialmente pela demanda global de meios de consumo.

---

[48] Ver a respeito, MACIVER. *The modern state*. Londres, Oxford, 1964.

[49] MANNHEIM, K. *Ideologia y utopia*, RJ, Guanabara, 1986, parte I. O caráter dual do tabu – sagrado e profano; amado e odiado – não é determinado pelo caráter contraditório subjacente na forma mercadoria. Nas mercadorias a dualidade é decorrente do valor de uso e valor e resulta de que o trabalho humano é produtor de valor de uso e de valor no modo de produção capitalista. O trabalho assalariado acaba sendo produtor de mercadoria e de não-mercadoria que, sob o capitalismo, exercem, de um lado, o poder de empregar e o de desempregar o trabalhador; de outro lado, exercer o poder de explorar, de eviscerar e explodir as não-mercadorias nas guerras genocidas. Assim, mercadorias e não-mercadorias são os fetiches modernos, amados e temidos, portadores das condições de vida, eróticas, e portadores da morte, tanáticas.

Obscurece, concomitantemente, que aquela "solução" capitalista do desemprego reduz a taxa de expansão das forças produtivas reais (efeito Smith) e que a taxa ótima não pode ser alcançada em um sistema que não permite que a absorção da mão-de-obra se efetive nos setores produtivos e reprodutivos de mercadorias.

Obscurece, ainda, a "análise" mecanicista que o alargamento das bases de produção de não-mercadorias expressa a necessidade imanente do sistema de ampliar o pólo do trabalho (ainda que sob uma forma não reprodutiva ou destrutiva) diante do impulso da produção mecanizada de reduzir continuamente as oportunidades de trabalho. "A ampliação da força produtiva do trabalho e a maior negação possível do trabalho necessário se constituem na necessária tendência do capital."[50] Se a produção maquinizada pudesse desenvolver-se sem limites, o pólo do trabalho produtivo seria minimizado e, com ele, o contrapolo do não-trabalho, em cujo núcleo se encontra o capital. A robotização é incompatível com a reprodução das relações capitalistas, ao contrário do que supunha Tugan. A crise da estrutura ocupacional do capitalismo keynesiano irá desempregar 1,0 bilhão de trabalhadores em 1997, em escala mundial. Com isto, a oferta de trabalho se desarticula e os salários reais tendem a zero.

No auge, contudo, como a capacidade de produção de meios de consumo ultrapassa a cada passo a capacidade coletiva de consumo limitada pela distribuição capitalista, é necessário um incremento subseqüente da produção de não-mercadorias e serviços. A cadeia de desequilíbrios sucessivos se instaura no sistema e se expressa no incremento das não-mercadorias e dos serviços improdutivos (tecnicamente desnecessários). O efeito Malthus, o aumento relativo da capacidade de consumo por meio do aumento do número de consumidores improdutivos, se soma ao efeito Smith; é o outro lado do mesmo fenômeno: a taxa de crescimento das forças produtivas se contrai. O custo de manutenção da sobrevida do capitalismo se eleva e, com ele, os gastos do governo, as pressões inflacionárias e seu contrapolo – a dívida pública.

Como o aumento do volume de ocupação só pode arrancar da produção de não-meios de consumo, o contingente adicional de mão-de-obra deverá disputar o mesmo montante de meios de consumo operário, reduzindo-se,

---

[50] *"The increase of the productive force of labour and the greatest possible negation of the necessary labour is the necessary tendency of capital"* (MARX, K. *Grundrisse...*, cit., p. 693).

a fortiori, o montante médio por unidade de trabalho. Keynes percebeu a manifestação do fenômeno sem ter desejado elucidar o problema:

> Em outras palavras, a competição em torno dos salários nominais influi especialmente sobre a *distribuição* do salário real global entre os diferentes grupos de trabalhadores e não sobre o montante médio por unidade de trabalho, o qual depende, como veremos adiante, de outra série de fatores.[51]

Não é, no fundo, um problema de conscientização dos sindicatos e de sua maior ou menor capacidade de perceber as relações entre os salários nominais e os reais, mas a própria estrutura do PIB, dividida na produção de mercadorias e não-mercadorias, que impõe aquele limite prévio, na seqüência dos desequilíbrios, isto é, dos movimentos antagônicos que são imanentes à economia capitalista.

Na medida em que o governo, ao "socializar" privadamente o excedente, isto é, converter a produção excedente em produtos *extra commercium* (em não-meios de consumo e não-meios de produção) desfalca a expansão das forças produtivas reais, reduz ou elimina o problema da redistribuição da renda por falta de objeto apropriável pelas camadas de renda baixa e média. As formas dominantes de produção, acumulação e distribuição podem ser preservadas e o número de trabalhadores ampliado sem que se imponha a necessidade de novo perfil de distribuição do produto. Como o processo de expansão das não-mercadorias corresponde à transformação *ex post* do trabalho produtivo em improdutivo (que se verifica pela destruição ou pela imobilização do produto em que se materializa aquela parcela do trabalho social), o tempo de trabalho excedente, em vez de ser distribuído como tempo de trabalho livre para a coletividade, é preservado como trabalho industrial (de produção de não-mercadorias), submetido às relações capitalistas de produção. Mascara-se com os mesmos padrões de eficiência e produtividade que se supõe imperar nas empresas capitalistas como seu atributo específico.

As relações de produção subjacentes nos não-meios de consumo e não-meios de produção exigem a presença do governo no pólo do "consumo" coletivo e a utilização da moeda-estatal em escala crescente, a fim de permitir a realização das não-mercadorias. O desfalque das forças produtivas de mercadorias e a redução relativa de sua produção e oferta constituem o primeiro resultado da produção de não-mercadorias.

---

[51] KEYNES, J. M. *Teoria geral*, p. 26.

O aumento da demanda de mercadorias proveniente da remuneração dos fatores alocados na produção de não-mercadorias (produtos *extra commercium*) constitui o efeito subseqüente da produção de não-mercadorias. O aumento relativo da demanda de meios de consumo decorre da pluralidade antagônica da produção capitalista de mercadorias e de não-mercadorias e visa estabelecer uma unidade nesta diversidade da produção e do consumo. A inflação é o resultado inexorável da dinâmica das estruturas da produção, da ocupação e da oferta diante da estrutura da demanda global que reflete as distorções da repartição da renda e os antagonismos de classe.

A preservação do modo de produção capitalista e de suas leis de repartição impõe o pesado custo social da produção de não-mercadorias e a redução da taxa de expansão dos meios de produção e dos meios de consumo correspondentes. A redução relativa das forças produtivas de meios de consumo (enquanto corresponde a um aumento relativo de sua demanda efetiva) representa o item mais importante do custo social de preservação das relações capitalistas. Se todas as forças produtivas visassem ao consumo individual e ao consumo produtivo, somente uma repartição não capitalista poderia absorver a totalidade da produção. Os neoliberais desejam que o "mercado livre" determine a repartição e o consumo nas condições atuais de mono ou oligopolização da produção. A produção livremente voltada para o luxo, carros, computadores, celulares, etc., e de não-mercadorias é elitista, voltada para os neonobres, a exclusão dos pobres do mercado "livre" e o desemprego crescente são o resultado da nova e bárbara "liberdade". A União Soviética e o fracasso na formação do socialismo verdadeiro mostram que a produção de mercadorias capitalistas, individualistas, para lá transplantadas e de não-mercadorias são incompatíveis com a distribuição e o consumo socialistas. É a produção que determina a distribuição e o consumo coletivo.

Como a compra de não-mercadorias é realizada pela demanda despótica do governo, a taxa de acumulação no mundo das mercadorias e a expansão das forças realmente *produtivas* estão limitadas pelas relações fundamentais do sistema. O imenso processo acumulativo de produção de não-mercadorias exige dinheiro-estatal adicional que, na impossibilidade de produção de mais-valia, cria a "eficiência marginal fictícia do capital", o lucro monetário.

A taxa potencial de expansão das forças produtivas se distancia da taxa efetiva, a fim de permitir a reprodução das relações capitalistas fundamentais. Como assevera Mészáros:

> Todavia, o problema é que o capital, na sua forma mais liberta – ou seja, sob as condições da produção generalizada de mercadorias, que circunscreve e define os limites do capitalismo – põe em movimento não apenas grandes potenciais produtivos,

mas também, simultaneamente, forças massivas tanto diversionárias quanto destrutivas. Conseqüentemente, (....) tais forças.... provêem o capital em crise de novas margens de expansão e de novas maneiras de sobrepujar as barreiras que encontra. Dessa maneira, a dinâmica interna do avanço produtivo, como determinada pelas potencialidades objetivas da ciência e tecnologia, é seriamente distorcida, de fato fatidicamente desencaminhada pela tendência à perpetuação das práticas viáveis do capitalismo – embora dissipadoras e destrutivas – e ao bloqueio de opções alternativas que possam interferir nas exigências fetichistas da auto-expansão do valor de troca.[52]

O consumo coletivo é, cada vez mais, mera destruição capitalista do "excedente". Este, ao assumir a forma de não-mercadorias, é produzido como "excedente": ele é o principal, cuja produção é assegurada pelo orçamento da "defesa", pago com dinheiro-estatal, portador da mais alta tecnologia assegurada pelas despesas do governo cêntrico em pesquisa e desenvolvimento. O orçamento da Nasa para o ano 2000 que fora ameaçado de redução, acaba sendo ampliado com relação ao do ano anterior. Cerca de US$ 220 bilhões garantirão os gastos na dissipação espacial nesse ano, nos Estados Unidos.

Se a expansão das forças produtivas é estruturalmente desfalcada, o processo acumulativo baseado no lucro deve necessariamente se modificar, nos seguintes sentidos:

1ª) O lucro reinvestível nos departamentos I e II (de produção de mercadorias) deve sofrer uma redução em relação ao lucro reinvestível no III (de produção de não-mercadorias) e ao lucro reinvestível nas empresas terciárias (turismo, propaganda, embelezamento, pesquisa, etc.); a lucratividade do capital acumulado no departamento III impõe maiores dispêndios de moeda-estatal e maior carga tributária.

2ª) A remuneração do terciário de cúpula passa a absorver uma parcela do lucro reinvestível.

3ª) Parte dos meios de produção produzidos no departamento I passa a ser objeto de transplante para outras economias nacionais, semi-integradas. Nos anos 50, o transplante traduziu-se na redução do capital constante, evitou a sobreacumulação cêntrica e a ampliação dos mercados na periferia; a crise da economia keynesiana impõe a redução do salário real no centro; ao se mostrar insuficiente para deter a queda da taxa de lucro cêntrica, o transplante de capital constante busca os salários reais de US$ 1,0 por dia, vigente nas economias periféricas, retardatárias.

---

[52] MÉSZÁROS, István. *Produção destrutiva e Estado capitalista*. São Paulo, Ensaio, Série Pequeno Formato, 1996, p. 101-2.

4º) O dinheiro-imposto absorve parte do lucro gerado nos departamentos I e II, reduz a sua taxa de acumulação e se transforma em meio de compra de não-mercadorias e/ou de serviços do terciário do governo; o próprio DIII com seus produtos e rendas, em razão da generalidade dos tributos, tem de retornar ao governo parte da soma que dele recebeu. A estrutura dos gastos e a inflação garantem a repercussão do imposto, impedem sua redistribuição para o assalariado.

5º) Os gastos não diretamente produtivos de meios de consumo, em pesquisa, etc., se ampliam; caracteriza-se o *dumping* tecnológico. A globalização permite que a alta tecnologia cêntrica se una ao salário marginal que ganha o trabalhador periférico, aprofundando o desemprego *bumerang* provocado pelo neotransplante de capital.

O conjunto dessas tendências, relacionadas à redução das forças produtivas, revela que o lucro, suas modalidades e suas taxas não se determinam em abstrato.

A elevada taxa de reprodução do capital, correspondente à fase de acumulação intensiva, parecia não encontrar seus limites a não ser quando as crises lhe impunham o colapso. A maximização do lucro como resultado de uma "situação de equilíbrio" parecia ser imanente ao modo de produção capitalista, uma vez afastados os movimentos conjunturais adversos. Nas crises, a maximização de lucros mostra sua natureza histórica e seus condicionamentos, convertendo-se apenas em minimização de prejuízos, que passa a ser o objetivo da administração da empresa.

A fase de maturidade do capitalismo avançado, ao impor um estreito limite à acumulação no departamento II (de produção de meios de consumo), ao reduzir a taxa de expansão das forças produtivas e ao distanciar a taxa potencial de expansão da taxa efetiva, determina o afastamento da taxa de lucro máximo potencial (desejada segundo a óptica do capital) da taxa de lucro efetivamente reinvestível na economia doméstica (esta sim, capaz de permitir a reprodução das condições básicas do regime).

O desvio de forças produtivas para o departamento III, para atividades improdutivas, destrutivas, permite que o capitalismo "sobreviva a si mesmo"; a exportação de máquinas tem o mesmo efeito:

> Uma formação social nunca perece antes que estejam desenvolvidas todas as forças produtivas para as quais ela é suficientemente desenvolvida, e novas relações de produção mais adiantadas jamais tomarão o seu lugar, antes que suas condições materiais de existência tenham sido geradas no seio mesmo da velha sociedade.[53]

---

[53] MARX, K. *Prefácio à contribuição à crítica da economia política.* p. 26.

A preservação de uma elevada taxa de lucro no departamento II só poderá ser alcançada na medida em que a concentração espacial das forças produtivas puder ser evitada, numa economia nacional. A escassez relativa, necessária à reprodução da economia competitiva, exige a exportação, ou seja, a desconcentração espacial de meios de produção, que se relaciona ao todo da mesma forma que o departamento III: aumentando a renda disponível para o consumo dos agentes ligados à produção de máquinas, sem nada acrescer ao *output* de meios de consumo apropriável internamente, uma vez que a produção final se efetivará na economia importadora, semi-integrada. A taxa interna de lucro passa a depender não apenas do salário real e dos outros elementos do custo, mas do preço das não-mercadorias e da capacidade de exportação de meios de produção de mercadorias e de não-mercadorias: do componente fictício, o dinheiro supranacional que expressa os preços irreais e o lucro fantástico dos bancos multinacionais: o eurodólar, o petrodólar, o nipodólar que de ociosos (*idle*) nas crises anteriores adquirem velocidade, mobilidade e dimensões fantásticas na crise completa. Seu novo nome é dinheiro-volátil, mas seu roteiro é antigo: os países periféricos, cada vez mais dependentes que se endividam triunfalmente até a insolvência, o *default*.

4.5 DESCONCENTRAÇÃO DA PRODUÇÃO DE CARROS E DAS MINIMÁQUINAS

Em 1946, os meios individuais de transporte já tinham sua história nos Estados Unidos, o pólo econômico mundial. Imensas forças produtivas tinham-se desviado para a produção dos meios individuais de transporte, elevado a escala de produção de automóveis além da capacidade de compra da coletividade naquele rico país. A acumulação contraditória provocara as dificuldades de valorização que antecedem a crise de 1929. O caráter hipertrofiado da "máquina" dirigida e adequada apenas à esfera do transporte, sua inadequação à reprodução e as dificuldades de exportá-la em quantidade significativa provocaram sérios problemas em sua história recente. Como meio de consumo para capitalistas, o carro e os eletrodomésticos foram objeto de uma produção superdinamizadora e contraditória.

O transplante ou desconcentração em escala mundial das forças produtivas tornou-se um imperativo para a manutenção e preservação das relações de produção no pólo avançado.

A economia cêntrica, impossibilitada de exportar o departamento I, altamente concentrado, base do dinheiro-mundial, essencial à reprodução do produto material, etc., teve de transplantar alguns compartimentos do departamento II, dando curso ao movimento centrífugo do capital. As economias nacionais retardatárias ameaçavam impor restrições às importações de produtos manufaturados capazes de restringir o mercado mundial das mercadorias produzidas no pólo avançado, e chegaram a concretizá-las. O colapso do padrão inglês de desconcentração mundial antes da Primeira Guerra abriu espaço para a ascensão dos Estados Unidos. A expansão voltada para dentro da economia norte-americana que assumira a hegemonia mundial na década de 20, bem como a recuperação via elevação do componente estatal da demanda efetiva (D3) e de produção bélica, igualmente voltada para dentro, permitiram que algumas economias semi-integradas, subdesenvolvidas, adquirissem certa autonomia. Foi a redução do raio de ação da produção cêntrica desde a Primeira até a Segunda Guerra que permitiu a articulação de uma industrialização autônoma de algumas economias retardatárias. A crise e a contração do volume de produção impediram que as economias periféricas fossem intensamente exploradas pelos Estados Unidos; o capital-dinheiro perdeu parte de sua capacidade de exploração internacional por meio das dívidas externas periféricas por causa das falências de 5.000 bancos entre 1932 e 1935 e por causa da queda do volume de exportações do centro para a periferia.

Os compartimentos do departamento II que podiam ser transplantados sem causar o desenvolvimento das forças produtivas e reprodutivas em escala mundial eram os que produziam não-meios de consumo e não-meios de produção. Por isto, as indústrias produtoras de automóveis, "máquinas" desligadas e cindidas da esfera da produção e da reprodução, de eletrodomésticos, ligados à esfera do consumo individual doméstico, e de aparelhos e meios de transporte da palavra, do som e da imagem eram os compartimentos ideais para o transplante.

As indústrias produtoras de não-mercadorias, do departamento III, se encontravam em pé de igualdade, a este respeito, com aquelas do II, de transporte e de minimáquinas, mas estavam ligadas aos segredos militares, aos preços e aos estímulos do governo avançado que dominam o departamento III e determinam sua expansão interna e sua inexportabilidade, unindo-as umbilicalmente àquelas estruturas centrais e às condições de produção da economia integrada.

A produção de bens irreprodutíveis, dirigidos à esfera do transporte e das máquinas lilliputianas, instrumentos utilizados no consumo doméstico, individual, não podia provocar qualquer efeito de difusão em "cascata" da tecnologia. O departamento I, no qual se objetivam as inovações tecnológicas e os produtos novos, permanece na economia cêntrica, que continua a exercer o poder da técnica sobre as sociedades retardatárias.

Só a tecnologia embutida nos *meios de produção* e de *reprodução*, nas verdadeiras máquinas, pode difundir-se, e seu centro de difusão é o departamento I. A tecnologia contida naqueles produtos eleitos para o transplante fica presa ao próprio setor e às modificações operadas no departamento I, da economia avançada, servindo à acumulação do capital-dinheiro-mundial.

A acumulação privada e concentrada se objetivou na hipertrofia dos meios de transporte individual, irreprodutível, e das minimáquinas de consumo, produtos que se dirigem uns para a esfera do transporte, outros para a esfera do consumo individual, e que não podem voltar à esfera da produção, da qual, uma vez saídos, saem para sempre; estas determinações tornam estes setores ideais para o transplante internacional ao permitir que a seus transplantes não corresponda o aumento revolucionário das forças produtivas.

Como a maior parte da máquina coletiva que se configura no capitalismo submetido é composta de ramos que não desenvolvem as forças produtivas reais, o choque das forças produtivas com as relações de produção adquire especificidades importantes. A desarticulação das agências que influem na formação da consciência explorada dos sindicatos, dos partidos operários, dos jornais, etc., colaboram para que a compressão salarial possa vir desacompanhada das reações organizadas. Nestas circunstâncias, as contradições entre a acumulação capitalista e as relações sociais de produção só podem manifestar-se em termos essencialmente econômicos: queda da taxa de lucro a longo prazo, crise do balanço de pagamentos, falência do governo keynesiano.

Assim, a hipertrofia da esfera de transporte, dos "meios de comunicação" e dos "aparelhos" de consumo individual desenvolvem rapidamente o *subdesenvolvimento da produção e das possibilidades reais de reprodução*. A forma que assume o desenvolvimento do subdesenvolvimento do capitalismo retardatário é essencialmente aquela que permite a reprodução ampliada das forças improdutivas e irreprodutíveis dos meios de transporte individual, dos aparelhos de comunicação, dos computadores e dos meios de preparação de alimentos e *produtos* domésticos (eletrodomésticos) no pólo dinâmico e da pobreza e miséria no contrapolo da massa.

A transferência de linha de montagem ou o transplante do departamento II, produtor de produtos finais apenas, escolhe certas economias que tenham um mercado potencial para sua localização. Aos olhos dos subdesenvolvidos, esta potencialidade do mercado se denomina "demanda insatisfeita". Restrições à importação de automóveis, aparelhos de som, imagem e de eletrodomésticos aumentam a potencialidade da demanda das cúpulas das economias semi-integradas e retardatárias, preparando o mercado de mercadorias nobres no mundo em que os párias crescem.

O transplante desses compartimentos industriais mantém o caráter semi-integrado das economias retardatárias, pois só a parte final, departamento II, é transferida. Os produtos finais se inserem em nova estrutura de custos. O salário estabelecido nestes contextos encontra-se em um nível muito inferior àquele que as condições históricas, sociais e econômicas impuseram como o mínimo necessário à reprodução da economia avançada, como um todo.

"O preço de demanda insatisfeita" dos produtos cuja produção é transplantada, em vez de reduzir-se quando a produção alcança a escala ótima, é mantido em proveito da acumulação do capital estrangeiro.

Assim, se criam e fortalecem dois padrões, duas categorias de atividade, na esfera da produção: uma, que se apresenta como produtiva e reprodutiva, tradicional, não revolucionada pelas máquinas ou instrumentos novos de trabalho; ela é, em parte, responsável pela produção do excedente, pelo baixo custo de produção das mercadorias para assalariados; a parte do "excedente", ao ser apropriada pelas cúpulas terciárias, constitui a demanda efetiva dos produtos de alto preço, os objetos produzidos pela outra categoria, as indústrias transplantadas. A reprodução dessas indústrias tradicionais é tanto mais essencial à reprodução do sistema quanto mais se expandem as indústrias novas. A produção tradicional é essencial para garantir aquele mercado, manter ou aprofundar os desníveis e desigualdades da repartição da renda, a fim de reproduzir ampliadamente a demanda efetiva da cúpula pelas mercadorias de luxo, produzidas pelas indústrias transplantadas.

A aparente dualidade das economias retardatárias e semi-integradas constitui, na realidade, uma unidade na multiplicidade. A esfera da produção de não-meios de consumo individual e não-meios de consumo produtivo em cujas bases estão as fábricas transplantadas de produção de artigos de luxo, de meios de transporte individual, aparelhos de "comunicação e minimáquinas" (eletrodomésticos) não penetra a esfera retardatária de produção de meios de consumo e de meios de produção e não revoluciona os instrumentos de trabalho, a técnica, as forças produtivas e as relações de produção do setor herdado, tradicional. No entanto, essas desigualdades de formas de produção, distribuição, consumo e reprodução tornam-se mutuamente dependentes: a diversidade é indispensável à reprodução de cada um dos dois setores. A pobreza de um sustenta a riqueza do outro. A prosperidade de São Paulo (onde se localizam as indústrias de carros, de minimáquinas e dos aparelhos de comunicação) se ergue sobre a pobreza do Brasil tradicionalmente habitado pelos trabalhadores endividados.

O crescimento dos setores produtores de automóveis, aparelhos de "comunicação" e de eletrodomésticos, com sua natureza irreprodutiva de valor e de força produtiva, encontra no processo de produção mecanizada dessas indústrias transplantadas as bases materiais que as distanciam dos setores produtivos e reprodutivos, não tocados pelas técnicas modernas, e, portanto, dotados de taxa de crescimento muito mais modesta; o capital-dinheiro-nacional reproduz-se em condições retardatárias a uma taxa inferior à do capital-dinheiro-mundial nesses setores e nas empresas-satélites.

Os meios de consumo individual do assalariado são produzidos pelos compartimentos retardatários em que os salários reais são necessariamente baixos.[54] Para permitir que o excedente não reinvestido se gaste, pelas cúpulas terciárias, como renda, na compra dos "produtos" dos compartimentos transplantados, e para reduzir o custo de produção e reprodução da força de trabalho deste setor retardatário, que possui salário real reduzido, indispensável à reprodução ampliada deste compartimento reprodutivo, serve de base para que se fixe o nível de salário real de toda economia. O paradigma do salário da base é o salário do setor tradicional, e o salário da cúpula se aproxima do paradigma externo, mediante a "socialização privada do lucro". Assim, o salário real das bases das empresas transplantadas pode ser ligeiramente superior (graças ao preço de demanda insatisfeita pelo qual é vendida sua produção, e ao nível técnico das modernas indústrias de meios de transporte de indivíduos, de som, de imagem e de eletrodomésticos) ao dominante nos compartimentos nacionais retardatários.

Com a crise do capitalismo keynesiano, o capital constante das economias cêntricas se move para a periferia. Desta vez é Lenine quem recupera a razão: aquele capital vai à procura dos baixos salários da China, dos tigres asiáticos e da América Latina. A globalização faz com que o salário que ganha uma unidade marginal de trabalho nos Estados Unidos tenda a se igualar ao salário pago à unidade marginal de trabalho na China, mais frete, seguro e impostos incidentes sobre as mercadorias importadas da China, de acordo com a "precisão" neoliberal.

Os gastos do governo, relacionados com a produção da infra-estrutura do transporte e da "comunicação", da saúde, da educação, etc., e com o terciário do governo, tendem a se canalizar para aquelas indústrias transplantadas. O aumento dos gastos do governo torna-se essencial, nas condições semi-integradas,

---

[54] Ao setor transplantado interessa, apenas, que as indústrias produtoras de meios de consumo não aumentem o preço (ou o custo) de produção da força de trabalho a uma taxa tão elevada que se torne inabsorvível pela elevação dos preços das mercadorias que produz.

em que o DI não gera rendas em escala satisfatória para manter o nível da demanda global antagônica, em virtude dos limites estreitos que a demanda dos meios de consumo de luxo encontram no contexto hospedeiro em que penetraram.

As cúpulas militares e civis do terciário do governo retardatário, são, de quando em vez, contempladas com reajustes de vencimentos, rapidamente aplicados na compra de carros, aparelhos de comunicação, computadores e eletrodomésticos, enquanto a inflação os devora, por outro lado.

Os meios de transporte, "de recepção de comunicação" e de "consumo duráveis", sendo inadequados, inadaptados à esfera da produção, sendo não-meios de produção, não podem revolucionar a esfera da produção retardatária. Verifica-se, assim, a expansão horizontal, a reprodução ampliada mediante a incorporação de fatores qualitativamente idênticos aos aplicados no compartimento retardatário: a produção de não-meios de produção não pode revolucionar a esfera da produção. O excedente, a partir de determinadas taxas máximas de redução do salário, se amplia na cúpula, graças ao aumento do volume de emprego e à redução do custo de produção da força de trabalho.

Evidentemente, os novos meios de transporte e de comunicação permitem a ampliação do raio de ação da empresa produtiva retardatária, a redução dos custos de transporte, de armazenagem e a redução do ciclo do capital (tempo de rotação). A concentração consumista se ajusta e se soma à concentração acumuladora da renda nacional, encaminhando o processo para a crise de sobreacumulação periférica.

Não há dúvida de que o dinheiro-salário, reunido em uma renda familiar composta por diversos assalariados, acaba por introduzir, na casa dos operários de base, os aparelhos elétricos, produtores de produtos domésticos. Esta vitória do dinheiro-salário é, também, uma conquista de novo mercado por parte dos compartimentos transplantados que, assim, vendem mais instrumentos inadequados à produção, à reprodução e desenvolvimento das forças na esfera da produção reprodutiva.

Ao contrário do que supõe a teoria racionalista, desde os exercícios de Engel sobre os gastos de consumo familiar, os padrões de consumo assalariado são determinados pela situação de classe e esta está sujeita aos condicionamentos específicos das condições histórico-culturais. O assalariado subdesenvolvido tem sua escala de despesas, atribui maior essencialidade a certos produtos, com critérios totalmente distintos daqueles que definem o consumidor racional abstrato.

Impossibilitado de reduzir os gastos correntes com habitação e transporte, que se encontram em seus limites mínimos; desconhecendo as despesas com diversão, por causa da escassez de tempo de lazer e de renda, resta, apenas, reduzir os gastos com alimentação sempre que as indústrias de "bens duráveis" levem até ao assalariado as necessidades criadas por elas, de consumo de seus produtos. Poupando sobre o único fator disponível, a vida e a saúde, sua e de sua família (tratamento médico, dentista, higiene, alimentação, etc.), o assalariado adquire aqueles produtos – televisão, geladeira, etc. – em que se objetivam seus padrões de comportamento, distintos daqueles que se supõe erroneamente imperar como os únicos, por serem considerados "racionais", na sociedade como um todo.

Já se pode, agora, apresentar o quadro completo da produção maquinizada numa economia avançada e integrada em contraposição com a estrutura da produção das economias retardatárias e semi-integradas. A complementaridade excludente, característica da nova divisão internacional do trabalho, da tecnologia, da exploração e do mercado, se expressa nesta estrutura sociomórfica.

O desenvolvimento do subdesenvolvimento cria e recria, dessa forma, as condições essenciais para a expansão do mercado de que necessita a indústria farmacêutica: os doentes, os subalimentados, os carentes e marginalizados.

Nesse setor da produção capitalista, o mais próximo da vida humana e de sua preservação, é que se torna mais antagônica a divisão internacional da exploração e do trabalho.

O capital-dinheiro-nacional e as relações sociais da produção semi-integrada e subdesenvolvida que o definem se reproduzem nas condições retardatárias criadas e recriadas pelo capital-dinheiro-mundial que as sobredetermina, não permitindo que se revolucione, senão lentamente, a esfera da produção nacional. Ao se reproduzirem as relações de produção imanentes ao capitalismo retardatário e semi-integrado, se recriam as condições essenciais à reprodução do capital-dinheiro-nacional, modestamente ampliada, e a do capital-dinheiro-mundial, dotado de uma taxa de acumulação superior.

Assim, no pólo do trabalho produtivo retardatário e semi-integrado, as doenças se reproduzem e se amplia o mercado dos produtos que a técnica da indústria químico-famacêutica desenvolve, no pólo externo. À produção e reprodução de medicamentos novos, em quantidade crescente, no pólo externo, e no seu prolongamento transplantado,[55] corresponde a reprodução ampliada do mercado da doença no pólo interno.

---

[55] A indústria químico-famacêutica é o exemplo mais claro de como o capital-produtivo nacional, que nela penetrou durante as condições da Segunda Guerra, foi expulso pelo capital-dinheiro-mundial em vários países semi-integrados e, em especial, no Brasil.

Nessa condição, a pesquisa químico-farmacêutica, no pólo avançado, não pode se dirigir para a produção de medicamentos preventivos, redutores do mercado retardatário: isto seria o seu suicídio. Desenvolvem-se a indústria da medicina repressiva, da cura de consultório, que cria o sujeito doente, o consumidor subdesenvolvido, e o médico particular, privado, representante daquele império industrial, que indica a *necessidade* da droga específica, em nome do capital. A esse respeito dizíamos em 1996:

> A distribuição mundial da vida e da morte, da saúde e da doença, se apresenta de forma desigual e combinada. A produção de medicamentos sob a forma de mercadoria produz o "objeto (remédio) para o sujeito (doente) e o sujeito doente para o objeto, e a necessidade do objeto", o remédio que tem de ser vendido, sob pena de falir a indústria farmacêutica. A doença e a sua preservação são tão necessárias ao capitalismo como a produção de remédios, pois a indústria é garantida pela preservação da doença, pelo alargamento do mercado de doentes. Um medicamento que eliminasse a doença seria mortal para as finanças da indústria capitalista de remédios e para os investimentos em pesquisas privadas.
>
> É aqui, no mercado da doença, que se apresenta de forma mais clara a preferência do capital pela coisa, pelo capital constante, pela técnica, pela acumulação de capital em detrimento da vida, do capital variável, isto é, do trabalhador em ação. A maximização do lucro é incompatível com a maximização da vida humana e da natureza.
>
> A civilização do capital, que sucateia e desemprega os trabalhadores por meio de sua técnica *labour saving*, cria estímulos e incentivos para o capital coisa e o especulativo, "liberta" o homem, entrega-o à ditadura do mercado livre. O indivíduo é o produto dessa civilização e as doenças, vistas como males individuais, são um subproduto do mesmo.[56]

A pesquisa não pode ser nacionalizada, nem mesmo transplantada, a fim de não pôr em perigo sua natureza, isto é, de impedir que se transforme em *preventiva* e social.

Os poucos médicos que se rebelam contra essas relações são acoimados de *comunistas*, socializantes, de acordo com as regras criadas pelas empresas multinacionais em que o capital-dinheiro-mundial da indústria farmacêutica se acumula.

A máquina não é apenas antropomórfica (podendo, por isto, substituir o homem), mas é, tal como o homem, seu produtor, um produto social. Ela é sociomórfica. Portanto, a estrutura da máquina, suas funções e suas formas de

---

[56] CAMPOS, Lauro. *Saúde*; o diagnóstico do diagnóstico. Brasília, Senado Federal, 1996. p. 6-7.

inserção nas relações de propriedade em que entram são determinadas pelas estruturas sociais nas quais se desenvolvem, provocando modificações nas relações de produção e de consumo.[57] Sendo assim, a máquina traz, portanto, a marca da luta de classes na sociedade. A estrutura da máquina e da produção, que se esquematizará, em seguida, é, por isto, o resultado de uma ação contínua por parte das condições sociais concretas que as produzem e que modificam aquelas estruturas técnicas, no sentido de desligar parte dela do processo de produção e de reprodução, retirando o poder revolucionário das forças da produção e expandindo as forças do transporte e das comunicações, por um lado; por outro lado, o poder da grande máquina é atomizado e pulverizado em milhões de instrumentos produzidos para a esfera do consumo doméstico de produtos, minimáquinas inadequadas à reprodução de seu valor, uma vez que *impotentes* para a produção de mercadorias; outra parte das máquinas se amolda à produção de não-mercadorias, que são imobilizadas ou destruídas, e encontram no governo seu comprador exclusivo;[58] finalmente, as economias avançadas exportam as máquinas produzidas para os departamentos II das economias semi-integradas.

A essas duas últimas categorias de atividade, desenvolvidas sobre estas máquinas, corresponde o aumento relativo da capacidade interna de consumo, das economias integradas, uma vez que, às rendas pagas aos "fatores produtivos" e disponíveis para o consumo, não corresponde qualquer acréscimo do *output* de mercadorias disponíveis internamente, quer para o consumo individual, quer para o consumo produtivo.

Assim, pode-se traçar o quadro da estrutura industrial integrada, característica das economias avançadas, em contraposição com a estrutura industrial semi-integrada, retardatária.

---

[57] A *máquina coletiva*, soma de todas as máquinas, revela que as especificidades de dada formação social se refletem na estrutura e composição da maquinaria; a máquina transplantada, não sendo o resultado do crescimento do contexto socioeconômico que a recebeu, não transplantando as determinações do contexto que a produziu, é desajustada, um corpo estranho que perde a sociomorfia. A tecnologia transplantada violenta sempre o contexto histórico, social e econômico em que penetra e se hospeda.

[58] Quando a falência do Estado Keynesiano periférico se aprofunda, os serviços públicos de saúde, de educação, de transporte, de comunicações, de segurança, de aposentadoria, etc. se deterioram. O espaço deixado pelo Estado em retirada neoliberal é ocupado por ONGs e pelos capitais privados.

ESTRUTURA DA PRODUÇÃO INDUSTRIAL

a) Economia integrada

Departamento I	Produto	Destino
(Máquinas de produzir máquinas)	Máquina	Departamento II (internos e externos) Setor III (interno)
Departamento II		
1. Interno, de produzir meios de consumo	Alimentos, vestuário, remédios, móveis	1. Consumo individual, consumo produtivo ou improdutivo
2. Interno, de produzir meios de transporte	Meios de transporte individual e coletivo	2.1. Indivíduos (consumo irreprodutível) 2.2. Governo (consumo irreprodutível) 2.3. Indústrias (consumo reprodutível)
3. Interno, de produzir minimáquinas	Minimáquinas	3. Produtores de produtos domésticos (consumo individual, irreprodutível)
4. Setor externo, de produzir meios de transporte	Meios de transporte individual e coletivo	4.1. Indivíduos 4.2. Governo 4.3. Indústria
5. Setor externo, de produzir minimáquinas	Minimáquinas	5. Produtores de *produtos* domésticos (consumo individual, irreprodutível, retardatário)
6. Interno, de produzir equipamento para escritório	Máquinas de calcular, de escrever, computadores, etc.	6. Terciário do governo, das empresas e das empresas terciárias
Departamento III		
Interno, de produzir não-mercadorias	Não-mercadorias	6.1. Governos internos 6.2. Governos retardatários (destruição ou imobilização)

b) Economia semi-integrada

Departamento II	Destino
1' – (4) Setor II, *internalizado*, de produção de meios de transporte individual	1.1. Indivíduos (consumo irreprodutível) 1.2. Governo (consumo irreprodutível) 1.3. Indústrias (consumo reprodutível)
2' – (5) Setor II, *internalizado*, de produção de minimáquinas	2.1. Exportação 2.2. Cúpulas terciárias, capitalistas, não capitalistas da cúpula
3' – Setor internalizado, produtor de meios de consumo individual com máquinas importadas ou parcialmente produzidas (I)	3.1. Exportação 3.2. Cúpulas terciárias, capitalistas, não capitalistas da cúpula
4' – Setor interno, produtor de meios de consumo individual com instrumentos de trabalho produzidos internamente	4.1. Assalariados, empregados das bases dos terciários, não exportáveis.

4.6 CONSIDERAÇÕES SOBRE A ACUMULAÇÃO DO CAPITAL-DINHEIRO-NACIONAL: ESTRUTURA SEMI-INTEGRADA E CONSUMO OSTENTATÓRIO

Uma das conseqüências da estrutura produtiva semi-integrada é o seu reflexo no consumo, criando o chamado efeito-demonstração, no topo da pirâmide de rendas e a fome e a subalimentação na base.

Demonstrando, mais uma vez, que é a produção que determina o consumo, isto é, cria o objeto, o sujeito e as necessidades de consumo no sujeito, o efeito – demonstração, nas economias subdesenvolvidas, assume características específicas que refletem as condições da produção semi-integrada. Entretanto, a produção não cria o consumo mecanicamente, *a la Say*, mas dialeticamente.

Aos olhos dos ideólogos do investimento, os capitalistas subdesenvolvidos "gastariam alegremente"[59] a quase totalidade do lucro, desfalcando a acumulação do capital, tornando baixo o coeficiente de novos investimentos. Esta propensão ao esbanjamento parece fundar-se na indolência, na incompetência, na latinidade extrovertida, ou em outra tendência tropical, erigida em lei psicológica específica da "natureza humana" dos empresários subdesenvolvidos.

Essa tese vulgar, baseada no mais barato psicologismo social, mostra sua face ideológica quando, ao não advogar a substituição dos capitalistas dominados pelo efeito-demonstração, acaba por propor estímulos aos investimentos, que vão desde os favores cambiais até a doação de capital; estas doações viriam preencher a parcela do lucro dilapidada pelo consumo ostentatório, "gasta como renda", como diziam os clássicos.

Ora, o efeito-demonstração nada tem de especificamente subdesenvolvido, como demonstram os elevados níveis de consumo da aristocracia fundiária, da aristocracia política e da moderna aristocracia capitalista; existiu em todos os momentos da História do capitalismo, em todas as regiões em que se instaura o regime, e encontra antecedentes, não especificamente idênticos, em regimes anteriores.

Esquecem-se os ideólogos psicologistas de pesquisar, nas diferenças das estruturas reais da produção semi-integrada e da produção integrada, avançada, as causas da especificidade que se reflete nos padrões e na estrutura do consumo de cada uma.

Em uma economia integrada, o processo produtivo produz, mediante o processo de produção maquinizada, máquinas, equipamentos, isto é, o objeto

---

[59] MARX, K. *El capital*, t. I, p. 489.

sobre o qual recai a acumulação de meios de produção, o aumento do capital constante. Produz também os meios de consumo, entre eles os objetos sobre o qual recaem os gastos de consumo dos capitalistas. Por isso, é essencial ao processo de reprodução de uma economia avançada, integrada, que as máquinas produzidas pelo departamento I sejam adquiridas pelos capitalistas dos departamentos II e III, e/ou exportadas. A taxa de acumulação de cada setor é determinada pelo processo de reprodução, pelas necessidades imanentes a este processo, e, estas, pelo desenvolvimento das forças produtivas, das forças improdutivas, pela importância dos terciários, pela composição orgânica do capital, pela massa de mais-valia e sua distribuição, etc. O conjunto do processo produtivo-consuntivo não pode reproduzir-se com taxas de acumulação arbitrárias dos diversos departamentos individualmente considerados. A proporcionalidade entre eles permite, num primeiro momento, dinamizar positivamente o processo para, no momento seguinte, quando as contradições intra e interdepartamentais tiverem se plasmado no real, a crise vir a eclodir com toda a virulência.

Nas economias retardatárias e semi-integradas, o fato de que os capitalistas do departamento II, de produção de meios de consumo, reduzam seu consumo produtivo e aumentem seu consumo individual (efeito-demonstração), não produz efeito algum em cadeia e não ameaça fundamentalmente a reprodução do conjunto: os departamentos I e III se encontram fora do espaço econômico e do raio de ação das empresas do departamento II, de forma que as variações da demanda de máquinas não provoca efeito perverso ou desacelerador algum na economia semi-integrada. Quando se reduz a acumulação, a importação de equipamentos diminui, sem pôr em risco a reprodução da economia nacional. Por isto, os capitalistas subdesenvolvidos não sofrem o constrangimento e a pressão das relações sociais da reprodução, que obrigam os seus colegas das economias integradas a um comportamento mais uniforme em relação ao processo de acumulação e à divisão do lucro entre "gastos como renda" e investimentos. Esta estabilidade relativa do regime avançado é garantida pelo autofinanciamento das grandes empresas e pela expansão do crédito industrial, que se verifica quando o departamento I produz máquinas como mercadorias e necessita realizá-las.

No capitalismo retardatário, semi-integrado, o aumento do coeficiente de investimentos privados é estimulado por meio da repressão salarial, da inflação, dos estímulos cambiais, etc. A importação de capital produtor se reflete no agravamento do déficit do balanço de pagamentos, eleva a composição orgânica do capital e agrava a tendência à sobreacumulação.

O capital-dinheiro-mundial manifesta seu poder sobre as empresas nacionais que ficam atuando na órbita dos setores dinâmicos da economia, leva a centralização do capital aos cumes de sua possibilidade, promovendo, simultaneamente, sua desconcentração. Indústrias que não são adquiríveis pelo capital-dinheiro-nacional, como a automobilística, a química, a de computadores são apoderadas pelo capital-dinheiro-mundial. As empresas-multinacionais em que aquele capital toma corpo adquiriram, de acordo com o relatório da Comissão de Finanças do Senado dos Estados Unidos,[60] as seguintes indústrias, que se somaram às bases do capital-dinheiro-mundial, dos Estados Unidos:

Simca and Rootes, pela Chrysler

Machines Bul, pela G.E. (agora Honeywell)

Deutsche Erdol, pela Texaco

Ferrania, pela 3M

Imperial Tupewriter, Adler e Triumph Werke, pela Litton

Imperial Chemical Industries adquiriu Arnold, Hoffman e Atlas Chemical

BASF adquiriu a Wyandotte Chemical

Bayer (Germany) adquiriu a Mobay e a Chemagro

Hoechst adquiriu a Hystrom Fibers

AKZO (Dutch) adquiriu a Internacional Salt

Na medida em que a concentração das forças na esfera da produção se verifica, a queda da taxa de lucro acaba por mostrar sua face. No nível da empresa, o mercado interno se apresenta saturado, isto é, o processo acumulativo só pode mover-se em margens cada vez mais estreitas.

As empresas multinacionais surgem onde essas condições internas se apresentam em primeiro lugar: as indústrias do transporte individual e as das minimáquinas, alastrando-se para a indústria petroquímica, farmacêutica, metais não ferrosos, etc. No trabalho citado, lê-se, à página 119:

"Quando o custo de desenvolvimento de um novo negócio é maior na economia doméstica do que no exterior, a corporação pode começar a pensar multinacionalmente. Essa situação produz excesso de fundos e capacidade de gerenciamento para o qual prevê somente oportunidades marginais nos Estados Unidos", o que, como se viu, é apenas um aspecto do processo de desconcentração.

---

[60] *Implications of the Multinational – firms for World Trade and Investiment and For U.S. Trade and Labor*, p. 108.

Reconcentrando-se nos países capitalistas para onde emigram, fundindo-se, controlando o capital, comprando empresas, o capital-dinheiro-mundial cria seu pólo nos Estados Unidos, na Alemanha e no Japão.

Esse pólo olha os países retardatários como uma vítima única de sua realimentação, e transforma as economias retardatárias, cedo ou tarde, na arena de sua competição. A preservação das relações de produção interna, das economias retardatárias a que já nos referimos, é essencial ao movimento total do capital e à sua História.

Tabela IX
Gastos em investimentos diretos dos Estados Unidos no estrangeiro, por indústrias, 1964/66, 1967/69, 1970/72

Indústria	1964/66	1967/69	1970/72
Química	2.642	3.500	3.900
Maquinaria não elétrica	1.807	3.400	6.700
Maquinaria elétrica	709		
Equipamento de Transporte	2.725	2.000	3.100
Alimento	548		
Papel	688	4.400	7.100
Borracha	471		
Metais não ferrosos	1.112		

Fonte: *Implications of Multinational Firms for World Trade and Investment and For U.S. Trade and Labor, Committee on Finance, U.S. Senate*, p. 106.

O movimento centrífugo do capital com base em seus centros de acumulação e de centralização obedece a leis internas. A escolha dos setores de produção de meios de transporte (e de comunicação) e de minimáquinas como objeto inicial do transplante indica o caráter interno daquela lei. As economias semi-integradas, por isto, não podem escolher seu modelo de crescimento: têm de se submeter às determinações externas que se fazem independentemente de suas vontades subdesenvolvidas e de seu poder limitado.

O modelo brasileiro mostra seus setores transplantados como reprodução reduzida dos investimentos diretos das empresas norte-americanas, no exterior.

Aquela estrutura de investimentos se reproduz, como se vista por meio de um binóculo invertido, na estrutura dos investimentos estrangeiros no Brasil, mostrando que não pudemos nos livrar, determinar ou influir no movimento externo, centrífugo, do capital-mundial. O transplante de capital, que é o padrão de desconcentração internacional que tem como seu portador as empresas multinacionais, desenvolve suas contradições nas economias hospedeiras até que o endividamento externo e a falência do sistema financeiro mundial ponham fim ao padrão atual de desconcentração contraditória do capital.

4.7 AS NÃO-MÁQUINAS DE TRANSPORTE DO SOM, DE SINAIS, DA IMAGEM, DAS CORES, DE MENSAGENS, DE PALAVRAS

O capital se apropria de alguns conhecimentos básicos da física e, no espaço de um século, revoluciona o setor do transporte de objetos não produzidos, o som (telefone), a imagem (televisão e o videofone), os sinais (telégrafo, telecomando, cibernética), a palavra (telex), o cinema (telecinema), o som (rádio), criando a esfera da telecomunicação.

A partir da descoberta da transformabilidade das diversas formas de energia, impulsos mecânicos, sonoros, luminosos, puderam ser transformados em elétricos e transmitidos a longa distância, até o aparelho receptor que reconverte os sinais elétricos ou eletromagnéticos à sua forma inicial – mecânica, sonora, luminosa.

O motor da máquina real é substituído por uma central elétrica; o sistema de transmissão de força, de movimento, que impulsiona a máquina-ferramenta, é substituído por uma corrente elétrica ou eletromagnética que transmite o impulso sonoro, mecânico ou luminoso sob a forma de energia elétrica; a máquina-ferramenta é substituída por um receptor que pode registrar, gravar, acionar o registro mecânico ou reverter o impulso transmitido à sua forma energética primitiva.

O sistema de transmissão de sinais elétricos, correntes de ondas elétricas ligadas a relés que atuam sobre os órgãos mecânicos que passam a ser comandáveis a distância, desenvolve o importante sistema de controle remoto ou telecomando. Este, que hoje domina os petrechos bélicos – que lhe deram o impulso, os recursos e a dimensão – até os brinquedos, representa, principalmente unido à televisão, novas possibilidades de eliminação dos trabalhadores produtivos, especialmente aqueles que assistiam às máquinas, supervisionavam a alimentação das máquinas, a passagem de uma etapa a outra do processo produtivo, os encarregados de ligar e desligar a máquina, etc. Essas operações podem, agora, pelo controle remoto, e deste ligado ao televisionamento do processo produtivo, reunir num só painel de comando, sob o domínio de um trabalhador apenas, as operações que antes eram feitas por dezenas de trabalhadores e que, agora, passam a ser telecomandadas.

A possibilidade de substituição de mão-de-obra por dispositivos automáticos centrados em torno de computadores parece aumentar sem limites, fazendo antever a superação do modo de produção capitalista, isto é, aquele em que o processo de produção envolve o de valorização do capital, em que o tempo de trabalho socialmente necessário é sua unidade de medida, e a acumulação é seu objetivo.

As invenções e inovações são produzidas como parte de uma totalidade contraditória. De início, o setor têxtil e o departamento II de produção de meios de consumo é o centro dinamizador e, por isso, nele ocorrem as invenções.

O departamento I e, em seguida, a atividade produtora de meios de transporte passam a ser o centro de produção e de incorporação de invenções. O motor a explosão – gasolina e diesel – é inventado e tem seu significado no contexto revolucionado pelos meios de transporte.

Os artigos de luxo assumem a forma de carro e de eletrodomésticos: essa produção passa a ser o centro produtor da nova tecnologia a partir de 1913.

Com a exaustão da economia apoiada na dinâmica do luxo, a economia bissetorial, em 1929, o departamento III passa para o centro de ativação (conservadora e destruidora). As invenções e inovações passam a ser produzidas no departamento III; a atividade inventiva se volta e se apóia no governo. Essa produção tecnológica se liga às não-mercadorias bélicas, espaciais, telecomunicativas, etc. Sua essência é negativa; seu resultado é satisfatório se permanece afastado do desenvolvimento das forças produtivas. Conforme Mandel:

> O desenvolvimento armamentista começou então a absorver uma parte considerável dessas invenções, chegando a criar as precondições das mesmas. A bomba atômica é, naturalmente, o primeiro exemplo a ser lembrado, mas não foi de maneira alguma o único caso significativo desse gênero. O radar, a miniaturização de equipamentos eletrônicos, o desenvolvimento de novos componentes eletrônicos, na verdade mesmo as primeiras aplicações da matemática a problemas de organização econômica – "a pesquisa operacional" – todos tiveram suas origens nos anos de guerra ou na economia armamentista. Analogamente, o chamado modelo sinergético de planejamento empresarial – no qual o resultado global dos vários programas excede a soma dos resultados parciais previstos em cada programa isolado – é derivado dos programas militares ou paralelo a estes. O caminho para a organização sistemática e intencional da pesquisa científica, com o objetivo de acelerar a inovação tecnológica, também foi desbravado no contexto da guerra ou da economia armamentista.[61]

Sua primeira aplicação é bélica, espacial ou na transmissão de algo não produzido: sinais, imagens, cores, etc. É a produção improdutiva, destrutiva, necessária à manutenção das relações capitalistas.

---

[61] MANDEL, Ernest. *O capitalismo tardio*. Os Economistas. SP, Abril Cultural, 1982. p. 177.

Como produto da distorção final do capitalismo, a tecnologia moderna se desenvolve no departamento III e se aplica no setor de serviços, improdutivo, organizado sob a forma de empresas capitalistas ou no terciário do governo.

Produzida e desenvolvida por seu afastamento da produção, acaba não apenas provocando o desemprego terciário ou aprofundando-o, como reage sobre a produção sob a forma de telecomando, robotização, automação e automatização. A geração de tecnologia dotada de memória, a utilização de mini-circuitos eletrônicos integrados, o telecomando espacial, etc. se incorporam às indústrias capitalistas quando passam a competir com o trabalhador terciário e a desempregá-lo; seu emprego na produção promove a mais revolucionadora mudança na composição técnica e na composição orgânica do capital.

Assim, dinamizada e superprotegida por estar unida à negatividade, à cisão e à hipertrofia dos não-meios de produção, a nova geração tecnológica acaba se aplicando onde tinha sido expulsa – na indústria, aumentando o desemprego e revolucionando as forças produtivas até o nível em que elas se mostram incompatíveis com as relações capitalistas de produção. Completa-se, assim, a crise tecnológica do capital, a contradição entre o capital constante (coisa, valor de uso) e o capital variável (a força humana de trabalho, derrotada).

Não só a forma preço, mas a própria circulação, que é mediação entre produção e consumo, é mera aparência: "É o fenômeno de um processo que se realiza atrás dela."[62] Quando o processo de produção deixar de se apoiar no trabalho vivo, quando a robotização invadir a produção e a comercialização, as bases da produção do valor e do valor excedente estarão superadas. A produção de mercadorias deixará de ser possível porque se torna impossível a produção de valor que impulsiona a produção de valor de uso, no mundo das mercadorias. Os historiadores desta era verão com clareza que a forma não-mercadoria correspondeu à etapa do capitalismo em que ele, não podendo desenvolver as forças produtivas que se tornaram prisioneiras das relações de consumo e das relações sociais da produção, passou a desenvolver seu oposto, as forças improdutivas e destrutivas.

O transporte de algo não produzido – som, imagens, sinais, cores, palavras – permitiu que os meios de comunicação e transporte adquirissem autonomia em relação à produção de mercadorias transportáveis. A eficiência marginal fictícia do capital instilada pelo governo, sob a forma de meios de pagamento de não-mercadorias, de estímulos, doações e de incentivos, disfarça a queda do

---

[62] MARX, K. *Grundrisse...*, cit., p. 255.

lucro real provocada pela exclusão do trabalho vivo no processo de produção. Assim, o governo prepara, ao complementar a demanda efetiva deficiente e a taxa de lucro cadente, o aumento de seus gastos que ocasionam a crise fiscal moderna. A crise do governo despótico, improdutivo, é a negação do conteúdo negativo que se acumulou em sua esfera como forma de dinamização contraditória do capitalismo que, impossibilitado de desenvolver as forças produtivas, passou a desenvolver o seu oposto, as improdutivas e as destrutivas. Os filósofos da comunicação e da informática abandonam Marx e embarcam no mundo autonomizado, fetichista, hipertrofiado das superinfovias e das comunicações.

Portanto, as diversas formas – a desenvolvida e a subdesenvolvida de desenvolver o *não-desenvolvimento* – ambas acabam por expandir as forças irreprodutivas da esfera do transporte individual, da esfera do consumo individual (minimáquinas), das não-mercadorias e do terciário improdutivo, em detrimento da expansão das forças produtivas e reprodutivas, isto é, dos meios de consumo individual e das máquinas, matérias-primas e auxiliares empregadas em sua produção. Os dois pólos – o das mercadorias e o das não-mercadorias – constituem a unidade na diversidade da produção moderna, e a expansão movida pelas não-mercadorias revela a negatividade necessária. Nos subdesenvolvidos, as condições de reprodução do sistema criam outra contradição entre os setores produtivos e reprodutivos atrasados, de um lado, e os irreprodutíveis, do transporte e das minimáquinas, de outro. Instaura-se, ainda, a necessidade de importação de máquinas para os compartimentos do departamento II e de não-mercadorias, enlaçando as forças produtivas e reprodutivas antes de se ter desenvolvido a esfera da produção. O endividamento externo das economias submetidas é o resultado destas relações, desta estrutura produtiva e destas relações internacionais que presidem o transplante.

4.8 O GOVERNO E AS RELAÇÕES ECONÔMICAS INTERNACIONAIS: DO *DUMPING* TRADICIONAL AO *DUMPING* TECNOLÓGICO

Na fase de acumulação intensiva, o governo se encontra ostensiva e diretamente relacionado ao processo de ampliação do mercado externo, essencial à realização das mercadorias que a economia nacional produz em escala ampliada. O dinheiro-estatal financia, de um lado, as guerras contra as restrições alfandegárias, contra as reações autárquicas das economias retardatárias, contra o artesanato que se encontra em algumas delas como forma de produção não tipicamente capitalista, contra a organização política e administrativa de economias nacionais concorrentes ou indefesas aos interesses da conversão do capital-mercadoria das empresas avançadas em capital-dinheiro; de outro lado, o governo financia as exportações de certas mercadorias, doando dinheiro-estatal às empresas capitalistas sob as formas mais variadas, mas que se unem pelo diferencial que provocam entre os preços no mercado interno e os preços nos externos, pagos pelas mesmas mercadorias.

O *dumping* tradicional revela as relações especiais entre o governo e certas empresas que obtêm, das doações que recebem, a possibilidade de conquista e manutenção do mercado externo. Charles Bettelheim mostra, em seu *L'Economie Allemande Sous le Nazisme*,[63] a complexidade a que chegou o mecanismo, na luta da Alemanha para conquistar o mercado externo. O Japão, nas primeiras décadas do século, utilizou amplamente o instrumento em sua forma mais visível e direta, assim como a Itália, a França e outros.

É imanente às economias capitalistas retardatárias e semi-integradas utilizarem-se generalizadamente do *dumping* indireto, que se manifesta na doação de dinheiro-estatal às empresas produtoras de mercadorias potencialmente exportáveis, mediante a subvenção de parte do preço de importação dos meios de produção que elas empregam. Esta forma de *dumping* é aceita, dentro de amplos limites, pelas economias avançadas e integradas, pois representa um estímulo às exportações de máquinas e equipamentos produzidos pelo seu departamento I. Por isto, estas economias fingem ignorar o *"draw back"* que protege os capitalistas semi-integrados.

Outra forma de *dumping* generalizado, e que é inerente aos "modelos voltados para fora", é aquela em que o governo se relaciona com as empresas mediante a redução ou preservação de uma baixa unidade de salário real vigente, auxiliando na garantia de preços competitivos no mercado internacional, graças ao aumento da taxa de mais-valia: o *dumping* salarial.

À medida que as máquinas, equipamentos e, principalmente, os meios de transporte coletivo, individual, e do som, da palavra, etc., se afirmavam nos pólos econômicos avançados, o *dumping*, sob suas diversas formas tradicionais, evidenciava os estreitos limites e a margem cada vez menor em que se movia. A realização externa das mercadorias, às expensas do aumento da taxa interna de mais-valia e da correspondente redução da capacidade de consumo da massa, não poderia generalizar-se sem evidenciar a contradição básica em que se apoiavam todas as modalidades de *dumping*.

---

[63] BETTELHEIM, op. cit., v. 2, p. 40-59.

Nas economias dominantes, a redução dos salários reais vigentes, que as diversas formas tradicionais de *dumping* impõem às economias cujos governos as utilizam, torna-se insuportável diante das pressões sindicais organizadas e das necessidades internas, "históricas e morais", essenciais à continuidade do processo acumulativo e resultado dele: a elevação de custos, que impõe uma unidade de salário real superior, no longo prazo (do tempo real), é que reduz a competitividade internacional dos produtos de luxo que se afirmam na pauta de exportações das economias cêntricas.

A exportação de meios de transporte, minimáquinas e de máquinas e equipamentos (estes essencialmente transplantados), correspondente às novas divisões internacionais do poder, da exploração, do trabalho e do mercado, e essencial à reprodução das estruturas nacionais em que aquelas divisões se baseiam, deve-se processar e encontrar seu mecanismo de ação. É necessário compatibilizar os níveis de salário real elevados das economias integradas e sua capacidade de exportar, isto é, sua competitividade internacional que esbarra com os baixos níveis de salários das economias semi-integradas, nas áreas em que o capital-dinheiro nacional subdesenvolvido tem acesso à produção.

A concorrência entre os capitalistas nacionais nas diversas economias semi-integradas e retardatárias continua a se apoiar, em parte, nos respectivos governos subdesenvolvidos e a produzir o *dumping* tradicional, em suas várias modalidades. O governo neoliberal do Presidente Fernando Henrique Cardoso impõe o *dumping* salarial como instrumento de combate à inflação e, em seguida, apelida o arrocho salarial de "redução do custo Brasil", redução do custo da força-de-trabalho em que o salário real é dos mais baixos do mundo.

Nas economias integradas, a nova estrutura produtiva, o nível de salário real relativamente elevado (isto é, elevado com relação ao das economias retardatárias), os privilegiados padrões de consumo, a estrutura ocupacional em que o terciário improdutivo se afirma, em um longo processo, no qual as experiências bélicas estimularam a indústria da inovação, criam as condições para a metamorfose do *dumping* tradicional em *dumping* tecnológico. A Agenda da educação, ao se reproduzir na da pesquisa, recebe o dinheiro-estatal em quantidades crescentes.

As pesquisas bélicas e espacial, a pesquisa universitária e a pesquisa empresarial se apóiam no dinheiro-estatal das economias integradas e, dentro dos limites determinados pelas áreas de segredo militar, acabam por colocar os conhecimentos da ciência a serviço da acumulação privada. A Tabela X abaixo demonstra, de forma irretorquível, o imbricamento da acumulação privada com a produção tanática, destruidora, capitalista. O processo de "destruição criadora" schumpeteriano se alimenta daquela pesquisa: o departamento III é, então, o *locus* das inovações.

O departamento I, em que essas inovações tomam corpo, e os processos inovados que delas decorrem emprestam a natureza monopolística, em âmbito internacional, aos seus produtos, às máquinas e equipamentos produzidos, com exclusividade, pelo sistema maquinizado integrado, avançado.

Tabela X
As 25 maiores sociedades ocidentais que fabricaram armamentos em 1990 e 1995
(Venda de armamentos em milhões de dólares US)

		1990
1	Mc Donnell Douglas (US)	9.020
2	General Dynamics (US)	8.300
3	British Aerospace (GB)	7.520
4	Lockheed (US)	7.500
5	General Motors (US)	7.380
6	General Electric (US)	6.460
7	Raytheon (US)	5.500
8	Thomson (Fr)	5.250
9	Boeing (US)	5.100
10	Northrop (US)	4.700
11	Martin Marietta (US)	4.600
12	GEC (GB)	4.280
13	United Technologies (US)	4.100
14	Rockwell International (US)	4.100
15	Daimler-Benz (Al) Direton des Constructions	4.020
17	Mitsubishi (Jap)	3.040
18	Litton Industries (US)	3.000
19	TRW (US)	3.000
20	Grumman (US)	2.900
21	Aérospatiale (Fr)	2.860
22	IRI (It)	2.670
23	Westinghouse (US)	2.330
24	Dassault Aviation (Fr)	2.260
25	Texas Instruments (US)	2.120

Fonte: GRENET, Yves, op. cit., p. 452.

Mediante Tabela anterior verificamos que "o complexo militar-industrial norte-americano ocupa a posição superlativamente dominante seguido pela Grã-Bretanha, França e Itália, proporcionalmente às suas possibilidades econômicas".[64]

Assim, em vez de financiar os preços de exportação, o governo avançado, capitalista, financia a pesquisa que cria e recria as condições competitivas para as mercadorias que suas empresas produzem. O elevado nível relativo de salário real deixa de representar uma condição desfavorável de custo, porque o custo deixa de ser comparável, uma vez que a mercadoria produzida, a máquina inovada, é monopólio seu.

Nos setores do departamento II da economia integrada que não são objeto de transplante, as inovações tecnológicas financiadas (ver Tabela seguinte) pelo governo reduzem o custo de produção de meios de consumo por eles produzidos, garantindo, desta forma indireta, a competitividade internacional, apesar dos salários reais elevados que oneram sua produção. Como é natural, a cisão entre a produção e o transporte é realimentada pela pesquisa concentrada neste setor. E esta forma indireta pela qual o governo subvenciona parte do preço das exportações é exclusiva das economias avançadas. Este *dumping tecnológico* que permite a continuidade do processo de transplante e de exportação de certas máquinas que produzirão fora os meios de consumo permite deixar, na economia integrada, elevado *quantum* de renda disponível para o consumo; abre, também, a Agenda da pesquisa, setor privilegiado do terciário, relacionado, pelo consumo, ao processo produtivo-consuntivo.

Como veremos, esse movimento encontra seus limites; o principal problema que cria na economia integrada é a exportação de oportunidades de trabalho produtivo. Isto significa que ao transplante de máquinas por parte da economia avançada corresponde a não-criação de oportunidades de emprego, no processo de trabalho cêntrico. Quando o capitalismo keynesiano entra em crise, máquinas e equipamentos dotados de alta tecnologia são transplantados para a China, para Taiwan, etc., à procura de seus salários ínfimos. Os mercados "livres" dos Estados Unidos e dos A.C.C. são invadidos pelas mercadorias produzidas por meio do *dumping* tecnológico e do *dumping* salarial. A concorrência internacional provoca a tendência de igualar os salários mundialmente ao salário real que ganha um operário chinês...

---

[64] MÉSZÁROS, op. cit., p. 130.

Tabela XI
Desenvolvimento das despesas de P e D na economia americana;
anos escolhidos: 1921-1961 (em milhões de dólares)

Ano	Gastos Totais em P e D	Percentagem do PNB	Percentagem dos gastos em P e D financiados pelo Governo Federal	Gastos Federais em P e D
1961	14.740	2,8	65	9.650
1960	13.890	2,8	65	9.010
1959	12.680	2,6	66	8.320
1958	11.130	2,5	64	7.170
1957	10.100	2,3	63	6.390
1956	8.670	2,1	59	5.095
1955	6.390	1,6	57	3.670
1954	5.620	1,5	55	3.070
1953	5.150	1,4	53	2.740
1940	570	,6	21	120
1931	300	,4	13	40
1921	150	,2	17	25

Fonte: PECK, Nelson; KALACHEK. *Tecnologia e desenvolvimento econômico.* Rio de Janeiro, Forense, p. 62.

O governo federal financiava 65% dos gastos totais em pesquisas, em 1961, nos Estados Unidos, e apenas 17%, em 1921.

Do total dos gastos de pesquisa e desenvolvimento, em 1961, 36,4% foram feitos em aviões e mísseis; 22,1% em equipamento elétrico e de comunicações; 9,9% em produtos químicos; e 4,4% em veículos a motor e outros equipamentos de transporte. Como se vê, a Agenda do transporte absorveu 62,9% do total.

A eficiência do *dumping* tecnológico se evidencia da comparação entre a estrutura dos gastos do governo no pólo integrado e avançado e a estrutura das exportações e do transplante de seu capital.

Os setores em que se concentram os gastos de "pesquisa e desenvolvimento" – transporte, comunicação e química – são aqueles mesmos que apresentam os maiores volumes de investimentos diretos no exterior; a estrutura de tais investimentos no Brasil é muito sintomática e facilmente relacionável àquelas estruturas externas.

O aumento ou a preservação de um elevado volume de emprego e de renda disponível no departamento I da economia avançada e em seu terciário dedicado à pesquisa permite corrigir parcialmente o desequilíbrio, a assimetria ou a contradição entre a capacidade de consumo da coletividade e os acréscimos internos ao *output* de meios de consumo, a que nos referimos anteriormente.

Em 1960, os Estados Unidos empregavam 800.000 pessoas em P & D, das quais 200.000 eram engenheiros, 80.000 cientistas, 170.000 técnicos e 350.000 artesãos, administradores, burocratas e pessoal auxiliar.[65]

Quer as máquinas e os equipamentos produzidos nos pólos integrados e exportados continuem sob a propriedade das empresas multinacionais, quer sejam total ou parcialmente vendidos a grupos nacionais dos países de destino, o efeito corretivo interno, nas economias avançadas, fatalmente se realiza: o aumento ou a conservação de um elevado volume de emprego nos setores de produção de bens de produção (máquinas de produzir máquinas e equipamentos) permite incrementar ou manter a demanda de bens de consumo produzidos nos pólos integrados; o aumento do fluxo físico de oferta de bens de consumo se realiza fora, nos países importadores de fábricas, impossibilitando, desta forma, que se acentue a dissimetria fundamental, naquelas economias cêntricas.

A dimensão da atividade de pesquisa que a sociedade global norte-americana atingiu só pode ser explicada, e a distribuição de recursos entre os diversos setores só pode ser entendida quando se verificam as relações e interações do fenômeno com a necessidade do sistema industrial avançado de expandir o consumo. A criação e manutenção de um setor de pesquisa hipertrofiado se devem, apenas parcialmente, ao próprio estado de beligerância fria ou declarada, impedindo que se determine esta outra importante raiz do fenômeno, e de seu papel na vinculação moderna: governo-empresa-exército-universidade.

A conservação de um nível tecnológico superior no sistema industrial desenvolvido representa uma garantia da conservação ou da ampliação do hiato tecnológico existente entre aquela sociedade e o resto do mundo; o monopólio que a pesquisa confere aos detentores da tecnologia superior é o único instrumento de preservação do *dumping* tecnológico, mecanismo indireto e adequado à estrutura e organização atual do sistema industrial de produção norte-americano, alemão e japonês.

---

[65] PECK, Nelson; KALACHEK. *Tecnologia e desenvolvimento econômico.* RJ, Forense, p. 61-2.

Essa "saída" encontrada pelo sistema industrial avançado é mais eficiente e adequada àquele contexto global do que o *dumping* tradicional, no sentido de que o mecanismo indireto que mantém a exportação de máquinas e equipamentos conserva internamente o mesmo fluxo físico de oferta de bens de consumo, pois o aumento dele se realizará no país importador de fábricas, máquinas e equipamentos. Ora, isto não acontecia na antiga modalidade de exportar meios de consumo abaixo do custo de produção ou por meio de redução do nível de salário real, pelo governo; o aumento do fluxo físico de oferta de meios de consumo, quando feito no país industrial avançado, se não fosse totalmente exportado, poderia agravar a dissimetria fundamental entre a capacidade de produção de meios de consumo e a capacidade de consumo do sistema global.

Portanto, em certo sentido, o sistema industrial avançado recebeu o desafio do resto do mundo e, no final da Segunda Guerra Mundial, respondeu ao desafio organizando o *dumping tecnológico*, vinculado, amparado e hipertrofiado pela dimensão da pesquisa que o sistema já era estimulado, por sua dinâmica interna e por motivos bélicos e econômicos (ampliação do terciário), a fornecer.

Assim, a concentração de capital nos pólos altamente desenvolvidos acarreta a tendência oposta, de desconcentração, mediante a exportação ou transplante de indústrias inteiras ou partes delas (para ampliação e reposição). O departamento I se divide em um compartimento exportador de máquinas e equipamentos, e noutro, para a produção interna: o consumo produtivo interno é complementado pela negatividade do consumo produtivo nas economias hospedeiras.

A aplicação de inovações tecnológicas que a pesquisa bélica introduz ou desenvolve, nos setores de produção de bens de produção e de consumo, aumenta a coesão do processo e permite a ampliação da própria pesquisa. Assim, a indústria do titânio foi desenvolvida para o programa espacial em virtude de necessidades técnicas. Como o titânio é trabalhado no vácuo, a "indústria do vácuo" recebeu um grande impulso. Os aviões comerciais supersônicos são construídos com a utilização do titânio, indispensável à velocidade superior a 2,2 *mach*, e a frigorificação de alimentos se beneficiou enormemente da nova "indústria do vácuo". Este relacionamento técnico a que se refere Servan-Schreiber estimula e justifica as despesas com a pesquisa e garantiu o *"lag"* tecnológico entre os Estados Unidos e o resto do mundo, e é indispensável ao *dumping* tecnológico.

Uma das conseqüências secundárias do fenômeno será o crescente tropismo das grandes indústrias e dos centros de pesquisa sobre a universidade.

A atividade didática, mal-remunerada, desestimulante, a ponto de Schumpeter considerar a pobreza do professor como uma das causas de seu espírito de crítica ao sistema, será mantida por um número reduzido de remanescentes recalcitrantes: os demais irão ganhar dinheiro na pesquisa, dentro de macrounidades públicas e privadas de pesquisa, participando da socialização privada do excedente. O claro será preenchido por pessoal de nível mais baixo, e a universidade norte-americana sofre os efeitos dessa transformação. Diante da impossibilidade de desenvolverem pesquisas técnicas fundamentais dentro da universidade, por causa da necessidade de equipamentos que elas não podem adquirir, o treinamento da elite criadora e inventiva só poderá ser feito fora da universidade, nos centros paramilitares, paraestatais e industriais.

Outra conseqüência indireta, que poderá levar os otimistas dos países subdesenvolvidos a esperar que o maná caia sobre suas cabeças, decorre da imprescindibilidade deste mecanismo de expansão do consumo. A necessidade de manter e ampliar o *dumping* tecnológico poderia levar o sistema industrial desenvolvido a exportar máquinas e equipamentos a preços cadentes.

Enquanto as indústrias do departamento II, situadas fora das economias integradas, se mantiverem sob a dependência técnica e econômica de sua origem, devendo demandar máquinas e equipamentos daquelas economias para ampliação ou renovação, o *dumping* tecnológico estará assegurado. No entanto, um sério problema poderá surgir, mostrando a contradição imanente ao processo: as dificuldades crescentes das economias semi-integradas e retardatárias em obter os montantes de divisas necessárias para a continuidade do processo de importação de máquinas e equipamentos e meios de transporte que as economias avançadas necessitam transplantar, e que se impõe a elas como resultado do movimento centrífugo do capital.

À medida que os mecanismos internos de sustentação da capacidade relativa de consumo das economias avançadas e integradas forem perdendo sua elasticidade e se movendo sobre margens cada vez mais rígidas e estreitas, revelando seu caráter histórico e contraditório, o *dumping* tecnológico adquirirá importância decrescente. O *dumping* salarial praticado sobre os trabalhadores periféricos empregados, trabalhando num nível tecnológico globalizado, anulará parte das vantagens que antes derivavam do *dumping* tecnológico. O achatamento dos salários, o *dumping* salarial, nas condições de nivelamento tecnológico mundial dará a última palavra e decidirá a luta contra os trabalhadores cêntricos e a favor do capital constante universalizado.

Isso significa, em outras palavras, que o processo de criação e recriação de desigualdades, imanentes ao desenvolvimento do capitalismo, depois de exaurir suas possibilidades internas, deverá se alimentar das desigualdades em escala mundial, expressas no desenvolvimento desigual e combinado das forças produtivas.[66]

A quebra do equilíbrio orçamentário, o déficit permanente do orçamento, é acompanhada do déficit das contas internacionais, como única solução transitória do capitalismo pós-keynesiano: o desequilíbrio estrutural e crescente do balanço de pagamentos, o endividamento insolúvel das economias semi-integradas, terá conseqüências sobre a estrutura e composição do poder, da administração pública, das relações mundiais de produção, de dominação e de exploração muito mais profundas do que aquelas que o capitalismo keynesiano inaugurou, após o encerramento do neoliberalismo, na crise de 1929.

Se, de início o *dumping* salarial parece ser uma criação das economias capitalistas periféricas que adotam o mecanismo como reação diante da restrição do mercado mundial aos seus produtos, principalmente dos mercados cêntricos, a verdadeira natureza do *dumping* salarial se revela ao longo do processo de dominação.

A redução do nível de salários reais das economias dominadas passou a ser defendida pelo governo subdesenvolvido e pela burguesia periférica como se fosse um mecanismo reativo capaz de manter elevada sua competitividade externa e sua capacidade de geração de um superávit em sua balança comercial.

Na verdade, o *dumping* salarial justifica a redução de salários reais para toda economia, "a redução do custo Brasil, do custo Argentina, do custo Coréia do Sul", e não apenas para os setores exportadores: a ideologia que mascara e

---

[66] A contradição entre a forma mercadoria e a forma dinheiro se internacionaliza após a Segunda Guerra: as mercadorias norte-americanas, excedentes, tinham de ser exportadas, mas não havia liquidez em dólar em escala mundial para realizar as compras. O eurodólar "resolve" o problema até o final da década de 70. O déficit no balanço de pagamentos dos Estados Unidos constitui a "solução" nova que injeta mais de 100 bilhões de dólares por ano para cobrir tal déficit. Este montante do déficit substitui a liquidez dos créditos concedidos pelo sistema financeiro internacional, em eurodólar, e que se encerrou quando a dívida mundial se aproximou de 800 bilhões de dólares. A partir de 1971 se inaugura o déficit na balança comercial dos Estados Unidos que se transformará em déficit no balanço de pagamentos quando a falta de liquidez internacional começar a ameaçar o sistema financeiro com a insolvabilidade e "*default*" dos países devedores, no início dos anos 80. O alongamento do perfil da dívida externa dos pobres, para o prazo de 30 anos e a redução da taxa de juros cobrados dos empréstimos externos reduz a sangria de que os países pobres, devedores, são vítimas. Assim, filhos e netos da atual geração nascerão servos da dívida externa e escravos da globalização tecnológica, do *dumping* salarial.

justifica a redução de salários reais das economias periféricas transforma um interesse específico dos setores exportadores, a redução dos custos dos produtos de exportação, tida como necessária para a elevação das receitas de exportação, numa necessidade técnica que se impõe a todos os setores da economia, o arrocho salarial geral e o desemprego global.

Na medida em que a dívida externa se eleva, percebe-se que o *dumping* salarial resulta das relações de dominação internacionais e é "aconselhado" e imposto pelos credores internacionais. O FMI, o Banco Mundial e os organismos que expressam a voz e a vontade dos dominadores, impõem, em seus planos e programas para as economias devedoras, o arrocho salarial, o *dumping* salarial, como uma de suas mais importantes exigências. Entretanto, o feitiço vira contra o feiticeiro quando a "estabilidade" política, que se segue à queda do muro de Berlim, revela a lucratividade que o capital "produtivo" pode ter ao explorar os baixos salários da periferia. Os salários de fome se tornam irresistíveis aos capitais famintos de lucro; a crise do capitalismo keynesiano fez secar as tetas do governo e as fontes governamentais de lucro. Dadas as dificuldades e os limites à baixa característica dos salários dos trabalhadores cêntricos, a exploração dos operários periféricos se torna um atrativo irresistível para o capital constante das economias hegemônicas.

Quando a contração da demanda interna, do mercado consumidor das economias pobres, se realiza por meio da exclusão cada vez maior das massas de trabalhadores marginalizados e da classe média proletarizada fica evidente que o *dumping* salarial é um mecanismo útil à burguesia dominada e ao capitalismo cêntrico. A redução de custos e a elevação da taxa de lucro nas economias periféricas se obtêm pelo arrocho salarial e de vencimentos, isto é, do mesmo mecanismo que garante a redução do consumo interno e o aumento da riqueza líquida transferida para o exterior. O saldo na balança comercial dos países dominados expressa a perda líquida de riqueza real da economia exportadora para o resto do mundo, ou melhor, para os países dominadores. Nas contas de capital, o déficit permanente das economias semi-integradas, devedoras, aponta as outras relações de exploração — os juros, os *spreads*, os seguros, o "auxílio técnico".

Por maior que seja a transferência líquida de riqueza das economias periféricas para as cêntricas, impulsionada pelo *dumping* salarial, pela exploração nacional dos trabalhadores pobres, a balança de pagamentos será deficitária, em razão do superávit nas contas de capital, isto é, à alta taxa de exploração do capital financeiro internacional. O aumento da dívida externa justifica e impõe o aumento do *dumping* salarial e o transforma em necessidade técnica: o superávit da balança comercial é que fornece o saldo em dólares necessário para pagar o serviço da dívida externa.

Como a História do *dumping* é parte da História da formação e transformação da economia nacional e reflete em suas metamorfoses as mudanças das relações internacionais, o fim do *dumping* tecnológico só se poderá verificar com a abolição das economias nacionais ou com a falência do governo que financia com dificuldades crescentes os gastos em pesquisas.

Como os Estados Unidos, a Alemanha e o Japão experimentam as mesmas necessidades imanentes de transplante de capital, o fluxo internacional se dirigirá, com intensidade crescente, para as economias semi-integradas, que usam a sereia dos baixos salários para atrair o capital constante cêntrico. A unidade do capital constante, coisa, e do capital variável, do trabalhador em ação, produz a neobarbárie periférica.

A capacidade interna de consumo das economias capitalistas semi-integradas colocará um limite bastante estreito a este fluxo de investimentos. Na impossibilidade de se transformar em capital produtivo, pelo limite imposto pelo consumo, o dinheiro-mundial se transforma em dinheiro especulativo nas economias hospedeiras. De novo, a solução que prolongará o sofrimento se encontra na exportação de carros, computadores, televisores, etc., montados com os salários violentamente reduzidos nas economias hospedeiras.

A experiência do Brasil no período 1956-1962 é pródiga na demonstração de que a pobreza do consumo subdesenvolvido, em relação à capacidade interna e externa de acumulação, resolve-se, cedo, em uma crise ou estagnação interna.

O incremento das forças improdutivas, sustentado pelos gastos crescentes do governo na compra de não-mercadorias e serviços, reduz a capacidade produtiva de meios de consumo; o aumento da produção de carros e de minimáquinas corresponde à nova sangria das forças reprodutivas e à cisão e desproporção crescentes entre a esfera da produção e da reprodução e as do transporte e do consumo individual capitalista; o transplante e a exportação de máquinas que produzirão fora, nas economias semi-integradas, importadoras, os produtos finais reduzem ainda mais as forças produtivas de meios de consumo nos pólos integrados, ativando o transplante: o processo é mais complexo do que Malthus pôde vislumbrar.

À medida que essa estrutura se cristaliza, é óbvio que os meios de consumo individual só podem crescer a uma taxa mínima, predeterminada pelos recursos não alocados na improdução e, portanto, disponíveis para acrescerem as forças produtivas. A esfera estatal predetermina a estrutura dos gastos e da acumulação em conjunto com a dinâmica dos setores de produção de luxo, para capitalistas.

O transplante do departamento I se torna uma pulsão de todos os países capitalistas adiantados. Os mercados das economias em desenvolvimento se transformam no campo de batalha em que lutam as indústrias dos Estados Unidos, do Japão, da França, da Alemanha, da Itália, uma contra as outras.

A política keynesiana forneceu os ingredientes teóricos em que se apoiou o incremento das não-mercadorias e do terciário do governo, aptos para aumentar a renda disponível para o consumo, sem nada acrescer ao *output* de mercadorias consumíveis.

Para que não capitalistas consumam parte dos carros, televisões, computadores, geladeiras, etc. que se afirmam no centro dinâmico, a concentração de renda e o crédito ao consumo se tornam imprescindíveis.

Se as forças irreprodutíveis fazem o seu conluio, enquanto não-mercadorias, contra as forças de produção de meios de consumo para assalariados, a taxa de incremento da produção destes encontra parcos recursos em que se apoiar. Os estreitos limites em que pode desenvolver-se a capacidade de produção de meios de consumo para assalariados, decorrente do aumento da produção de seu contrário (as não-mercadorias e serviços), caracteriza a rigidez estrutural para a qual caminha a economia avançada, dinamizada, até 1929, pela produção de luxo.

Na linha de frente dos meios de consumo assalariado encontram-se, obviamente, os alimentos. Se a contradição crescente e imanente entre o desenvolvimento das forças produtivas e as relações de produção e de consumo assume a forma nova, keynesiana, de contradição entre não-mercadorias e mercadorias, desvia recursos crescentes da produção de alimentos, a solução para adiar o racionamento é, agora, reduzir a taxa de crescimento da população. Esta não pode crescer a 3% ao ano, por exemplo, se a produção de alimentos só dispõe de recursos, na nova estrutura da produção, para aumentar sua produção em 1% ao ano. As condições especiais do capitalismo keynesiano, em que a contradição entre mercadorias e não-mercadorias se torna contradição principal, obriga, fatalmente, a limitar o número de futuros consumidores. A sociedade de consumo encontra-se diante do sério risco de ver o consumo *per capita* reduzir-se desde que a taxa de incremento da população ultrapasse a taxa, limitada estruturalmente, de incremento de meios de consumo assalariado, dentre eles os alimentos.

Tudo se passa como se aqueles que provocariam o protesto contra a redução do consumo individual de mercadorias não pudessem nascer. O keynesianismo revela, à medida que sua contradição fundamental aumenta, sua filiação malthusiana.[67] Conclui-se aqui que, como a população não se produz e reproduz *in abstrato*, mas dentro das condições concretas da vida econômica e social, seu crescimento está subordinado às relações, estrutura e contradições que caracterizam a sociedade em cada etapa do processo contradição-solução-nova contradição. Quando a contradição – crescente entre mercadorias e não-mercadorias – assume a forma de contradição principal, as relações, estruturas e formas de produção, inclusive de produção e reprodução do homem, ficam determinadas por ela, submetidas a ela. A crise do capitalismo keynesiano transforma o governo reempregador em governo desempregador. O *downsizing*, a reengenharia, a robótica, a cibernética aumentam o desemprego. A globalização faz com que o capital constante cêntrico abandone os trabalhadores domésticos e vá servir de instrumento de trabalho para os trabalhadores de Hong-Kong, da China, de Formosa, do Brasil e Bangladesch.

"Entre 1900 e 1940, a população cresceu 175%. Este aumento foi um pouco menor do que o da produção de alimentos, de modo que no fim do período algumas pessoas tinham provavelmente mais um pouco para comer... a posse e uso de bens duráveis tinha multiplicado."[68]

Entre 1929 e 1971, a situação não parece ter melhorado. O produto agrícola dos Estados Unidos, que em 1929 foi da ordem de 17,0 bilhões de dólares de 1958, elevou-se, apenas, para US$ 23,9 bilhões, em 1970.[69] No mesmo período, o produto privado não agrícola (*non-farm*) eleva-se de US$ 165,1 bilhões a US$ 614,6 bilhões.

A população aumenta a uma taxa bastante contida, mas que supera a do crescimento do produto agrícola; em 1929, os Estados Unidos contam com 121.767 mil habitantes e, em 1970, com 205.395 mil.

---

[67] O aumento das não-mercadorias e serviços em detrimento da expansão das forças produtivas e, dentre elas, dos próprios alimentos é o produto do capitalismo keynesiano, avançado. Em vez dos "freios preventivos" de Malthus, as relações socioeconômicas obrigam a uma queda na taxa de crescimento da população: os limites estreitos de reabsorção do desemprego pelo terciário do governo e no departamento III não se evidenciariam imediatamente, seriam dilatados no tempo, se decrescesse a taxa de natalidade do proletariado e, com ela, o desemprego a ser absorvido no longo prazo (isto é, quando a reabsorção do desemprego se mostrar mais difícil e limitada).

[68] SOULE, op. cit., p. 249.

[69] *Economic Report of the President*, Jan. 1971, p. 207.

A fartura de algumas economias avançadas é conservada em níveis bastante limitados, transformando-se em seu oposto quando perturbações bélicas ou naturais incidem sobre a estrutura da produção. A dieta monótona da população norte-americana parece satisfazer-se com a abundância da coca-cola e do sanduíche; a frugalidade da alimentação da massa, no Japão, reflete-se em sua estatura reduzida.

Enquanto o incremento da população assalariada constituiu um mecanismo de ampliação da oferta de mão-de-obra e de redução do salário real, isto é, enquanto uma elevada taxa de crescimento relativo (assalariado) foi útil à produção capitalista, ela pôde manter-se. O sistema produtivo podia reproduzir-se e acumular sobre a pobreza e miséria dos níveis ínfimos de sobrevivência, do capitalismo malthusiano, inglês, da primeira metade do século passado, tal como o brasileiro, hoje.

A produção maquinizada, *labour-saving*, colaborava para aumentar a oferta de mão-de-obra "liberada" e fê-lo livremente, até o limite imposto pela necessidade de realização das mercadorias produzidas em escala crescente. A absorção do desemprego, na improdução, passa a ser um imperativo da reprodução ampliada do sistema. Por outro lado, o salário real, o custo socialmente necessário de produção da força de trabalho, torna-se rígido, cada vez menos determinado pela oferta crescente de mão-de-obra, e, portanto, do incremento relativo da população, nas economias capitalistas avançadas, de que estamos tratando. Portanto, perde o sentido o aumento relativo da população, na óptica do capital. Não deixar nascer – é o lema do capitalismo avançado – para não aumentar o desemprego, para evitar as greves e os protestos e convulsões sociais.

Diversos outros fatores introduzem uma rigidez salarial no sistema: sindicato, luta pelo salário real, e não pelo nominal, legislação de salário mínimo, legislação regulando as condições de trabalho e, muito importante, o aumento da idade mínima de ingresso na força ativa de trabalho, o que torna antieconômico, para o assalariado, a produção de filhos, etc. Em certo estágio de expansão das forças produtivas, eleva-se o custo socialmente necessário de produção e reprodução da força de trabalho, quando, na órbita do consumo ou do transporte proletário, penetram minimáquinas e meios individuais de transporte, obrigando-o a poupar os alimentos da família e reduzir o número de bocas. As crianças são expulsas da casa para a rua, para o trabalho infantil, para a prostituição e para o crime. A externalização do custo de reprodução da vida humana é o resultado da globalização da "redução do custo Brasil".

Se, da óptica do capital e da produção, a taxa de natalidade é obrigada a cair, da óptica do consumo coletivo ocorre o mesmo. Na medida em que o processo de produção mecanizada, com sua racionalidade especial e seu fim lucrativo, encontra na utilização de técnicas inovadas o mecanismo de redução do número de empregados, o mesmo ocorre com as empresas terciárias. O governo cria e recria novas Agenda, utilizando o dinheiro-estatal. Arrecadação e novas emissões são utilizadas para absorver o desemprego continuamente criado nos setores-produtivos, independentemente do aumento da população assalariada. A inflação e suas taxas impõem o primeiro limite desta ação do governo. Todavia, na medida em que os incrementos de não-mercadorias absorvem os recursos disponíveis e os desviam da produção de meios de consumo assalariado, uma nova rigidez se sobrepõe à imposta pela inflação: a redução do *output* de meios de consumo, diante do aumento da produção inconsumível de não-mercadorias e dos serviços do terciário do governo e das empresas. O aumento da dívida pública, cujo objetivo é reduzir a base monetária e conter a inflação, encontra seu limite. O governo perde o poder emissor e a capacidade de reabsorver o desemprego. As soluções são: reduzir a taxa de crescimento da população assalariada, aumentar o desemprego tecnológico e, dada a rigidez dos salários cêntricos à baixa, transplantar o capital constante para a periferia.

Portanto, tanto do lado da produção capitalista quanto da óptica de seu consumo, a queda da taxa de natalidade se impõe como necessidade imanente de seus movimentos, como forma de evitar o desajuste que a crise evidencia entre o aumento da população assalariada e a possibilidade que o capital tem de empregá-la lucrativamente.

Enquanto as medidas keynesianas encontravam sua aplicabilidade na flexibilidade estrutural, isto é, na redutibilidade de salários reais; no incremento do terciário do governo e aumento de produção de não-mercadorias; na redução relativa da oferta de meios de consumo (em relação à renda disponível para o consumo); e, uma vez aumentada esta demanda final, nos recursos adicionáveis às forças produtivas de mercadorias (reiniciando-se o processo), o capitalismo ia marchando keynesiana e inexoravelmente para seu fim.

O capitalismo keynesiano chega a seu fim quando a rigidez completa da estrutura e das relações de produção e de consumo se evidenciam pela presença de seus contrários: inflação e desemprego, a coexistência, o confronto do remédio keynesiano e da doença do sistema.[70] A solução keynesiana se

---

[70] Em nosso trabalho "Inflação, ideologia e realidade", mimeografado, apresentado em concurso para a cátedra na UFGO, em 1962, desnudamos o conteúdo real do "pleno emprego" e da "inflação verdadeira".

transformará em seu oposto quando a crise fiscal obrigar o governo a desempregar funcionários.

Tendo a taxa de incremento da população caído ao seu mínimo nas economias integradas; tendo a produção de meios de consumo assalariado sido devorada pelos desvios de forças para a produção de produtos de luxo e de não-mercadorias; tendo o terciário chegado ao limite de sua hipertrofia, no sentido de que recursos adicionais do governo resvalam na estrutura rígida porque, se podem, de início, absorver desemprego, não podem aumentar o volume da produção de meios de consumo (por ausência dos recursos, que foram desviados para a improdução), os preços sobem e o volume de ocupação superior não pode manter-se. A rigidez de oferta de meios de consumo impõe a redução do salário real, inadmissível diante da necessidade de realização dos setores de base e da realidade sindical.

Significa esse diagnóstico das estruturas do capitalismo integrado, avançado, que a aplicação de remédios keynesianos durante 40 anos esvaiu as possibilidades de seus efeitos sobre o desemprego criado e recriado na empresa capitalista.

4.9 AS NÃO-MERCADORIAS PROIBIDAS NAS ECONOMIAS RETARDATÁRIAS E SUAS DIFICULDADES DE INCORPORAÇÃO DO DEPARTAMENTO I

O processo de produção maquinizada determinou, além de outras importantes modificações do processo produtivo, o surgimento de um setor de produção de máquinas de produzir máquinas. As máquinas, como instrumentos característicos de produção da grande indústria, se articulam segundo o plano de produção, constituindo um conjunto que realiza as mesmas operações de transformação parcial ou integral das matérias-primas ou constituindo um conjunto de máquinas que se relacionam ao longo do processo de transformação, cada um realizando uma parcela da transformação, até o produto final da empresa. Devemos a Marx a análise do processo de formação da grande indústria, a partir da manufatura, e a demonstração de que esta já é um conjunto de oficinas artesanais reunidas em paralelo ou em série. O processo de expansão da grande indústria é potencializado mediante a articulação de um sistema "ciclópico" em que, em vez das máquinas produtivas de produtos finais, nos deparamos com equipamentos que repetem, de forma ampliada, com máquinas gigantescas de produzir máquinas, o sistema maquinizado do departamento de produção de produtos finais.

Das três partes essenciais da máquina – motor, transmissão e máquina-ferramenta – a última foi a mais importante para desencadear a revolução industrial. A extensão do processo industrial de produção aos transportes, navios, locomotivas, transatlânticos, etc., levou a grande indústria a

> apoderar-se de seu meio característico de produção, da máquina, e *produzir máquinas por meio de máquinas*. Deste modo criou para si sua base técnica adequada e se ergueu sobre seus próprios pés. Com efeito, nos primeiros decênios do século XIX, ao desenvolver-se a indústria maquinizada, a *maquinaria foi se apoderando* paulatinamente da *fabricação de máquinas-ferramentas*.[71]

Os capitalistas do departamento II adquirem as máquinas produzidas no departamento I, custeiam a montagem do sistema articulado de acordo com o plano de produção e contratam o número de trabalhadores que a operação do sistema de produção maquinizada exige, objetivamente, que "*cooperem*" para obtenção do produto final.

Com a escala de produção inerente ao sistema de produção mecanizada, nascido da revolução nos instrumentos de trabalho, o volume da produção final determina que aquele produto seja uma mercadoria, algo produzido para o mercado, e não para o consumo direto dos produtores.

As economias em que a base técnica do capitalismo industrial se constitui endogenamente (Inglaterra), como resultado de um conjunto de inovações nas máquinas e nas máquinas de produzir máquinas, apresentam uma estrutura industrial integrada como resultado de seu processo histórico de crescimento. Foi possível, demorada e dolorosamente a algumas economias, incorporar tanto o departamento II, de produção de máquinas produtoras de meios de consumo, como o I, de produção de máquinas que produzem máquinas (Alemanha, Estados Unidos, França, Japão e outros). É óbvio que as inovações importantes só podem efetivar-se nas economias integradas; se um trabalhador ou técnico de uma indústria têxtil, por exemplo, inventa um processo mais eficiente de penteamento, fiação ou de tecelagem, deverá alterar as matrizes e os processos de produção da própria máquina de produzir aquela em que a invenção deverá recair. Em outras palavras, as invenções relacionadas diretamente ao departamento II só se transformam em inovações quando se incorporam ao departamento I, que produz e vende as máquinas inovadas de produção de meios finais de consumo. Por isto, as economias subdesenvolvidas, que não desenvolveram o departamento I de produção, mas que incorporaram parcialmente

---

[71] MARX, K. *El capital*, t. I, p. 314.

apenas o II, estão praticamente excluídas do processo de inovação tecnológica, perdendo-se ou devendo vender as invenções que ocorrem naqueles contextos. Muitas adaptações importantes ocorridas nas máquinas utilizadas nas economias subdesenvolvidas permanecem dentro da própria unidade de produção de produtos finais em que ocorreram, por causa das limitadas possibilidades de se transformarem em forças produtivas efetivas.

Portanto, é o departamento I que detém o conhecimento tecnológico básico, retém, como privilégio seu, a utilização com exclusividade da nova técnica de produção de máquinas, partes ou peças de máquinas.

Ao se estruturar o departamento I, os setores do II a ele relacionados consomem produtivamente as máquinas, objeto direto da produção do I. Para que o departamento I se reproduza, é necessário que se amplie o departamento II, consumidor do produto do DI.[72] O sistema de crédito à produção e a abertura de capital-ações colaboram no processo de expansão do DII, tornando-se auxiliares importantes do processo de acumulação direta, obtida graças à venda das mercadorias. O processo de produção de capital por meio de capital encontra no processo de produção de máquinas por meio de máquinas um poderoso aliado. A estrutura do produto altera-se substancialmente quando o departamento I se desenvolve e produz certo padrão de crédito que se altera quando a produção se modifica: o crédito às ferrovias, o crédito ao consumo, o crédito-estatal e o crédito internacional de hoje são as formas sucessivas.

De acordo com Hoffmann,[73] o valor dos bens de consumo é, no estágio inicial da expansão industrial, quatro ou cinco vezes maior que o valor dos bens de capital. Em algumas economias integradas, a estrutura da produção se altera de tal forma que, em fases ulteriores do processo, o valor da produção dos bens de capital iguala e, até mesmo, supera o valor da produção de bens de consumo.

O departamento I de produção de meios de produção se desenvolve a partir de certo estágio de crescimento do processo produtivo (na Inglaterra, o ano de 1820 pode ser tomado como um marco importante) e, desde sua origem, exige conhecimento tecnológico acumulado sobre a produção

---

[72] A *possibilidade* da obsolescência planejada surge desta relação necessária entre os departamentos I e II. O processo produtivo da máquina se reduz em relação à sua vida útil, ameaçando cindir a produção e o consumo da máquina. A obsolescência e as crises restabelecem a unidade entre a produção e o consumo das máquinas, ao destruí-las pelo desuso (nas crises) ou pelo desgaste precoce (obsolescência), isto é, ao reduzir sua vida útil.

[73] HOFFMAN, W. G. The growth of industrial production in great britain. *Economic History Review*, v. 2, nº 2, p. 169.

maquinizada; o capital mínimo exigido é superior ao dos setores correspondentes de produção de bens finais (II), sua taxa de crescimento é superior à do departamento II, tendendo a expandir-se de forma caótica, ou seja, sem guardar uma proporção definida com a demanda de máquinas, que parte do departamento II.

A expansão desarticulada dos departamentos I e II obrigou, desde cedo (na Inglaterra, a partir de 1843), os capitalistas do departamento I a exportarem parte das máquinas, objeto de sua produção industrial.

A produção de máquinas determina um aumento do grau de monopólio e uma concentração ativada pela acumulação que se realiza indistintamente nos mercados nacional e internacional de máquinas. As crises internas e a contração da demanda de máquinas indicam aos seus produtores a necessidade de ampliar o mercado a fim de manter a escala da produção o mais possível independente das oscilações da demanda interna. Nessa fase, é possível às economias semi-integradas, subdesenvolvidas, adquirir máquinas e montar um processo de produção de mercadorias de propriedade nacional, isto é, que pertença exclusivamente aos capitalistas nativos. Os capitalistas nas economias retardatárias são, nessa fase, compradores de máquinas e, no pólo da venda, defrontam com o capitalista integrado, vendedor de máquinas. O capital-dinheiro nacional sai da órbita de sua circulação, nas economias subdesenvolvidas, e *parece* assumir o caráter de capital-dinheiro-mundial: adquire a propriedade dos meios de produção. No entanto, mesmo nessa fase, não pode adquirir a propriedade das máquinas de produzir máquinas, que constituem a base concreta do sistema de produção de máquinas, sobre o qual se "põe de pé" todo processo de produção maquinizada, e que constituem as bases materiais em que se estabelecem as relações que definem o dinheiro-mundial.

Ignorando que o departamento I é um produto histórico, tardio, surgido após certo estágio de desenvolvimento do II; ignorando que o departamento II pode desenvolver-se em um contexto subdesenvolvido mediante importação de máquinas produtoras de bens finais, apenas; equivocando-se com os dados de uma estatística anêmica que confunde o departamento I e o *super-avalia*, introduzindo nele os *instrumentos de trabalho, equipamentos e máquinas simples* produzidos por máquinas importadas, os economistas subdesenvolvidos não percebem a natureza semi-integrada da estrutura produtiva imanente ao capitalismo dependente e retardatário.[74]

---

[74] Para isso os *"brazialianists"* são muito eficientes.

A análise da formação histórica da estrutura produtiva das economias semi-integradas tem de, necessariamente, dirigir-se para as economias integradas porque entre os subdesenvolvidos o processo de produção maquinizada não tem História. É nessa ausência de História que se encontram as raízes das contradições específicas do capitalismo retardatário e as dificuldades e/ou impossibilidades de superá-las.

Como essa análise exigiria um estudo mais volumoso do que o presente, aqui apenas se indicam os elementos essenciais relacionados ao problema das Agenda proibidas nas economias retardatárias e à dificuldade de incorporação do departamento I, de produção de meios de produção.

São basicamente dois fatos históricos que se apresentam constantemente invertidos pela óptica do capitalismo subdesenvolvido:

1ª) O processo de produção mecanizada surge, de início, na passagem da manufatura para a grande indústria, como processo de *produção de meios de consumo*. As máquinas utilizadas para a produção de meios de consumo só são produzidas como mercadorias quando a produção mecanizada as toma por objeto direto da produção. Isso significa que o departamento II (de produção de meios de consumo) surgiu antes que o processo de produção mecanizada se "erguesse sobre seus próprios pés", produzindo máquinas por meio de máquinas. Após o desenvolvimento dos processos mecânicos, no início do século XIX, é que o departamento I de produção mecanizada de máquinas se constituiu, reproduzindo de forma ampliada os processos e técnicas e relações de produção dos meios de consumo individual. As máquinas ciclópicas de trabalhar, erguer, transportar, moldar, cortar, etc., o aço, o ferro, etc., eliminam a produção artesanal de instrumentos de trabalho, provocando uma segunda revolução na estrutura da produção mecanizada. Sua produção como mercadoria cria novas oportunidades de acumulação e exige que as máquinas produzidas sejam vendidas a fim de circular o capital nelas investido, realizar o lucro. Outra conseqüência do processo de produção de máquinas por meio de máquinas é a necessidade, que se manifesta visivelmente nas crises, de encontrar um mercado externo que permita sua colocação. No entanto, a venda de todo o sistema de produção de máquinas por meio de máquinas é tão absurdo quanto a exportação de todos os pés de café por parte de uma economia exportadora de grãos. É nessa fase inicial de acumulação intensiva nas economias capitalistas que o capital-dinheiro das economias subdesenvolvidas pode se apoderar do objeto de produção do departamento I e adquirir as máquinas que se tornariam excedentes invendáveis no mercado interno das economias integradas.

2ª) Ao se desenvolver o departamento I, de produção de máquinas por meio de máquinas, torna-se possível não apenas a exportação de uma parcela das forças produtivas objetivadas nas máquinas, mas também a produção de não-mercadorias por meio de máquinas a partir das alterações das matrizes; as mercadorias passam a distinguir-se das não-mercadorias não apenas pelas relações sociais diferentes nelas embutidas, mas pelo próprio aspecto físico, pela materialidade do produto. Portanto, a ausência do departamento I de produção de máquinas de produzir máquinas, nas economias semi-integradas, aumenta as dificuldades de produção de não-mercadorias. Se a produção de algumas não-mercadorias é eliminada das economias subdesenvolvidas pela própria estrutura da produção, a natureza das relações que definem as não-mercadorias é eliminada das economias subdesenvolvidas pela própria estrutura da produção, a natureza das relações que definem as não-mercadorias acaba por proibir a produção de outras nas economias retardatárias. Como a maior parte das não-mercadorias (departamento III) se destina à defesa, o segredo militar envolve sua produção e impede sua utilização, mesmo em setores não-bélicos, mas tecnicamente próximos. A indústria armamentista que se expande no pólo integrado, sob a proteção do governo comprador de não-mercadorias, leva para as Agenda da comunicação, do transporte, do espaço, etc., as limitações de sua difusão.

As economias nacionais semi-integradas, por não possuírem nem o departamento I, nem os componentes essenciais do DIII (produtor de não-mercadorias), não conseguem "erguer sobre seus próprios pés" o sistema de produção maquinizada. O que resulta de mais grave dessa semi-integração é a necessidade de se relacionarem às economias avançadas, buscando nelas, por meio da importação de máquinas e de não-mercadorias, a unidade integral do sistema produtivo. Por isso, o dinheiro-estatal das economias semi-integradas, na medida em que é doado para a compra de máquinas (favores cambiais, juro negativo, estímulos fiscais, etc.), ou gasto na compra de não-mercadorias, deixa de funcionar como mecanismo de sustentação da capacidade de consumo que caracteriza seu emprego nas economias avançadas.

O dinheiro-estatal nas economias semi-integradas, ao não remunerar os fatores produtores de não-mercadorias, não cria poder de compra de meios de consumo internos. Não dispondo do departamento I, não podem também as economias semi-integradas produzir máquinas para exportação, máquinas que produziriam fora os acréscimos aos bens finais e que deixariam na economia doméstica o poder de compra adicional, que seria empregado, em grande parte, na compra de meios de consumo.

Também por isso os acréscimos à capacidade de produção de meios de consumo tendem a enfrentar rapidamente, nesta estrutura semi-integrada, os limites impostos pela insuficiência e pobreza do consumo coletivo. A estrutura produtiva semi-integrada produz o consumo subdesenvolvido.

Se a ausência do departamento I, nas economias semi-integradas, reduz, por um lado, as oportunidades domésticas de investimento, sua estrutura produtiva mutilada se reflete na estrutura da demanda.

Ao repetir de forma ampliada o processo de produção de meios de consumo, o departamento produtor de máquinas por meio de máquinas repetiu a estrutura anterior de repartição da renda, não alterando profundamente a relação lucro/salário. Assim, a demanda de meios de consumo para assalariado e a demanda de bens de consumo das camadas de renda alta aumentaram, guardando a mesma proporção à medida que apareceu e se expandiu o departamento I nas economias integradas.

Na medida em que o departamento I é caracterizado por um longo período de maturação, e em que sua constituição representa um alongamento do processo produtivo, sua expansão, a uma taxa muito superior à do departamento II, amplia a demanda de meios de consumo (de luxo e assalariado) muito antes que as máquinas produzidas se instalem no departamento II, produzindo um incremento do *output* de bens finais. A estreita dependência entre a demanda de meios de consumo e a dimensão do DI exige sua ampliação relativa e, finalmente, a instalação do departamento III (produtor de não-mercadorias), dentro das relações de produção e de consumo capitalistas das economias integradas.

Numa economia semi-integrada, os lucros obtidos no departamento II, não encontrando o departamento I em que possam se objetivar, desviam-se, em parte, para a aquisição de meios de consumo da cúpula. Em vez de se expandir o departamento I (reproduzindo a estrutura da demanda de meios de consumo, correspondente à estrutura repartitiva do II), é a demanda de bens de consumo e de serviços da cúpula que se expande. Por falta de possibilidade de investimento, dada a inexistência ou o caráter externo do DI, qualquer aumento da taxa de lucro amplia o fluxo de demanda de meios de consumo da cúpula. É, portanto, a própria estrutura da produção semi-integrada que se reflete em seu consumo e provoca, por um lado, o chamado efeito de demonstração, a "utilização do lucro como renda", e, por outro, o subconsumo inerente aos baixos níveis das bases assalariadas dos terciários e das empresas capitalistas. Ao crescimento do departamento II corresponde o aumento de importações de máquinas produzidas no departamento I, externo. Essa estrutura produtiva e da demanda gera uma tendência crônica de déficit no balanço de pagamentos por maior que sejam as receitas de exportação e o superávit na balança comercial.

CAPÍTULO 5

À guisa de conclusão

5.1 A CRISE DO CAPITAL FICTÍCIO E O PROCESSO DE PRODUÇÃO

Conforme temos demonstrado no decorrer deste livro a visão parcial e positiva do capitalismo considera-o como um processo de acumulação de capital, de descobertas tecnológicas, de globalização das relações de produção capitalistas, de aumento da produtividade, de modernização incessante. O capitalismo é tudo isto e muito mais. Ao lado dos feitos e efeitos, do desenvolvimento sem precedentes das forças produtivas, o capitalismo desenvolveu um conteúdo negativo – o desemprego, a dívida pública, a dívida externa, a dívida de empresas e famílias, a dívida social, a exclusão, a marginalização, a pobreza, a fome, a desnutrição, a destruição sistêmica. O fantástico desenvolvimento capitalista produziu as crises recorrentes que, desde a de 1810, vêm tornando-se cada vez mais completas e complexas. O capitalismo desenvolveu espantosamente não só as forças produtivas, mas as forças improdutivas e destrutivas. Antes de chegar aos confins da terra e elevar o nível de vida, de cultura, de lazer, de saúde, de alimentação, de habitação da humanidade, o capitalismo desviou para os setores bélicos, destrutivos, espacial parte substancial de seus recursos.

Como desenvolvemos ao longo deste trabalho, um gigantesco sistema financeiro internacional foi erguido na Inglaterra com o fito de fornecer crédito para que 1.140.000 quilômetros de ferrovias fossem construídos no mundo, até 1913. Os governos periféricos passam a financiar direta ou indiretamente a construção de ferrovias. Do ponto de vista do exportador inglês seu lucro será tanto maior quanto mais exportar e mais alto preço conseguir por suas exportações. Entretanto, do ponto de vista das economias retardatárias, quanto maior for o superávit de suas exportações, maior será o seu prejuízo, maior o valor que a nação terá transferido para o exterior. Para que uma economia nacional se aproprie do resultado da exploração internacional, obtenha lucro em suas relações comerciais externas, maior deverá ser a riqueza real apropriada por ela, maior deverá ser o *deficit* comercial. Contudo, as relações de exploração são dialéticas: as mercadorias que ingressam na economia nacional, em sua maior parte deverão ser vendidas para um consumidor final, agravando a tendência para a crise de realização. As contradições entre produção e consumo se agravam em decorrência dos "superávits de importação"[1] que expressam as relações internacionais de exploração e de apropriação de riqueza real.

As economias cêntricas, exploradoras, são obrigadas a realizar domesticamente o valor total das mercadorias produzidas, não exportadas, juntamente com os valores importados que excedam o de suas exportações. Ao contrário do que pensava Rosa Luxemburgo e outros, as relações capitalistas de exploração são contraditórias e expressam suas contradições numa crise de realização cêntrica. Foi esta a crise que atingiu a Inglaterra de forma cada vez mais intensa e que os Estados Unidos querem evitar diante de seu déficit comercial crescente a partir de 1973.

Para ampliar o mercado interno, evitando uma crise de realização, que é característica das nações imperialistas, o governo federal dos Estados Unidos cria renda, gasta na produção de estradas de rodagem, em guerras e em pesquisas espaciais, ou seja em não-mercadorias. Como dizíamos em 1995:

> O aumento da carga tributária para alcançar um pretenso equilíbrio orçamentário é algo estarrecedor no mundo de hoje. Enquanto o FMI e o Banco Mundial nos impõem um equilíbrio orçamentário, o Governo Federal dos Estados Unidos apresenta um déficit orçamentário de US$ 300 bilhões.

> Nos últimos 60 anos, apenas 3 (três) anos de superávit pequeno ocorreram nos Estados Unidos. Foram cinqüenta e sete anos de déficit. Isso comprova que o capitalismo não pode funcionar sem déficit orçamentário. Até Adam Smith, que escreveu em 1776, já sabia disso e dedicou 27% da Riqueza das Nações à dívida pública, ao orçamento, aos gastos do Governo e à economia de guerra.[2]

A dívida pública é a nova forma de manifestação daquelas contradições que se resolveram de forma limitada pela ampliação do mercado nacional criado pelos gastos deficitários do governo federal.

A crise inglesa de 1862, chamada de "fome do algodão", foi uma crise de desproporção: a produção de tecidos cresceu na Grã-Bretanha muito mais do que a de matérias-primas para o setor têxtil. Com a Guerra de Secessão, se manifesta a desproporção entre a necessidade de algodão para abastecer a indústria em crescimento e a possibilidade de suprimento de matérias-primas. O Japão irá conhecer, em 1973, uma crise semelhante decorrente da desproporção entre as necessidades de petróleo e derivados e a possibilidade de obtê-los a preços adequados.

---

[1] Ver, DOBB, Maurice. *A evolução do capitalismo*. Os Economistas. SP, Abril Cultural, 1983.

[2] CAMPOS, Lauro. *FHC; a fome, o desemprego, a concentração de renda e o sucateamento das estatais como soluções falsas para uma crise que se aprofundará*. Brasília, Senado Federal, 1995. p. 13.

Do ponto de vista do governo capitalista, dos banqueiros, dos industriais, há crise quando as medidas que deveriam ser postas em ação para que a acumulação de capital e o enriquecimento dos capitalistas se verificassem, não podem ser implementadas. Se a prática desenvolvimentista pudesse continuar acionando os instrumentos de dinamização do sistema, haveria crescimento, e a prosperidade jamais desembocaria numa crise. Portanto, do ponto de vista daqueles agentes, a crise econômica se manifesta porque e quando o que deveria ser feito não pode mais ser realizado. As medidas que eram racionais e racionalizantes, que mantinham a taxa de lucro e a de acumulação de capital, num momento, se transformaram em irracionais no momento seguinte.

A inflação, que elevou lucros, permitiu aos governos autoritários realizarem grandes obras, aumentarem seus gastos bélicos, espaciais, reabsorverem parte dos desempregados pelas ondas modernizantes da tecnologia ou pela crise, reduziu "salários reais", a inflação que Keynes considerou como o "elixir" que dinamiza o capitalismo, perdeu suas virtudes estimulantes e passou a ser o principal problema. Doses cada vez maiores do "elixir", isto é, taxas cada vez mais elevadas de inflação seriam necessárias para obter as respostas que, numa etapa anterior e inferior de acumulação, resultavam de simples "sopro inflacionário". A taxa de inflação de 4% ao ano era adequada e satisfatória para dinamizar a economia brasileira nos anos 1930 e 1940. A dose de "elixir" inflacionário, necessária para reativar o organismo, subiu para 40% a.a., antes do golpe de 1964. Nos anos 1980, somente uma hiperinflação de 84% ao mês poderia obter respostas "positivas", do ponto de vista dos banqueiros, do governo gastador, dos capitalistas da indústria e do comércio, e impor uma redução salarial quando os trabalhadores conseguiram reajustes mensais de salários.

Quanto maior o volume de capital acumulado, tanto mais elevada deverá ser a taxa de inflação necessária para reduzir os salários reais e criar uma massa de mais-valia que, distribuída pelos capitais individuais, forneça-lhes uma taxa de lucro satisfatória. Todavia, uma taxa de 84% ao mês desserve o sistema capitalista, dificulta as previsões, atrapalha os cálculos, arrasa os salários reais... O principal instrumento usado para manter a taxa de inflação em níveis suportáveis, as dívidas públicas interna e externa, acaba atingindo seu limite.[3] As despesas do governo com compras ao departamento III, pagando armas, munições, aventura espacial, empreiteiros de obras inúteis, fornecedores de serviços de pesquisas, de vigilância do capital, de administração da moeda e do crédito subsidiado, do excedente agroindustrial invendável não podem parar

---

[3] Ver a esse respeito CAMPOS, Lauro. *Inflação*; um problema metodológico.

de crescer sob pena de provocar uma crise. Entretanto, as despesas do governo keynesiano, que deveriam aumentar continuamente para adquirir a massa crescente de não-mercadorias que brota do DIII, que passou a ser o centro da dinâmica, não podem fazê-lo. A venda de papéis, de *bonds*, de obrigações, de *treasure notes* necessária para retirar parte do dinheiro-estatal lançado na circulação, se torna cada dia mais difícil e limitada. Os juros pagos aos carregadores dos títulos públicos deve se elevar, o mercado se estreita. A dívida pública que aumentava para enxugar a base monetária evitando a elevação da taxa de inflação, isto é, crescia no lugar da inflação, disfarçando-a, atinge patamares críticos.

Perdendo o disfarce, a forma reflexa de existência, a inflação autêntica se instaura. A inflação autêntica soma à sua a taxa de crescimento da dívida pública.

Os déficits orçamentários do governo federal dos Estados Unidos continuam crescendo após 1971; mas foi sob o governo "monetarista" de Reagan que o déficit público ultrapassou a casa dos US$ 200 bilhões por ano.

Nos itens das despesas salientam-se dois, como grandes sumidouros da receita: a "defesa nacional" que passou de US$ 76.807 milhões em 1971 para US$ 101.582 milhões em 1976; o outro item que aumentou relativamente mais do que o anterior e em termos absolutos quase tanto quanto os gastos em "defesa" é, sintomaticamente, o referente aos juros pagos pelo governo federal. Em 1971, o total despendido com juros foi de US$ 19.609 milhões de dólares, passando para US$ 40.187 milhões em 1977.

Todos os anos do período 1940-1982 apresentaram déficit no orçamento federal que varia de US$ 23.033 milhões em 1971 ao mínimo de US$ 3.640 milhões em 1974 para elevar-se novamente para US$ 65.605 milhões em 1976. Em 1986 o déficit atinge US$ 212,6 bilhões.

A dívida pública que, de 1946 a 1964, se contraíra de 119,9% para "apenas" 51,2% do PNB, declina até 35,2% do PNB em 1974 para elevar-se novamente: em 1976 alcança 38,5% do PNB e, em 1981, 34,9%.

Ao contrário do que ocorreu na década de 30, quando o governo federal adota uma política de *déficit spending* tendo como base um nível muito baixo de endividamento, a crise atual do governo keynesiano já o encontra superendividado. O endividamento é permanente e crescente: há déficits em todos os anos de 1940 a 1981, com exceção de dois que registram insignificantes superávits. A Tabela XI mostra, com clareza, o fantástico processo de endividamento norte-americano e a imanência deste à dinâmica capitalista. A dívida pública moderna é a forma de manifestação do superdimensionamento do DIII relativamente aos dois outros departamentos. Na realidade, a dívida mostra a colossal hipertrofia da dinâmica capitalista fundada na produção de não-meios de produção e não-meios de consumo, ou seja, na produção destrutiva e improdutiva.

Tabela XII
Orçamento Federal – Receitas, Despesas e Débito: 1940 a 1987
e de 1991 a 1997 US$ bilhões

Ano	Receitas	Despesas	Superávit ou déficit (-)	Dívida bruta	Gastos públicos como % do PNB	Dívida bruta como % do PNB
1940	6,4	9,5	-3,5	50,7	10,0	53,4
1945	45,2	92,7	-47,5	260,1	42,7	119,9
1950	39,5	42,6	-3,1	256,9	16,1	96,9
1955	65,5	68,5	-3,0	274,4	17,9	71,9
1960	92,5	92,2	+0,3	290,9	18,5	58,3
1961	94,4	97,8	-3,4	292,9	19,2	57,4
1962	99,7	106,8	-7,1	303,3	19,5	55,7
1963	106,6	111,3	-4,8	310,8	19,2	53,7
1964	112,7	118,6	-5,9	316,8	19,2	51,2
1965	116,8	118,4	-1,6	323,2	17,9	48,9
1966	130,9	134,7	-3,6	329,5	18,6	45,4
1967	149,6	158,3	-8,7	341,3	20,4	44,0
1968	153,7	178,8	-25,2	369,8	21,4	44,3
1969	187,8	184,5	+3,2	367,1	20,3	40,3
1970	193,7	196,6	-2,8	382,6	20,3	39,5
1971	188,4	211,4	-23,0	409,5	20,5	39,7
1972	208,6	232,0	-23,4	437,3	20,6	38,8
1973	232,2	247,1	-14,8	468,4	19,7	37,3
1974	264,9	269,6	-4,7	468,2	19,5	35,2
1975	281,0	326,2	-45,2	544,1	22,0	36,8
1976	300,0	366,4	-66,4	631,9	22,3	38,5
1977	81,7	94,7	-13,0	646,4	-	-
1978	357,8	402,7	-44,9	709,1	21,6	38,0
1979	465,9	493,6	-48,8	780,4	21,6	37,4
1980	520,1	579,6	-27,7	833,8	20,9	35,4
1981		588,1	-78,7	825,4		
1982		641,7	-125,7	987,7		
1983		675,0	-202,5	1.174,5		
1984		733,4	-178,3	1.373,4		
1985		818,6	-212,1	1.598,5		
1986		869,7	-212,8	1.819,2		
1987		-	-156,0	-		
1991				2.845,0		
1992				3.142,4		
1993				3.391,6		
1994				3.542,1		
1995				3.685,9		
1996				3.822,1		
1997				3.845,3		

Fonte: *Statistical Abstract of The United States*, 1981. p. 245.

Os dados referentes aos anos de 1981 a 1987 e 1991 a 1997 são extraídos de *International Financial Statistic*, IMF, março 1988 p. 524 e janeiro 1999, em bilhões de dólares, p. 752.

A dívida pública do governo federal em 1971 é de US$ 409,5 bilhões, de US$ 468,4 bilhões em 1973, de US$ 631,9 bilhões em 1976 e de US$ 646,4 bilhões em 1977, saltando para US$ 1.819,2 trilhão em 1986. Já em 1991 ela passa para US$ 2.845,0 bilhões ultrapassando nos anos seguintes o montante de US$ 3,0 trilhões para em 1997 chegar próximo aos US$ 4,0 trilhões de dólares.

As despesas do governo dos Estados Unidos efetuadas, principalmente, na compra de não-mercadorias e aos carregadores dos títulos da dívida pública se traduzem na forma crescente desta que é *self agrandizing*.

Diante do gigantismo da dívida pública, que ultrapassou US$ 5,3 trilhões de dólares em 1999, o governo Clinton prometeu, às vésperas das eleições de novembro de 2000, liquidar a dívida no prazo de 12 anos...

Desde 1830 os Estados Unidos vêm "carregando" uma crescente dívida pública que pesa nos ombros do gigante norte-americano apontando para o colapso da economia capitalista.

A elevação dos gastos do governo federal obriga-o a aumentar a dívida pública a fim de inflacionar menos o sistema. O crescimento da dívida pública é a forma que assume a elevação da taxa de inflação, na economia keynesiana. O cálculo correto da taxa de inflação deveria incorporar a taxa de crescimento da dívida pública como afirmamos anteriormente.

Ao elevar a dívida pública a fim de enxugar a base monetária, cumprindo sua nova função de entesourador geral do dinheiro, o governo federal eleva os pagamentos de juros de US$ 19.609 milhões para US$ 40.187 milhões, entre 1971 e 1976. Amplia, assim, o seu dispêndio e o déficit orçamentário que o obrigará a ampliar a dívida pública. O serviço da dívida pública federal aumenta a uma taxa superior à do crescimento da própria dívida.

Quando a crise se aprofunda, o governo central é obrigado a se transformar cada vez mais intensa e exclusivamente em entesourador geral diante da "fuga do dinheiro" que, ao se desvalorizar, deixa de ser um meio de entesouramento. A supervalorização do dólar é a "solução" do governo Reagan para estimular o entesouramento privado, evitando a desvalorização da moeda e aumentando o seu poder de compra internacional.

A forma pela qual o governo se transforma em entesourador geral é, obviamente, mediante o aumento da dívida pública, do *open-market* de venda de obrigações e letras: soma-se às anteriores uma nova pressão no sentido de elevar o débito público e a taxa de juros paga pelo governo para atrair os fugidios e desconfiados fundos líquidos dos compradores potenciais de seus papéis. A isca internacional, o instrumento de fazer retornar os dólares usados como meios de pagamento das importações, é a elevação da taxa de juros dos papéis do governo.

"No século XX, nos Estados Unidos, os gastos públicos aumentaram não só em termos absolutos, mas também em relação ao produto nacional bruto", diz Silos Labini.[4] Esta tendência não seria o resultado de "fatores acidentais, de circunstâncias externas ao sistema econômico, mas é o resultado de exigências advindas da transformação da estrutura do próprio sistema e, particularmente, da indústria...". O aumento a longo prazo dos gastos públicos em termos absolutos e em relação ao produto nacional, pode ser visto na Tabela XI. Até 1929, os gastos públicos representavam apenas 10,5% do PNB norte-americano; entre 1929 e 1939, eles passam de 10,5% para 18,4%, e a partir desse salto não param de crescer em termos absolutos e, em relação ao PNB até 1945, quando atingem 42,7% do PNB. Naquele ano, a dívida pública dos Estados Unidos crescera para 119,9% do PNB. Se ela não tivesse aumentado tanto, a base monetária alagada pelas despesas de guerra teria feito com que a taxa de inflação se elevasse a, talvez, mais de 100% ao ano.

A inflação deixou de ser a unidade das soluções do capitalismo selvagem para ser o problema central do sistema. Os neoliberais procuram os instrumentos que podem substituir os efeitos "salutares" do elixir inflacionário no panorama de uma economia mundial globalizada, com 1,2 bilhão de trabalhadores recebendo, no máximo, 1 dólar por dia, ou seja: 1) reduzir salários reais (mediante aumento da oferta de mão-de-obra, decorrente do desemprego); 2) elevar a taxa de lucro (mediante a adoção do *downsizing*, da reengenharia, da robótica, da telemática, da redução de custos trabalhistas e humanos e doação de empresas estatais); 3) transferir, por meio da ação do governo, recursos dedicados ao social, à educação, saúde, reforma agrária, infância, terceira idade, aposentadoria, funcionários públicos, para os banqueiros ameaçados de falência, doando, como se fez no Brasil, cerca de 35 bilhões de reais aos bancos, via Proer; 4) criação de uma pressão externa exercida pelas mercadorias importadas (déficit comercial) capazes de substituir a produção nacional pela importada, expulsando trabalhadores nacionais e criando mais emprego nos países exportadores (superávit comercial do Japão, da China, dos Tigres Asiáticos e de

---

[4] LABINI, Silos. *Oligopólio e progresso técnico*. SP, Abril Cultural, 1984. p. 178.

outros); 5) criação de novos impostos e elevação da carga tributária e aumento da receita federal a fim de que o governo neoliberal preserve sua capacidade keynesiana de gastos, antes respaldados em novas emissões e, agora, em nova e ampliada receita tributária; 6) aumento da dívida pública interna e externalização da dívida pública mediante venda de papéis no exterior; 7) contenção da demanda de meios de consumo por meio de demissões de funcionários, redução de salários, manutenção de elevada taxa de juros sobre vendas de bens de consumo, acrescido da inflação prévia, que colocou o preço das mercadorias nacionais acima dos preços pagos pelas mesmas nos mercados norte-americanos, e dos países ricos (*Advanced Capitalist Countries* – ACC).

Quesnay, Robert Malthus, Marx, J. M. Keynes e outros geniais pensadores econômicos escreveram que a inflação é a grande solução do sistema capitalista e que a deflação é seu problema, que surge na crise e a aprofunda.

Do ponto de vista dos trabalhadores há crise quando o desemprego os afasta dos instrumentos de trabalho, os paralisa e impede que continuem a fazer o que fizeram durante a fase de prosperidade – trabalhar, trabalhar, sob o regime de exploração capitalista, o único existente. A fantástica capacidade produtiva que o capitalismo demonstra é poupadora de força de trabalho, gera desemprego que atinge, em escala global, mais de um bilhão de trabalhadores.

5.2 DESENVOLVIMENTO TECNOLÓGICO E DESEMPREGO

Por mais elevada que seja a taxa de formação de capital, o capitalismo tornou-se incapaz de criar novas oportunidades de emprego, em virtude do elevado nível de desenvolvimento tecnológico alcançado desde a década de 20. Eric Hobsbawm anota o fato sem, contudo, apontar o conflito permanente entre o nível de desenvolvimento tecnológico atingido pelo capitalismo cêntrico e o agravamento do desemprego mesmo nos períodos de auge, de elevada taxa de investimento.

> É difícil lembrar que mesmo nos anos de boom da década de 1920 (1924-29) o desemprego ficou em média entre 10% e 12% na Grã-Bretanha, Alemanha e Suécia, e nada menos de 17% a 18% na Dinamarca e na Noruega. Só os Estados Unidos, com uma média de desemprego de 4%, eram realmente uma economia a pleno vapor. Os dois fatos indicam uma fraqueza na economia. A queda dos preços dos produtos primários (que deixaram de cair mais pelo acúmulo feito de estoques cada vez maiores) simplesmente demonstrou que a demanda deles não conseguia acompanhar a capacidade de produção...[5]

---

[5] HOBSBAWM, Eric. *Era dos extremos*. SP, Companhia das Letras, 1995. p. 95.

O desemprego constatado por Hobsbawm não poderia ser reabsorvido por investimentos adicionais e geração de novas oportunidades de emprego porque o nível da produção atingido já provocava uma queda de preços e uma elevação de estoques críticos. Prefiro salientar que a eficiência atingida pela tecnologia existente impunha, já na década de 1920, um elevado nível de desemprego. O desemprego tecnológico, que coexistiu com a fase de *boom* dos anos 20, se agravou quando a crise de 1929 revelou dramaticamente que a acumulação de capital se transformara em sobreacumulação que impôs uma queda da taxa de lucro, uma fuga do capital-dinheiro, que fica potencial, ocioso, e reflui para a especulação bursátil. A taxa de desemprego atingiu 44% da PEA na Alemanha, em 1934, elegeu Hitler, em 1933, com suas promessas, realmente cumpridas, de alcançar rapidamente o pleno emprego e o fez por meio da negação sistemática do homem: a guerra.

A taxa de desemprego só declinou porque o Estado keynesiano, bélico, construtor de estradas, estádios e "pirâmides" passou a empregar, no mínimo, 17% da força de trabalho. A taxa de desemprego atual supera os 30% em escala planetária. A robótica, a telemática, a informática elevaram a potencialidade tecnológica de gerar desemprego. Este não pode mais ser absorvido senão pelos gastos residuais capazes de manter os escombros do capitalismo keynesiano. Ao desemprego tecnológico se somam, agora, o desemprego keynesiano, impulsionado pelo multiplicador de desemprego e o resultante da "globalização". As conseqüências políticas e sociais deste fenômeno acarretarão profundas mudanças nas relações sociais da produção, na natureza da tecnologia capitalista e nas esperanças de solução dos problemas do homem nos marcos do capitalismo.

A permanente redução de salários e a rotatividade no emprego colocam os trabalhadores numa situação crônica de crise. A luta dos sindicatos pela elevação de salários e pela estabilidade no emprego é a sua forma de enfrentamento da crise crônica de que são vítimas. Nas crises agudas, a queda de preços (deflação), a queda da taxa de lucro, as falências, a contração do volume de vendas e da produção tornam desesperadora a situação dos assalariados. Exauridos, os trabalhadores são lançados do desemprego ao mercado informal de trabalho, sem carteira assinada, sem direito a férias, sem salário fixo, sem estabilidade, sem indenização mesmo quando a dispensa não for por justa causa, sem receber o FGTS, o aviso prévio, as férias já adquiridas. No Japão, aumenta o *karoshi*, o suicídio que põe um ponto final ao processo de estresse resultante da disputa e da concorrência no emprego; as greves gerais que se tornam bimensais na Argentina, a luta na Coréia do Sul que arma os grevistas com coquetéis molotov, os suicídios de funcionários, de bancários e de desempregados e desesperados no Brasil. Os neoliberais dizem que o pleno emprego resulta da ação livre da ditadura do mercado oligopolizado, que a mão invisível do mercado só aplica o garrote vil nos ineptos, nos ineficientes, nos que não merecem trabalhar...

Enquanto os ideólogos afirmam que suas idéias são verdades eternas, o capitalismo muda e se distancia das "verdades eternas" dos falsos cientistas. Supondo a permanência, a estabilidade, o equilíbrio e a reprodução ampliada como resultado da ação espontânea dos mercados, os neoliberais consideram as crises como episódios decorrentes da presença de irracionalidades introduzidas pelo governo, pela má gestão do dinheiro, pelos sindicatos, por perturbações "exógenas" como as manchas solares em que o eminente neoclássico inglês, Stanley Jevons, projetou a causa das crises econômicas capitalistas.

É esse diagnóstico que afirma que a crise resulta de fatores externos perturbadores do funcionamento dos mercados, feito no século passado, que aplicam hoje na América Latina, na Rússia e em mais de sessenta países. Se os neoliberais tivessem lido Hobbes ou Marx, saberiam que capital é "poder sobre coisas e pessoas", logo o Estado capitalista, ao ser esvaziado, enxugado, ao perder poder, perde o capital e o poder de produzir capital. Na Rússia, na Alemanha, nos Estados Unidos, na Holanda, na França, na Grã-Bretanha, no Japão, no Brasil e em outros, o capitalismo se formou e o capital se acumulou usando o poder do Estado, em parceria com ele desde Colbert (empresas régias e privilegiadas, estatais e semi-estatais do século XVII), desde a Companhia das Índias e o exército privado de Rhodes que conquistou vários países da África e auxiliou as duas guerras do ópio que destruíram a China no século passado; desde a independência dos Estados Unidos e a subseqüente transformação dos 13 Estados confederados nas 50 estrelas da bandeira do país do grande falcão; desde Pedro, o Grande, até a acumulação primitiva socialista e o Estado detentor da propriedade dos meios de produção e dos instrumentos de acumulação de capitais presente, até 10 anos atrás, no espaço da CEI; desde Bismark, o Zolverein e o protecionismo alemão, até a centralização nazista de poder e de capitalização que caracterizaram o Estado hitleriano; desde a presença do Estado português, explorador, dominador, ao subestado dominado, nacional, brasileiro até o Estado Novo e a tentativa de formação, também na órbita do poder público, das indústrias de base, brasileiras, capital é e sempre foi poder e o Estado é a fonte organizadora e administradora de ambos.

A aplicação das medidas neoliberais, ultrapassadas, só pode ocorrer diante do caos produzido pela falência do keynesianismo desenvolvimentista na América Latina, do keynesianismo russo e do keynesianismo bélico norte-americano. Ao se tornarem inúteis, as medidas dinamizadoras do capitalismo keynesiano – os investimentos públicos, a política de controle da taxa de juros e da eficiência fictícia marginal do capital até a economia de guerra e da corrida espacial – o capitalismo viu enfraquecerem-se suas muletas, esgotarem-se os instrumentos de circulação extracorpórea, de falência da UTI que o governo custeava com dificuldades crescentes.

5.3 DIVISÃO INTERNACIONAL DO TRABALHO, DA PRODUÇÃO, DO CONSUMO, DA TECNOLOGIA E DA EXPLORAÇÃO APÓS A SEGUNDA GUERRA: A UNIDADE NA DIVERSIDADE DO CAPITALISMO CÊNTRICO

As lições duramente aprendidas com as conseqüências do Tratado de Versalhes, serviram para que a divisão internacional da exploração, do capital, do poder, do trabalho, da técnica e do consumo não estrangulassem e inviabilizassem a reprodução do capital nos países derrotados na Segunda Guerra Mundial. Um processo de acomodação dinâmica deveria finalmente resultar da reestruturação pós-bélica capaz de permitir que a unidade do capitalismo cêntrico abarcasse sua diversidade, garantindo a retomada do processo de acumulação de capital em escala planetária. Esquematicamente, a integração do capitalismo cêntrico e a inserção dominada da periferia na totalidade do sistema deveriam assegurar a centralização do poder bélico e espacial nos Estados Unidos e em nenhuma outra das demais economias nacionais, com exceção da soviética.

O departamento III, produtor de não-mercadorias bélicas e espaciais asseguraria a superioridade do poder político e militar nos Estados Unidos e, como contrapolo na guerra fria, na União Soviética. O Japão, a Alemanha, a Itália, os principais derrotados, foram proibidos, por diversos tratados de paz, iniciados em Potsdam e completados em São Francisco, de investir no DIII. Esta semi-integração estrutural fez com que os investimentos fossem canalizados para os departamentos produtores de mercadorias, de meios de produção (Alemanha) e de meios de consumo e de minimáquinas (Japão). A elevada taxa de acumulação de capital nesses dois países acabou por se manifestar numa produção excedente que só poderia se realizar e garantir a reprodução do capital cêntrico na medida em que os Estados Unidos se transformassem no mercado consumidor do excedente mundial de mercadorias. A partir de 1973, a maior economia mundial apresenta déficits crescentes em sua balança comercial: a reprodução do capitalismo cêntrico foi garantida nesta divisão internacional da produção de mercadorias e de não mercadorias, do poder, da tecnologia e do consumo.

A taxa de câmbio do dólar passou a ser determinada pelas relações internacionais: seu "ponto de equilíbrio" passou a ser aquele que permitisse aos norte-americanos comprar barato as mercadorias importadas dos departamentos I e II localizados, principalmente, na Alemanha e no Japão. Não apenas o PIB norte-americano passa a crescer a uma taxa modesta, próxima dos 2% ao ano, mas seu crescimento se localiza no departamento III, destrutivo e no terciário (improdutivo). Assim, o déficit orçamentário do governo central do Japão e da Alemanha cresce pouco, aliviados dos gastos bélicos e espaciais, mas como que muda para os Estados Unidos onde o governo federal deve ampliar o déficit orçamentário para criar mercado a fim de que as mercadorias importadas, responsáveis pelo déficit na balança comercial, pudessem ser adquiridas, juntamente com as produzidas domesticamente, nos Estados Unidos. Assim, as relações internacionais de mútua dependência, exclusão recíproca e polarização passaram a determinar a taxa de câmbio, o déficit orçamentário e as divisões internacionais da produção de mercadorias, de não-mercadorias e a divisão do mercado mundial, características da globalização pós-bélica.

A guerra fria permitiu que o DIII continuasse a se expandir nos Estados Unidos como se seu impulso decorresse apenas de uma necessidade fictícia de defesa diante do poderio militar soviético, das relações de polarização mundial. Enquanto os Estados Unidos puderem manter o crescimento contínuo do departamento III (gerador de renda, de emprego improdutivo-destrutivo e de capacidade adicional de consumo), sustentar a taxa de câmbio sobrevalorizada que permite baratear as importações, e o aumento da dívida pública que bombeia o poder de compra excedente, lançado para garantir a reprodução do seu DIII, a reprodução da unidade do capitalismo cêntrico estaria basicamente assegurada.

A elevada taxa de crescimento da economia japonesa conduz o Japão a uma crise de sobreacumulação, diagnóstico feito pela corrente de economistas, entre os quais se inclui Makoto Itoh. Para essa corrente marxista, a sobreacumulação japonesa, em vez de se manifestar classicamente na queda da taxa de lucro, se apresentará como acumulação excessiva de capital diante do volume de emprego que o sistema é capaz de pôr em ação. A crise de sobreacumulação japonesa eclode em 1990. Trilhões de ienes que não podem mais ser investidos no Japão refluem para as bolsas do sudeste asiático e para a especulação imobiliária naquela região. O aquecimento bursátil faz espoucar as crises das Bolsas no sudeste asiático.

A capacidade produtiva de mercadorias dos Estados Unidos teve de ser contida, os capitais produtivos emigraram e, com eles, oportunidades de emprego, a fim de assegurar as condições internacionais, cêntricas de reprodução ampliada do capital. Os déficits comerciais dos Estados Unidos criam uma oferta mundial involuntária de dólares necessária para os países periféricos pagarem as mercadorias importadas. A criação de dólares escriturais fora dos Estados Unidos multiplica o poder perturbador que o excesso internacional de meios de pagamento em moeda mundial apresenta sob a forma de eurodólares, de petrodólares e de nipodólares. O *idle money* vira dinheiro volátil e abastece não apenas as necessidades dos países periféricos de empréstimos externos adicionais, capazes de sustentar seus déficits comerciais e suas importações de artigos de luxo que produzem um efeito deflacionista, aumentando a oferta de mercadorias e achatando a inflação periférica.

O sucateamento do parque industrial periférico é o resultado da forma de inserção dominada e modelada pelos interesses da reprodução cêntrica, altamente contraditória. As importações de meios de produção destroem as indústrias de base das economias semi-integradas periféricas, ou seja, as bases sobre as quais se ergue a produção nacional. A incapacidade de pagamento dos serviços das dívidas públicas internas e externas e da dívida privada externa imporá o limite ao processo de inserção contraditória, dominada, das economias periféricas no panorama globalizado.

A sobreacumulação de capital em escala mundial se apresenta nos mesmos setores em que ocorreu na crise de 1929, acrescidos dos setores de computadores, fac-símiles, televisão via satélite, telefonia celular e outros meios de transporte de som, de imagens, de sinais. As economias hospedeiras que receberam as indústrias transplantadas nas décadas de 1950 e de 1960 se transformam nos campos de batalha em que se digladiam as antigas indústrias estrangeiras transplantadas com as novas, impulsionadas pela necessidade de desconcentração internacional. A sobreacumulação em escala mundial produz esta nova onda de transplante que gerará excesso de produção na periferia, capacidade produtiva ociosa, e nova crise – esta como expressão da contradição entre o capital cêntrico transplantado nos anos 1950 e ele mesmo, acumulado na periferia e somado ao transplantado agora. A partir de 1997, toma-se consciência do evidente: o "desastre automobilístico" (*car crash*) se evidencia quando a produção mundial de carros alcança 69 milhões de unidades e a capacidade de consumo se limita a 50 milhões apenas.

5.4 OS NEOLIBERAIS E O TRATAMENTO SEM DIAGNÓSTICO

A partir de 1873, os neoclássicos deram um novo nome para a economia política: "economics". Esta mudança de nome foi, ela própria, política, porque pretendia transmitir uma imagem de neutralidade e de cientificidade, de ciência da natureza, a uma produção ideológica – a "economics".

Incapazes de determinar os fenômenos capitalistas – as relações sociais de produção, a distribuição do produto social na sociedade capitalista, a divisão internacional do trabalho, do capital, do poder, dos mercados, da exploração, o consumo coletivo antagônico (excluídos e pobres de um lado, superconsumidores e ricos, de outro), as crises capitalistas, as relações internacionais de dominação e de espoliação, os fenômenos monetários, as inflações e as deflações, a acumulação e a sobreacumulação – os neoclássicos construíram um mundo sem problemas, sem desemprego, sem crise, sem inflação, sem deflação, sem nada a ser investigado, sem nenhum problema a resolver, sem nenhuma resposta a dar. Por isto, devem ser chamados de neonadas, pois, se o que pregam fosse ciência, seria a única ciência sem objeto, sem problemas a serem compreendidos, sem soluções a serem apresentadas. Como no seu mundo imaginário, construído para não dar problemas, para tudo se equilibrar automaticamente – sem o Estado, sem governo, sem moeda, sem guerras, sem espoliação externa, sem exploração, sem classes sociais, sem crises – inexistem dificuldades, contradições, conflitos e seres reais, os neonadas não aprenderam a resolver qualquer problema: reconstruíram em seus modelos abstratos um mundo sem problema, o mundo da idiotia, habitado por oligofrênicos calculadores.

Qualquer perturbação do equilíbrio, a que tenderiam suas construções hipotisadas para se auto-ajustarem, é imputada por eles à presença do Estado, que eles não sabem que é um produto histórico e social, com características, agências, condutas, formas de inserção, instrumentalização e atuação ditadas por seu caráter capitalista, por seu conteúdo impregnado pelos interesses da classe social que predomina em sua composição e em suas decisões. Se se liquidar o Estado, se se neutralizar a moeda e o crédito, se se equilibrar o déficit público e os déficits comercial e da balança de pagamentos, expressões que são de desequilíbrios mais profundos, se se destruírem os sindicatos dos trabalhadores, se se educarem os "agentes" econômicos de modo que os pobres só consumam até o limite de seus minguados salários e os ricos até os limites de seus direitos de tudo consumirem (*jus tendi, abutendi et fruendi*), a oferta e a demanda se acomodariam numa hipotética situação de equilíbrio geral. Por isto, os neo-neoclássicos constituem a escola dos neonadas ou dos se...se. O que suas cabeças constroem é um silogismo de condição.

Olhemos um pouco para o desprezado mundo real, do qual os "esquizofrênicos" fogem para construírem um mundo no qual inexistem, de acordo com Freud, "os problemas criados pelo trabalho humano".[6] O Chile foi o

---

[6] FREUD, Sigmund. *Totem et tabou*. Paris, Payot, p. 165.

primeiro país a recorrer aos préstimos dos papas dos neonadas, os premiados Friedman e senhora. A ditadura política não tem nada de incompatível, antes pelo contrário, é uma auxiliar da liberdade de mercado, como confessa Hayeck do alto de sua secular experiência.[7]

Os neoliberais agem exatamente como um médico que possuísse um tratamento excelente, mas não se preocupasse em fazer o diagnóstico. Que doença será esta, deveria perguntar o doutor, diante de cada paciente. Os neoclássicos, neoliberais, neonadas, não se preocupam com a especificidade da doença e receitam, desde 1873, a mesma farmacopéia. Seu remédio é a velha sangria – enxugar a base monetária, sangrar o Governo, sangrar as despesas públicas, sangrar os salários e vencimentos, sangrar a saúde, a educação, na esperança de que o organismo depauperado, sobrevivente, encontre seus pontos racionais de equilíbrio, seus automatismos naturais, sua prosperidade iluminista. Isto é insano e desumano embora possa ser correto do ponto de vista da mecânica abstrata em que se apóia a ideologia neoliberal.

Joseph Schumpeter afirma, no terceiro tomo de sua *História da Análise Econômica*, que o médico francês Clément Juglar teria sido o maior economista do século passado, opinião muito discutível. Juglar teve, pelo menos, o mérito de entender que o problema da crise mais recente deve ser procurado no auge, na prosperidade anterior.

Como a prosperidade keynesiana foi sustentada pela acumulação de capitais estatais, pela centralização e concentração de poder, pelo governo que reempregava parte dos trabalhadores demitidos pela modernização tecnológica com uma mão e sustentava o lucro das empreiteiras, e dos fornecedores de produtos bélicos, espaciais e semelhantes com a outra mão, é justamente aí que se situam as causas da crise atual. Há crise porque as bases de sustentação do edifício ruíram diante das dimensões assumidas pela acumulação de capital, pelo peso crescente e pelas contradições que se desenvolveram com o conteúdo novo, que foi incorporado ao sistema e produziu o último auge. A crise é, também, um fenômeno histórico e social que se desenvolve juntamente com o processo de acumulação, de expansão, de modernização, de globalização capitalistas. As crises da infância podem ser tratadas com os remédios adequados ao sarampo e à catapora. A velhice, a senilidade, exigem UTI, transplante, respiração artificial e circulação extracorpórea e, um dia, o médico para fazer a necropsia.

---

[7] CAMPOS, Lauro. Na prática a teoria é outra. In: *Textos censurados*, p. 367.

A crise de 1929 foi o resultado de uma acumulação excessiva de capitais verificada principalmente nos setores de duráveis, nos Estados Unidos. A produção de carros, no início dos anos 20 era de 2,7 milhões, e alcançou a fantástica cifra de 5,3 milhões de unidades em 1929. A lucratividade da produção de artigos de luxo, de duráveis, se contraiu e o dinheiro foi procurar seu lucro nas Bolsas. O preço das ações se elevou vertiginosamente porque o lucro das empresas despencava, bloqueando a transformação de dinheiro em capital, isto é, os investimentos no processo produtivo. Os bancos emprestavam mediante a caução das ações valorizadas. Com dinheiro emprestado aos bancos, os devedores-especuladores compravam mais ações, sustentando a valorização especulativa. Quando a Bolsa veio abaixo, os bancos ficaram cheios de papéis, as ações desvalorizadas, caução dos empréstimos concedidos. Entre 1932 e 1935 quebraram 5.000 bancos nos Estados Unidos. O Banco Central (FED) não poderia evitar o dominó destruidor. Em 1935, o desemprego ainda era de 25% no país que centralizou a prosperidade, a acumulação e, por isto, foi o centro da crise.

5.5 A GLOBALIZAÇÃO COMO NEOIMPERIALISMO

Tendo surgido possivelmente na África, o *homo sapiens*, tal como acontecia com os hominídeos, é movido por uma inquietação fundamental que o pulsiona para a interação com seus semelhantes e com o meio ambiente, a natureza de que é parte. O homem é um ser produtor de cultura e ele a produz por meio de seu trabalho; é, portanto, *homo faber*, transformado pelo seu trabalho social.

Seu nomadismo indica sua vocação para a globalização, para conhecer e explorar todos os quadrantes até os confins da terra. Em sua caminhada à procura de novas condições de vida, torna-se sedentário, o que não o impede de continuar errante, descobrindo o mundo, as propriedades físicas das coisas e tentando explicar o desconhecido.

O capitalismo potencializa a pulsão humana em direção à globalização e constitui a organização econômica, social e política surgida na Europa ocidental que racionaliza, reúne os conhecimentos técnicos, os recursos materiais e as condições para as navegações e descobertas marítimas.

"O capitalismo surge na circulação mas não se inicia nela", conforme Marx admiravelmente determinou, constituindo o comércio e os transportes e suas mudanças as conseqüências das transformações ocorridas na produção, em que, em quanto produzir e como e para onde transportar e vender.

A aparente autonomia do comércio se revela apenas como uma das formas auxiliares e derivadas da acumulação de capital, de conhecimento, de poder, e, por isto, a produção capitalista passou a comandar a circulação, a comercialização, a distribuição das mercadorias produzidas e das riquezas apropriadas fora das fronteiras dos Estados nacionais.

A transformação do artesanato em manufatura e desta na grande indústria moderna constitui o segundo importante momento da globalização capitalista. Ao aumentar "o raio de ação da produção" as relações de dominação internacionais, políticas, abrem os mercados coloniais para a produção mercantil desenvolvida, capitalista, e dissolvem as formas preexistentes de produção, tal como fez com o comércio e com o artesanato doméstico. Novas e baratas fontes de suprimento de matérias-primas são incorporadas ao sistema industrial voraz e universalizante.

A globalização como fenômeno capitalista é a expressão das necessidades que apresenta o modo capitalista de produção de envolver o globo em seu processo de acumulação de capital. Três são as raízes da chamada acumulação primitiva, segundo Marx, além da exploração dos trabalhadores assalariados, dos proletários: a exploração colonial, o protecionismo e a dívida pública. A exploração colonial se expressa naquilo que Maurice Dobb denominou de "saldo de importações", contabilização do processo de apropriação líquida de riqueza dos países dominantes sobre os dominados.

O vertiginoso crescimento da produção industrial verificado "nas primeiras décadas do século XIX" com a "produção de máquinas por meio de máquinas" (Marx), o aumento da capacidade de produção de mercadorias, de tecidos, de meios de consumo em geral gera uma segunda onda de globalização, de "abertura dos portos para as nações amigas" e de sucateamento da produção artesanal e manufatureira nas colônias, no Brasil (1785), na Índia, mais tarde na China, e na proibição de maquinização da colônia da América do Norte.

O departamento I, produtor de máquinas e equipamentos, centrado na Grã-Bretanha, ao abastecer as necessidades e possibilidades dos capitalistas ingleses que constituíam o mercado exclusivo de compradores de máquinas, é obrigado a vender máquinas para o resto do mundo, abolindo, na prática, o Tratado de Mettween. A lei alfandegária Alves Branco de 1844 favorece a importação de máquinas inglesas, inicia o "processo de substituição de importações" no Brasil e presta um relevante serviço aos capitalistas ingleses que produziam máquinas e precisavam vendê-las.

A crise européia de 1870 que chegou à Inglaterra em 1873, provocou uma pletora de dinheiro não investível que refluiu para a Rússia, para o Egito, para a Argentina, para o Brasil, para a Austrália e de outros, aumentando a dívida externa periférica e sua capacidade de importação de ferrovias, de máquinas e de equipamentos para portos. O surto industrial globalizado pela crise de 1873 se transformou em desastre verificado no Egito, na Argentina (1890), no Brasil (1898), na Austrália, na Venezuela, no México...

A crise de 1929 não determinou tão grande fluxo de capital ocioso do centro para a periferia porque nos Estados Unidos a crise se manifestou, principalmente, no setor de carros e de duráveis que não podiam ser exportados para a periferia pelo fato de inexistirem estradas de rodagem, sistema de produção e de distribuição de eletricidade doméstica, necessária para a utilização dos "duráveis", eletrodomésticos, nem sistema de crédito ao consumo, nem de abastecimento e reparo dos importados. Além disto, a crise foi acompanhada da especulação bursátil que concentrou na Bolsa o capital-dinheiro potencial que poderia se transformar em empréstimos externos. O dólar ainda não era dinheiro mundial e os Estados Unidos não possuíam um sistema financeiro internacionalizado, como era o caso da Inglaterra.

Com a retomada da mais prolongada crise do capitalismo, a crise de sobreacumulação iniciada em 1870, a produção industrial tende a voltar e a superar o antigo volume e, portanto, a retomar o mercado mundial, principalmente onde o processo de substituição de importação teve êxito. O endividamento externo funcionou como um garrote vil que seccionou a indústria do comércio, faliu as estradas de ferro, obrigou os governos nacionais a enxugarem as bases monetárias, a demitirem funcionários, a venderem empresas estatais, a queimar dinheiro (Campos Salles, 1899). O segundo sucateamento periférico abriu os mercados nacionais para as mercadorias produzidas pela retomada da grande crise européia iniciada em 1870.

A crise de 1929, de uma economia norte-americana "voltada para dentro", não produziu nem o aumento do endividamento externo periférico nem a importação de máquinas, equipamentos e indústrias. Por isto, após a crise de 1929, não houve o sucateamento periférico que a grande crise anterior provocara. Sem um surto de globalização da industrialização, não havia produção concorrente para ser sucateada. A destruição de capacidade produtiva se deu durante a própria Segunda Guerra Mundial e a retomada foi obtida por meio da reestruturação da produção com o desenvolvimento do departamento III, produtor de não-mercadorias compradas pelo governo norte-americano. Em vez de crédito externo e ampliação da dívida externa, o crédito público e a dívida pública do governo federal dos Estados Unidos se elevou, alcançando a última 119% do PNB daquele país, em 1945.

A sobreacumulação de capitais, que provocou a crise de 1929, ameaçava voltar, tendo provocado recessões em 1946, 1948 e 1957. A produção de carros que despencara de 5,3 milhões de unidades ano, em 1929 para 0,7 milhão em 1943, atingiu perigosos 7 milhões em 1957, nos Estados Unidos, dando o sinal de alarme. O transplante de parte da capacidade produtiva excedente para a periferia impulsionou mais um novo momento do processo de globalização. Brasil, México, Argentina, Coréia do Sul, tal como ocorrera com o Canadá, se transformam em economias hospedeiras do capital sobreacumulado nos setores de luxo.

O transplante de setores industriais de carros e da linha branca violentou as condições sociais e políticas dos países pobres, de baixa renda *per capita*. A concentração de renda para sustentar a acumulação de capital de um lado e o mercado consumidor de artigos de luxo de outro, empobreceu relativamente a massa da população, que não poderia ter acesso ao mercado de produtos de luxo, criando uma elite de 5% a 10% da população inserida na nova economia. O despotismo político tornou-se necessário para segurar o paciente Brasil para que nele fosse inoculado o anestésico que permitiria as mudanças estruturais, a concentração selvagem de renda, a exclusão social, o desvio de recursos dos hospitais, do ensino, do lazer, da habitação para alimentar a produção e o consumo de meios de transporte de pessoas, do som, de imagens, de sinais e os sistemas de rodovias e de produção e distribuição de eletricidade, complementos necessários e caros. O Estado periférico arcou com os custos, com o *faux frais* criando "economias externas", lucro para o sistema transplantado.

As montadoras estrangeiras transplantadas constituíram as empresas nucleares hospedeiras e se relacionaram com fornecedores de partes, peças e insumos, empresas-satélites, de capital quase sempre nacional. O comando foi exercido pelas indústrias nucleares que impunham às satélites as exigências técnicas de seus componentes, o preço pago por eles pelo monopsônio nuclear, o volume da produção e, portanto, a margem de lucro apropriável pelas empresas-satélites e pela poderosa empresa nuclear, transplantada. O Estado nacional se transforma naquilo que Fernando Henrique Cardoso denominou de anti-estado nacional, resultado da dominação do capital imperialista.

A terceira e atual onda de sucateamento periférico pode atingir especialmente as empresas-satélites, que deixaram de ser as fornecedoras de partes e peças para as nucleares, sendo substituídas por fornecedoras sediadas em outros países. Além disto, as montadoras praticam a reengenharia e reúnem na mesma unidade de produção, centenas de fabricantes, antigos satélites. A Toyota seguiu este caminho iniciado pela Ford, economizando estoques de peças, evitando desajustes entre as necessidades técnicas das empresas nucleares e as empresas-satélites. Outras empresas-satélites são obrigadas a se vender ao capital das empresas nucleares.

Os produtos mundiais globalizados permitem a importação de partes, peças e equipamentos dos países em que elas fornecem oportunidades de emprego aos trabalhadores cêntricos e mais baixos custos de produção. Ao final do milagre globalizado do México, em 1994, verificou-se que 80% da produção de carros mexicanos não eram mexicanos, mas importados.

A crise de sobreacumulação de capitais em escala planetária gera uma segunda onda de transplante que repete, quase nos mesmos setores, o transplante anterior, verificado nos anos 1950. O capital transplantado é recebido, de novo, com doações de terrenos, isenções tributárias de 20 a 30 anos, empréstimos a juros subsidiados, etc. Por isto, o Brasil possui hoje um número maior de montadoras de carros do que os Estados Unidos. O desastre automobilístico globalizado será muito mais profundo do que o verificado em 1929. Os congestionamentos das ruas e estradas, de centenas de quilômetros e a falta de espaço no Japão e nos grandes centros, vai mostrar que a solução do transporte egoísta, individualista, poluente, concentrador de renda gera problemas mais graves do que os benefícios que oferece.

A crise dos meios de comunicação e de transporte capitalistas vai revolucionar, novamente, a engenharia urbana. As cidades automobilísticas de Le Corbusier, das quais Brasília é o exemplo mais completo, serão revistas e modificadas. As residências individuais adaptadas aos meios individuais de transporte, de alimentação, de trabalho, de lazer, de estudo deverão ser reconstruídas, numa onda de renovação semelhante a que ocorreu em Paris, sob Napoleão III, dirigida por Haussmann, a onda reurbanizadora que ocorreu na década de 40, necessária para adaptar as cidades ao carro, "matar as cidades" (Le Corbusier) para construir as grandes estradas urbanas suspensas, elevadas ou ao nível do solo. "Tudo muda, só não muda a lei do movimento segundo a qual tudo muda", escreveu Engels. Enquanto o futuro aguarda suas transformações essenciais, a humanidade se encontra paralisada, presa num círculo de giz que impede que 1 bilhão de pessoas objetivem sua inquietude e a some à imensa inquietude que constrói a história do homem.

5.6 A DIALÉTICA DO EURODÓLAR

Eurodólar, a moeda da crise do capitalismo financeiro. A cabeça ideológica não aprende que não é ela, mas a prática não planejada que produz novas formas monetárias. As formas monetárias são o produto do desenvolvimento das contradições que escrevem, através de crises, a história econômica do capitalismo.

Quando a cabeça desrealizada de Peel se expressou no célebre Ato de 1844, que levou o seu nome e que exigia a cobertura de 100% em ouro para emissões de "bilhetes de banco", criava as condições para que a moeda-escritural se afirmasse em reação às limitações impostas à base monetária pelo lastro-ouro integral. A prática reagiu e produziu a difusão do cheque, a produção de moeda-escritural, a nova forma que a burguesia bancária encontrou de produzir dinheiro. Surgiu a câmara de compensação, a *"clearing house"*, que nada mais é do que a transformação de uma esquina de Londres, onde se encontravam os serventes dos bancos para compensarem os cheques, evitando caminhadas repetidas, todas as vezes que entrava no seu banco um cheque contra outro. Os conservadores ingleses diziam que o Ato Peel "tinha abolido para sempre as crises econômicas", sem perceberem que ele aprofundava as contradições que se manifestaram na crise de 1847, apesar do crescimento da moeda-escritural, no período, como reação ao Ato.

As contradições fantásticas entre as condições da produção e as condições da demanda, as contradições internas da produção alimentadas pelo rápido processo de acumulação contraditória, o fim da dinâmica da economia do *"laissez-faire"*, voltada para a produção de artigos de luxo, estão presentes na crise de 1929. Por isso, aquelas contradições e a crise são as inspiradoras da prática que criou a "moeda estatal", isto é, que determinou as características que ela assumiria como moeda despótica, sustentadora da demanda autonomizada do governo, que teve de chamar a si o papel de complementadora da demanda efetiva conflitiva, contraditória e insuficiente para realizar uma escala superior de produção, necessária para aumentar a massa de lucro. A prática da década de 30 viu surgir uma nova forma monetária, a moeda-estatal, instrumento imprescindível para a mudança na estrutura da demanda, que deveria responder às mudanças da estrutura produtiva que só poderia reativar-se se esta se voltasse para a produção de não-mercadorias para o governo, detentor da produção do dinheiro-papel.

Até 1913, o raio de ação da produção norte-americana e as características de sua produção "voltada para dentro" não levariam o sistema bancário dos Estados Unidos a romper sua fronteira: só a lei que cria, naquele ano, o *Federal Reserve System* é que permite a abertura de filiais no exterior. A primeira guerra, a economia "voltada para dentro", em expansão até 1929, a redução do raio de ação da produção e do crédito correspondente durante a depressão dos anos 30, e a redinamização, voltada para o governo, que caracteriza a retomada, fazem adiar para os dias que se seguem ao Plano Marshall a criação de agências bancárias americanas na Europa. Com a indústria vitoriosa se transplantando, com o fluxo de turismo posterior à Segunda Guerra, com as reservas internacionais feitas em dólares, na Europa, a rede bancária acompanha lentamente a produção. Criam-se, assim, na prática, as bases materiais necessárias para o surgimento de uma nova forma monetária – o eurodólar.

Como todas as formas monetárias, o eurodólar não é filho da imaginação, produto da razão, mas o resultado de uma prática que se desenvolve sem que os economistas sequer percebam sua existência. As novas formas monetárias são filhas da crise e trazem a marca depressiva de sua origem: a moeda-escritural (1847), a moeda-estatal (1929), os petrodólares (1973), os nipodólares e o dinheiro não estatal (*non-state money*), que é a forma monetária produzida pela crise de superação contraditória dos Estados nacionais.

As discussões entre Friedman e Klopstock sobre o surgimento do eurodólar e sobre a imputada filiação da *eurocurrency* ao déficit do balanço de pagamentos dos Estados Unidos; a dúvida na fixação, se em 1959 ou em 1967, da data de nascimento do eurodólar e outras dúvidas semelhantes, revelam o mistério que a prática representa para a mente dominada pelo empirismo abstrato e o enigma indecifrável que os fenômenos econômicos e sociais constituem para as mentes a-históricas.

Economistas ortodoxos defendem a criação de nova forma monetária para superar a presente crise, sem saber que ela já criou as suas moedas: o eurodólar, o petrodólar, o nipodólar e o dinheiro não estatal.

A externalização de parte da demanda efetiva norte-americana se apresentou como uma necessidade ineluctável diante do nível alcançado pelo desenvolvimento das forças produtivas "voltadas para dentro". A ativação da economia dos Estados Unidos pela produção de não-mercadorias durante o *New Deal* e a economia de guerra, tiveram como conseqüência a elevação da dívida pública a 119% do PNB americano, em 1945. O governo dos Estados Unidos atingiu, então, o seu limite como complementador da demanda efetiva contraditória. A produção de não-mercadorias produz e desenvolve a moeda-estatal e o crédito público: a dívida pública é o resultado do processo de crescimento apoiado na demanda estatal, assim como o crédito ao consumo foi o resultado da dinamização voltada para a produção de artigos de luxo que tiveram de penetrar no consumo de não capitalistas, da chamada classe média.

A partir de 1946, a economia norte-americana tem de voltar-se para fora, realizar externamente uma parcela crescente das mercadorias produzidas por sua acumulação adicional de capital.

O aumento da dívida pública, a venda de *bonds*, obrigações do Tesouro, é o contrapolo das emissões de dinheiro-estatal que sustentam o dispêndio autonomizado do governo. Se a dívida pública não puder elevar-se, se e quando encontrar seu limite, as emissões revelarão seu caráter violentamente inflacionário que o aumento da dívida pública, o enxugamento da base monetária, disfarçava.

A "escassez de dólares" foi o resultado do conflito entre a nova posição da produção norte-americana em frente do mundo derrotado, do conseqüente aumento dos raios de ação da produção e do capital produtivo americano que despontam abruptamente no espaço internacional diante da inexistência do dólar como dinheiro mundial e do crédito internacional correspondente.

O capital-mercadoria exportado pela Grã-Bretanha sob a forma de meios de consumo, depois sob a forma de meios de produção (a partir de 1843) e, finalmente, sob a forma de locomotivas e meios de transporte circulava e realizava-se internacionalmente por meio do crédito mundial inglês, da libra como antiga moeda mundial, do ouro, e do crédito que se alterou em seu prazo, condições de pagamento e na figura de seus agentes (credores e devedores), de acordo com a forma do capital-mercadoria dominante. Marx refere-se ao dinheiro ferroviário e ao crédito. Eles foram produzidos juntamente com 1.140 mil quilômetros de ferrovias. O despontar da economia norte-americana no pós-guerra não encontrou a forma monetária correspondente – o dólar como dinheiro mundial e o sistema mundial de crédito correspondente. Não forneceu, portanto, o capital-mercadoria exportado sob a forma de meios de consumo ou o transplantado pelas empresas multinacionais como meios de produção, oportunidade para que o capital-dinheiro de empréstimo pudesse aplicar-se lucrativamente na esfera internacional, ampliando o mercado para os produtos americanos, como ocorreu com a produção inglesa de meios de consumo, de meios de produção e de meios de transporte para exportação até 1907-1913.

Assim, o desenvolvimento da produção na Ilha ultrapassou cedo as fronteiras e criou o sistema financeiro internacional comandado pelos banqueiros ingleses. O mercado doméstico norte-americano em contínua expansão (32 milhões de imigrantes incorporados nos 50 anos anteriores a 1930; a compra, a conquista e a anexação de Estados que se somaram às 13 unidades federadas; o caráter atomizado dos bancos norte-americanos; o consumismo cultural de artigos de luxo para uma coletividade cuja renda se expandia) manteve o dólar limitado às funções e poderes de moeda nacional.

A economia norte-americana pôde, em suas relações internacionais, incorporar riqueza real líquida do exterior, isto é, apropriar-se das matérias-primas e das riquezas existentes do Rio Grande ao Alasca. A incorporação de riqueza real líquida do exterior realizada pelos Estados Unidos – mediante a incorporação de espaços físicos, políticos, econômicos e populacionais – difere inteiramente da apropriação da riqueza real das colônias tal como foi praticada pela Inglaterra, França, Portugal, Holanda e Alemanha.

Uma das contradições que a economia norte-americana pôde adiar por mais tempo do que os países capitalistas cêntricos, foi a que se manifesta nas crises de realização cêntricas. Enquanto a apropriação real, líquida, de riqueza do exterior, por meio da exploração colonial, ou seja, o "superávit de importações" faz exacerbar a contradição entre as condições da produção e a estreiteza relativa do mercado, o mercado dos Estados Unidos expandiu-se a uma taxa capaz de adiar para 1929 as crises de sobreacumulação e de realização. Isto significa que as condições específicas do capitalismo norte-americano permitiram que aquele país se enriquecesse por meio da apropriação de riqueza real do exterior sem que a este processo correspondesse aumento da oferta de mercadorias e crise de realização.

Após a Segunda Guerra é o transplante de forças produtivas que adiará a crise de sobreacumulação de capital e de insuficiência de demanda do mercado: parte das mercadorias, as produzidas pelas indústrias norte-americanas no exterior, não era vendida no mercado doméstico dos Estados Unidos.

A estrutura da produção transplantada – os investimentos diretos realizados pelas empresas multinacionais – dispensava, em parte, o crédito e a circulação internacional de capital-dinheiro, de vez que aquele capital produtivo não era vendido para compradores nas economias retardatárias, mas continuava como propriedade das empresas multinacionais.

A centralização do capital, que era desconcentrado dos Estados Unidos por meio do transplante realizado pelas empresas multinacionais, se verificava pela remessa de lucros, *royalties*, seguros, fretes, superfaturamento e subfaturamento de seu movimento de mercadorias, e que exigiam a presença do dólar e do crédito correspondentes apenas aos acertos das contas.

A associação do capital oligopólico transplantado com empresas nacionais satélites, fornecedoras de partes, peças e insumos para a empresa nuclear, oligopólica, abria "oportunidades de investimentos" para os capitalistas das economias hospedeiras. A inexistência do departamento I e as exigências técnicas impostas pela empresa nuclear às fornecedoras de partes e peças obrigavam os capitalistas da economia hospedeira a endividarem-se para adquirir o equipamento produtivo externo. *"Supply credits"* e organismos internacionais (Banco Mundial, Bird, FMI) mostram como o padrão de endividamento internacional foi produzido e dirigido para os Estados Unidos, a fim de abrir oportunidades para que o capital-dinheiro americano penetrasse lucrativamente nas relações dominadas, abertas pelo capital produtivo transplantado pelas multinacionais.

O peso relativo da economia norte-americana é tão elevado que o processo de externalização de parte de sua demanda efetiva, após 1946, se faz mediante a transformação de sua dívida pública em endividamento externo crescente das economias hospedeiras. Este aparente paradoxo se explica pelas condições da produção norte-americana. Se a produção de artigos de luxo não tivesse se desconcentrado dos Estados Unidos no pós-guerra, o valor crescente das exportações de carros, televisores, geladeiras, computadores, etc., forneceria um saldo desconfortável em sua balança comercial; somado ao ascendente saldo nas contas de transações correntes, o item serviços, isto é, os juros, a cobrança de *royalties*, de fretes, seguros, etc., tornaria fantástico o saldo no balanço de pagamentos dos Estados Unidos. Essa divisão internacional do trabalho, da produção e da exploração contém as contradições que se desenvolveram nas relações entre a Europa Ocidental e os países coloniais e que se evidenciaram nas crises de 1907 e na que se inicia em 1913 e que perdura, sob o impulso da primeira guerra, até a década de 1920.

Isso significa que as economias dominadas, compradoras de mercadorias, são forçadas a recorrer ao crédito internacional e elevam seu endividamento externo até a insolvabilidade, expressa numa moratória (no Brasil, 1898, 1914, 1931 e 1987 são as datas). A contração da demanda internacional que decorreria do elevado serviço da dívida externa (e fornecia o superávit nos balanços de pagamentos das economias dominantes) se aprofundaria mais com as condições impostas pela moratória.

Assim, se as empresas multinacionais não tivessem transplantado parte das forças produtoras de mercadorias, o resto do mundo capitalista não teria condições de gerar dólares suficientes para importar significativamente as mercadorias e pagar o serviço da dívida externa resultante do déficit que a escala de exportação exigida pela economia americana imporia à balança comercial e, autonomizadamente, pelos juros e taxas cobrados pelo capital-dinheiro de empréstimo, aos balanços de pagamentos das economias dominadas. Isto indica o estreito limite que tinha a economia cêntrica se persistisse no padrão anterior à Segunda Guerra de exportadora de artigos de luxo ou de meios de transporte.

O transplante de forças produtoras de artigos de luxo por meio das empresas multinacionais evitou que esta contradição se manifestasse rapidamente; alargou o espaço para a reacumulação de capitais cêntricos, mas não superou as contradições que movem a acumulação em escala mundial.

Se o padrão não fosse o de transplante de indústrias, os carros, geladeiras, televisores, eletrodomésticos em geral que seriam produzidos nos Estados

Unidos e exportados, teriam de se realizar em dólares internacionais. Isto significa que a "escassez de dólares" seria muito mais profunda e imporia o limite às exportações norte-americanas. As mercadorias exportadas teriam de encontrar um *quantum* de dólares ou de crédito internacional equivalente ao valor das exportações dos Estados Unidos: W = C + V + S = D. A liquidez internacional em dólares e créditos em dólares teria de ser igual ao valor das mercadorias C + V + S. É o que se verificava sob o padrão inglês.

Com o padrão de transplante, o resto do mundo, o mercado mundial, só precisaria de uma fração daquele dinheiro; o transplante "economiza" dólares, reduz o montante de liquidez internacional necessária para realizar um dado valor de mercadorias norte-americanas. Suponhamos que a centralização nos Estados Unidos do lucro, dos *royalties*, do auxílio técnico, etc., corresponda a 33% do valor das mercadorias. Isto significa que, sob o padrão de transplante, há necessidade de apenas 1/3 dos dólares internacionais, isto é, a liquidez em dólares e o crédito em dólares necessários para realizar o valor internacional da mercadoria é 2/3 inferior à necessária sob o antigo padrão inglês, o de exportação de produtos finais.

Os restantes 2/3 do valor das mercadorias se realizam em moeda nacional da economia hospedeira. Portanto, se os Estados Unidos tivessem adotado o padrão inglês de exportação de mercadorias, em vez do transplante de indústrias, a crise de liquidez atual teria se verificado, no mais tardar, no início da década de 60. A escassez de dólares subsistiu ao longo dos anos do pós-guerra, foi "aliviada" pelo déficit na balança comercial americana a partir de 1971, e, como se verá, pela criação de liquidez exógena, os eurodólares e os petrodólares, a partir de 1967.

O ponto de vista das economias periféricas e hospedeiras do capital desconcentrado dos Estados Unidos pode ser totalmente enganoso. O caráter nacional predominante na rede bancária e no sistema financeiro no Brasil, por exemplo, quando as empresas oligopólicas dominam os setores produtivos dinâmicos e estratégicos, pode levar a crer que a legislação protetora, as políticas nacionalistas, teriam sido efetivas no setor bancário e financeiro e não na esfera da produção.

O ponto de vista externo da economia cêntrica e, principalmente, o ponto de vista da economia mundial como um todo, é que determina concretamente o fenômeno. Fica transparente que a economia hospedeira não foi dominada pelo sistema bancário e financeiro internacionais porque a economia que ampliou o raio de ação do capital produtivo, a norte-americana, possuía, em 1960, apenas oito bancos com filiais no exterior em 33 países.

A "escassez de dólares", a contradição entre o valor da produção a ser exportada a partir de 1946 e a existência estreita, limitada de capital-dinheiro sob a forma de dólares, isto é, de liquidez internacional em dólares, se revela no acanhamento do sistema bancário e financeiro norte-americano no exterior. Como a mão das mercadorias exportáveis se mostrava maior do que a luva monetária externa, o transplante, ao economizar dólares, reduzia a necessidade destes para realizar dado *quantum* de valor, mostrando ser, no caso, a solução provisória.

Em 1963, 50 anos após a lei que autoriza a criação de filiais de bancos norte-americanos no estrangeiro, só 10 bancos se internacionalizaram. Se compararmos a expansão internacional da rede bancária e do sistema financeiro dos Estados Unidos com a de outros países como a Inglaterra, a Alemanha, o Japão e de outros, nota-se o caráter limitado, tardio e acanhado do processo de expansão externo do sistema financeiro norte-americano.

Enquanto os oito bancos existentes fora de Londres em 1780 se transformaram em 200, 20 anos depois; enquanto a reforma bancária japonesa está no centro da expansão fantástica que se afirma a partir de 1873, a um só tempo dentro e fora do Japão, os ramos estrangeiros dos bancos membros do Sistema Federal de Reserva se apresenta da seguinte forma:[8]

Tabela XIII
Filiais estrangeiras de bancos membros do sistema Federal de Reserva

Final do Ano	Número de Bancos que possuem Filiais no Estrangeiro	Número de Filiais	Número de Países Envolvidos
1960	8	124	33
1961	8	135	35
1962	10	145	39
1963	10	160	42
1964	11	180	45
1965	13	211	50
1966	13	244	53
1967	19	295	54
1968	26	273	57
1969	53	459	60
1970	79	532	66
1971	91	577	67
1972	107	627	73
1973	125	699	76

Fonte: Direção dos Governadores do FED – *Annual Reports* (1960-73).

---

[8] MCKENZIE, George W. *The economics of eurocurrency system*, p. 98.

O transplante do capital produtivo após a guerra da Coréia não foi apenas o resultado da desconcentração de capital sobreacumulado nos setores de carros e "duráveis".

A contradição entre mercadoria e dinheiro mundial, a chamada "escassez de dólares", impõe a necessidade do capitalismo cêntrico economizar dinheiro-mundial – o que foi viabilizado pelo transplante de indústrias – e a criação de dólares fora dos Estados Unidos: o *non-state money*, os eurodólares e nipodólares.

Quando o capital cêntrico é transplantado, as dificuldades de realização que criavam o endividamento externo e se evidenciavam nas moratórias dos compradores-dominados passam a ser, em parte, um problema interno, das economias hospedeiras. A realização da produção dos artigos de luxo impõe a concentração consumista da renda, o desenvolvimento do crédito ao consumo, a criação das condições materiais para o consumo da produção transplantada (construção de estradas de rodagem, sistema de distribuição de eletricidade, etc.), às expensas da economia hospedeira.

Do ponto de vista do capital cêntrico, se a produção industrial já foi transplantada, produz e realiza fora seu lucro, os problemas são essencialmente os seguintes: permitir que o capital-dinheiro de empréstimo lucre internacionalmente mediante o aumento da dívida mundial das economias dominadas e criar a massa monetária de dólares e moedas fortes disponíveis para que o lucro possa ser apropriado pelas economias cêntricas (centralização do capital).

A "escassez de dólares" no pós-guerra atesta as dificuldades iniciais de constituição de um fluxo de dólares de retorno ao centro em volume suficiente para garantir o pagamento de mercadorias e dos juros, *royalties*, seguros e "*spreads*".

A formação dessa disponibilidade internacional de dólares por parte das economias dominadas vai ser garantida por uma contradição que se evidencia na estrutura produtiva internacional. Ao desconcentrar forças produtivas por meio do transplante de indústrias, isto é, por ter exportado com elas parte da sua capacidade de exportação, a economia norte-americana que consome mais de 40% das matérias-primas mundialmente utilizadas, entra em déficit permanente na balança comercial. Isto significa que ela passa a apropriar-se de riqueza real, líquida, do exterior. Para criar uma oferta internacional de dólares capaz de repatriar o lucro, os juros, os dividendos do capital transplantado, não basta o déficit na conta de mercadorias das transações correntes. É necessário que os Estados Unidos tenham um déficit crônico no balanço de pagamentos, isto é, na conta de serviços, das transações correntes e na conta de capital. Só este déficit garante que o resto do mundo está sendo abastecido de dólares que as economias dominadas precisam para solver suas relações internacionais, para monetizar o lucro, os *spreads*, os juros, os *royalties*, etc., que respondem pela reconcentração do capital cêntrico.

Entre 1964 e 1967, os Estados Unidos se transformaram no maior devedor internacional do FMI. A externalização de parte da demanda efetiva se mostrava tão contraditória que a redução da dívida pública (resultante da contração dos gastos do governo na demanda agregada) se transformara em dívida externa dos países periféricos. As economias dominadas passaram a importar (e a aumentar a dívida externa), comprando parte das mercadorias que o governo dos Estados Unidos não poderia mais adquirir.

A situação do balanço de pagamentos dos Estados Unidos, entre 1951 e 1978, foi assim resumida na Tabela XIV apresentada por Richardson.[9]

O FMI socorre os Estados Unidos; empresta acima das normas do Fundo; permite que países-membros emprestem em moeda nacional que será cambiada por outros países-membros por dólares, a fim de fornecê-los aos Estados Unidos; compra *"bonds"* e Notas do Tesouro norte-americano; financia 10% do déficit do balanço de pagamentos norte-americano.

Tabela XIV
Componentes médios anuais da balança dos EE.UU
1951-1978 (bilhões de dólares)

	Exportações Privadas Menos Importações de Mercadorias	Exportações Privadas Menos Importações de Serviços	Exportações Privadas Menos Importações de Ativos	Balança de Pagamentos dos Estados Unidos
1951-1954	2,4	-0,3	-2,5	-0,4
1955-1958	4,3	-0,7	-3,9	-0,3
1959-1962	4,0	-0,3	-5,6	-1,9
1963-1966	5,2	1,5	-7,8	-1,1
1967-1970	1,8	1,5	-5,5	-2,2
1971-1974	-3,6	4,7	-14,5	-13,4
1975-1978	-16,4	17,5	-25,8	-24,7

Fonte: Statistical Abstract of the United States.

---

[9] RICHARDSON J. David. *Understanding international economics, theory and practice litle, brown and company*. Boston Toronto, p. 113.

A prática "resolve" a contradição e o impasse. Os Estados Unidos precisavam ter um déficit no seu balanço de pagamentos a fim de aumentar a oferta mundial de dólares, mas não podiam aumentar seu endividamento externo, a partir de 1964.

A "solução" é o surgimento de uma fonte externa suplementar de oferta de dólares. Esta fonte "autônoma" de oferta de dólares não significaria aumento do déficit do balanço de pagamentos dos Estados Unidos, uma vez que se tratasse de eurodólares "produzidos" na Europa.

As condições depressivas, as reservas mundiais, o transplante de bancos e indústrias americanas e os dólares do turismo para a Europa criaram as condições para o surgimento do eurodólar, da fonte suplementar "autônoma" de oferta internacional de dólares. A falta de liquidez internacional, de dólar que limitava a dominação dos Estados Unidos desde a Segunda Guerra, é superada pelo crédito, pelo endividamento, em eurodólares.

Os países hospedeiros, endividados, limitados em suas importações, recebem de braços abertos a fonte de dólares que se oferece a partir de 1967. A partir desse momento, não é preciso que a economia norte-americana mantenha um déficit no seu balanço de pagamentos para que o suprimento monetário internacional permita que os países hospedeiros efetuem, em dólares, o pagamento dos lucros, juros, *royalties* e importações sobrefaturadas. Empréstimos em dólares nascem na Europa, utilizando dinheiro entesourado, *idle-money*, potencial, expatriados dos EUA pela crise que reduz as oportunidades de investimentos suprindo a necessária oferta internacional daquele dinheiro.

O déficit do balanço de pagamentos dos Estados Unidos poderia ser eliminado somente se em seu lugar se afirmasse a oferta internacional de eurodólares dominada pelos grandes bancos norte-americanos. O dinheiro-potencial árabe se une, a partir de 1973, ao preexistente eurodólar, também dinheiro-potencial. O primeiro aumento do preço do petróleo provoca um superávit no balanço de pagamentos dos países exportadores que permanece sob a forma de dinheiro-potencial, não reinvestível no Oriente Médio. Os petrodólares se concentram em eurodólares e aumentam a oferta de dinheiro mundial.

As condições internas, a necessidade interna de empréstimos externos, já se afirmavam nas economias hospedeiras; fazia parte da estrutura da produção transplantada e das conseqüências inexoráveis de seu crescimento. O endividamento interno das economias semi-integradas era limitado pelo nacionalismo político e pela limitação da oferta internacional de dólares, desde a fase de "escassez" inicial.

O endividamento crescente resulta das necessidades de importação de máquinas, partes, peças, insumos das economias semi-integradas; adquire autonomização quando o serviço da dívida se eleva com as taxas de juros, *spreads* e diante da receita de exportações limitadas e obriga os devedores a "rolar" a dívida por meio de endividamento adicional; agrava-se com as altas dos preços do petróleo em 1973 e em 1979. Estas aumentam a liquidez internacional em petrodólares, que ampliam a oferta de crédito e a dívida internacional.

A crise do eurodólar é a crise de insolvência internacional dos devedores de 850 bilhões de eurodólares. Ela, a crise do eurodólar, é a forma internacionalizada e mais desenvolvida da crise da economia norte-americana: ao externalizar e internacionalizar a dívida pública, as contradições que se expressam na "insuficiência de demanda efetiva" passam a ter uma existência internacional, fazendo crescer a demanda externa. A produção transplantada acaba produzindo e ampliando a dívida externa norte-americana, necessária à realização internacional dos lucros mundiais.

A emissão de dólares para circulação internacional é muito mais limitada do que se pensa. O Tesouro americano para fazer penetrar dólares novos na circulação mundial, isto é, para aumentar a oferta mundial de dólares, deveria realizar empréstimos internacionais via bancos privados ou financiar os importadores norte-americanos (aumentando o déficit na balança comercial), na ausência de um déficit no balanço de pagamentos dos Estados Unidos.

A oferta de eurodólares permite o aumento "suplementar" da demanda de mercadorias norte-americanas e a remessa de lucros, juros, etc., em dólares, por parte das economias hospedeiras.

O limite à complementação internacional da demanda efetiva se verifica com a insolvência dos devedores. É ela que fará secar a oferta "autônoma" de dólares, os empréstimos em euromoeda, responsáveis pela dinâmica contraditória.

A balança comercial dos Estados Unidos, que iniciou seu déficit em 1971, vai conhecer, na década de noventa, o aprofundamento deste, passando a apresentar as seguintes posições a partir de 1991:

Tabela XV
Balança comercial dos Estados Unidos US$ bilhões

Anos	Déficit Comercial
1991	- 72,82
1992	- 94,32
1993	- 130,72
1994	- 164,14
1995	- 171,88
1996	- 189,43
1997	- 196,01

Fonte: *International Financial Statistics*, IMF, Jan. 1999. p. 752.

À medida que o excedente mundial aumenta, o déficit crônico na balança comercial dos Estados Unidos cresce mais de duas vezes e meia, ou seja, passa de US$ 72,82 bilhões em 1991 para US$ 196,01 bilhões em 1997. Para que a reprodução mundial do capital possa prosseguir, o déficit comercial tem de se elevar para evitar uma crise global de realização. Como afirmávamos em 1991:

> Para evitar uma crise de sobreprodução no Japão, na Alemanha, nos Tigres Asiáticos, etc., os Estados Unidos, desde 1971, foram obrigados a comprar o excedente mundial de mercadorias, incorrendo em déficit permanente na balança comercial. O maior produtor de mercadorias do mundo, ao invés de ser o maior exportador, teve de se transformar no maior importador líquido de mercadorias e ser o detentor da maior dívida externa do globo. Este é o custo de reprodução mundial do capital-mercadorias, o custo pago para evitar uma crise de realização no Japão, na Alemanha, nos tigres asiáticos.... Uma fantástica crise de realização ronda o capitalismo cêntrico.[10]

Em 1989, o Japão parece estar no limite de sua prosperidade... o PNB *per capita* (23.000 dólares) ultrapassa o dos Estados Unidos (21.000 dólares). "A Era Heisei (realização da paz)" transforma-se na "crise de Heisei". O calor dos investimentos e da sobreacumulação incendeia a especulação imobiliária e bursátil. O processo dialético que preside as relações internacionais-comerciais, financeiras e de poder – ao mesmo tempo em que registra no déficit comercial norte-americano a apropriação líquida de riqueza externa (déficit comercial) cria dificuldades de realização, isto é, aumenta a oferta interna de mercadorias

---

[10] CAMPOS, Lauro. *O PT frente a crise do capitalismo*, p. 21.

que o mercado estadunidense deverá comprar. A fim de evitar esta outra crise, o governo deverá gerar renda disponível adicional (gastos na compra de não-mercadorias), expansão da dívida dos consumidores e famílias (crédito ao consumo). Os investimentos em maturação (que poupam renda e ampliam a demanda sem que nada acresçam à oferta de mercadorias) também aumentam a capacidade relativa de consumo da coletividade.

O déficit apresentado pela importação de mercadorias passa a decorrer da necessidade interna de supervalorização do dólar que tem por finalidade mantê-lo como moeda-mundial. A supervalorização do dólar se une à elevação da taxa de juros que atrai dólares externos para a especulação nos Estados Unidos. A valorização do dólar torna-se um instrumento de contenção da tendência inflacionária crescente: a importação de mercadorias com dólares supervalorizados provoca a queda de preços internos que contra-resta as pressões inflacionárias. Assim, o desemprego cresce, a produção interna se mostra incapaz de competir com a internacionalizada e o déficit no balanço de pagamentos se apresenta como remédio para os males internos, ele que era a solução contraditória dos males externos, expressos na escassez crescente de dólares.

Hoje, o dólar está internacionalmente mais escasso do que nunca: não há liquidez sequer para pagar os juros da dívida externa. Logo, os Estados Unidos têm de prover o que a falta de liquidez internacional acarretou: o déficit na balança de pagamentos é mais necessário do que antes.

A valorização internacional do dólar estimula as importações por parte das empresas e particulares norte-americanos, fornecendo aos países exportadores, devedores dos bancos internacionais, os saldos líquidos necessários para o pagamento dos juros e *spreads*. As economias devedoras reduzem as suas importações para elevarem os seus saldos líquidos de exportação.

A economia norte-americana resolve o problema dos banqueiros, gerando recursos em moeda-mundial suficientes para a rolagem das dívidas das economias hospedeiras; mas, a contradição se manifesta internamente como destruição, redução da capacidade industrial de produção nos Estados Unidos. As mercadorias importadas destroem parte da capacidade interna de produção, de geração de lucro e de emprego.

Quando a redução do déficit externo na balança comercial se impuser aos Estados Unidos, as economias devedoras-hospedeiras só não se tornarão insolventes se o sistema financeiro voltar a oferecer empréstimos. Como o montante quantitativo da dívida mundial já fez gerar um serviço tão elevado que ultrapassa a capacidade de pagamento dos devedores, aqueles empréstimos dificilmente voltarão a fluir. O alongamento do perfil da dívida externa e a conseqüente redução dos montantes afetados ao pagamento do serviço da mesma, será o recurso usado na fase crítica, final.

A contração do comércio mundial que corresponderá ao reajuste do desequilíbrio da balança comercial dos Estados Unidos será agravada com a falta de crédito adicional concedível aos países devedores. A dívida externa dos pobres não pode ser paga – diante do alto custo do serviço – e, como peso morto, limita e bloqueia o comércio mundial.

Os credores internacionais desejarão receber parte da dívida, removê-la, em patrimônio imobilizado dos devedores. A parcela *pública* da dívida externa – dos governos e das empresas estatais – será liquidada mediante a transferência da propriedade daquelas empresas para os credores internacionais.[11] Onde a defesa do capital nacional diante do processo de penetração do capital estrangeiro não se afirmar como ponto de luta da sociedade hospedeira, a desnacionalização das empresas permitirá que se recomece o processo de endividamento externo crescente.

A dívida externa das economias hospedeiras, dominadas, dinamizou o comércio internacional durante a década de 70. Entretanto, o fez de forma cada vez mais limitada: o serviço da dívida e os desvios especulativos praticados por credores e devedores transformaram a lógica perversa do endividamento externo em perversidade sem lógica. Se, de início, a dívida crescente tinha alguma contrapartida nos acréscimos internos de investimentos, cada vez mais claramente, as mudanças estruturais iam eliminando as parcelas crescentes da produção de alimentos e de meios de consumo destinados ao trabalhador coletivo hospedeiro e, no seu lugar, fazendo desenvolver os setores de luxo e os de produção voltados para a exportação. No final do processo, a lógica perversa perde seu dinamismo e as economias dominadas ficam diante de uma perversidade irracional, sem lógica, que as obriga a reduzir seus padrões internos de consumo, de saúde, de educação, etc., sem qualquer contrapartida. Como afirma Toussaint:

> A crise do endividamento do terceiro mundo que explodiu em 1982 é devida ao efeito conjugado da súbita elevação das taxas de juros decidida pelo Federal Reserve dos Estados Unidos em 1979, da diminuição das rendas dos exportadores e da

---

[11] No Chile, onde o entreguismo monetarista ajuda a mover as relações de dependência, de subserviência e de gratidão aos norte-americanos, Pinochet faz vender 489 das 504 empresas estatais. Ali, a compra das estatais em vez de pagar a dívida externa fez elevá-la: foram os empréstimos externos que forneceram a banqueiros e aventureiros internos o capital para a compra das estatais.

paralisação dos empréstimos bancários. Ela foi gerada pelos governantes do Norte e pelas instituições financeiras internacionais multilaterais (FMI, BM) e privadas (os grandes bancos) de forma a aumentar o ciclo de dependência dos países do terceiro-mundo e da Europa oriental que haviam se tornado uma potência industrial, até mesmo financeira. Quanto aos países menos desenvolvidos sua subordinação aos interesses dos principais países industrializados se acentuou.

Entre 1982 e 1998, os países da periferia reembolsaram mais de quatro vezes o que eles deviam. Entretanto o montante de sua dívida externa era em 1998 quatro vezes mais elevado que em 1982. Os credores internacionais, o FMI, o BM, o Clube de Paris (que reúnem os governos do Norte como credores) e o Clube de Londres (que reúne os bancos privados do Norte) ditando suas condições aos países endividados. Peça maior dessas condições: a aplicação de planos de ajustamento estrutural, que se constituem no instrumento para domesticar os países do terceiro-mundo e do Leste europeu...

Generalização de políticas de ajustamento estrutural, aumento do desemprego (23 milhões de postos de trabalho foram perdidos no sudeste da Ásia desde o estouro da crise em 1997), drástica redução dos gastos sociais, aceleração das privatizações, desregulamentação das relações de trabalho, grande aumento do número de pessoas vivendo na linha da miséria.

Recusar a anular a dívida externa e aceitar a imposição de políticas de ajustamento equivale à recusa em dar ajuda a pessoas e a povos em perigo.[12]

A dívida externa, que dinamizou o comércio mundial com eficácia decrescente, passa a tamponá-lo, impedindo que os países devedores importem, por falta de liquidez e de crédito adicional.

Os Estados Unidos, que passaram a irrigar as economias devedoras na falta de crédito adicional fornecido pelo sistema financeiro, têm de trazer de volta parte dos dólares que foram pagos como cobertura de seu déficit externo. Para fazê-lo, a taxa de juros que o governo paga pela compra de seus papéis é obrigada a se elevar. As contradições internacionalizadas que levaram a maior economia capitalista a dever 121, 150, 170 e 200 bilhões de dólares nos últimos anos, para cobrir os déficits da sua balança de pagamentos, fazem aumentar a dívida pública e seu serviço. O governo dos Estados Unidos é obrigado a elevar a taxa de juros para atrair os dólares internacionalizados. A dívida interna perde sua funcionalidade, passa a crescer para pagar o serviço da dívida pública, que se agiganta às pressões internas e às pressões externas, internacionalizadas pelos juros necessariamente elevados. A dívida pública norte-americana ultrapassa hoje os US $ 5,6 trilhões de dólares.

---

[12] TOUSSAINT, Eric. *Briser la spirale infernale de la Dette*. In: http:// www.monde-diplomatique, p. 23, setembro, 1999.

5.7 O DOMÍNIO DO FICTÍCIO SOBRE O REAL: O PESADELO DA BOLSA

Edgar Morin, ex-marxista francês, escreveu certa vez que um dos maiores defeitos de *O capital* de Marx foi o de ter negligenciado o conteúdo imaginário, fictício, fantástico presente no mundo fetichista das mercadorias. A crítica de Morin mostra que sua leitura da obra *magna* de Marx foi, no mínimo, corrida. A produção mercantil, desenvolvida, capitalista está tão impregnada por aquele conteúdo "fantástico, imaginário" que a dificuldade maior talvez seja a de separar o real, o concreto, de seu duplo, de sua forma fictícia que se confunde freqüentemente com a primeira forma de existência do fenômeno; a existência reflexa adquire movimento próprio e passa a reagir sobre seu suporte real e a conduzir-lhe a existência.

A grande contribuição de Marx, por esse aspecto, foi ter fornecido o marco que permite separar-se o fenômeno real de sua existência imaginária, fictícia: é real o fenômeno que incorpora trabalho humano, que contém uma parcela do trabalho abstrato da sociedade. As duplicações do valor se expressam em "preços fictícios", em "valores imaginários" (a dívida pública é um deles); a moeda é necessariamente simbólica e permite que a forma preço do valor das mercadorias se expresse. No capitalismo, coisas sem valor podem ter preço – como a honra, como os símbolos religiosos, como os órgãos vendidos para transplante...

O capital-ações permite que o valor patrimonial de uma empresa adquira existência dupla, espelhada, e até certos limites, autônoma. A valorização das ações nas Bolsas evidencia o aumento do conteúdo fictício, de sua independência em relação à lucratividade dos negócios e sua capacidade de, por exemplo, num *crash*, destruir o valor patrimonial, real. A forma fictícia, fantástica de existência do capital imaginário, reage sobre o capital patrimonial real e o subjuga.

As contradições entre mercadoria e dinheiro se manifestam, de início, numa fase embrionária do capitalismo, como falta de dinheiro, insuficiência de demanda efetiva para comprar o valor total da produção de mercadorias. É na produção de mercadorias que os capitalistas realizam os pagamentos pela força de trabalho que adquire (V), pelas matérias-primas, pelos materiais auxiliares e pelas máquinas desgastadas (C). O dinheiro pago pelo custo de produção é a soma de C+V. Se a mercadoria fosse vendida por C+V, como parece suporem os neoliberais, a produção não seria capitalista, inexistiria o lucro, o preço da oferta (custo) e o valor das vendas se equilibrariam. Todavia, ao pôr a força de trabalho em ação, ao final da quarta ou quinta hora de trabalho, ela cria um valor equivalente a V, ao valor da força de trabalho. Pela força de trabalho vendida, o trabalhador recebe o salário em dinheiro, D1. Os fornecedores de matérias-primas e insumos recebem D2. Ao trabalhar oito horas por dia, o trabalhador, que já vendera sua força de trabalho por D1, continua produzindo mercadorias, agregando valor a ela, valor este consistente na mais-valia, S. O valor das mercadorias produzidas corresponde a C + V + S, mas apenas C+V foram comprados pelo capitalista que pagou por elas D1 + D2. O capitalista lança na circulação estas duas somas e deverá vender a mercadoria produzida por seu valor total, C + V + S. De onde vem a soma em dinheiro para comprar o valor S que não foi remunerado? A demanda efetiva é insuficiente porque ela é capitalista, não pode se igualar ao valor da oferta porque, se o fizesse, inexistiria o lucro.

O déficit orçamentário, o crédito ao consumo, os investimentos de longa maturação que pagam os "fatores", lançam dinheiro em circulação, mas que ainda não estão retirando dinheiro dela, porque ainda não produzem nada, as dívidas de famílias, empresas e governo que atingiram quase 25 trilhões de dólares nos Estados Unidos, atestam a contradição entre as condições da produção e as do consumo (da realização do valor das mercadorias). Não apenas os bancos centrais, mas os bancos privados criam dinheiro, adicionam poder de compra ao circuito. Adiam a crise resultante da contradição entre mercadoria e dinheiro, mas geram dívidas acumuladas cujos juros e serviços reduzem a renda disponível, obtida na produção.

Essa contradição se soma e é agravada por outra: a contradição entre o conteúdo humano da produção, o capital variável e a máquina, a tecnologia capitalista, o capital constante que, por ser cada dia mais eficiente, dispensa a força de trabalho. Para reduzir o custo de produção e aumentar o lucro, empresários incorporam inovações que são poupadoras de trabalho. Quando todos os capitalistas tiverem modernizado suas indústrias, a produção nacional será muito maior, mas a massa de salários pagos e de trabalhadores empregados será inferior à anteriormente existente. Mais capital constante empregado, mais intensiva será a exploração dos trabalhadores ainda empregados, menor massa de mais-valia será, seguramente, extraída dos trabalhadores e, por isto, a taxa de lucro média tende a cair. É por isto que toda fase de auge intenso se encerra numa crise de sobreacumulação de capital, queda da taxa de lucro, redução dos investimentos. O desemprego que resultava da modernização tecnológica passa a se alimentar das falências, da queda da atividade econômica. O capital-dinheiro que deixa de investir-se na produção problemática e pouco lucrativa se paralisa ainda mais quando a taxa de juros se eleva por causa do aumento dos riscos dos empréstimos, das inadimplências e das falências.

A contradição entre mercadoria e dinheiro se manifesta, também, na medida em que o dinheiro se descola da produção e encontra os caminhos das Bolsas de valores e dos empréstimos externos. Com o aumento da demanda especulativa, o preço das ações se eleva enquanto os lucros industrial e mercantil caem. A outra parcela do dinheiro ocioso, que ficou potencial, se dirige aos países dominados, se converte em empréstimos externos e sustenta seus déficits comerciais.

Os petrodólares mostraram que, quando se interrompe o círculo de mercadorias e dinheiro, quando os petroleiros foram proibidos de comprar mercadorias e ações de empresas na Europa e nos Estados Unidos, formam-se imensas quantias de dinheiro parado, até então chamadas de *idle money*, dinheiro preguiçoso. Essas reservas involuntárias de dólares depositados permitiam aos banqueiros do mundo conceder empréstimos internacionais que constituíram as dívidas externas do Brasil e do restante da periferia mundial na década de 1970. Com esses créditos abertos em bancos estrangeiros, o Brasil pode importar mercadorias, serviços, pagar juros e serviços da própria dívida externa e importar máquinas, hidrelétricas, usinas termonucleares e pagar *fees*, *spreads* e *overheads* embolsando, de forma real, parte daquela ficção monetária. O valor fictício se afirma, também, nas ações das empresas. Essa possibilidade de deslocamento da realidade em direção ao imaginário se fez sentir, por exemplo, em 1929, nos Estados Unidos. Quando os investimentos na produção passaram a ter uma lucratividade reduzida, o dinheiro deixou de se transformar em máquinas, força de trabalho e matérias-primas e se encaminhou para as Bolsas de valores, principalmente para a de Nova Iorque. A valorização das ações deixou de expressar a maior lucratividade das empresas para expressar o seu oposto: a crise do mundo real canalizou dinheiro para a especulação na Bolsa e os preços das ações se elevaram em razão desse acréscimo especulativo de demanda. Ao se valorizarem, atraíram mais dinheiro ocioso, gerando um carrossel fictício. As ações adquiridas eram caucionadas nos bancos que concediam empréstimos baseados em seu valor fictício, especulativo. O "lucro" das ações se deslocou cada vez mais do lucro real, extraído do trabalho humano não pago. O *crash* é o momento da volta ao mundo real, do furo do tumor especulativo que se confundia com a rentabilidade real e criava seu próprio movimento, alimentava-se de seu próprio inchaço.

A sobreacumulação de capital que faz cair a rentabilidade real dos negócios ou que se manifesta como insuficiência de mercado (como volta a ocorrer com a indústria de carros, que produz cinqüenta milhões de unidades por ano e que tem capacidade instalada para produzir sessenta e sete milhões e, mesmo assim, continua crescendo, inaugurando montadoras), está na base do êxodo do dinheiro em direção às Bolsas. Este dinheiro fictício e não estatal (*non state*), incontrolável pelos bancos centrais nacionais e pelo BIS, são ratos clonados de ratos que somam, em torno de US$ 70 (setenta) trilhões dos quais, US$ 5,1 empregados nas Bolsas. Uma parte desse dinheiro vive dos juros e serviços pagos para que eles constituam enormes reservas que parecem proteger os países pobres, dependentes, explorados, contra as ameaças de movimentação desse próprio dinheiro volátil... E, como ocorre agora, a ameaça de fuga para outras aplicações especulativas, obriga os países escravos desse dinheiro estrangeiro, internacional, a aumentarem as taxas de juros a fim de cevar aquele dinheiro fictício, engordando-o a ponto de transformar o dinheiro volátil em dinheiro gordo, estacionado na especulação interna.

Se esse dinheiro especulativo e fictício, global, atingiu a soma astronômica de US$ 70 trilhões, mais de seis vezes o PIB dos Estados Unidos, ele só poderá se alimentar de si mesmo, isto é, não há possibilidade de o excedente extraído do trabalho humano poder oferecer juros para o gigante se reproduzir. Neste sentido o trabalho humano se tornou desprezível, a atividade humana real não é capaz de se ligar ao mundo imaginário, fantástico, irreal, para sustentá-lo.

Como acontece nas "correntes" e nas "pirâmides" da capitalista Albânia, só a entrada de mais dinheiro fictício é capaz de alimentar e reproduzir a ficção. A menos que as taxas de juros pagas ao dinheiro fetichista que nos domina subam sem limite. Como dominar o dinheiro fictício, como reacomodar na realidade acanhada a que se reduziu o mundo do trabalho, o fantástico produto das contradições fundamentais do capitalismo?

Enquanto, na crise de 1929, o dinheiro que deixou de ser reinvestido se canalizou para as Bolsas e foi multiplicado por empréstimos bancários concedidos sob caução das ações cuja apreciação indicava o colapso da produção, distanciando as bases reais da produção do movimento autômato, especulativo, bursátil, a crise atual viu engrossar um componente monetário que já se apresentara no colapso das Bolsas, em 1987, nos Estados Unidos. Com a privatização da previdência, dos seguros de saúde, da aposentadoria, etc., os fundos privados passam a armazenar somas fantásticas de dinheiro. Ao contrário do dinheiro que emigra para a Bolsa fugindo da crise do mundo real, este dinheiro já nasce com destino certo: pagar prêmios, pagar seguros. Os fundos têm de manter disponibilidades enormes em forma líquida, isto é, rapidamente conversíveis em dinheiro. Só as Bolsas oferecem alta remuneração e liquidez e, por isto, concentram as fantásticas somas de dinheiro neoliberal, sem controle. O dinheiro especulativo mundial, *non-state money*, se soma ao dinheiro dos Fundos e provocam um permanente aquecimento das ações. A cotação se eleva e se mantém elevada, retirando sua rentabilidade da entrada de mais compradores, tal como ocorre nas pirâmides e nas correntes. Enquanto o dinheiro especulativo continuar fluindo, a valorização fictícia, especulativa, manterá a ruptura entre as bases reais em que se produz o lucro e a alta especulativa das ações, o lucro fictício.

Calcula-se que cerca de US$ 24,79 trilhões de dólares voláteis estão presentes nas Bolsas do capitalismo globalizado. Como o lucro é o objetivo e o fim do capital, aquele dinheiro fantástico não pode obter seu lucro do trabalho humano. Por mais elevada que seja a taxa de exploração, o dinheiro especulativo só poderá retirar da especulação sua lucratividade fictícia.O desprezo pelo trabalhador, seu sucateamento sistêmico, decorre, em parte, do fato de que ele se tornou incapaz, "incompetente" para fornecer lucro para a totalidade do capital, na qual predomina o especulativo, o capital volátil, o capital-dinheiro irreal, fictício.

> Fator agravante, os detentores de capitais do Norte, que colocavam seu dinheiro em alguns países ditos emergentes (México, Brasil, Argentina, Chile, sudeste da Ásia...) mudaram de direção. Segundo o Banco Mundial, entre 1997 e 1999 os fluxos financeiros para os países da periferia sofreram uma queda de 47% (US$ 135 bilhões de dólares em 1997, US$ 72 bilhões em 1998); os empréstimos bancários tiveram uma queda de 58% (perto de US$ 60 bilhões de dólares em 1997, para US$ 25 bilhões de dólares em 1998).[13]

No mundo fetichista das mercadorias, mais uma vez a "produção fantástica", o dinheiro que adquire vida, movimento e grandeza próprios, passa a interagir sobre as bases reais da produção e a conduzir o processo. Por meio do *crash*, o conteúdo imaginário, fictício, especulativo do preço das ações murcha, desinfla. A contradição entre o valor real e o preço fictício, imaginário, se resolve por meio da crise: no chão real da crise inexiste o conteúdo fictício, imaginário.

Além dos fantásticos patrimônios dos fundos de pensão, calculados em 6 trilhões de dólares nos Estados Unidos, em 1,4 trilhão de dólares no Japão, em 890 bilhões, na Inglaterra e em 75 bilhões de dólares no Brasil, a crescente economia capitalista subterrânea alimenta a especulação nas Bolsas do mundo. "O que é bom para o livre comércio também é bom para a criminalidade",[14] observa um funcionário da Interpol.

---

[13] TOUSSAINT, Eric, op. cit., p. 23.

[14] MARTIN, Hans-Peter; SCHUMANN, Harold. *A armadilha da globalização*. SP, Globo, 1997. p. 288.

A sobreacumulação de capitais produziu, como um de seus subprodutos necessários, o fluxo de dinheiro especulativo que aqueceu a atividade econômica real e a bursátil, nos Tigres Asiáticos. Hong Kong, Coréia do Sul, Tailândia e Formosa passaram a manter relações de dependência mútua com aqueles capitais. A penetração de capital-dinheiro mundial se torna cada vez mais necessária para alimentar as reservas mundiais, para comprar títulos da dívida pública, para sustentar a rentabilidade especulativa das Bolsas.

A essas fontes de dinheiro-volátil se soma o dinheiro que se tornou ocioso nas mãos de fornecedores do governo, fabricantes de armas, empreiteiras de obras públicas quando a crise de desproporção, agravada pela redução neoliberal do déficit orçamentário, se afirma.

A sobreacumulação de capitais e a desproporção dos setores produtores de não-mercadorias já seriam suficientes para encaminhar para a especulação nas Bolsas e para a ciranda financeira da dívida pública, um potencial de ruptura e *crash* muito superior ao que se manifestou na Bolsa de Nova Iorque, em 1929.

Os 57 bilhões de dólares que o FMI oferece para apagar o fogo especulativo da Coréia do Sul não serão capazes de arrefecer o colapso.

O FMI impôs, como condições do empréstimo, a abertura total da economia sul-coreana, o não-crescimento do país, a taxa cambial suicida, etc., tudo conforme o modelo sucateador.

A desvalorização do won, do baths, do dólar de Hong Kong restringe os mercados do sudeste asiático para as mercadorias latino-americanas. A crise das Bolsas interage sobre o comércio e a produção globais.

A "liberação" de dinheiro decorrente da contração da atividade real, uma segunda geração de dinheiro ocioso, não pode se encaminhar para a especulação bursátil: as cotações em queda das ações, impede que o movimento continue. A rentabilidade fictícia se encontra ameaçada. A alimentação do imenso capital volátil se torna cada dia mais difícil.

5.8 SOBREACUMULAÇÃO KEYNESIANA, DESPROPORÇÃO E CRISE

As crises de 1810, 1815, 1818, 1823, foram sarampos, crises de um capitalismo ainda larvar, apoiado na única perna até então existente – o departamento de produção de meios de consumo. As crises só podiam ser, naquela fase, de subconsumo, pois a economia possuía apenas aquele departamento, produtor de meios de consumo.

Nas primeiras décadas do século XIX o capitalismo vê surgir uma nova perna, o departamento que produz máquinas por meio de máquinas. As crises, a partir da de 1847, são crises mais completas do que as anteriores. Agora, passam a entrar na crise não só os setores que produzem meios de consumo, mas também os que produzem meios de produção e, finalmente, a crise das não-mercadorias, a negação da negatividade capitalista.

De acordo com Hoffman, o departamento que produz máquinas cresceu a uma taxa secular quatro vezes superior à do crescimento dos meios de consumo, na Inglaterra, no século passado. Assim, um departamento que inexistia no princípio do século sustentou o crescimento do outro, gerou renda e consumidores para os meios de consumo, produzidos em escala crescente pelo antigo setor de produção de produtos finais.

Esse DI não foi transplantado para os países periféricos senão de forma incompleta, após a Segunda Guerra. As economias hospedeiras permaneceram semi-integradas, com grande dificuldade de crescimento autônomo e de reprodução até mesmo dos departamentos que produzem meios de consumo e que dependem da outra perna.

A partir de 1843 a produção de máquinas, que a Inglaterra queria manter como monopólio da Ilha, rompeu as fronteiras nacionais e revogou a legislação que cerceava sua exportação. A lei alfandegária Alves Branco, de 1844, criou estímulos para que capitalistas brasileiros importassem as máquinas cuja superprodução ameaçava gerar e gerou a crise inglesa de 1847. Exportadas, as máquinas inglesas passavam a produzir meios de consumo concorrentes com os produzidos na Inglaterra. O mercado mundial se tornava estreito para a escala de produção que as forças produtivas potencializadas produziam. A queda de preços aumentava e aprofundava os problemas que a eficiência capitalista trouxe consigo.

O capitalismo revelou desde cedo, na Inglaterra, que seu problema central não era a escassez de capital, mas o excesso de capital, de máquinas, de meios de consumo, diante da capacidade de expandir o mercado e de sustentar a taxa de lucro. O Estado capitalista só poderia exercer seu papel anticíclico, evitar crises, na medida em que sustentasse a taxa de lucro e abrisse mercado ou se transformasse no mercado comprador da produção crescente. A dinâmica capitalista era intrinsecamente contraditória e carregava as contradições na medida em que se globalizava. Se a exportação de máquinas tornou-se necessária para livrar o departamento inglês que as produz da crise de excesso de produção em relação à capacidade e necessidade de usá-las, apresentada pelos capitalistas ingleses que produziam meios de consumo; se sua exportação estreitava os mercados mundiais para os produtos ingleses, por causa da substituição de importações de mercadorias inglesas, ampliando a contradição entre as condições da produção e as do consumo coletivo; se a produção de máquinas e de produtos finais não poderia deixar de expandir-se, sob pena de provocar uma crise – a solução inventada pelo esperto capitalismo foi passar a produzir uma máquina que, exportada, não produzisse mercadorias concorrentes com as de origem inglesa. A produção de máquinas que, em vez de possuírem como seu coroamento a máquina-ferramenta, a parte que corta, que pule, que serra, que frisa, que realiza o trabalho que as mãos dos homens faziam antes, ocuparia o departamento que produz meios de produção e, exportadas, não produziriam as mercadorias que infernizavam, pela concorrência, os capitalistas que produziam produtos finais na Inglaterra.

Os meios de transporte cumprem essa missão. Exportadas, as ferrovias produzem apenas movimento, não produzem mercadorias competitivas. As ferrovias passaram a ser o produto adequado para refrear o crescimento das forças produtivas de meios de produção e de meio de consumo que desencadeavam as crises periódicas. Até 1913, 1.140.000 quilômetros de ferrovias tinham sido instalados no globo. De acordo com Kusnetz, 70% dos investimentos realizados nos Estados Unidos, entre 1870 e 1890, eram ferroviários. Os governos se endividavam com os banqueiros ingleses para importar ferrovias. A dívida externa dos países coloniais ou recém-independentes passou a ser uma dívida externa pública ferroviária. Quando os Mauás faliram na Argentina em 1890, no Brasil em 1898, nos Estados Unidos, em 1907, na França, na Alemanha, na Rússia e em outros, o sistema financeiro inglês, principal fornecedor de crédito externo empregado na compra de ferrovias, entrou em crise. Tudo que é sólido se desmancha no ar, como escreveu Marx no *Manifesto do Partido Comunista*. Se os meios de produção tinham dificuldades crescentes em se desenvolver, se os meios de transporte levaram os governos ao *default*, aos *funding loans*, a solução foi desenvolver os meios de destruição, as forças tanáticas. John A. Hobson detectou o aumento das despesas da Inglaterra, a partir de 1870, com a manutenção da defesa do império. A Primeira Guerra Mundial evitou que a crise das ferrovias se aprofundasse arrastando consigo as metalurgias inglesas, norte-americanas e européias por meio do desvio das encomendas dos setores ferroviários para os setores bélicos, para a construção de encouraçados, de tanques, de navios de ferro, de canhões...

A produção bélica, durante a Primeira Guerra, substituiu a utilização ferroviária dos insumos fornecidos pela metalurgia. A partir daquele momento (1918), a malha ferroviária mundial começa a diminuir, com exceção da russa, da japonesa e da chinesa. As ferrovias paralelas, as ferrovias políticas cujo traçado visava favorecer políticos, as ferrovias sustentadas pelos governos, faliram. Sua falência arrastou o sistema financeiro internacional. A Inglaterra começou a ser derrotada pelos Estados Unidos como maior economia do mundo. Se a produção de meios de consumo e de meios de produção encontrava pela frente obstáculos, gerando crises e guerras, se as ferrovias, depois de um auge vertiginoso entraram em falência, se a guerra e seu fantástico auge terminaram, a solução encontrada pela produção capitalista foi passar a produzir meios de transporte desligados da problemática produção de mercadorias transportáveis. Os homens passaram a ser o objeto transportado nos automóveis, meios de transporte de indivíduos. A produção destes meios de transporte poderia aumentar sem que a seu crescimento tivesse correspondido o desenvolvimento da produção das mercadorias transportadas. As produções de meios de transporte de indivíduos, de palavras, de sons, de imagens, de sinais, de cosmonautas, de petrechos bélicos em terra, mar e ar, de turistas na "indústria sem chaminé", sem linha de montagem, sem produto final, não apresentavam os problemas e limites com que a produção de meios de produção e a de meios de consumo se depararam.

Logo após a Primeira Guerra, a produção em massa de carros, meios de transporte de indivíduos, que pode aumentar sem que a produção de mercadorias transportáveis tenha antes se elevado, automóveis, objetos de luxo, excludentes da massa de consumidores, atingiu 2,7 milhões de unidades, só nos Estados Unidos. Em 1929, aquele país produziu 5,3 milhões de veículos. A crise de 1929 fez cair a produção, em 1931, para 0,9 milhão de unidades, naquele país. A produção de duráveis fez desenvolver o crédito ao consumo e criou o consumidor endividado e dividido moderno. Em 1943, a produção norte-americana de carros era de apenas 0,7 milhão. Sem possuir estradas de rodagem, sem o sistema de crédito ao consumo, com baixíssima renda *per capita*, sem hidrelétricas e distribuição doméstica de eletricidade, os países pobres, periféricos não puderam importar os carros e eletrodomésticos cuja produção se mostrou excedente, nos Estados Unidos e na Europa, a partir de 1929. A crise não pôde ser exportada, voltando-se para dentro do capitalismo cêntrico. Nos anos 30, livres das relações internacionais de exploração, as economias subdesenvolvidas, nelas incluída a União Soviética, puderam conhecer uma fase de relativa expansão.

As encomendas governamentais e o consumo destruidor proporcionados pela guerra da Coréia e pela guerra fria ajudaram a manter o departamento, agora dinâmico, produtor de não-meios de produção e de não-meios de consumo, isto é, de não-mercadorias que independem dos trabalhadores e da classe média para constituir seu mercado consumidor. O Leviatã moderno, o estado patrocinador da produção destrutiva e das obras keynesianas, *wholly wasteful,* completamente dissipadoras, como aconselha Keynes na *Teoria Geral* (1936), para poder comprar o valor crescente lançado pelas indústrias bélicas, espaciais, empreiteiras construtoras de "Pirâmides" – conforme proposta de lord Keynes – é obrigado a emitir papel-moeda em escala crescente. Se o governo não despendesse cada vez mais recursos na compra das não-mercadorias, o departamento que as produz entraria em crise, arrastando todos os outros. Cálculos recentes, publicados no livro de Rifkin – *O Fim dos Empregos* – mostram que 2,6 milhões de norte-americanos perderiam seus empregos se a Nasa fosse desativada. O governo federal dos Estados Unidos, com 5,6 trilhões de dólares de dívida pública, não pode continuar sustentando as despesas bélicas que atingiram quase 400 bilhões de dólares em 1986.[15] O governo federal dos Estados Unidos não pode gastar tanto, nem deixar de gastar tanto, sob pena de levar o sistema a uma crise profunda. A solução, os gastos do governo na compra de não-mercadorias, novamente, se transforma em problema.

A crise atual é mais completa do que as anteriores. Ela envolve não apenas o departamento II, que produz meios de consumo e o departamento I, que produz meios de produção, mas o moderno departamento III, produtor de não-mercadorias, centrado nos Estados Unidos, após a Segunda Guerra Mundial. Se o surgimento do departamento I "nas primeiras décadas do século XIX", dinamiza tortuosamente o sistema, amplia a capacidade de produzir máquinas e meios de consumo, cria um mercado mais amplo para os meios de consumo e permite, assim, sua expansão, o departamento III sustentado pelo dinheiro-estatal, faz aparecer novos setores e oportunidades de investimento lucrativo, amplia o emprego improdutivo e o destrutivo, amplia a renda disponível para o consumo e seus capitalistas compram parte dos equipamentos e máquinas produzidos no departamento I. Relações de mútua dependência, de polarização e exclusão recíprocas tecem a unidade do sistema na diversidade dos três departamentos. Assim como a produção e exportação de máquinas produziu o sistema financeiro internacional e a dívida externa, a produção de artigos de luxo produziu o crédito ao consumo moderno, a produção de não-mercadorias compradas pelo governo produz a dívida pública moderna e a crise das finanças públicas.

---

[15] É sintomático o fato de que: "nos Estados Unidos, o endividamento das famílias atingiu US$ 5,5 trilhões de dólares e a dívida pública ultrapassa os US$ 5,5 trilhões de dólares. As dívidas públicas (expressas em dólares) dos 15 Estados-membros da União Européia ultrapassam US$ 5,5 trilhões. Por ano, as despesas militares no mundo se elevam a US$ 780 bilhões de dólares, as despesas com publicidade atingiram US$ 1,0 trilhão de dólares (Pnud, 1998)". TOUSSAINT, Eric, op. cit., p. 23.

Ao passar a produzir não-meios de consumo individual – não-mercadorias bélicas, espaciais, de transporte de pessoas, de sons, de imagens, de sinais, e as dissipadoras –, o capitalismo revela que Marx estava certo quando afirmou que a finalidade da produção capitalista não é o consumo, mas o lucro. O crescimento da produção capitalista não pode cessar. Do ponto de vista do empresário individual, parar de crescer significa ser devorado pelos concorrentes que acumulam, investem, inovam. Do ponto de vista do todo, parar de crescer significaria deixar de criar renda e capacidade de consumo no departamento I, que produz máquinas, deixar de gerar renda nos setores públicos, deixar de criar novas fontes de lucro que a mais-valia extraída dos trabalhadores em ação geram. Entretanto, continuar a crescer significa, do ponto de vista do todo, ampliar a acumulação de capitais e, portanto, agravar a crise de sobreacumulação que se instaura, necessariamente, a partir de determinado nível.

A função do Estado é múltipla e contraditória, no capitalismo completo. Ele é obrigado a gastar para desviar parte das forças produtivas, geradoras de crise de sobreacumulação, para atividades improdutivas e bem remuneradas. Os Estados Unidos passaram a crescer, depois da Segunda Guerra, a uma taxa média próxima a 2% ao ano, nela incluída a produção destruidora, a produção dissipadora e a inútil, de não-mercadorias. Ele é obrigado a gastar para manter as indústrias do departamento III em atividade, para evitar uma crise daquele departamento que se tornou axial. Ele é obrigado a gastar para manter a taxa de lucro elevada. Ele é obrigado a gastar para manter os serviços de defesa da propriedade, subsídio de lucros, compra do excedente agrícola, segurança interna e internacional, pesquisas, transporte e armazenagem de mercadorias, subsídios às importações e às exportações; o processo de divisão internacional da produção, do trabalho, do poder, da técnica e do consumo impõe a contenção da produção de mercadorias nos Estados Unidos a fim de que o Japão, a Alemanha e outros países capitalistas possam assegurar a reprodução do capitalismo mundial, ocupando o espaço no mercado norte-americano que se tornou disponível por causa da contração da produção doméstica.

Ao deixar de considerar o comportamento dos setores de produção dos Estados Unidos como parte da totalidade contraditória, Thurow[16] afirma: "Se a produtividade está crescendo mais rapidamente em outras sociedades industriais adiantadas, então alguma coisa está errada na maneira como os Estados Unidos se organizam." Nada há de "errado" se considerarmos que o processo

---

[16] THUROW, Lester. *Cabeça a cabeça*; a batalha econômica entre Japão, Europa e Estados Unidos. RJ, Rocco, 1983. p. 195.

de dominação internacional do capital, da produção e do consumo exigem, para garantir a reprodução da totalidade cêntrica, que os Estados Unidos contenham suas forças produtivas de mercadorias e mantenham elevadas suas importações e seu déficit comercial.

O próprio Lester Thurow fornece as informações sobre a dissolução de importantes setores da economia norte-americana: "É possível ter uma produção de nível mundial sem contar com máquinas-ferramentas de nível mundial? Não! É possível ter ferramentas de nível mundial quando se depende de importações? Não!". Sim, digo eu, para assegurar a reprodução do capitalismo cêntrico, sua unidade na diversidade global. Se os Estados Unidos desenvolvessem sua potencialidade e expandissem a produção de máquinas-ferramentas, a Alemanha certamente entraria em colapso, de vez que aqueles setores são indispensáveis para garantir a reprodução do capital na Alemanha e nos A.C.C.

"Em 1964, os Estados Unidos eram um exportador genuíno. Em 1986, 50% de suas máquinas-ferramentas eram importadas, tendo grande parte dessa diferença ocorrido a partir de 1977."[17]

Os dados de Thurow mostram que o processo de divisão internacional da produção e do consumo obrigou os Estados Unidos, para garantir a reprodução mundial do capital cêntrico, a "dissolver" sua indústria de máquinas-ferramentas.

O déficit de 60 bilhões de dólares/ano que os Estados Unidos têm na importação-exportação de carros evidencia a função reservada a ele no processo de produção como centro mundial de consumo. Na indústria automobilística, dominada anteriormente pelos Estados Unidos, "os americanos foram relegados a um terceiro lugar".[18]

"A Goldstar, uma firma coreana de produtos eletrônicos, teve de se associar à Zenith, única firma de produtos eletrônicos remanescente nos Estados Unidos."[19]

"No outono de 1990, a Milicron de Cincinnati foi vendida a uma companhia suíça. A manchete do artigo do *New York Times* descrevendo a venda dizia: 'o último robô da América'."[20] É inegável que o processo de centralização do capital tem consideravelmente avançado.

---

[17] Idem, ibidem, p. 235.
[18] Idem, ibidem, p. 236.
[19] Idem, ibidem, p. 250.
[20] Idem, ibidem, p. 237.

As concentrações reconfiguraram o capital não somente nos Estados Unidos, mas também na França, Reino Unido, Alemanha e Japão... Assim, nos Estados Unidos, só no ano de 1998, a Exxon absorveu a Móbil por US$ 86 bilhões de dólares, a Travelers Group a Citicorp por US $73,6 bilhões de dólares, SBC Communications Americatech por US$ 72,3 bilhões de dólares, Bell Atlantic GTE por US$ 71,3 bilhões de dólares, a AT&T Media One por US$ 63,1 bilhões de dólares. O montante total dessas cinco aquisições ultrapassou os US$ 366 bilhões de dólares. Em escala mundial elas chegaram a US$ 2,5 trilhões de dólares e, em 1999, ultrapassaram US$ 3,0 trilhões de dólares. Desde o início da década essas somas chegaram a US$ 20,0 trilhões de dólares, ou seja, duas vezes e meia o produto interno bruto (PIB) dos Estados Unidos.[21]

Os dados da tabela abaixo ilustram, com clareza meridiana, a concorrência oligopolista e jogam por terra a ideologia neoliberal da livre concorrência.

Tabela XVI
"Peso" das 50 primeiras empresas mundiais (1999)

País	Número	%	Capitalização na Bolsa (Em US$ Bilhões)	Em %
Estados Unidos	33	66	4.901,2	71,8
Reino Unido	5	10	591,6	8,7
Suíça	3	6	249	3,6
Japão	3	6	478	7,0
Alemanha	2	4	199,2	2,9
França	1	2	73,6	1,2
Outros	3	6	329,9	4,8
TOTAL	50	100	6.822,5	100

Fonte: Base de dados J. P. Morgan Securities. In: CLAIRMONT, Fréderic. *La puissance des véritables maîtres du monde;* ces firmes géantes qui se jouent des etats, op. cit., p. 19.

A Tabela anterior demonstra, sem sombra de dúvida, a prevalência das empresas transnacionais norte-americanas que participam de 71,8% do total mundial das capitalizações bursáteis das 50 primeiras megaempresas. Fica claro pela tabela que: a) existe uma sensível desigualdade de desenvolvimento e participação no mercado de ações, de títulos em circulação, entre as seis primeiras economias do mundo, e b) entre estas e as demais economias nacionais que participam com tão-somente 4,8% do mercado em tela.

A acomodação dinâmica, que impulsiona a divisão internacional entre os departamentos, fez com que o mercado mundial se expandisse nos Estados

---

[21] CLAIRMONT, F. *La puissance des véritables maîtres du monde*: ces firmes géantes qui se jouent dês etats. In: http://www.monde-diplomatique.fr, dezembro, 1999, p. 19.

Unidos e, em conseqüência, se desenvolvessem o déficit comercial e a gigantesca dívida pública. São óbvios os limites dessa divisão internacional do poder, da exploração, da produção, das dívidas e do consumo. É este limite que revela o caráter internacionalizado da crise enquanto ruptura da unidade do capitalismo cêntrico costurada na diversidade das economias nacionais cêntricas.

Do ponto de vista dos neoliberais, embora muitos deles ignorem esse fato fundamental, o lucro, o juro, a renda da terra, são o resultado da escassez. Se todos os indivíduos possuíssem dinheiro abundantemente, ninguém pagaria juros para usar dinheiro de terceiros. Os juros seriam abolidos. Se todos os cidadãos possuíssem casa própria, ninguém pagaria aluguel. Se todos os sem-terra possuíssem uma gleba, ninguém iria trabalhar em terra alheia, não existiria a renda da terra. Se todos os trabalhadores possuíssem seus equipamentos de trabalho, ninguém iria ser assalariado, trabalharia para si, em vez de produzir o lucro dos capitalistas industriais. É a escassez a condição fundamental para que essas formas de renda existam. A fantástica capacidade de produção capitalista, sua enorme produtividade, ameaça a escassez ao aumentar a escala da produção. A produção de capital ameaça a existência do capital porque tende a abolir a escassez, instaurar o reino da abundância em plena economia da escassez. Permitir que o sistema produza cada vez mais, sem liquidar a escassez, é a função fundamental do Estado capitalista. A crise do capitalismo se apresenta, deste ponto de vista, como o resultado do funcionamento de um sistema que é obrigado a preservar a escassez, sob pena de desaparecer, mas que não pode evitar sua pulsão fundamental, sua modernização permanente, o aumento contínuo da produtividade.

Quando se instaura uma crise verdadeira, a contração da taxa de lucro, a queda do volume de emprego, as falências e inadimplências revelam que a crise de realização ainda está presente na derme do sistema, que ela não foi superada, mas recoberta pela mudança de forma que o auge seguinte realiza. A desproporção entre departamentos se apresenta como outra crise não resolvida bem como a queda da taxa de lucro. Assim, a História das crises revela que a retomada da acumulação arrasta consigo as antigas crises e provoca novas, mais completas do que as anteriores: a crise seguinte contém o colapso dos ingredientes novos, incorporados ao sistema e, de início, dinamizadores.

Com o término da guerra da Coréia, a produção de duráveis foi reativada, tendo os Estados Unidos produzido 7 milhões de veículos, em 1957. A solução para evitar que a sobreacumulação ocorrida em 1929 voltasse a se manifestar numa violenta crise, foi transplantar parte da capacidade produtiva excedente. Em vez de exportar máquinas, como a Inglaterra fez após 1844, interrompendo o fluxo de lucro dos industriais periféricos para a Ilha, os Estados Unidos e os demais países capitalistas passaram a transplantar as indústrias. Assim, as indústrias transplantadas continuavam sob a propriedade dos capitalistas cêntricos, eternizando os lucros recebidos por eles. O Canadá, o Brasil, o México, a Argentina, a Coréia do Sul e outros, passaram a ser economias hospedeiras do capital excedente. O capital cêntrico remanescente, não exportado, ficou mais escasso, sua composição orgânica diminuiu, a taxa de lucro doméstica aumentou e se somou ao fluxo de lucro produzido no exterior, nas indústrias transplantadas.

As economias hospedeiras do transplante tiveram de concentrar a renda nacional a fim de criarem um mercado para os duráveis, carros e artigos de luxo, transplantados. O transplante de capital provoca uma violência social na periferia do mundo, verdadeiro estupro socioeconômico. A redução de salários reais dos trabalhadores que se encontram distantes do mercado de consumo de produtos nobres foi o resultado da concentração consumista da renda nacional. O arrocho salarial, decorrente da acumulação selvagem de capital, fortaleceu as forças excludentes e marginalizantes. A periferia incorpora, nos anos cinqüenta, a estrutura produtiva que entrou em crise em 1929. A solução cêntrica para a crise de 1929, a produção de não-mercadorias bélicas, espaciais, de transporte de coisas não produzidas, dissipadoras (turismo, transporte de sinais, imagens, som, palavras) não pode ser adotada pelas economias subdesenvolvidas, ou só o podem em escala reduzida, porque elas não possuem o departamento III, ligado aos gastos do governo keynesiano. Na periferia, os governos permanecem no pólo da acumulação selvagem, associado ao capital estrangeiro, e de atividades preparadoras da infra-estrutura técnica exigida pelo capital transplantado. "Governar é construir estradas", palavras de Washington Luiz, o antecessor de Getúlio Vargas.

A crise de sobreacumulação de capital periférica, atual, coexiste e se mistura, dessa maneira, com a crise de desproporção, provocada pelos gastos do governo enquanto comprador de não-mercadorias, como dissipador de forças produtivas e sócio menor e preparador do capital básico, sem retorno lucrativo, nas estradas, hidrelétrica, saúde, transporte, produção e fornecimento de insumos, abaixo do custo de produção, de empréstimos a juros negativos que são apropriados pelo capital privado. Quando os governos periféricos se exaurem, não conseguem servir a tantos senhores – industriais nacionais e transplantados, comerciantes nacionais e hospedeiros, banqueiros, exportadores, importadores, fazendeiros, banqueiros mundiais, reduzem os gastos no social, o setor menos responsável pela dissipação e, portanto, pela falência do Estado keynesiano periférico, outrora desenvolvimentista, sempre capitalista excludente e perverso.

A crise atual é mais completa, do ponto de vista da produção, da circulação, da presença do Estado, do crédito e das dívidas, do que a crise de 1929. Nas sociedades hospedeiras, a crise se desenvolveu de forma selvagem produzindo uma sociedade pré-falimentar. Não podendo sustentar o lucro das empreiteiras, dos fornecedores, dos banqueiros, dos industriais, dos comerciantes, os governos periféricos demitem funcionários, reduzem vencimentos e direitos trabalhistas, e cortam no social. Para salvar o capital, numa tentativa frustrada, subsidiam as importações das mercadorias sobreacumuladas na economia mundial, estabelecem taxas de câmbio sobrevalorizadas para favorecer as importações que destroem o parque industrial periférico, estimulam as importações de máquinas e equipamentos modernos, destruindo o departamento I mutilado, o produtor dessas mercadorias na periferia mundial. Se o lucro não pode ser mais tão fartamente fornecido pelo governo que se diz falido, a solução é aumentar a produtividade privada, isto é, a mais-valia relativa, a exploração metálica, computadorizada, eficiente. Ao desemprego público, resultado do redirecionamento da massa de mais-valia, antes destinada aos setores públicos, se soma o desemprego tecnológico e o resultante da globalização, isto é, à redução do salário real que ganha uma unidade de trabalho: a concorrência mundial, na hipótese de transparência do mercado e fluidez dos fatores, de acordo com a própria ideologia neoliberal, tende a igualar os salários de todos os trabalhadores ao que ganha a unidade marginal de trabalho, isto é, ao salário de um trabalhador chinês (R$ 0,80 por dia). À falência do capitalismo keynesiano, geradora do desemprego no setor público e no departamento III, se soma o desemprego privado, decorrente da incorporação de novas tecnologias e o desemprego resultante da globalização.

Uma lógica mais perversa vai-se tecendo em substituição à antiga lógica perversa falida, keynesiana. Tendo estrangulado o mercado para os produtos da classe média e dos trabalhadores demitidos ou sobrexplorados pela modernidade, o governo periférico tenta abrir uma nova fase de acumulação nos setores de luxo. As indústrias de carros, de computadores, de telefones celulares, etc., que não se transplantaram nos anos 50 e 60, recebem todos os estímulos, incentivos e doações para que aqui se instalem. A crise aguarda a inauguração das montadoras periféricas de partes e componentes produzidos no capitalismo cêntrico. Maior concentração de renda, maiores recursos desviados do social, serão necessários para ampliar o mercado para a nova geração de produtos nobres – importados ou montados nas economias hospedeiras. Com a renda *per capita* em torno de 4 mil dólares ano, o mercado periférico para os produtos caros, de luxo, só pode-se constituir por meio de uma enorme concentração de renda.

O Japão pode-se dar ao luxo de ampliar seu mercado para carros e meios de recepção de som, de imagens, de sinais sem grande custo social porque sua renda *per capita* é de 33.000 dólares, e os 20% mais ricos recebem apenas quatro vezes mais do que os 20% mais pobres; no Brasil, em que a renda *per capita* é de cerca de 4.000 dólares, o mercado para artigos nobres, ao nível do japonês e do norte-americano só foi criado porque os 20% mais pobres se submeteram a uma renda 38 vezes menor do que a dos 20% mais ricos. Nas cestas dos pobres não entram os artigos de luxo importados. A taxa de câmbio sobrevaloriza o real e beneficia os felizes consumidores desses artigos de luxo agravando os desníveis de distribuição do produto social. Para os pobres sobram pernas e asas de frango e o iogurte demagógico, que recobre com creme chantilly o aviltamento das condições de vida. As relações de exclusão, as forças que determinam a "divisão social das pessoas e a distribuição dos produtos entre as pessoas" não são determinadas pelas vontades individuais nem pelas cabeças bem ou mal-intencionadas dos políticos e dos tecnocratas. É a estrutura produtiva, a predominância nela dos setores de produção de mercadorias de luxo ou dos de consumo popular, a distribuição de recursos entre a produção de mercadorias e de não-mercadorias que determina a distribuição do produto social, o que distribuir, para quem se destinará o produto e quais devem ser excluídos. Logo, se não se alteram as relações internacionais de apropriação de parte da produção externa, a democratização da sociedade só poderá ser realizada quando a produção se civilizar. A produção capitalista é incompatível com uma distribuição democrática e socialista da produção social.

A divisão internacional do trabalho, da técnica, da exploração, do consumo, do saber e do poder que o processo de acomodação dinâmica impôs ao capitalismo mundial durante as guerras quente e fria, também entra em crise. Proibida a produção bélica, a espacial – os principais setores produtores de não-mercadorias –, este departamento III se concentra nos Estados Unidos. Gerando renda e emprego, sustentados pela crescente dívida pública, o mercado norte-americano é obrigado a comprar o excedente mundial de mercadorias que a retomada virulenta provoca no Japão, na Alemanha, nos Tigres Asiáticos e em todos os países que não puderam fazer crescer os setores dissipadores, destruidores e criadores de renda, sem oferta de mercadorias. A produção de automóveis, globalizada a partir de meados dos anos 50, atingiu a cifra de 50 milhões de unidades por ano. A capacidade instalada é de 67 milhões de unidades. Os computadores, as televisões ligadas a redes mundiais via satélite, os telefones celulares, etc. concorrem e disputam uma parcela da renda pessoal disponível para outras compras, disponibilidade cada vez menor. A globalização da crise é um fato novo no sentido de que jamais o capitalismo mundial conheceu tantos focos de acumulação de capital produtores da crise global de sobreacumulação de capital.

A atual crise no Japão, como escrevemos em 1980, é uma crise de sobreacumulação de capital. A crise de desproporção da produção voltada para o governo keynesiano se manifestará, principalmente, nos Estados Unidos, onde as não-mercadorias se concentraram. Com a queda do muro de Berlim, as desculpas para sustentar uma corrida armamentista e espacial foram desmascaradas. A fim de evitar o colapso rápido do departamento III, o governo federal dos Estados Unidos obriga as economias periféricas a aumentar suas compras de armas e suas encomendas aos fornecedores de equipamentos de comunicação e de "defesa". Tal como ocorreu no pós-guerra, o governo dos Estados Unidos reduz seus gastos e sua dívida pública em relação ao PIB, obrigando os países dominados a elevarem suas dívidas externas, seus déficits comerciais sustentados por endividamento externo crescente. A dívida pública do governo federal norte-americano se contrai e assume a forma de aumento das dívidas externas e das compras, encomendas e importações periféricas. A América Latina, empobrecida e dilacerada, se arma: Chile, Argentina, Peru, Brasil entram em competição e confronto alimentados por conflitos imaginários produzidos pela política externa dos Estados Unidos.

O fim do capitalismo poderá significar não o fim, mas o início da História. Querendo encontrar soluções paliativas, remendos reativadores no sistema capitalista, os neoliberais aprofundam o sofrimento e eternizam a barbárie. O dia em que a crise capitalista se completar, após terem sido desenvolvidas as forças produtivas, as forças improdutivas e as atividades inúteis, as soluções só poderão ser encontradas fora do círculo de giz em que se debate a História do capitalismo. Ver-se-á, então, que existe toda uma História a ser construída, espaços a serem conquistados e ampliados pela inquietude humana que hoje se manifesta, principalmente, na forma de produzir cultura, apelidada de trabalho.

A negatividade que impregna as não-mercadorias, o trabalho não produtivo, o Estado destrutivo, bélico, sustentado pelo dinheiro não conversível, que contamina a tecnologia capitalista, que nega o emprego, o acesso aos bens da cultura, será negada pela presente crise. Neste sentido, só a crise tem poder de destruir o conteúdo negativo acumulado no "desenvolvimento" capitalista, preparando as bases de uma sociedade que, em vez de maximizar o lucro, maximize a vida e suas manifestações construtivas.

BIBLIOGRAFIA

ADAMS, Walter. *The structure of american industry*. 3. ed. S.d.p.
BARAN Paul; SWEEZY, Paul. *Monopoly capital*. USA, Pelican Book.
BARANOWSKY, M. V. *Les crises industrielles en Angleterre*. Paris, Giard et Brière, 1913. p. 7.
BENJAMIM, Walter. A obra de arte na era da reprodutibilidade técnica. In: *Obras Escolhidas*. SP, Brasiliense, 1996. v. 1.
BENNIS, Phyllis. *L'empire contre l'ONU les Etats-Unis sapent le droit international*. In: www.monde-diplomatique. fr, dez. 1999.
BENTHAM , J. *Escritos econômicos*. México, FCE, 1965.
BETTELHEIM, Charles. *L'ecomomie allemande sous le nazisme*. Paris, F. Maspero, 1979. v. 1 e 2.
BOUTHOUL, Gaston; CARRÈRE, René. *O desafio da guerra*; dois séculos de guerra – 1740 – 1974. Ed. Biblioteca do Exército, 1976.
CAMPOS, Lauro. *Controle econômico e controle social*. Roma, 1958.
_____. Estatização, privatização e crise. In: *Textos censurados*, 1996.
_____. *Mecanismos de sustentação do crescimento I* – O terciário. Textos para Discussão, nº 12, UnB, 1973.
_____. *Mecanismos de sustentação do crescimento II* – As agenda, Textos para Discussão, nº 13, UnB, 1974.
_____. *O PT frente a crise do capitalismo*. Fórum de Núcleos de Base-PT, DF, 1991.
_____. *A crise da ideologia keynesiana*. RJ, Campus, 1980.
_____. *FHC; a fome, o desemprego, a concentração de renda e o sucateamento das estatais como soluções falsas para uma crise que se aprofundará*. Senado Federal, Brasília, 1995.
_____. *Inflação, ideologia e realidade*. Tese de Concurso para Professor Titular na UFGO, 1962.
_____. *Inflação*; um problema metodológico – além do estruturalismo enganado. Senado Federal, DF, 1999.
_____. Na prática a teoria é outra. In: *Textos censurados*. Brasília, 1996.
_____. *Saúde*; o diagnóstico do diagnóstico. Senado Federal, Brasília, 1996.
_____. Diário do Congresso Nacional, Câmara dos Deputados, Projeto de Resolução nº 338, *CPI da Dívida,* 1985. Depoimento prestado em 20/10/1983.

CHEPTULIN, Alexandre. *A dialética materialista*. Ed. Alfa-Ômega, 1982. p. 140.

CHOMSKY, Noam. *Guerre dans les Balkans. L'OTAN, maître du monde*. In: http://www.monde-diplomatique. fr, maio 1999.

CLAIRMONT, F. *La puissance des véritables maîtres du monde*; ces firmes géantes qui se jouent des etats. In: http://www.monde-diplomatique.fr, dezembro, 1999.

COLE, D. H. *Introducción a la historia económica*. FCE, México, Buenos Aires, 1973.

DANILEVSKY, V. *História de la técnica*; siglos XVIII e XIX. Buenos Aires, Editorial Lantaro, 1943.

DENIS, Henri. *História do pensamento econômico*. Lisboa, Livros Horizonte, 1987.

DOBB, Maurice. *A evolução do capitalismo*. Os Economistas, SP, Abril Cultural, 1983.

FAUSTO, Ruy. *Sur le concept du capital* – Idée d'une logique dialéctique, L'Harmattan, Paris, 1996.

_____. *Marx*; lógica e política. SP, Brasiliense, 1983, t. I.

FREUD, Sigmund. *Totem y Tabu*. Madri, Biblioteca Nuova, Obras Completas, 1981. t. II.

GALBRAITH, J. K. *O colapso da Bolsa*; com introdução sobre o outubro negro de 1987.

GAZIER, Bernard. *La crise de 1929*. Paris, Presses Universitaires de France, 1985.

GRENET, Yves. Capitalismo, corrida armamentista e comércio de armas. In: PERAULT, Gilles (Org.). *O livro negro do capitalismo*. RJ/SP, Record, 1999.

GROSSMMANN, H. *La ley de la acumulación y del derumbe del sistema capitalista*. México, Siglo XXI, 1984.

HANSEN, Alvin. *Economic policy and full employement*, NY/Londres, McGraw-Hill, 1947.

HOBSBAWM, E. J. *Da revolução industrial inglesa ao imperialismo*. RJ, Forense Universitária, 1979.

HOBSBAWN, Eric. *A era dos extremos*; o breve século XX. SP, Cia. das Letras, 1995.

HOBSON, J. A. *Imperialism*. The University of Michigan Press, Ann Arbor Paperbacks, 1972. p. 94.

_____. *A evolução do capitalismo moderno*. SP, Abril Cultural, 1983.

HOFFMAN, W. G. The growth of industrial production in great britain. *Economic History Review*, v. 2, nº 2.

_____. *Teoria da dinâmica econômica*. SP, Abril Cultural, 1983.

KEYNES, J. M. Malthus el primero de los economistas de Cambridge. In: *Essays in Biography*, The Collected Writings of John Maynard Keynes, Published for the Royal Economic Society, Londres, 1972.

_____. *Laissez-faire and communism*. NY, New Republic, Inc. 1926.

_____. Artigo na *New Republic*, 1940.

_____. *Teoria geral*. RJ e Lisboa, FCE, 1970.

_____. *Essays in biography*. Tke Collected Writings of John Maynard Keynes, Londres, Published for the Royal Economic Society, 1972.

KONROD, V. A. Mudanças estruturais no capitalismo contemporâneo. In: TSURU, Shigeto (Org.). *Aonde vai o capitalismo?* RJ, Zahar, 1968.

LABINI, Silos. *Oligopólio e progresso técnico.* SP, Abril Cultural, 1984.

LENIN, V. I. *L'impérialisme, stade suprême du capitalisme.* Paris/Moscou, Editions Sociales/Editions Progrès, OCT, 22.

LIPIETZ, A. *Crise ef inflation; pourquoi?* Paris, François Maspero, 1979.

LUXEMBURG, Rosa. *A acumulação do capital.* RJ, Zahar, 1983.

MACIVER. *The modern state.* Londres, Oxford, 1964.

MALTHUS, T. R. *Principes d'economie politique.* Franeira, 1846.

MANDEL, Ernest. *O capitalismo tardio.* Col. Os Economistas, SP, Abril Cultural, 1982.

MANNHEIM, K. *Ideologia e utopia.* RJ, Guanabara, 1986.

MARCUSE, Herbert. *Razão e revolução.* RJ, Paz e Terra, 1988.

MARX, K. *Theories of surplus value.* Londres, Lawrence and Wishart. S.d.p.

_____. *El capital.* México, FCE, 1973. 3 v.

_____; ENGELS, F. *L'idéologie allemande.* Paris, Editions Sociales, 1968.

_____. *Elementos fundamentales para la crítica de la economia política-Grundrisse- (borrador) 1857-1858.* Argentina, Siglo Veintiuno, 1997, 3 v.

_____. *Manuscrits de 1861-1863.* Paris, Editions Sociales, 1979.

_____. Introdução de 1857. In: *Para a crítica da economia política.* Os Economistas, SP, Abril Cultural, 1982.

MATTICK, P. *Marx y Keynes los límites de la economia mixta.* México, ERA, 1978.

MCKENZIE, George W. *The economics of eurocurrency system.*

MÉSZÁROS, István. *Produção destrutiva e estado capitalista.* Cadernos Ensaio, Pequeno Formato, SP, 1996.

MILL, Stuart. *Princípios de economia política.* SP, Abril Cultural, Os Economistas, v. 1 e 2, 1983.

NAPOLEONI, C. *O futuro do capitalismo.* RJ, Graal, 1982.

NEGRI, A. *Marx au-delà de Marx.* Cahiers de Travail sur les *GRUNDRISSE*, Paris, Christian Bourgois, 1979.

NIVEAU, M. *História dos fatos econômicos contemporâneos.* Difusão Européia do Livro, 1969. p. 206.

PALLOIX, Christian. *A economia mundial e a iniciativa privada.* Lisboa, Estampa, 1972.

PECK, Nelson; KALACHEK. *Tecnologia e desenvolvimento econômico.* RJ, Forense. S.d.p.

PERAULT, Gilles (Org.). *O livro negro do capitalismo.* RJ/SP, Record, 1999.

RAMONET, Ignacio. *Stratégie de la faim.* Paris, Le Monde-Diplomatique, out./98.

REISCHAUER, Edwin O. *Histo: e du japon et des japonais.* Paris, Ed. Seuil, t. II, 1996.

RIFKIN, Jeremy. *O fim dos empregos.* RJ, Makron Books, 1976.

ROBINSON, Joan. *An essay on marxian economics.* 2. ed. Londres, Macmillan Press Ltda., 1976.

ROSDOLSKY, R. *Génesis y estructura de el capital de Marx*; estudios sobre los Grundrisse, México, Siglo Veintiuno, 1978.

RUBIN, I. I. *A teoria marxista do valor trabalho*, RJ, Polis, 1987.

SCHUMPETER, J. A. *Business cycle*. George Allen and Unwin Ltd., Museum Street, Londres, 1950.

SMERECZÁNYI, Tamás (Org.). *Keynes*, col. Economia, SP, Ática, 1984.

SMITH, A. *La riqueza de las naciones*. México, FCE, 1958.

SOULE, George. *Economic forces in american history*. NY, Willian Sloane Associates, 1952. *The Fontana Economic History of Europe*, 2º v.

THUROW, Lester. *Cabeça a cabeça*; a batalha econômica entre Japão, Europa e Estados Unidos. RJ, Rocco, 1983.

TOUSSAINT, Eric. *Briser la spirale infernale de la dette*. In: http://www.monde-diplomatique.fr, p. 23, setembro, 1999.

DANILEVSKY, V. *História de la técnica*; siglos XVIII e XIX. Buenos Aires, Editorial Lantaro, 1943.

VINCENT, J. M. La domination du travail abstrait. In: *Critique d'Economie Politique*. Nouvelle série, nº 1, Paris, oct./dec. 1977.

Documentos, jornais e revistas

Business Week, Sept. 1979.

CPI da Dívida Externa – Congresso Nacional, 1983.

Direção dos Governadores do FED – Annual Reports (1960-73).

Economic Report of the President, Jan. 1971.

Economic Report of the President, Jan. 1972.

Estudio Económico de América Latina, Nações Unidas, 1963.

Implications of Multinational Firms for World Trade and Investment and For U. S.

International Financial Statistics, International Monetary Fund, Jan. 1999.

International Financial Statistic, Mar. 1988.

Le Monde-diplomatique (dossiers d´actualité).

Statistical Abstract of The United States, 1981.

Trade and Labor, Committee on Finance, U. S. Senate.

ÍNDICE REMISSIVO

A

abstração 96, 116, 206
acumulação 13, 18, 19, 21, 22, 23, 24, 27, 28, 29, 30, 31, 33, 34, 35, 36, 37, 40, 42, 45, 46, 48, 54, 56, 57, 58, 59, 60, 65, 67, 72, 77, 80, 81, 85, 88, 89, 95, 96, 104, 105, 108, 111, 115, 121, 122, 123, 126, 128, 149, 156, 165, 166, 185, 186, 188, 189, 198, 202, 209, 210, 224, 225, 227, 228, 230, 231, 232, 235, 237, 238, 240, 241, 243, 244, 247, 248, 251, 252, 254, 256, 258, 260, 269, 270, 276, 277, 278, 281, 283, 289, 290, 291, 292, 294, 295, 296, 297, 299, 301, 302, 305, 326, 329, 330, 331, 333
agenda 15, 41, 55, 66, 67, 68, 72, 96, 122, 134, 141, 143, 145, 174, 183, 184, 198, 212, 225, 229, 231, 235, 260, 262, 263, 273, 278, 279
aluguel(éis) 177, 329
aparência(s) 13, 17, 56, 83, 85, 156, 176, 177, 178, 190, 206, 222, 257
apropriação 13, 115, 128, 152, 154, 196, 197, 215, 282, 297, 304, 332
assalariado(s) 14, 17, 19, 20, 21, 22, 23, 25, 27, 28, 29, 30, 31, 32, 35, 36, 37, 38, 40, 43, 47, 49, 55, 56, 57, 58, 60, 61, 62, 64, 67, 75, 76, 77, 80, 81, 82, 83, 84, 88, 105, 114, 115, 117, 119, 122, 125, 160, 161, 165, 167, 169, 175, 177, 178, 194, 203, 209, 215, 216, 217, 218, 222, 234, 235, 240, 244, 245, 246, 247, 270, 272, 273, 274, 280, 289, 297, 329
assalariamento 41, 59, 60, 202, 203, 207

B

balança(s) 124, 151, 152, 153, 156, 158, 267, 268, 280, 291, 292, 294, 305, 306, 308, 311, 313, 314, 315
balanço de pagamentos 116, 175, 243, 252, 267, 280, 302, 305, 308, 309, 310, 311, 313
banco(s) 65, 124, 140, 148, 241, 242, 268, 282, 287, 296, 301, 303, 304, 306, 307, 310, 311, 313, 315, 317, 318, 319, 320
bolsas 45, 296, 316, 318, 319, 320, 321
burgueses 74
burguesia 17, 75, 267, 268, 301

C

câmbio 119, 205, 292, 331, 332
capital 14, 17, 18, 19, 20, 21, 23, 24, 25, 26, 27, 28, 29, 30, 31, 34, 35, 36, 37, 39, 41, 42, 43, 44, 45, 46, 47, 48, 49, 51, 53, 54, 55, 56, 57, 59, 60, 61, 63, 64, 65, 68, 70, 71, 72, 76, 77, 78, 80, 81, 83, 84, 85, 86, 87, 88, 89, 91, 93, 94, 95, 96, 97, 100, 101, 102, 105, 108, 109, 111, 112, 113, 115, 116, 117, 118,

119, 122, 124, 125, 126, 127, 128, 130,
134, 136, 138, 139, 140, 141, 143,
148, 149, 152, 153, 155, 157, 158, 161,
162, 163, 164, 165, 166, 168, 170, 172,
183, 185, 186, 190, 192, 193, 194, 196,
198, 201, 202, 203, 205, 206, 207, 208,
210, 211, 212, 214, 215, 216, 217, 220,
221, 222, 223, 224, 226, 228, 229, 230,
232, 234, 235, 236, 238, 239, 240, 242,
243, 244, 245, 246, 247, 248, 251, 252,
253, 254, 255, 256, 257, 259, 260, 263,
265, 266, 268, 269, 271, 272, 273, 276,
277, 278, 281, 283, 288, 289, 290, 291,
292, 293, 294, 295, 296, 297, 298, 299,
300, 302, 303, 304, 305, 306, 308, 314,
316, 317, 318, 320, 321, 322, 327, 328,
329, 330, 331, 333

capital fictício 93, 281

capital financeiro 268

capital industrial 136

capital produtivo 23, 34, 42, 45, 55, 77, 85,
87, 89, 94, 100, 138, 162, 269, 303,
304, 306, 308

capital-dinheiro 20, 48, 60, 64, 85, 87, 89,
111, 112, 117, 118, 136, 140, 152, 153,
170, 186, 228, 229, 232, 242, 243, 245,
247, 248, 251, 253, 254, 259, 260, 277,
278, 289, 298, 303, 304, 305, 306, 308,
317, 320, 321

capital-dinheiro-mundial 245, 247, 253, 277

capital-mercadoria(s) 111, 117, 124, 136,
143, 303

capitalismo 18, 19, 28, 31, 33, 34, 39, 41, 47,
48, 56, 58, 60, 63, 64, 65, 74, 75, 76, 79,
80, 81, 82, 84, 85, 86, 87, 99, 104, 108,
109, 115, 118, 121, 122, 128, 139, 140,
142, 148, 149, 154, 159, 161, 164, 165,
168, 185, 187, 188, 189, 191, 198, 201,
202, 203, 206, 208, 213, 215, 222, 227,
228, 231, 235, 236, 238, 239, 240, 243,
245, 247, 248, 251, 252, 257, 258, 262,
266, 267, 268, 270, 271, 272, 273, 274,
275, 277, 278, 281, 282, 283, 287, 288,
289, 290, 291, 292, 296, 298, 300, 304,
308, 316, 319, 320, 321, 322, 324, 326,
327, 329, 331, 332, 333

capitalismo keynesiano 187, 228, 267

capitalista(s) 13, 14, 15, 17, 18, 19, 20, 21,
22, 23, 24, 25, 26, 27, 28, 29, 30, 31, 33,
34, 35, 36, 37, 38, 39, 40, 41, 42, 43, 44,
45, 46, 47, 48, 49, 50, 51, 52, 53, 54, 55,
56, 57, 58, 59, 60, 61, 62, 63, 64, 66, 67,
68, 70, 71, 72, 73, 74, 75, 76, 77, 78, 79,
80, 81, 82, 83, 84, 85, 86, 87, 88, 89, 90,
91, 92, 93, 94, 95, 96, 97, 99, 102, 103,
105, 106, 107, 108, 109, 110, 112, 114,
115, 116, 117, 118, 120, 121, 122, 123,
124, 125, 126, 127, 128, 135, 138, 140,
142, 143, 144, 145, 146, 148, 149, 152,
153, 156, 157, 158, 159, 160, 162, 163,
164, 165, 166, 167, 168, 170, 171, 172,
176, 178, 180, 181, 183, 184, 185, 186,
187, 188, 190, 191, 192, 193, 194, 195,
196, 197, 201, 202, 203, 204, 206, 208,
209, 210, 212, 213, 215, 216, 217, 218,
220, 221, 223, 224, 225, 227, 228, 229,
230, 231, 233, 234, 235, 236, 237, 238,
239, 240, 241, 243, 247, 248, 251, 252,
254, 256, 257, 258, 259, 260, 262, 267,
269, 270, 272, 273, 274, 275, 277, 278,
280, 281, 282, 283, 284, 288, 289, 290,
294, 295, 297, 300, 302, 304, 305, 315,
316, 317, 319, 320, 322, 324, 325, 326,
329, 330, 332, 333

cartão de crédito 18

circulação do capital 112

concorrência 131, 139, 231, 260, 262, 289,
323, 328, 331

consumo 14, 18, 19, 20, 21, 22, 23, 24, 25,
26, 27, 28, 29, 30, 31, 33, 35, 36, 37, 39,
40, 41, 42, 43, 44, 45, 49, 50, 51, 52, 53,
54, 55, 56, 57, 59, 60, 61, 62, 63, 64, 65,
67, 68, 70, 72, 73, 74, 76, 77, 79, 80, 81,
82, 83, 84, 85, 86, 88, 89, 91, 93, 95, 96,

Índice Remissivo   341

97, 98, 99, 100, 101, 102, 103, 104,
105, 106, 107, 108, 109, 113, 114, 115,
116, 118, 120, 121, 122, 123, 124, 125,
126, 127, 130, 131, 136, 137, 138, 141,
142, 144, 145, 146, 149, 153, 154, 156,
157, 159, 160, 161, 162, 163, 165, 166,
167, 168, 169, 171, 172, 173, 174, 175,
176, 179, 182, 183, 185, 186, 187, 190,
192, 193, 194, 195, 197, 198, 199, 203,
204, 205, 207, 209, 210, 211, 212, 213,
214, 215, 217, 218, 219, 220, 221, 225,
226, 227, 228, 229, 230, 231, 232, 233,
234, 235, 236, 237, 238, 239, 240, 241,
242, 243, 245, 246, 247, 249, 251, 252,
256, 257, 258, 259, 260, 262, 264, 265,
266, 268, 269, 270, 271, 272, 273, 274,
275, 276, 278, 279, 280, 282, 288, 291,
292, 293, 294, 297, 298, 299, 302, 303,
308, 314, 317, 321, 322, 323, 324, 325,
326, 327, 329, 330, 332
crédito 14, 18, 20, 21, 24, 29, 38, 64, 65, 91,
92, 115, 116, 118, 128, 146, 148, 149,
150, 153, 154, 166, 167, 197, 198, 199,
200, 235, 252, 270, 276, 281, 283, 294,
298, 301, 302, 303, 304, 305, 306, 308,
310, 311, 314, 315, 317, 323, 324, 325,
331
crédito internacional 199, 276
crédito público 119
crise(s) 13, 14, 15, 18, 19, 21, 24, 25, 26, 30,
31, 33, 34, 36, 37, 38, 39, 40, 41, 42, 43,
44, 45, 46, 48, 56, 65, 66, 67, 77, 78, 85,
86, 88, 90, 93, 94, 95, 96, 98, 107, 109,
115, 119, 121, 122, 124, 126, 128, 129,
130, 131, 132, 136, 139, 140, 143, 146,
148, 149, 150, 151, 153, 154, 155, 156,
164, 167, 168, 169, 170, 171, 173, 174,
179, 181, 185, 187, 188, 189, 191, 197,
198, 199, 200, 201, 202, 203, 205, 206,
207, 208, 212, 221, 223, 224, 225, 226,
227, 228, 229, 232, 234, 236, 239, 240,
241, 242, 243, 245, 246, 252, 257, 258,
262, 267, 268, 269, 271, 273, 274, 276,
277, 278, 281, 282, 283, 284, 286, 288,
289, 290, 292, 293, 294, 295, 296, 297,
298, 300, 301, 302, 304, 305, 306, 310,
311, 314, 315, 317, 318, 319, 320, 321,
322, 323, 324, 325, 326, 329, 330, 331,
332, 333
crise da dívida pública 45, 96
crise de realização 48, 282, 329
crise de sobreacumulação 43, 48, 246, 292,
300, 304, 317, 326
crise de subconsumo 26, 228
custo(s) 22, 23, 25, 27, 46, 47, 49, 55, 56, 67,
72, 75, 78, 79, 80, 87, 93, 94, 95, 101,
105, 113, 122, 126, 134, 144, 157, 158,
160, 163, 164, 176, 177, 191, 193, 194,
196, 198, 204, 206, 213, 214, 215, 217,
223, 224, 230, 235, 236, 238, 241, 244,
245, 246, 253, 260, 262, 265, 267, 268,
272, 287, 299, 300, 314, 316, 317, 330,
332
custo de produção 47, 76, 215

D

déficit 48, 86, 96, 121, 134, 142, 146, 151,
152, 153, 156, 188, 203, 213, 252, 267,
268, 280, 281, 282, 284, 286, 287, 292,
294, 302, 305, 306, 308, 309, 310, 311,
313, 315, 317, 321, 327, 329
demanda 14, 22, 23, 25, 26, 27, 31, 37, 41,
42, 44, 47, 48, 49, 52, 53, 54, 55, 56, 57,
58, 59, 65, 67, 72, 73, 74, 75, 77, 78, 79,
80, 81, 82, 83, 84, 85, 86, 87, 88, 89, 93,
95, 96, 97, 100, 102, 103, 105, 107,
108, 109, 111, 112, 113, 121, 125, 126,
127, 130, 139, 151, 156, 157, 158, 159,
161, 162, 163, 165, 168, 169, 170, 171,
172, 174, 179, 183, 186, 191, 194, 200,
202, 204, 211, 212, 213, 224, 226, 231,
232, 233, 234, 235, 238, 242, 243, 244,
245, 246, 252, 258, 264, 268, 273, 277,
280, 288, 294, 301, 302, 304, 305, 309,
311, 316, 318

departamento I 19, 24, 34, 35, 40, 42, 44, 48, 60, 64, 65, 87, 89, 122, 124, 126, 127, 130, 132, 136, 138, 139, 141, 185, 194, 221, 225, 227, 233, 239, 241, 242, 243, 252, 256, 259, 261, 264, 265, 270, 274, 275, 276, 277, 278, 279, 280, 297, 304, 325, 326, 331

departamento II 24, 28, 34, 35, 40, 41, 42, 44, 60, 64, 65, 88, 122, 124, 126, 127, 130, 131, 132, 139, 141, 170, 176, 183, 186, 192, 193, 202, 232, 240, 241, 242, 243, 244, 252, 256, 258, 262, 266, 275, 276, 277, 278, 280, 325

departamento III 15, 24, 34, 37, 48, 54, 57, 61, 62, 77, 86, 96, 103, 107, 108, 113, 121, 162, 179, 183, 185, 186, 187, 188, 190, 202, 204, 205, 207, 208, 221, 222, 224, 225, 227, 229, 231, 232, 233, 239, 240, 241, 242, 256, 257, 261, 271, 279, 280, 283, 291, 292, 298, 325, 326, 330, 331, 332, 333

depreciação do capital 45, 208

desequilíbrio orçamentário 78

desvalorização 45, 52, 57, 286, 321

dinheiro ferroviário 140, 303

dinheiro-estatal 14, 15, 34, 58, 60, 65, 86, 91, 94, 96, 97, 114, 115, 121, 159, 162, 186, 191, 197, 205, 223, 231, 232, 235, 238, 239, 258, 259, 260, 273, 279, 284, 302, 325

dívida externa 14, 45, 66, 115, 127, 146, 164, 198, 267, 268, 281, 298, 305, 309, 311, 313, 314, 315, 318, 323, 325

dívida pública 14, 24, 34, 45, 58, 66, 79, 93, 96, 107, 108, 115, 116, 121, 146, 147, 172, 185, 188, 191, 204, 205, 223, 236, 273, 281, 282, 284, 286, 287, 288, 292, 297, 298, 302, 305, 309, 311, 315, 316, 321, 325, 329, 332, 333

dívidas 24, 204, 242, 283, 293, 313, 317, 318, 325, 329, 331, 333

E

economia(s) cêntrica(s) 34, 64, 65, 123, 124, 164, 199, 241, 243, 245, 260, 264, 282, 305, 306, 308

economia(s) hegemônica(s) 128, 268

economias retardatárias 121, 128, 132, 141, 146, 194, 195, 196, 207, 242, 244, 247, 252, 254, 258, 260, 274, 277, 278, 279, 304

economia(s) subdesenvolvida(s) 199, 251, 275, 277, 278, 279, 324, 330

entesouramento 18, 20, 52, 112, 229, 286

Estado keynesiano 289, 330

eurodólar(es) 241, 267, 293, 302, 306, 308, 310, 311

F

ferrovia(s) 35, 65, 124, 130, 132, 134, 135, 136, 139, 140, 146, 147, 148, 149, 153, 155, 159, 170, 171, 174, 181, 182, 192, 194, 195, 197, 198, 276, 281, 298, 303, 323

financiamento 64, 65, 153, 187, 194

forma(s) social(ais) 60, 63, 92, 137, 140, 191, 221, 227

I

inconversível 34, 58, 93, 94, 95, 107, 108

J

juro(s) 20, 23, 39, 43, 44, 63, 77, 81, 84, 85, 86, 87, 88, 94, 118, 134, 147, 152, 153, 156, 157, 194, 198, 205, 216, 226, 267, 268, 279, 284, 286, 287, 288, 291, 300, 305, 308, 310, 311, 313, 314, 315, 317, 318, 319, 329, 330

L

lucro(s) 13, 14, 20, 21, 22, 23, 25, 26, 27, 28, 29, 33, 34, 36, 40, 45, 46, 49, 53, 55, 56,

57, 58, 60, 61, 62, 63, 66, 74, 75, 76, 77,
78, 79, 81, 82, 83, 84, 85, 86, 88, 89, 91,
93, 94, 95, 97, 105, 108, 109, 110, 111,
112, 113, 117, 118, 120, 123, 125,, 127,
128, 130, 134, 135, 142, 143, 144, 148,
156, 157, 158, 161, 162, 163, 164, 165,
167, 168, 170, 176, 177, 178, 179, 183,
186, 191, 192, 193, 197, 202, 203, 205,
207, 209, 215, 216, 217, 221, 222, 223,
224, 225, 226, 228, 231, 232, 233, 238,
239, 240, 241, 243, 245, 248, 251, 252,
253, 258, 268, 278, 280, 281, 283, 287,
289, 292, 295, 296, 299, 301, 304, 306,
308, 310, 311, 313, 316, 317, 318, 320,
322, 326, 329, 330, 331, 333

M

máquina(s) 22, 23, 28, 29, 34, 35, 41, 42,
44, 46, 48, 55, 63, 64, 65, 81, 82, 84, 88,
89, 114, 117, 124, 126, 127, 129, 130,
131, 132, 135, 136, 137, 138, 139, 140,
141, 145, 146, 163, 164, 166, 167, 180,
181, 182, 185, 186, 192, 193, 194, 195,
197, 198, 212, 216, 223, 225, 227, 228,
233, 240, 241, 242, 243, 244, 248, 249,
251, 252, 255, 258, 259, 260, 261, 262,
264, 265, 266, 269, 274, 275, 276, 277,
278, 279, 280, 297, 298, 311, 316, 317,
318, 321, 322, 323, 325, 326, 327, 329,
331
mercadoria 15, 17, 18, 23, 24, 25, 26, 30, 33,
35, 37, 38, 46, 47, 48, 50, 51, 52, 53, 54,
56, 57, 58, 60, 66, 73, 76, 92, 105, 108,
109, 111, 112, 113, 114, 115, 116, 117,
118, 121, 124, 125, 126, 130, 135, 136,
140, 142, 143, 144, 147, 158, 165, 169,
175, 181, 187, 190, 191, 194, 215, 218,
219, 220, 221, 223, 225, 227, 229, 234,
235, 248, 257, 259, 262, 267, 275, 278,
303, 306, 308, 316, 317, 318

moeda conversível 14
moeda-estatal 18, 58, 59, 95, 108, 118, 119,
174, 203, 213, 237, 239, 301, 302

N

não-consumo 23, 84
não conversível 14, 15, 108, 333
não-demanda 14, 23
não-máquina(s) 136, 166, 194
não-meio(s) de consumo 14, 15, 26, 33, 34,
35, 37, 53, 58, 63, 67, 105, 124, 142,
146, 167, 183, 186, 204, 216, 219, 227,
229, 230, 231, 236, 237, 242, 244, 284,
324, 326
não-meios de produção 53, 58, 144, 146,
216, 219, 229, 230, 237
não-mercadoria(s) 13, 15, 17, 18, 20, 24, 26,
33, 34, 35, 36, 37, 38, 39, 41, 49, 54, 55,
57, 58, 59, 60, 61, 62, 64, 65, 66, 67, 70,
72, 73, 79, 86, 88, 95, 96, 97, 98, 99,
100, 101, 103, 105, 108, 111, 112, 114,
120, 129, 134, 136, 139, 142, 144, 146,
156, 159, 168, 169, 171, 173, 174, 175,
179, 180, 182, 183, 184, 185, 186, 187,
188, 189, 190, 191, 192, 193, 196, 202,
204, 205, 207, 208, 209, 210, 212, 213,
214, 215, 216, 217, 218, 219, 220, 221,
223, 224, 225, 227, 228, 229, 230,
231, 232, 233, 234, 235, 236, 237, 238,
239, 240, 241, 242, 249, 256, 257, 258,
269, 270, 271, 273, 274, 279, 280, 282,
284, 291, 292, 298, 301, 302, 321, 322,
324, 325, 326, 330, 332, 333
não-produção 88
não-valor(es) de uso 13, 26, 33, 37, 38, 53
nipodólar(es) 115, 241, 293, 302, 308

O

oferta 47, 48, 49, 56, 57, 72, 73, 77, 78, 83,
89, 94, 95, 97, 103, 109, 113, 144, 157,

158, 162, 163, 167, 172, 186, 204, 205, 236, 237, 238, 264, 265, 272, 273, 274, 287, 293, 294, 304, 308, 310, 311, 316, 332
oligopólicas 30, 31, 179, 306
oligopólio 42
orçamento 48, 239, 267, 282, 284

P

petrodólar(es) 241, 293, 302, 306, 310, 311, 318
poupança 73, 84, 86, 95, 98, 127, 152, 229, 234
produção 14, 15, 17, 18, 19, 20, 21, 22, 23, 24, 25, 26, 27, 28, 29, 30, 31, 32, 33, 34, 35, 36, 37, 38, 39, 40, 41, 42, 43, 44, 45, 46, 47, 48, 49, 50, 52, 53, 54, 55, 56, 57, 58, 59, 60, 61, 62, 63, 64, 65, 66, 67, 68, 70, 72, 73, 74, 75, 76, 77, 78, 79, 80, 81, 82, 83, 84, 85, 86, 87, 88, 89, 91, 92, 93, 95, 96, 97, 98, 99, 100, 101, 102, 103, 104, 105, 106, 107, 108, 109, 110, 111, 112, 113, 114, 115, 116, 117, 118, 119, 120, 121, 122, 123, 124, 125, 126, 127, 128, 129, 130, 131, 132, 134, 135, 136, 137, 138, 139, 140, 141, 142, 143, 144, 145, 146, 148, 149, 150, 151, 152, 153, 154, 156, 157, 158, 159, 162, 163, 164, 165, 166, 167, 168, 169, 170, 171, 172, 173, 174, 175, 176, 177, 178, 179, 180, 181, 182, 183, 184, 185, 186, 187, 188, 190, 191, 192, 193, 194, 195, 196, 197, 198, 199, 201, 202, 203, 204, 205, 206, 207, 208, 209, 210, 211, 212, 213, 215, 216, 217, 218, 219, 220, 221, 222, 223, 224, 225, 227, 228, 229, 230, 231, 232, 233, 235, 236, 237, 238, 239, 240, 241, 242, 243, 244, 245, 246, 247, 248, 249, 251, 252, 253, 254, 256, 257, 258, 259, 260, 262, 264, 265, 267, 269, 270, 271, 272, 273, 274, 275, 276, 277, 278, 279,
280, 281, 282, 284, 287, 288, 289, 290, 291, 292, 293, 294, 296, 297, 298, 299, 300, 301, 302, 303, 304, 305, 306, 308, 310, 311, 313, 314, 316, 317, 318, 319, 320, 321, 322, 323, 324, 325, 326, 327, 329, 330, 331, 332, 333
produtividade 39, 43, 54, 56, 77, 78, 85, 87, 93, 96, 98, 111, 113, 126, 129, 176, 179, 192, 196, 203, 212, 237, 281, 326, 329, 331

S

sobreacumulação 42, 48, 93, 156, 202, 207, 234, 239, 246, 252, 289, 292, 293, 294, 298, 300, 304, 317, 318, 321, 326, 329, 333
state-money 78
superávit 152, 267, 268, 280, 281, 282, 287, 304, 305, 310
superávit da balança comercial 269

T

trabalhadores produtivos 37, 61, 72, 80, 100, 125, 209, 210, 217, 222, 225, 226, 255
trabalho 15, 17, 18, 19, 20, 22, 23, 24, 25, 26, 27, 28, 31, 33, 34, 36, 37, 41, 43, 46, 47, 49, 50, 51, 52, 53, 54, 55, 56, 57, 58, 59, 60, 61, 62, 63, 64, 67, 70, 71, 72, 73, 74, 76, 77, 78, 81, 82, 84, 87, 88, 89, 90, 91, 92, 93, 94, 95, 97, 98, 99, 100, 102, 103, 104, 105, 106, 108, 110, 111, 113, 115, 116, 117, 118, 119, 120, 121, 125, 126, 127, 129, 135, 136, 137, 143, 145, 153, 160, 161, 162, 164, 165, 170, 172, 178, 179, 186, 190, 192, 194, 195, 196, 199, 204, 209, 210, 215, 216, 217, 218, 219, 220, 221, 222, 223, 224, 229, 235, 236, 237, 244, 245, 246, 247, 253, 256, 257, 258, 260, 262, 271, 272, 273, 275, 277, 278, 281, 283, 288, 289, 291, 294,

296, 300, 305, 315, 316, 317, 318, 319, 320, 323, 326, 329, 331, 332, 333
trabalho destrutivo 13, 53
trabalho excedente 237
trabalho improdutivo 17, 59, 60, 62, 63, 64, 70, 71, 100, 108, 119, 120, 121, 190, 215, 217, 218, 221, 223, 224
trabalho livre 237
trabalho necessário 236
trabalho produtivo 13, 58, 60, 61, 62, 63, 70, 71, 100, 120, 210, 215, 216, 217, 219, 221, 222, 224, 236
transporte(s) 19, 35, 115, 131, 132, 134, 136, 137, 138, 139, 140, 141, 143, 144, 145, 146, 148, 149, 150, 152, 153, 154, 159, 165, 166, 167, 169, 171, 172, 173, 174, 175, 180, 181, 182, 183, 185, 190, 192, 193, 194, 195, 196, 197, 198, 241, 242, 243, 244, 245, 246, 249, 253, 254, 255, 256, 257, 258, 259, 260, 262, 263, 266, 269, 272, 275, 279, 293, 296, 299, 300, 303, 305, 323, 324, 326, 330

V

valor(es) 13, 18, 19, 20, 24, 25, 26, 27, 30, 33, 34, 35, 36, 37, 38, 44, 45, 46, 47, 48, 50, 51, 52, 53, 54, 55, 59, 60, 61, 72, 74, 76, 86, 88, 89, 91, 92, 94, 101, 103, 105, 108, 109, 110, 111, 112, 115, 117, 118, 120, 121, 122, 125, 126, 127, 131, 142, 145, 150, 153, 154, 155, 157, 158, 162, 163, 164, 165, 169, 175, 176, 177, 179, 182, 191, 193, 196, 199, 200, 205, 210, 215, 218, 219, 220, 222, 223, 224, 229, 235, 245, 249, 257, 276, 281, 282, 305, 306, 316, 317, 318, 320, 325
valor(es) de troca 51, 92, 135, 218, 223
valor(es) de uso 13, 24, 25, 26, 27, 35, 37, 45, 46, 51, 52, 53, 54, 60, 86, 125, 135, 191, 219, 222, 223, 235, 257
valorização 20, 23, 25, 26, 27, 35, 37, 45, 47, 49, 50, 51, 53, 56, 57, 60, 85, 86, 89, 105, 110, 117, 120, 126, 158, 164, 165, 167, 170, 176, 198, 202, 209, 215, 224, 241, 256, 296, 313, 316, 318, 320